U0578767

中国社会科学院 学者文选

董辅礽集

中国社会科学院科研局组织编选

中国社会科学出版社

图书在版编目(CIP)数据

董辅礽集／中国社会科学院科研局组织编选．—北京：中国社会科学出版社，2006.11（2018.8 重印）
（中国社会科学院学者文选）
ISBN 978-7-5004-5864-7

Ⅰ.①董…　Ⅱ.①中…　Ⅲ.①董辅礽—文集②经济学—文集
Ⅳ.①F0-53

中国版本图书馆 CIP 数据核字(2006)第 123960 号

出 版 人　赵剑英
责任编辑　王　曦
责任校对　韩天炜
责任印制　张雪娇

出　　版　中国社会科学出版社
社　　址　北京鼓楼西大街甲 158 号
邮　　编　100720
网　　址　http：//www.csspw.cn
发 行 部　010－84083685
门 市 部　010－84029450
经　　销　新华书店及其他书店

印刷装订　北京市十月印刷有限公司
版　　次　2006 年 11 月第 1 版
印　　次　2018 年 8 月第 2 次印刷

开　　本　880×1230　1/32
印　　张　17
字　　数　406 千字
定　　价　99.00 元

凡购买中国社会科学出版社图书，如有质量问题请与本社营销中心联系调换
电话：010－84083683

出版说明

一、《中国社会科学院学者文选》是根据李铁映院长的倡议和院务会议的决定，由科研局组织编选的大型学术性丛书。它的出版，旨在积累本院学者的重要学术成果，展示他们具有代表性的学术成就。

二、《文选》的作者都是中国社会科学院具有正高级专业技术职称的资深专家、学者。他们在长期的学术生涯中，对于人文社会科学的发展作出了贡献。

三、《文选》中所收学术论文，以作者在社科院工作期间的作品为主，同时也兼顾了作者在院外工作期间的代表作；对少数在建国前成名的学者，文章选收的时间范围更宽。

中国社会科学院

科研局

1999 年 11 月 14 日

目　录

国有企业改革论

市场经济论

资本市场论

经济发展论

民营经济论

序

董辅礽先生1927年出生于浙江宁波，1946年入武汉大学经济系，1953年赴苏联学习，1957年获苏联莫斯科国立经济学院硕士、副博士学位。同年回国，历任武汉大学讲师，中科院经济研究所副所长、所长、研究员，中科院研究生院副院长，中科院经济研究所名誉所长，同时为北京大学、武汉大学和中国社会科学院教授、博士生导师。董辅礽先生曾是第七届全国人大常委、财经委员会副主委，第八届全国人大常委、财经委员会副主委，第九届全国政协委员、经济委员会副主任。董辅礽先生于2004年7月30日在美国去世，享年77岁。

董辅礽先生是中国当代最有影响的经济学家之一，他20世纪50年代初提出国民收入平衡论跻身国际学术界，在50年代和60年代，他提出的关于再生产数量关系的数字模型，被誉为“中国经济成长论的代表”。他在改革开放初期的70年代末道破传统公有制的症结深深影响了中国经济改革，最早提出并一直坚持所有制改革，成为中国经济改革的关键，他勇敢地提出了企业改革和农村改革的方向应该是“政企分离”、“政社分开”的政策性建议，1984年他获得了首届孙冶方经济学奖，他在这方面的研究和理论勇气使他享誉海内外。董辅礽先生还是研究中国民营经济的资深经济学家，力主发展民营经济，被称为“中国民营经济的辩护人”。他 80 年代末崇尚公平效益的社会目标坚定了人们的信念，他这些令人瞩目的成就使他得到了“一代经济学大师”的美称。

选入本集的文章，主要是按董辅礽先生生前的研究，分类成具有代表性的六个系统或方面，并按大致的时间顺序进行了编辑，以揭示董辅礽先生经济思想的形成和演进过程，并展示其睿智、深邃，不唯书、不唯上，勇于创新、崇尚实践的天赋、品格、治学风范和思想精髓。我们期待本书收集的文章能够基本反映董辅礽先生的经济思想体系和主要内容，以飨读者。

平衡增长论　《确定积累和消费比例的若干方法论问题的探索》是作者在国际学术界获得“中国经济成长论的代表”称誉的成名作，被选为董辅礽先生早期从事经济研究的代表性成果，列为本章的首篇。有关“马克思再生产公式具体化”的四篇文章，在马克思再生产理论的基础上，参照部门联系平衡表，吸收里昂惕夫的投入产出分析法的优点，设计出了相互联系的公式，得出别具一格的平衡表，更被国际学术界誉为“更加雄心勃勃”的“董氏再生产模型”。其核心思想可谓“平衡增长论”。“平衡增长论”产生的时代背景是：我国刚刚从“大跃进”的狂热中些微冷静下来，但主流思想仍将“力求平衡”说成是“右倾保守”，认为“不平衡”是“革命和进步”，鼓励“留有缺口”的不平衡计划，等等。董辅礽先生的“平衡增长论”就是针对这种思潮的。如果说，前五篇文章是“平衡增长论”的理论基石，《中国经济发展中积累和消费的关系问题》则是作者在改革开放起始阶段对“平衡增长论”的进一步发展。在这篇文章中，作者进一步认为，只要抓住最基本的、决定性的、发端的国民收入中积累基金和消费的平衡，其他平衡关系的解决就一目了然了。《提高消费率问题》则是作者在生命的最后阶段针对改革开放二十多年后的新情况而发表的真知灼见，同时也是其“平衡增长论”的最后延展。

所有制改革论 所有制改革理论是董辅礽先生改革思想和理论，也是其经济思想的重要组成部分，对中国经济理论和经济改革乃至由此而引发的其他方面的改革都产生了重大导向和影响。董辅礽先生在本章节开篇的《关于我国社会主义所有制形式问题》发表于中国改革发端的1979年1月，当时生产资料所有制问题是理论禁区。文章一针见血地指出，经济体制的改革绝不是管理方法的改革，而是所有制的改革；而所有制的症结和要害在于国家所有制，而在国家所有制的形式下的严重弊端，一是国家政权的行政组织取代了经济组织，企业成为国家各级行政机构的附属物，甚至成为基层一级政权（如政企合一单位），难以实行独立自主经营；二是国家行政组织直接指挥企业的经营活动，以政代企；三是企业领导人由政府任命，只对上级机构负责，往往不关心行政指令的经济合理性；四是企业作为行政附属物，与企业资产、企业经营缺乏紧密联系，经济动力和激励不能与生产资料紧密结合，劳动者不能从经济利益上关心本企业的经营状况。董辅礽先生还指出农村集体经济采取“政社合一”的所有制形式，将集体经济从属于国家的行政组织，从而具有变相的国家所有制形式的特点。董辅礽先生认为所有制改革是经济体制改革最深层次的内容，不改革所有制，经济体制各方面的改革都不可能成功，经济体制改革的实质在于改革全民所有制的国家所有制形式。

董辅礽先生在以后的所有制改革文章中，进一步论述所有制改革和经济运行机制改革的关系，从而阐述市场经济机制的调节作用；谈到所有制改革将造就与市场经济融合的经济体制；大胆提出将小型国有企业改造成个体或私营企业；董先生在所有制改革研究中得出了我国经济制度的共同所有制和公众所有制的结论。

国有企业改革论 董辅礽先生在他的文章中明确提出国有企业要想改革成为真正的市场竞争者，只有通过所有制改革才能实现。他批评只改变企业经营方式不改变全民所有制的观点，不同意当时盛行的两权分离的改革形式，认为所有权与经营权相分离的改革做法回避变革所有制形式问题，不触及国家所有制，不足以使国有企业成为完全自主经营、自负盈亏的市场竞争者，不能解决企业自负盈亏问题，所以两权分离的承包制不能成为国有企业的改革目标。这种看法后来被改革实践证明是正确的。进入90年代又提出从国有企业的功能出发分别不同类型改革国有企业的观点，非常明确地主张国有企业应该从竞争性领域退出，而在非竞争性领域和社会公益性领域保留国有企业。之后又进一步指出，只有进行产权改革才能从根本上创造出使国有企业走向市场的条件。许多国有企业可以通过各种途径改变为民营企业、合营企业和股份制企业等；谈国有企业改革时也涉及在市场经济条件下如何管理国有资产等问题。董辅礽先生的这些理论及改革主张，在推进国有企业按市场经济方向改革过程中发挥了积极作用，既独立成篇，又有内在的逻辑性，反映了作者一贯治学的特点：在注重理论上缜密自洽的同时，更重视从实际中发现和研究问题，达到理论与实际的完美结合。

市场经济论 20世纪90年代，中国兴起由计划经济体制向市场经济体制转变的改革浪潮，董辅礽先生又一次站在潮头，对“社会主义市场经济”这一重要概念进行了独到的阐释。与“社会主义市场经济是在公有制为主体的所有制基础上的市场经济”这一传统理解不同，董先生认为，社会主义市场经济就是要把市场效率和社会公正有机地结合起来，公有制经济着眼于社会公平，非公有制经济则与市场竞争相联系，着眼于市场效率，即社会主义市场经济 = 社会公平 + 市场效率。这又被称为“董氏市场经济公式”。“董氏市场经济公式”再一次体现了董先生对“社会公平”的强调，这与他一贯的改革理念一脉相承。

《论市场和社会主义市场经济》写于市场经济改革早期，文章对市场的功能、机制、缺陷等理论问题展开了系统全面的论述，并结合中国的经济现状，对市场如何在社会主义市场经济中正常、有效运作进行了探讨。在《建立社会主义市场经济体制问题》一文中，作者提出了“董氏市场经济公式”，并结合“董氏八宝饭理论”，一起构建了混合所有制经济思想；另外，作者还在文中对建立社会主义市场经济的其他几个关键难点，如国有企业改革、政府职能转变和机构改革等问题进行了前瞻性的深刻剖析，彰显了作者深刻的见解与敏锐的洞察力，文中一些观点至今仍具有重要的指导意义。

资本市场论　对于资本市场论题，作者在马克思主义经济学理论方面进行了重要发展，在中国经济改革实践方面赋予了极大期望和深入探索。《发挥证券市场的优化资源配置功能》一文将所有制和股份制关系进行了深入剖析，提出公有制有共同所有制和公众所有制两种形式，股份制就属于公众所有制，是对私有制的一种扬弃。在探索中国社会主义市场经济建设发展的现实道路上，股份制、股份公司、证券市场以及期货、基金市场被作者赋予了极大的期望。指出证券市场是人们学习市场经济的大学校，应加强证券市场优化资源配置功能。为了充分发挥资本市场促进中国经济建设和发展的作用，作者积累了实际调查、国际比较、投资者利益等多方面的研究和思考，为中国证券市场、期货市场、基金市场的规范发展和有效运作提出了众多深刻而又务实的意见。《像对待婴儿那样爱护证券市场》，与作者关于资本市场在中国经济改革和发展中关键位置、作用的思想一脉相承，该文全面分析了有关证券市场投机、炒股、市盈率等方面问题，指出一切由于稚嫩产生的问题将在成长中逐步克服。实际上这也是中国建立健全市场经济体制的现实有效发展过程。

经济发展理论 董辅礽先生是改革开放以后我国经济发展理论的主要开拓者。改革开放以来，他写了大量经济发展方面的文章，他把农村非公有制的非农产业的发展看成是改变我国二元经济结构的有效途径。他在大量实地调查研究的基础上，探索了中国改变二元经济结构的途径，对实现农业现代化和农村非农产业发展的实践进行了理论总结。他关于制度、传统在发展中的意义、发展的代价、发展的突破口等问题的论述，不同于传统发展经济学，是对发展经济学的发展。他还对我国经济发展战略作了精辟的理论概括，提出了我国经济发展战略转变的若干方面。他主张根据我国的比较优势参与国际分工，认为像我国这样的大国不能实行出口导向战略，而只能实行以内向发展为主的基础上的对外开放战略。从只注意在城市发展各种非农产业转变到同时注意在农村中发展工业和其他非农产业的发展战略。董辅礽先生在20世纪80年代初就把经济增长方式的转变提到战略的高度，并从中国经济改革发展阶段变化的角度提出了超越梯度发展的思想。他赞同资源配置要效率优先，但指出东部优先发展政策并不一定总是有效率的，东部优先发展政策的效率提高效果是有时间条件的，随着改革发展阶段的变化，东部优先发展政策的效果也会发生变化。他认为中、西部的发展不应被梯度次序的设计所束缚。在地区间比较优势已经出现变化的情况下，应当适时调整政策，加快进行重点西移进程。董辅礽先生是我国可持续发展战略的最早倡导者之一，对可持续发展的若干方面作出了独特的阐述，提出为了使生产是可以持续的，必须注意资源的节约以及以可再生资源替代不可再生资源，还必须保护环境。在环境保护问题上，他在把环境和生态问题区别开来的基础上，阐述了环境保护中的“知”与“行”的关系，并就如何发挥市场作用来推进环保事业提出了新颖的观点。此外，他还深刻论述了经济和社会协调发展所涉及的诸多问题。

民营经济论 董辅礽始终不断地呼吁支持发展民营经济。董辅礽在《社会主义市场经济下的非公有制经济》中犀利地指出：“理论是要求彻底的。如果理论不彻底，那么沿着它的逻辑思路追溯下去，很可能否定自己。”正是作者这种“追求彻底的理论创新”的治学精神使其文稿处处都闪耀着思想的火花，而这些思想的火花将引领读者深刻洞悉中国民营经济发展进程背后的种种玄机。针对于“为什么要支持非公有制经济发展”的认识上的种种误区，在《社会主义市场经济条件下的非公有制经济》、《大力发展民营经济才能发展市场经济》和《发展非公有制经济不是权宜之计》三篇文稿中，作者以溯源的、思辨的严谨逻辑，清晰指出，“允许非公有制经济的发展是发展市场经济的需要。非公有制经济天然与市场经济兼容”。在随后的《消灭私有制还是扬弃私有制》一文中以及《八宝饭理论》访谈中，作者广征博引、清丝细缕地向读者娓娓道出了“公众所有制”以及“社会主义市场经济 = 社会公平 + 市场效率”这两个带有“董氏”烙印的理论独创。这是作者的所有制理论在民营经济领域的延伸。而《保护并鼓励私营经济发展》一文则充溢着作者胸怀经世济国抱负、作为“中国私营经济护航人”的拳拳爱心。

董辅礽经济科学发展基金会

2006 年 9 月

平衡增长论

确定积累和消费比例的若干方法论问题的探讨*

国民收入用于积累和消费的比例，是国民经济中最重要、最综合的比例之一。在社会主义国家里，积累和消费的比例问题，是属于人民内部矛盾的问题。积累和消费的矛盾和统一的关系，集中地体现着社会生产和社会需要之间、发展生产和改善人民生活之间、人民的集体利益和个人利益、长远利益和目前利益之间的矛盾和统一的关系。正确安排积累和消费的比例，对于正确处理人民内部矛盾问题有着很大的意义。不仅如此，我们知道，作为国民经济中最综合的比例之一，积累和消费的比例同国民经济中许多其他重要比例和重要指标，有着密切的、相互制约的关系。这些重要比例有：第一部类和第二部类之间、工业和农业之间、甲类工业和乙类工业之间的比例等；这些重要指标有：基本建设投资额、工资基金、国家的财政收入和支出、人民的消费水平等。正确安排积累和消费的比例，对于保证国民经济有计划按比例地发展也有很大的意义。由此可见，积累和消费的比例问

---

* 原载《经济研究》1959 年第 11 期。

题，乃是一个具有重大政治意义和经济意义的问题。我们党一向很重视正确处理这个问题。

国民经济中的任何比例关系，同任何经济现象、任何事物一样，一方面有其质的规定性，另一方面有其量的规定性。我们在研究国民经济中的任何比例时，除了要对它的质的规定性进行研究以外，还要对它的量的规定性进行研究，研究它在数量关系上的变化规律性、制约其数量关系变化的因素。这样进行研究有助于在编制国民经济计划时正确地安排各种比例。对于积累和消费比例的研究也是这样。

为了正确地安排积累和消费的比例，必须认真研究和贯彻党的路线、方针、政策，同时还需要研究有关这一问题的基本方法论。本文试图从数量关系上对确定积累和消费的比例的若干方法论问题进行一些初步探讨。至于积累和消费的比例动态问题，则不打算涉及。在进行探讨时，为了分析方便起见，我们舍象了一些因素，例如：劳动力在物质生产领域同非物质生产领域之间分配比例的变化、物质生产部门构成的变化对就业于生产领域的劳动者平均固定资产装备率的影响等。这些因素在具体安排积累和消费的比例时都必须同时考虑，求出相应的积累和消费的比例。本文以下所论的积累和消费的比例，是将这些因素暂时舍去后所得出的一个规定，它是我们具体规定积累和消费的比例的依据之一。

在安排积累和消费的比例时，同安排任何比例一样，一方面要确定需要，另一方面要确定资源，同时进一步使需要与资源相适应（平衡）。这里只准备探讨如何根据需要确定积累和消费的比例，如何根据资源确定这个比例，并使得需要同资源平衡，至于如何确定资源问题则不准备涉及。

根据需要确定积累和消费的比例，也就是确定国民经济对积累基金和消费基金的需要。在各个计划时期，国民经济对积累基金和消费基金的需要可以分为两部分：一部分是最低需要，另一部分是追加需要，或可称为进一步需要，也就是超过最低需要以上的需要。下面我们可以看到，把国民经济对积累基金和消费基金的需要划分为这样两部分，并分别加以确定，对于安排积累和消费的比例在方法论上有着重大的意义。

确定国民经济对积累基金和消费基金的最低需要

在确定计划时期积累和消费的比例时，首先要确定国民经济对积累基金和消费基金的最低需要。这种最低需要是客观存在的，它们受到社会主义经济规律，首先是社会主义基本经济规律的制约。

计划时期国民经济对积累基金的最低需要较难确定。概括说来，积累基金的最低需要大体上是由以下一些因素决定的：

首先，随着人口的不断增加，有劳动能力的居民也是不断增加的。在社会主义社会正常发展情况下是没有失业的。社会为了保证计划期中新增加的有劳动能力者都能就业，需要将计划期中的一部分国民收入用作生产性积累（为了分析简便起见，假定新增加的有劳动能力的居民将全部就业于物质生产领域，同时，也不考虑每个劳动者劳动时间的变化。这里需要指出的是，在社会主义社会长期看来就业于非生产领域者的比重要提高，同时每个劳动者每日的劳动时间将会适当缩短）。这部分生产性积累的最低需要可以这样确定：

（1）为了装备这部分新增加的有劳动能力的居民，需要增加一部分生产性的固定资产积累；同时为了使计划期中劳动生产率不致降低，用于增加生产性固定资产的这部分积累，其最低限界应该是计划时期新增加的有劳动能力者的人数乘上基期就业于物质生产领域的劳动者平均固定资产装备率所得的积。只有高于这个数值，才不致使计划时期的劳动生产率下降，或者不致使一部分有劳动能力者不能就业。

（2）由于用来装备新增加的有劳动能力者的生产性固定资产增加，相应地也需要增加一部分劳动对象。为此，也需要把一部分国民收入用于增加生产性流动基金。这一部分积累的最低需要，大体上可以参考基期的定额加以确定。

（3）既然增加了上述部分生产性流动基金，也就要相应地增加一部分储备，以保证再生产过程的正常进行。这样，也需要把一部分国民收入用于增加生产资料的储备。这也是增加生产性流动基金的一部分积累。它的最低需要也可以参考基期的定额加以确定。

其次，由于人口增加，计划期中还需要把一部分国民收入用作非生产性积累。这部分积累的最低需要是由以下几部分组成的：

（1）由于人口增加，计划期中需要增加一部分非生产性固定资产（例如住宅、医院、学校、电影院等）。用于这方面的积累，其最低需要等于新增加的人口数乘上基期每人平均非生产性固定资产定额的积。如果低于这个数值，就会使计划期内居民平均非生产性固定资产的定额降低，从而使得人民的生活水平降低。

（2）由于人口增加，在不降低人民生活水平的条件下，在计划期中需要相应地增加一部分消费品；由于消费品总额增加了也要相应地增加消费品的储备，以保证供应（需要指出，这里所说的是增加消费品的储备，而不是由于人口增加所需要相应增加的全部消费品，因为后者属于消费基金，而不属于积累基金）。用于增加这部分消费品储备的积累，也可以参考基期的储备定额加以确定。

上述各项加在一起，大体上就是计划期中国民经济对积累基金的最低需要。当然，实际生活比这要复杂得多，在具体计算时还需要更细致地加以考虑。

计划时期消费基金的最低需要较容易确定。它应当等于基期的消费基金量加上基期的消费基金量乘以计划期人口自然增殖率的积。为什么说这是计划时期消费基金的最低需要呢？因为低于这个限界，计划时期按人口平均计算的人民消费水平就要降低（这里暂不考虑其他因素）。而在社会主义社会，随着社会生产的不断提高，人民的生活水平必将有所提高。基期的消费基金量是已知的，计划期内人口自然增殖率也不难确定，一般说来它是比较稳定的，因此消费基金的最低需要也不难确定。

在安排积累和消费的比例时，确定两者的最低需要有着重大的意义。因为确定了两者的最低需要，大体上也确定了计划期中生产资料生产和消费资料生产产量的最低限界。生产性积累的最低需要决定了生产资料生产的最低限界；消费基金的最低需要同非生产性积累的最低需要之和决定了消费资料生产的最低限界（非生产性积累是消费资料的积累，属于消费资料）。此外，确定了两者的最低需要，也便于确定计划时期积累和消费的比例。因为，当积累基金和消费基金的最低需要确定了以后，安排积累和消费的比例问题就归结为，按什么比例把除去积累基金和消费基金的最低需要以后剩下的那部分国民收入使用于积累和消费。实际上积累和消费的比例的安排在各个计划时期只涉及到剩下的这部分国民收入，而不涉及国民收入的全部。这样来安排积累和消费的比例有一个很大的好处，就是至少不会影响计划期内人民的生活水平，同时又不至于影响必要的、最低限度的积累。

确定了国民经济对积累基金和消费基金的最低需要，也即最低限界之后，就可以确定两者的最高限界。在一定的国民收入量的情况下，积累基金的最高限界等于国民收入量与消费基金最低需要之差；而消费基金的最高限界则等于国民收入量与积累基金最低需要之差。下面我们可以看到，确定两者的最高限界对于安排积累和消费的比例在方法论上也是有意义的。

确定了国民经济对积累基金和消费基金的最低需要以后，还要确定它对两者的追加需要，即超过最低需要以上的需要。

确定国民经济对积累基金和消费基金的追加需要

确定国民经济对积累基金和消费基金的追加需要比确定最低需要要困难得多。我们知道，如果说国民经济对积累基金和消费基金的最低需要是有确定的限界的话，那么对于两者的追加需要，则没有这样确定的限界。

当然，如果结合资源来考虑的话，国民经济对积累基金和消费基金的追加需要要受到资源的限制，这种需要不能超过前述两基金的最高限界，否则就不能保证国民经济对两基金的最低需要。可是，要确定积累基金和消费基金的最高限界，就首先要确定资源——国民收入的总额。确定资源是比较困难的，而且资源本身的确定又要考虑对它的需要。在确定国民经济对积累基金和消费基金的最低需要时，一般说来可以不考虑资源，因为在社会主义社会，各个时期的资源都始终要大大超过国民经济对两基金的最低需要。

同时，即使资源已经确定，两基金的最高限界也已经确定，要确定国民经济对积累基金和消费基金的追加需要也是比较困难的。一方面，因为在一定的资源的情况下，国民经济对两基金的追加需要在数量上有着相互消长的关系：对积累的追加需要多一些，对消费的追加需要就要少一些；反之亦然。另一方面，对积累基金的追加需要和对消费基金的追加需要，又相互向对方提出需要。譬如，对消费基金的追加需要安排得多一些，就相应地要把一部分积累用于生产更多的消费品。在安排积累基金和消费基金的最低需要时，则不存在两者相互消长的问题。

然而，最困难的问题还是，在有限的资源的情况下，如何才能把可以用来满足国民经济对两基金的追加需要的那部分国民收入恰当地用于积累和消费，使得既能照顾到生产的发展、国家的建设，又能照顾到人民生活的改善；既能照顾到人民的集体利益和长远利益，又能照顾到人民的个人利益和目前利益。这里需要考虑各种政治因素和经济因素、国内情况和国际情况，在确定国民经济对积累基金和消费基金的最低需要时，所要考虑的因素和情况则要简单得多。

确定国民经济对积累基金的追加需要，大体上要考虑以下几方面的需要：

首先是国民经济对生产性积累基金的追加需要。这一部分需要包括两个部分：

第一，由于改善对现有企业的利用，需要增加一部分流动基金。在分配积累基金时，这一部分流动基金是首先要保证的，因为只有这样才能充分利用现有的生产能力。不首先保证国民经济对这一部分积累基金的追加需要，而去进行新建和改建，从经济效果来说是不合算的。

第二，新建、改建所需要增加的固定资产以及相应地需要增加的一部分流动基金。

在确定国民经济对生产性积累基金的追加需要时，要考虑各种因素和各种问题，其中最关键性的问题是国民经济的发展速度和比例问题。要保证国民经济高速度地发展，没有一定的积累是不行的。在确定国民经济对生产性积累基金的追加需要时，必须考虑如何正确地结合当前的发展速度和远景的发展速度，以保证国民经济长时期的更快的发展。同样，要改造国民经济的结构，改变国民经济中的一些重大比例以适合社会主义经济发展的需要，没有适当的积累也是不行的。如何根据各种因素、各种情况来确定国民经济对生产性积累基金的追加需要，是一个值得进一步研究的问题。

其次是国民经济对非生产性积累基金的追加需要。这一部分需要大体上包括以下几方面：

第一，为了改善人民的生活，需要增加一部分非生产性固定资产（住宅、医院、电影院等）。

第二，用于增加行政管理机关、国防部门等用的固定资产的积累。

第三，随着人民收入的增加，消费品也要相应增加，因而也要相应地增加一部分消费品的储备。

国民经济对积累基金的追加需要还包括增加国家后备。为了保证国民经济能协调地发展，防止一些意外事件可能给国民经济带来的不良影响，以及为了巩固国防，还需要把一部分国民收入用于增加国家后备。

国民经济对消费基金的追加需要，大体上是由以下一些因素决定的：

首先，为了在计划时期提高人民生活水平，需要增加一部分社会消费基金（例如文化教育费用、卫生保健费用等）。

其次，用于满足社会共同需要的那部分社会消费基金（例如国家管理机关的开支、国防费用等，均不包括就业于这些部门的人员的报酬），如果在计划期内必须增加的话，增加的部分也是国民经济对消费基金的追加需要。与前述两部分消费基金的追加需要不同，国民经济对这一部分消费基金的需要，在计划期内并不一定增加，近年来，总的趋势是减少的。如果对它的需要减少的话，应该从国民经济对消费基金的追加需要总额中扣去。

最后，为了在计划时期提高人民的生活水平，需要增加一部分个人消费基金。这部分个人消费基金应该分别按生产领域和非生产领域、职工和农民进行计算，以便正确地安排生产领域和非生产领域职工之间、职工和农民之间生活水平的对比关系。对于生产领域的职工工资收入来说，重要的问题在于确定平均工资增长速度同劳动生产率提高速度之间的比例关系。

在发展生产的基础上逐步改善人民的生活，是党根据社会主义基本经济规律的要求而制定的一项重要政策，在安排积累和消费的比例时，要根据生产发展的情况，规定计划期内提高人民生活水平的任务，确定对消费基金的追加需要。

由于国民经济对积累基金和消费基金追加需要的各部分的政治经济意义不同，分别加以确定是十分必要的。当然，实际生活比上面所说的要复杂得多，在进行具体安排时，还需要加以具体化。

上面谈的是如何根据需要来确定积累和消费的比例。但是，正如前面所曾指出的，各个计划时期的国民收入资源是有限的，国民经济对两基金的追加需要不能不受到资源的限制。因此，还必须根据资源来确定积累和消费的比例。

用于积累和消费的唯一资源是国民收入。一方面，国民收入作为计划时期新创造的价值总额，从它的量上制约积累和消费的比例；另一方面，国民收入作为计划时期一定数量的生产资料和消费资料，又从它的物质构成上制约积累和消费的比例。国民经济对积累基金和消费基金的需要，必须从量的方面和物质构成方面同国民收入资源相适应。所以还要考虑如何根据国民收入的量来安排积累和消费的比例，以及如何根据国民收入的物质构成来安排这个比例。先考察一下前一个问题。

根据国民收入的量确定积累和消费的比例

为了便于说明起见，这里先举一个假设的例子。假定基期国民收入为4000，积累基金为1000，消费基金为3000，积累和消费的比重分别为25%和75%。假定计划期内国民收入将增长20%，达到4800。假定人口增长2%，这样，计划期中消费基金的最低需要则为3060，再假定计划期中积累基金的最低需要为1000。根据这些条件，就可以求得计划期内积累基金和消费基金的最高限界、两者的最低比重和最高比重。

表1

	基期		计划期			
			(1)		(2)	
	绝对数	%	绝对数	%	绝对数	%
国民收入	4000	100.0	4800	100.0	4800	100.0
积累基金	1000	25.0	1740	36.3	1000	20.8
消费基金	3000	75.0	3000	63.7	3800	79.2

由表1可知，在前述条件下，积累基金的最高限界为1740，超过这个数额，就不能保证国民经济对消费基金的最低需要，就会降低人民的生活水平；消费基金的最高限界为3800，如果消费基金超过这个数额，就不能保证国民经济对积累基金的最低需要；相应地，积累基金和消费基金的最高比重为36.3%和

79.2%，最低比重为20.8%和63.7%。

前面谈到，在一定国民收入量的情况下，国民经济对积累基金和消费基金的追加需要要受到资源的限制。在上述例子中，国民经济对积累基金和消费基金的追加需要总额不能超过国民收入-（消费基金最低需要+积累基金最低需要）之差，在我们的例子中就是不能超过4800-（3060+1000）=740。

在初步确定了国民经济对积累基金和消费基金的追加需要以后，必须同国民收入中可能用于满足这部分需要的资源进行平衡。如果需要大于资源，就要千方百计挖掘潜力，增加资源以满足需要；如果在千方百计挖掘潜力以后，需要仍大于资源，就要适当削减需要，使得需要与资源相适应。相反地如果资源大于需要，就可以增加需要。

从上述例子中也可以看到，安排计划时期积累和消费的比例，实际上并不涉及全部国民收入，而只涉及其中的一部分(基本上是新增加的部分)，在我们的例子中这部分国民收入等于740。问题在于如何使用这740的国民收入来满足国民经济对积累基金和消费基金的追加需要，使得既能照顾到国家的建设，又能照顾到人民的生活。

从表1也可以看到，在一定的国民收入资源和一定的积累基金和消费基金的最低需要情况下，积累和消费的比例的变动也有一定的限界。在我们的例子中，积累的比重不能低于20.8%，也不能高于36.3%（这里是就我们所假设的例子而言，实际上，随着条件的变化，积累率自然也可以低于或高于这个限度）；相应地，消费的比重不能低于63.7%，也不能高于79.2%。如果只从国民收入的量方面来考虑，积累和消费的比例的可变幅度，在上述例子中为36.3%-20.8%=15.5%。这就是国民收入量给积累和消费的比例的变动划定的范围。

为了进一步说明国民收入量如何影响积累和消费的比例，再假定计划期内国民收入增长35%，也即达到5400。在上述同样的条件下，各个指标的数值有如表2：

表2

	基期		计划期			
			(1)		(2)	
	绝对数	%	绝对数	%	绝对数	%
国民收入	4000	100.0	5400	100.0	5400	100.0
积累基金	1000	25.0	2340	43.3	1000	18.5
消费基金	3000	75.0	3060	56.7	4400	81.5

在这个例子里，国民经济对积累基金和消费基金的最低需要和前一个例子里一样，两基金的最高限界则分别为2340和4400，比前一个例子各大600。在这个例子里用来满足国民经济对积累基金和消费基金追加需要的那部分总额是1340，也比前一个例子大600。这里，积累和消费的最低比重分别为18.5%和56.7%，最高比重分别为43.3%和81.5%。与前一个例子相比，积累的最低比重低2.3%，消费的最高比重高2.3%；积累的最高比重高7%，消费的最低比重低7%。这里，积累和消费的比例的可变幅度为43.3% -18.5% =24.8%。

把前后两个例子加以比较，就可以看到国民收入量对于积累和消费的比例的影响如下；

第一，计划期内国民收入增长得越快，国民收入的量越大，积累和消费的比例的可变幅度也越大，第二个例子比第一个例子大9.3%。由此可见，如果不考虑国民收入的物质构成，那么计划期内国民收入增长得越快，国民收入的量越大，人们在安排积累和消费的比例中的能动性也越大，换句话说，国民经济的发展速度越快，资源越多，我们在安排积累和消费的比例时也越主动。

第二，计划期内国民收入增长得越快，国民收入的量越大，那么，在保证国民经济对积累基金和消费基金最低需要的条件下，国民收入中可以用来满足国民经济对两基金的追加需要的数量也越大。在这种情况下，同时既增加积累基金又增加消费基金的可能性也越大，而积累率也可以安排得高一些。以第二个例子来说，即使在计划期中把积累的比重由基期的25%提高到35%，消费基金也能比基期增加17%，而积累基金则可增加89%。如果把消费的比重由基期的75%提高到80%，积累基金也能比基期增加8%，而消费基金则可增加44%。由此可见，如果只就国民收入的量来考虑，那么，计划期中国民收入增长得越快，国民收入的量越大，就越容易兼顾积累和消费，越容易满足国民经济对两基金的追加需要，也越有利于安排积累和消费的比例。从这里我们也可以得出结论：决定积累和消费的比例的首先是国民收入的生产。积极发展生产、高速度地发展国民经济乃是正确安排积累和消费的比例的物质前提。

根据国民收入的物质构成确定积累和消费的比例

积累基金和消费基金就其物质形态来说，都是由一定的物质资料构成的。积累基金的物质形态主要是生产资料，只有小部分是消费资料；消费基金的物质形态是消费资料。如果不考虑其他许多因素的话（这些因素有：对外贸易、有些产品既可用作消费资料又可用作生产资料、积累中有一部分消费资料等），那么积累和消费的比例就决定于国民收入的物质构成，即国民收入中生产资料和消费资料之间的比例，这个比例可用下列公式来表示：

$$\frac{\text{I}(c+v+m)-(\text{I}c+\text{II}c)}{\text{II}(c+v+m)}$$

这里，Ⅰ（c+v+m）－（Ⅰc+Ⅱc）=国民收入中生产资料的数量。

Ⅱ（c+v+m）=国民收入中消费资料的数量。

如果不考虑积累基金中有一部分消费资料以及其他一些因素，Ⅰ（c+v+m）－（Ⅰc+Ⅱc）就是物质形态上的积累基金；Ⅱ（c+v+m）就是物质形态上的消费基金。两者之间的比例从物质构成方面决定了积累和消费的比例。

为了说明如何根据国民收入的物质构成来确定积累和消费的比例，可以举一个假设的例子（见表3）：

表 3

		c	v+m	c+v+m	Ⅰ和Ⅱ的比重 %	国民收入 绝对数	国民收入 %
第一种情况	Ⅰ	4000	2000	6000	66.7	500	14.3
	Ⅱ	1500	1500	3000	33.3	3000	85.7
	合计	5500	3500	9000	100.0	3500	100.0
第二种情况	Ⅰ	5000	2500	7500	71.4	1000	25.0
	Ⅱ	1500	1500	3000	28.6	3000	75.0
	合计	6500	4000	10500	100.0	4000	100.0

在这个例子的第一种情况里，c在社会总产品中的比重是61%多，第一部类和第二部类的比重为66.7%和33.3%，Ⅰ（c+v+m）－（Ⅰc+Ⅱc）=500，这就是构成一部分国民收入的生产资料，它在国民收入中的比重为14.3%，Ⅱ（c+v+m）=3000，这就是构成另一部分国民收入的消费资料，它在国民收入中的比重为85.7%。如果不考虑积累基金中有一部分消费资

料和其他因素的话，积累基金和消费基金应该分别为500和3000，两者的比例应该为14.3%:85.7%。

在第二种情况里，c在社会总产品中的比重仍旧大体上是61%多，不同的是第一部类在社会总产品中的比重高些，由于这个缘故，生产资料在国民收入中所占的比重也高些，达25%。如果不考虑其他因素的话，在第二种情况里，积累基金和消费基金应该分别为1000和3000，两者的比例应该为25%:75%。

由此可见，影响国民收入的物质构成，并通过后者影响积累和消费的比例的第一个因素是两大部类的比例。这从上述公式中也可以看到：如果（Ⅰc+Ⅱc）不变，那么国民收入的物质构成就取决于Ⅰ（c+v+m）/Ⅱ（c+v+m）。

影响国民收入的物质构成，并通过后者影响积累和消费的比例的第二个因素是社会产品中物质消耗的数量。这也可以从上述公式中看到：如果两大部类的比例不变，也即Ⅰ（c+v+m）/Ⅱ（c+v+m）不变，国民收入的物质构成，就直接取决于物质消耗量（Ⅰc+Ⅱc）。在其他情况不变的条件下，物质消耗越少、越节约，国民收入中生产资料的比重也越大，积累的比重也可以越高。现在举一个例子来加以说明：

表4

		c+v+m	c	国民收入	
				绝对数	%
第一种情况	Ⅰ	7500	5000	1000	25.0
	Ⅱ	3000	1500	3000	75.0
	合计	10500	6500	4000	100.0
第二种情况	Ⅰ	7500	4950	1100	26.8
	Ⅱ	3000	1450	3000	73.2
	合计	10500	6400	4100	100.0

从表 4 可以看到，在两种情况下社会总产品的量和两大部类的比例都是相同的，不同的是在第一种情况下物质消耗为 6500，在第二种情况下为 6400，也即比前一种情况少 100。由于这个缘故，在第二种情况下不仅国民收入量比第一种情况多 100，而且生产资料在国民收入中的比重也要比第一种情况大 1.8%。如果不考虑其他因素的话，积累的比重在第二种情况下也要比第一种情况大 1.8%。从这里我们也可以看到厉行节约的重大经济意义。它是解决我国建设资金问题的途径之一。毛泽东同志指出："我们要进行大规模的建设，但是我国还是一个很穷的国家，这是一个矛盾。全面地持久地厉行节约，就是解决这个矛盾的一个方法。"①

根据需要确定了计划时期积累基金和消费基金的量以及它们之间的比例以后，除了要同国民收入的量进行平衡以外，还要同国民收入的物质构成进行平衡，使得需要同资源相适应。

如果国民经济对积累基金和消费基金的需要同国民收入的量相适应了，但是同国民收入的物质构成还不能适应的话，就要考虑改变原来计划的国民收入物质构成，使其与需要相适应。改变的主要途径如下：

第一，改变一部分企业的生产方向和一部分投资的方向，使得生产资料的生产和消费资料的生产能够同国民经济对积累基金和消费基金的需要相适应，使得两大部类的比例能够符合国民经济对国民收入的物质构成、对积累和消费的比例的需要。这里可以列出一个根据国民经济对国民收入物质构成的需要确定两大部类比例的公式：

① 毛泽东：《关于正确处理人民内部矛盾的问题》，人民出版社 1957 年版，第 35 页。

$$p_1 = c + (1 - c)x$$

$$p_2 = 1 - p_1$$

其中：p_1——生产资料在社会总产品中的比重

p_2——消费资料在社会总产品中的比重

c——物质消耗在社会总产品中的比重

1 - c——国民收入在社会总产品中的比重

x——生产资料在国民收入中的比重

（1 - c）x——国民收入中的生产资料在社会总产品中的比重

如果知道物质消耗在社会总产品中的比重为45%，即c = 45%，而要使得国民收入中生产资料所占的比重在计划期内达到25%，即x = 25%，那么根据这个公式就可以算出，计划期中第一部类和第二部类的比例应该是58.8%∶41.2%。如果要使得国民收入中生产资料所占的比重在计划期内达到30%，那么，计划期中第一部类和第二部类的比例就应该是61.5%∶38.5%。[①]

我们知道，在短时期内物质消耗在社会总产品中的比重是比较稳定的，所以不难利用这个公式根据国民经济对积累率的需

---

① 也可根据下列公式确定两大部类的比例：

$$\frac{p_1}{p_2} + \frac{x + \frac{c}{1 - c}(x + y)}{y} \qquad (1)$$

其中：y—消费资料在国民收入中的比重。

因为，x + y = 1

所以，

$$\frac{p_1}{p_2} = \frac{x + \frac{c}{1 - c}}{y} \qquad (2)$$

如果确定了国民经济对国民收入中生产资料和消费资料总额的需要，即用绝对数表现的x和y，就可以根据（1）确定社会总产品中生产资料和消费资料的总额（国民收入中的消费资料总额也就是构成社会总产品的消费资料总额）。

要、对国民收入中生产资料所占比重的需要，来大体安排计划期内两大部类的比例。

第二，把既可用作生产资料又可用作消费资料的那部分产品，根据国民经济对积累和消费的比例的需要在使用方向上作相应的调整。

第三，千方百计挖掘潜力，进一步节约原材料消耗，以提高国民收入中生产资料的比重。

第四，通过对外贸易，以我所有易我所无，改变国民收入的物质构成。

如果在作了上述的一些调整以后，需要同国民收入的物质构成仍不能相适应，就要对需要进行调整，使其与资源平衡。

综上所述，在编制国民经济计划时，一方面要根据国民经济对积累基金和消费基金的需要来安排积累和消费的比例，另一方面也要根据国民收入的资源来安排这个比例，同时还要使需要和资源相适应。这是一项异常复杂的国民经济平衡工作。在这项工作中不仅要考虑错综复杂的经济因素，而且还要考虑各种政治因素，需要统筹兼顾、适当安排。毛主席指示我们："在全民所有制经济和集体所有制经济里面，在这两种社会主义经济形式之间，积累和消费的分配问题是一个复杂的问题，也不容易一下子解决得完全合理。"① 摆在我们面前的任务是加强对这一问题的研究。

---

① 毛泽东：《关于正确处理人民内部矛盾的问题》，人民出版社 1957 年版，第 12 页。

从社会产品生产和使用统一的角度探索马克思再生产公式具体化问题*

一　问题的提出

马克思在研究资本主义社会再生产时，运用高度的科学抽象力制定了社会资本再生产的公式。马克思的再生产公式从社会产品的价值和使用价值的矛盾和统一中，概括地反映并揭示了社会资本再生产过程中社会产品在价值上的相互补偿和在使用价值上的相互替换的复杂关系。马克思借助于再生产公式并同他的政治经济学理论的其他部分一起，深刻地揭示了资本主义社会再生产的本质、它的不可克服的内在矛盾以及由于这些矛盾的发展导致资本主义必然走向自己的否定的客观规律。

马克思在研究资本主义社会再生产时，之所以能够作出如此重大的科学结论，是同他善于运用科学的抽象方法分不开的。在政治经济学的研究中，抽象方法占有特殊重要的地位。抽象方法的本质在于，依研究的事物本身和研究的目的为转移，舍象事物

---

* 原载《经济研究》1963年第3期。

的次要的、外在的、非本质的联系，从而揭露事物的主要的、内在的、本质的联系。而事物的这种内在的本质的联系，就是它的运动规律。马克思在他的再生产公式中所作的种种抽象（这些抽象我们在后面还要谈到），不仅是容许的而且是完全必要的。这是首先必须指出的。

马克思的再生产公式是以资本主义社会再生产为对象而制定的，所以它反映了资本主义的生产关系。与此同时，由于资本主义的生产是社会化的大生产，所以，马克思的再生产公式中也包含了各种社会化的大生产所共有的一些内部联系。社会主义生产方式在生产关系方面是同资本主义的生产方式相对立的。但是，社会主义的生产也是社会化的大生产。正因为如此，马克思的再生产公式，对于观察和安排社会主义的社会再生产也具有无可估量的巨大的理论意义和实践意义，这一点也是必须肯定的。

但是，摆在社会主义建设者面前的任务，是根据对客观经济规律的深刻认识自觉地来组织和安排社会主义再生产。这样，就产生了一项重要任务，这就是：在把马克思的再生产公式具体运用到社会主义建设实践中来的时候，需要从社会主义建设的实践出发把马克思的再生产公式加以具体化，使它能更具体，更多方面、更切合实际地反映和揭示社会主义再生产的内在本质联系，也就是说，需要在再生产公式中引进一些为马克思所舍象的因素。

在科学分析中舍象什么和引入什么，要以研究的过程的对象和研究的目的为转移。马克思及列宁，都曾经根据研究的问题的需要，对社会资本再生产公式进行过具体化。例如，为了进一步分析资本主义社会中第二部类产品的再生产和流通，揭示个人消费方面无产阶级和资产阶级之间的对抗性矛盾，马克思曾经把第二部类的产品进一步划分为两个副类：必要消费资料和奢侈消费资料。又如，马克思在《资本论》第3卷中研究资本周转对于利润率的影响时，还把不变资本中固定资本和流动资本的周转时间的不同这个因素纳入了他的再生产公式。列宁为了论证资本主义社会的产品实现问题，驳斥民粹派经济学家关于没有国外市场资本主义在俄国不可能发展的谬论，曾经把第一部类的产品进一步划分为两部分：为制造生产资料的生产资料和为制造消费资料的生产资料，并且把马克思舍象掉的技术进步对资本有机构成的影响这个因素引进马克思的再生产公式。这些都为我们进行再生产公式具体化的工作，树立了楷模。

二 马克思再生产公式具体化的途径之一

为了说明如何使马克思的再生产公式具体化，首先需要说明在马克思的再生产公式中舍象了一些什么因素，这些因素在把马克思再生产公式具体化时要分别加以对待和处理。大家知道，在马克思的再生产公式中主要舍象了以下一些因素：

第一，在马克思的再生产公式中假定资本的有机构成和剩余价值率是不变的。这一方面是因为马克思只考虑了增加劳动人数这样一种扩大生产的途径，舍象了技术的进步和劳动生产率的提高以及由于技术的进步而引起的生产资料消耗的节约这样一些扩大生产的途径；另一方面是因为马克思还假定工人的工资是不变的。由于这样，在马克思的再生产公式中就没有考虑各种增加生产的途径的不同结合以及工人平均工资的增长同劳动生产率提高之间的比例的变化，以及由此而引起的资本有机构成的提高和剩余价值率的变化。在具体考察社会主义再生产时，这些舍象了的因素，是不能不考虑的。列宁对马克思再生产公式的创造性发展，为我们提供了解决的办法。

第二，在马克思的再生产公式中，积累率也是不变的。而在社会主义的建设实践中，国民收入用于消费和积累的比例，是要根据需要和可能经常加以调整的。所以在考察社会主义再生产时，也必须把这个因素纳入进来，以便观察由于积累率的变化而引起的各方面关系的变化，或者反过来，由于其他各方面关系的变化，而引起的积累率的变化。

第三，在马克思的再生产公式中也没有考虑不变资本中的固定资本和流动资本在周转上的差别和特点，假定全部不变资本（不论是固定资本也好还是流动资本也好）都在一个生产周期中把自己的价值整个转移到产品中去，在该生产周期结束以后都要在实物上进行补偿。实际上，只有流动资本是这样，而固定资本则要在多次生产周期中起作用，逐渐地把价值转移到产品中去，而在价值的渐次转移中，它们的使用价值不起变化，全部在生产中发挥作用，直到报废为止。这样就造成了所用资本同所费资本的不一致、固定资本在价值上的补偿同实物上的替换不一致、它们的价值上的再生产同使用价值上的再生产不一致。这些情况，在安排社会主义再生产时都是必须加以考虑的。另外，在马克思的再生产公式中还假定每个生产周期为一年，没有考虑各个部门生产周期的长短不一，以及可以长于或短于一年的情况。这些因素，可以像前述马克思在《资本论》第3卷中所作的那样加以解决。

第四，在马克思的再生产公式中没有考虑社会产品的价格同价值的背离，而假定它们是一致的。但是在现实生活中在多数情况下不是这样，各部门劳动生产率经常的不同程度的变化是引起这种背离的原因之一。由于这种背离，就会使利用价格计量和表现的社会生产两大部类之间以及两大部类内部各个部门之间的对比关系受到歪曲。在分析社会再生产过程中的各种比例关系时，这是一个重要问题。不过，这个问题不能从再生产公式的具体化求得解决，而要求助于价值计量问题的解决和价格的确定。

第五，在马克思的再生产公式中社会产品和社会生产是按产品的使用价值，视其用于生产的消费或个人的消费而划分的。而在现实生活中不论是生产资料还是消费资料，都是在各个具体的生产部门（工业、农业、建筑业等）创造的，而这些部门又往往同时既生产生产资料又生产消费资料。为了要考察社会再生产过程中各个物质生产部门之间的联系就需要把这个因素纳入再生产公式。迄今为止，这个问题还没有得到解决。看来在一个再生产公式中要把两种不同的划分产品的原则统一起来是困难的。利用棋盘式平衡表可以考察各物质生产部门之间的联系，从而有助于这个问题的解决。

第六，在马克思的再生产公式中假定只存在一种所有制形式，即整个社会生产都是资本主义的。在社会主义阶段，存在多种的所有制形式，有全民的、集体的，甚至还有一小部分个体的。在这些所有制形式之间存在各种经济关系，在考察社会再生产过程时，这是不容忽视的一个问题。在国民经济平衡表里，不同的所有制形式及其相互间的经济关系是得到表现的，而在再生产公式中如何表现还是一个有待解决的问题。

第七，在马克思的再生产公式中还假定整个社会都是物质生产领域，而不存在非生产领域，因此也没有考虑国民收入在物质生产领域和非生产领域之间的再分配以及由此而引起的在社会产品和国民收入的最终使用中的相应变化。在社会主义社会，非生产领域在国民经济发展中起着重要的作用，而为了维持它的正常活动和发展，就必须把一部分社会产品和国民收入用于非生产领域，所以在再生产公式中也需要考虑这个因素。

第八，在非生产领域的各个部门中，需要特别提出来考虑的是国防。在帝国主义还存在的情况下，社会主义国家不得不拿出一部分社会产品来巩固国防，而用于国防的产品又同满足个人需要的消费资料有着根本的区别（军事人员个人消费的消费资料除外）。在再生产公式中也不能不考虑国防的因素。

第九，在马克思的再生产公式中也没有考虑对外贸易的因素。对外贸易会使得一国生产的社会产品的数量和物质构成同使用的社会产品的数量和物质构成不相一致。在考察实际的社会再生产情况时，对外贸易的因素自然也是需要加以考虑的。

第十，马克思的再生产公式考察的具体对象是资本主义再生产，所以假定两大部类资本家占有的剩余价值只用于该部类。在社会主义社会，全民所有制企业创造的剩余产品的绝大部分和集体所有制经济创造的剩余产品的一部分，则要集中到国家，由国家进行再分配，用于各生产部门和非生产部门。这一情况也应当在再生产公式中得到反映。

以上种种因素，在考虑对再生产公式进行具体化的时候要分别加以对待和处理，有些可以纳入，有些不能或难以纳入。我们认为，在马克思的再生产公式中把社会产品的生产同它们的最终使用结合起来，上述第七、第八、第九和第十个因素就都可以纳入再生产公式。而在考察再生产过程的动态变化时，根据实际情况的变化调整资金的有机构成、剩余产品率和积累与消费的比例，上述因素中第一和第二个因素也可以纳入再生产公式。而把不变资金（C）按照固定资产和流动基金加以划分，也可以把第三个因素纳入到再生产公式中去。

根据社会产品的价值和使用价值的统一、社会产品的生产和使用的统一，以及根据马克思在《哥达纲领批判》中提出的社会主义制度下社会产品的分配和使用的天才思想，我们可以把马克思的再生产公式作如下的具体化（为了叙述的方便，我们先从第二部类谈起）。

第二部类的产品按其最终的使用方向可以划分为三个部分：

II_1（c+v+m）——用作必要产品的消费资料。这部分消费资料是供物质生产部门劳动者及其家属个人消费的。在展开的再生产公式中，它又可以进一步划分为两部分，一部分供第一部类劳动者及其家属消费，它在价值上相当于Ⅰv，另一部分供第二部类劳动者及其家属消费，它在价值上相当于Ⅱv。

II_2（c+v+m）——非生产领域消费的消费资料。在展开的再生产公式中，这部分消费资料还可以进一步划分为四个部分：（1）供非生产领域的劳动者及其家属个人消费的消费资料；（2）用作文化教育、卫生保健、公用事业等部门物质消耗的消费资料；（3）用作科学研究机关物质消耗的消费资料；（4）用于行政管理机关、国防、阶级镇压机关的消费资料（不包括其中从业人员个人消费的消费资料）。

II_3（c+v+m）——用于积累的消费资料（包括用于扩大生产的和增加后备的）。

此外，如果把对外贸易的因素也考虑进来，在消费资料为净出口的情况下，在以上三大部分消费资料以外还应该列出“净出口的消费资料”，而在消费资料为净进口（或者进出口平衡）的情况下，则无须单独列出“净进口的消费资料”，因为只要上述三部分消费资料是以使用额而不是以生产额来表现，它们之中就都包括了进口的部分。

第一部类的产品，根据第二部类产品的上述划分，按其最终的使用方向也可以划分为三个部分：

I_2（c+v+m）——用于补偿生产消费资料的物质消耗的生产资料。在展开的再生产公式中，这部分用于补偿的生产资料也可以按照消费资料的三个部分相应地划分为三个部分。

I_3（c+v+m）——用于积累的生产资料。在展开的再生产公式中它可以进一步划分为：为扩大生产资料生产的生产资料、为扩大消费资料生产的生产资料和用于增加后备的生产资料。

I_1（c+v+m）——用于补偿生产生产资料的物质消耗的生产资料，具体地说就是用于补偿上述两部分生产资料（即I_2和I_3）的生产中所消耗的生产资料的以及用于补偿I_1自身的生产中所消耗的生产资料的。

此外，如果把对外贸易的因素考虑进来，在生产资料为净出口的情况下，在上述三大部分生产资料以外还应该列出“净出口的生产资料”，而在生产资料为净进口（或者进出口平衡）的情况下，则无须单独列出“净进口的生产资料”，理由同上。

根据上面的设想，具体化的再生产公式（简化的而不是展开的）可以列示如下（没有考虑对外贸易）：

Ⅰ（c+v+m）	Ⅱ（c+v+m）
I_1（c+v+m）	II_1（c+v+m）
I_2（c+v+m）	II_2（c+v+m）
I_3（c+v+m）	II_3（c+v+m）

在利用具体化的再生产公式来反映实际的社会主义再生产的内在联系时，填入公式的数字应该反映由于技术的进步而引起的资金有机构成的变化、由于劳动生产率的提高而引起的剩余产品率的变化以及由于积累率的变化而引起的各种变化，从而把这些因素一一纳入具体化的再生产公式中。

三 具体化的再生产公式所反映的社会再生产的内在联系

上述具体化的再生产公式，反映出社会再生产过程中在两大部类内部和两大部类之间在产品的生产和使用上存在着以下一些价值补偿和物质替换的关系。这些关系同时也是在任何类型的社会再生产中（简单的再生产或者扩大的再生产、外延的扩大再生产或者内涵的扩大再生产）都必须遵守的条件。从下面的叙述中我们将可以看到，由于对马克思的再生产公式进行了具体化，它所反映的社会再生产过程中的各种关系也随之大为扩大了，更为具体了，方面更多了，从而也更为复杂了。

第一，$\text{I}_1(c+v+m)=\text{I}c$。公式表示，用于补偿生产资料生产中所消耗的生产资料的那部分生产资料，在价值上应当等于第一部类产品的全部转移价值。

第二，$\text{I}_2(c+v+m)=\text{II}c$。公式表示，用于补偿消费资料生产中所消耗的生产资料的那部分生产资料，在价值上应当等于第二部类产品的全部转移价值。如前所述，同消费资料可以划分为三大部分相适应，这部分用于补偿的生产资料也可以划分为三个部分，这三部分生产资料在价值上也应当分别同三部分消费资料的转移价值相等。

由此，$\text{I}_1(c+v+m)+\text{I}_2(c+v+m)=\text{I}c+\text{II}c$。公式表明，$\text{I}_1(c+v+m)$ 和 $\text{I}_2(c+v+m)$ 这两部分用于补偿的生产资料，在价值上应当等于两大部类产品生产中所消耗的生产资料的价值。如果前者小于后者，就不能保证原有生产规模的恢复和保持。

第三，$\text{II}_1(c+v+m)=\text{I}v+\text{II}v$。$\text{II}_1(c+v+m)$ 是用作必要产品的消费资料，它们在价值上应当同两大部类劳动者的劳动报酬相等。这是维持物质生产者劳动力正常再生产的必要条件。在展开的再生产公式中，供第一部类和第二部类劳动者及其家属消费的消费资料应当在价值上分别同 $\text{I}v$ 和 $\text{II}v$ 相等。

第四，$\text{II}_2(c+v+m)$ 在价值上应当同用于非生产领域的那部分剩余产品价值相等。这种数量关系在简单再生产和扩大再生产的情况下在公式上有不同的表现，后面将分别谈到。这里需要指出的是，非生产领域虽然不直接生产物质财富，但是它的活动对于社会主义生产的正常进行和顺利发展有很大的作用。在社会再生产过程中必须使供非生产领域消费的消费资料同非生产领域通过国民收入的再分配所取得的那部分剩余产品价值相适应。所以也应该把这看做是社会再生产的正常进行所必须遵守的条件之一。

以上是各种类型的社会再生产都必须遵守的共同条件。除此之外，在简单再生产和扩大再生产情况下还各自需要遵守一些补充条件。

先从简单再生产谈起。

为了便于说明，先举一个填有假设数字的具体化的再生产公式的例子如下，这些数字是以马克思的简单再生产表式中的数字为根据的，在设计时，我们完全遵守了马克思对各部类产品生产的资金有机构成和 m/v 的比率的假设，没有考虑每个部类内部各部分产品生产的资金有机构成和 m/v 的比率实际上会有的差别。

$$
\begin{aligned}
&\text{I}\ 4000c + 1000v + 1000m = 6000\\
&\text{I}_1\ 2667c + 666.5v + 666.5m = 4000\\
&\text{I}_2\ 1333c + 333.5v + 333.5m = 2000\\
&\text{I}_3\ = 0\\
&\text{II}\ 2000c + 500v + 500m = 3000\\
&\text{II}_1\ 1000c + 250v + 250m = 1500\\
&\text{II}_2\ 1000c + 250v + 250m = 1500\\
&\text{II}_3\ = 0\\
\hline
&\text{I} + \text{II}\ 6000c + 1500v + 1500m = 9000
\end{aligned}
$$

在简单再生产的情况下，上述四个条件中如果前三个条件遭到破坏，简单再生产就不能维持。即如果 I_1（c+v+m）<Ic，第一部类的简单再生产就不能维持；如果 I_2（c+v+m）< IIc，第二部类的再生产规模就要缩小；如果 II_1（c+v+m）< Iv + IIv，就会使物质生产劳动者的劳动报酬有一部分不能得到实现，从而影响劳动力的正常再生产。第四个条件得不到遵守，最后也会影响简单再生产的进行。除此以外，从上述表达式中可以看到，在简单再生产的情况下，还必须遵守以下一些条件：

第一，I_3（c+v+m）=0，或者I（c+v+m）=I_1（c+v+m）+I_2（c+v+m）。这些公式有两层含义。首先，它们表明，在简单再生产的情况下，全部生产资料都用于补偿消耗了的生产资料，没有用于积累的生产资料。其次，后一个公式还表明，第一部类的产品还必须足够补偿两大部类所消耗的生产资料。

第二，I_1（v+m）=I_2c。这个公式也有两层含义。它表明在简单再生产情况下，由于没有用于积累的生产资料，I_1 的产品也无须用去补偿生产用于积累的生产资料的物质消耗，I_1（v+m）只用于补偿I_2c；同时它也表明I_1（v+m）必须等于而不能小于I_2c，否则就会使下一生产周期中I_2（c+v+m）的生产规模缩小，而后者的缩小又会进一步使第二部类的生产规模缩小。联系到前面说过的共同条件可以看到，为了维持简单再生产，不仅I_2（c+v+m）必须等于而不能小于IIc，而且I_1（v+m）也必须等于而不能小于I_2c，而后者又是前一个条件的条件。

第三，II_2（c+v+m）=Im+IIm。在简单再生产情况下，全部剩余产品价值都用于非生产领域消费，所以供非生产领域消费的消费资料应当同两大部类创造的剩余产品价值总额相等。

第四，II_3（c+v+m）=0或者II（c+v+m）=II_1（c+v+m）+II_2（c+v+m），这就是说，在简单再生产情况

下，第二部类的产品全部用于物质生产领域和非生产领域的消费，而没有用于积累的消费资料。

说明了这些关系以后，我们就可以进一步说明在简单再生产的情况下，两大部类产品的流通和使用的过程。这种过程概括地说来是这样的（假定只有一种所有制——全民所有制）：第二部类生产部门将自己生产的消费资料出售给商业部门取得收入3000，它用其中的2000向第一部类购买生产资料$\mathrm{I}_2(c+v+m)$用以补偿本身的物质消耗IIc（这里我们没有考虑在实际生活中折旧基金要通过财政体系进行集中分配使用，下同），用其中的500支付本部类劳动者的劳动报酬IIv，把本部类创造的剩余产品价值IIm（500）上缴国家（这里没有考虑企业的利润留成和有一部分剩余产品价值是由商业部门实现的，下同）。I_2部门把产品出售给第二部类取得收入2000，用其中1333向I_1部门购买在价值上相当于$\mathrm{I}_1(v+m)$的生产资料用来补偿自己的物质消耗I_2c，用其中的333.5支付本部门劳动者的劳动报酬I_2v，并将本部门创造的剩余产品价值I_2m上缴国家，其数为333.5。I_1部门向I_2部门出售产品后取得收入1333，其中666.5支付本部门劳动者的劳动报酬I_1v，666.5作为剩余产品价值上缴国家。价值上相当于I_1c的产品，则在I_1内部各部门之间相互交换用以补偿各部门的物质消耗（在第一部类产品的实现方面我们只考虑直达供应一种形式）。经过这样的分配，两大部类的劳动者共取得劳动报酬1500，他们用这些劳动报酬向商业部门购买消费资料$\mathrm{II}_1(c+v+m)$。国家财政从两大部类共集中了剩余产品价值1500，在简单再生产的情况下，它们全部被用于非生产领域，供非生产领域劳动者及其家属个人消费和用作非生产领域各部门的物质消耗，非生产领域的劳动者和各部门从国家财政取得剩余产品价值1500，向商业部门购买消费资

料 II_2 (c+v+m)。这样，两大部类及其各部分产品就全部得到了实现和使用。

再看看扩大再生产的条件。

现在也先举一个数例如下，这个数例中的数字是以马克思第一例扩大再生产发端表式中的数字为根据而设计的，在设计时各部类产品生产的资金有机构成和 m/v 的比率也遵守了马克思的假设：

$$
\begin{aligned}
&I\ 4000c+1000v+1000m=6000\\
&I_1\ 2667c+666.5v+666.5m=4000\\
&I_2\ 1000c+250v+250m=1500\\
&I_3\ 333c+83.5v+83.5m=500\\
&II\ 1500c+750v+750m=3000\\
&II_1\ 875c+437.5v+437.5m=1750\\
&II_2\ 550c+275v+275m=1100\\
&II_3\ 75c+37.5v+37.5m=150\\
\hline
&I+II\quad 5500c+1750v+1750m=9000
\end{aligned}
$$

从表达式中可以看到，在扩大再生产情况下，除了要遵守前述各个共同条件以外，还必须遵守下面一些条件：

第一，$I_3(c+v+m)>0$，或者 $I(c+v+m)-[I_1(c+v+m)+I_2(c+v+m)]>0$。这是不言而喻的，因为要积累必须有用于积累的生产资料。$I_3(c+v+m)$（在扣除用于增加后备的部分后）从生产资料方面决定了再生产扩大的规模。

第二，$I_1(v+m)>I_2c$，或者 $I_1(v+m)-I_2c>0$。这是因为，在扩大再生产的情况下有一部分生产资料，即 $I_3(c+v+m)$，要用于积累，因此 $I_1(v+m)$ 中也要有一部分用去补偿 I_3c。在扩大再生产情况下，$I_1(v+m)=I_2c+I_3c$。

第三，$II_2(c+v+m)<Im+IIm$，或者 $II_2(c+v+m)=(Im+IIm)-[I_3(c+v+m)+II_3(c+v+$

m)〕。这是因为，在扩大再生产的情况下，两大部类创造的剩余产品价值不能全部用于非生产领域消费，而要抽出一部分用于生产资料和消费资料的积累。换句话说，II_2（c+v+m）+I_3（c+v+m）+II_3（c+v+m）=Ⅰm+Ⅱm。

第四，在外延的扩大再生产情况下，II_3（c+v+m）>0，或者Ⅱ（c+v+m）-〔II_1（c+v+m）+II_2（c+v+m)〕>0。这就是说在外延的扩大再生产的情况下必须有用于积累的消费资料，或者说，第二部类的产品在扣除用于消费的部分以后还要有剩余以便用于积累。II_3（c+v+m)（扣除用于增加后备的部分以后）从消费资料方面决定了再生产在外延上扩大的规模。

至于说到在扩大再生产情况下两大部类各部分产品的流通和使用的过程，那么它同简单再生产情况下的基本部分相同。不同的主要是，国家财政从两大部类集中了剩余产品价值1750，国家只把其中的一部分，即1100拨付给非生产领域的劳动者和各部门供他们消费，其余的650则通过基本建设投资和增拨流动资金的方式拨付给各个部门用于积累，各部门取得这部分收入后用500购置生产资料I_3（c+v+m)，用150增加消费资料的积累II_3（c+v+m)。从剩余产品的这种再分配，可以看到前述第十个因素也纳入进来。

四　具体化的再生产公式的意义和作用

如前所述，由于对再生产公式作了具体化，它所反映的社会再生产过程中的各种关系大为扩大了，更为具体了，方面更多了，所以利用具体化的再生产公式来观察、分析和安排社会再生产过程中的各个关系的可能性也增加了。概括说来，具体化的再生产公式具有以下一些主要的意义和作用：

第一，利用具体化的再生产公式可以观察和安排用于补偿的两部分生产资料——I_1（c+v+m）和I_2（c+v+m）——之间的关系及其内部各个组成部分之间的关系（在展开的具体化再生产公式中可以表现）。区别这两部分生产资料，分别加以安排并使它们之间保持适当比例具有重要的意义。因为这两部分用于补偿的生产资料在再生产过程中的作用是不同的：前一部分是使生产资料的生产在原有规模上得到更新；后一部分则使消费资料的生产在原有规模上得到保持。同时，这两部分生产资料在实物构成上除了有一部分相同以外，有相当大一部分是不相同的。例如，前一部分中有工作母机、矿石、原油等，后一部分包括纺织机、榨油机、棉花、油菜子、烟叶等。此外，它们在来源上也有一些差别，例如前一部分基本上来自重工业，后一部分有相当大的部分（尤其在我国目前）来自农业和轻工业，正因为这样，它们的生产也往往受不同条件的决定。所以，对这两部分用于补偿的生产资料分别加以观察，在实际工作中分别进行安排具有重大意义。在安排时还必须使它们各自同两部分价值形态的补偿基金相等，即分别同Ⅰc和Ⅱc相等。具体化的再生产公式为此提供了可能。

第二，利用具体化的再生产公式也便于观察和安排用于补偿的生产资料——I_1（c+v+m）+I_2（c+v+m）——同用于积累的生产资料I_3（c+v+m）之间的关系。这两部分生产资料在扩大再生产过程中起着不同的作用，这是毋庸赘言的。在实际安排中应当首先安排前一部分生产资料，使原有的生产规模得以维持，使现有的企业得以不断更新自己的生产，然后根据实际的可能安排后一部分生产资料。在用于补偿的生产资料中，I_2（c+v+m）的规模是由Ⅱ（c+v+m）的规模决定的，进一步说是由Ⅱc的规模决定的。因此在Ⅱ（c+v+m）和Ⅱc为一定的情况下，I_2（c+v+m）也是已定的，因此用于补偿I_2c的生产资料和补偿这部分生产资料生产中的物质消耗的生产资料也是已定的，也就是说，$I_1(c+v+m)$中有一部分也是已定的。这样，在安排用于补偿和用于积累的两部分生产资料时，问题就归结为对扣除上述两部分已定的用于补偿的生产资料以后剩下的生产资料，在用于补偿和用于积累之间进行分配。这里所要遵循的原则是：$I_1(c+v+m)=Ic$，$I_1(v+m)-I_2c=I_3c$或者$I_1(v+m)=I_2c+I_3c$，只有这样才不致因为积累而占去了需要用于补偿生产生产资料的物质消耗的生产资料，更不至于占去用于补偿生产消费资料的物质消耗的生产资料。在价值上$I_3(c+v+m)$应当等于$I(c+v+m)-(Ic+IIc)$。

根据具体化的再生产公式，我们在第一部类内部各部分之间和$I_2(c+v+m)$同$II(c+v+m)$之间可以看到下述的关系。众所周知，在技术进步的情况下，c在产品价值中的比重要提高，v+m的比重要相应降低。也就是说在价值上IIc的增长要快于$II(v+m)$，或者说IIc的增长要快于$II(c+v+m)$，而$IIc=I_2(c+v+m)$，所以在价值上$I_2(c+v+m)$的增长要快于$II(c+v+m)$。同时，在第一部类内部各部分之间也存在着在价值上c的增长快于v+m的关系，而$I_1(v+m)=I_2c+I_3c$，所以在价值上$I_1(c+v+m)$的增长又应当快于$I_2(c+v+m)+I_3(c+v+m)$的增长。

第三，利用具体化的再生产公式也有助于观察和安排第二部类内部用于消费和积累的两部分消费资料之间的关系。在安排中，用于消费的消费资料——$II_1(c+v+m)+II_2(c+v+m)$——必须首先保证，行有余力再安排用于积累的消费资料。当然在安排前一部分时也必须考虑社会对后一部分的需要。

第四，具体化的再生产公式还有助于观察和安排用于补偿的产品、必要产品和剩余产品三者之间的关系。如前所述，在实物

上补偿基金是由 I_1（c+v+m）和 I_2（c+v+m）构成的，必要产品是由 II_1（c+v+m）构成的，剩余产品在扩大再生产情况下则是由 I_3（c+v+m）、II_2（c+v+m）和 II_3（c+v+m）构成的。在安排中首先要保证对前两部分的需要，然后再安排对剩余产品的需要，同时要使实物形态的补偿基金、必要产品和剩余产品各自同它们的价值形态在数量上相等，也就是应当分别等于 Ⅰc+Ⅱc、Ⅰv+Ⅱv 和 Ⅰm+Ⅱm。必要产品和剩余产品的比例关系在很大程度上决定着消费基金和积累基金的关系，所以深入研究和正确安排它们的比例关系具有重大的意义。具体化的再生产公式也为此提供了一些方便的条件。

第五，利用具体化的再生产公式来考察和安排消费基金和积累基金之间的关系也有方便之处。从具体化的再生产公式中可以一目了然地看到，在扩大再生产的情况下实物形态的消费基金为 II_1（c+v+m）+II_2（c+v+m），积累基金则是由 I_3（c+v+m）和 II_3（c+v+m）构成的。所以利用具体化的再生产公式可以把积累率变化的因素纳入公式之中，考察和安排消费基金和积累基金的变化以及由于这些变化而引起的再生产过程中一些关系的变化。

第六，利用具体化的再生产公式还可以考察和安排消费基金内部的一些关系。首先可以考察和安排消费基金中用于物质生产领域劳动者消费的部分 II_1（c+v+m）同用于非生产领域消费的部分 II_2（c+v+m）之间的关系。其次，还可以考察个人消费基金同社会消费基金之间的关系以及社会消费基金中各个组成部分之间的关系，因为在展开的具体化再生产公式中非生产领域消费的消费资料，如前所述，可以划分为几个部分，利用这些划分就可做到这一点。

第七，同样，利用具体化的再生产公式也可以考察和安排积累基金内部的一些关系，例如生产资料的积累 $I_3(c+v+m)$ 同消费资料的积累 $II_3(c+v+m)$ 之间的关系，等等。

第八，还需要指出，利用具体化的再生产公式可以制定出一种部门间产品的生产、分配和使用平衡表。这个问题，下面要专门谈一谈。

除此以外，利用具体化的再生产公式还可以观察和安排社会再生产过程中其他许多关系，例如补偿基金同国民收入的关系、补偿基金同积累基金的关系、两大部类之间的关系等。而利用展开的具体化的再生产公式所能观察和安排的社会再生产问题自然就更多了。

五　根据具体化的再生产公式制定的部门间产品的生产、分配和使用平衡表

最近以来，社会主义各国的经济学家广泛展开了在经济研究和计划统计工作中运用数学方法问题的研究，同时结合以往的国民经济平衡工作的经验，制定了一种部门联系平衡表，这种平衡表对于观察社会再生产过程中各个部门的联系和比例，以及在经济研究和计划统计工作中运用现代数学方法和电子计算技术，具有一定的意义，从而对于加强社会再生产问题的研究和改进国民经济的计划工作，能起到一定的作用。关于这种平衡表的理论基础、方法论、表式分析和在编制平衡表中数学方法的运用、平衡表的意义和作用等问题，国内外经济学家已有不少论述，这里不准备多谈。[①]

---

① 参见乌家培、张守一《关于部门间产品生产和分配平衡表》，《经济研究》1962 年第 8 期。

这里我们要说的是，参照现行的部门联系平衡表表式，利用上述具体化的再生产公式可以制定另一种与现行平衡表表式有所区别的部门间产品的生产、分配和使用平衡表。它的简化表式见表 1（表式中的数字是假设的，引自前述扩大再生产公式）。

部门间产品的生产、分配和使用平衡表

表 1　　〔简化表式〕　（按货币计算）

社会产品的价值构成	社会产品的生产、分配和使用	生产资料—I				消费资料—II					总计
		补偿基金—B			积累基金—H			消费基金—π			
		I_1（其中：矿石、金属、机器设备、……）	I_2（其中：按产品划分）	合计	I_3	II_3	合计	II_1	II_2	合计	
C	矿石	2667	1000	3667	333	75	408	875	550	1425	5500
	金属										
	机器设备										
	棉花										
	……										
	合计										
V	职工工资	666.5	250	916.5	83.5	37.5	121	437.5	275	712.5	1750
	社员劳动收入										
	其他生产劳动报酬										
	合计										
m	利润	666.5	250	916.5	83.5	37.5	121	437.5	275	712.5	1750
	税收										
	合计										
总计		4000	1500	5500	500	150	650	1750	1100	2850	9000

平衡表的主栏同现行的平衡表一样，表现的是产品的价值构成。它划分为两大部分：转移价值（c）和国民收入（v + m），后者又进一步划分为必要产品价值（v）和剩余产品价值（m）。转移价值部分可以按用于物质消耗的各种具体产品（生产资料）划分：矿石、金属、机器设备、棉花、油料作物等。必要产品价值可以按物质生产领域劳动者的收入形式划分为：职工工资、公社社员收入、其他形式生产劳动报酬等。剩余产品价值也可以按分配形式细分为：利润、税收、利息等。

平衡表的宾栏按产品的生产、分配和使用情况划分，反映产品的实物构成。首先，按产品的使用价值划分为生产资料和消费资料两大部分。其次，按产品的使用情况划分为用作补偿基金的、用作积累基金的和用作消费基金的三大部分，其中每个部分又可以分为几个部分。用作补偿基金的生产资料可以划分为用于补偿生产资料生产中的物质消耗的部分（I_1）和用于补偿消费资料生产中的物质消耗的部分（I_2），它们又各自可以按具体的产品作进一步的细分。用作积累基金的社会产品也可以分为两个部分：生产资料的积累（I_3）和消费资料的积累（II_3）。用作消费基金的社会产品可以划分为构成必要产品的消费资料（II_1）和非生产领域消费的消费资料（II_2），后者在展开的平衡表表式中又可以划分为前面说过的四个部分。

如果考虑对外贸易的因素，在用产品的生产额来编制平衡表时，在主栏应列入一栏“进口”，在宾栏则相应地列入一行“出口”；而在按产品的使用额来编制平衡表时，则只需在宾栏部分列入一行“净出口”。这些进出口项目都可以细分为生产资料和消费资料。

平衡表划分为四个象限（以表中的双线为界）。

主栏第一部分和宾栏第一部分构成平衡表的第一象限。从纵行看，它表明用于补偿的各部分生产资料的物质消耗构成。从横栏看，它表明各种用于物质消耗的产品在用于补偿的各部分生产资料生产上的分配，它们的分配比例取决用于补偿的各部分生产资料的比例和后者生产上的物质消耗系数。而用于补偿的各部分生产资料的比例，又是由社会产品各个部分的生产比例及其生产上的物质消耗系数决定的。

主栏第一部分和宾栏第二部分构成平衡表的第二象限。从纵行看，它表现用于积累和消费的各类产品的物质消耗构成，从横栏看，它表明用于物质消耗的各种产品在用作积累和消费的各部分产品上的分配情况，这种分配情况从构成积累和消费的各部分产品的生产方面决定了积累和消费以及它们的各个部分之间的比例。

把第一象限和第二象限结合起来看，它表明用于物质消耗的各种产品在生产用作补偿、积累和消费时各部分产品上的分配情况。

主栏的第二部分和宾栏的第一部分构成平衡表的第三象限，主栏的第二部分和宾栏的第二部分构成平衡表的第四象限。这两个象限分别表明用作补偿和用作积累与消费的各部分产品的新创造价值及其构成情况，表明国民收入及其组成部分在社会生产各部门的生产情况，以及国民收入中各个组成部分的比例情况。

把第一象限和第三象限结合起来，可以看到用作补偿的各类产品的价值构成、这些产品的数额和比例。

把第二象限和第四象限结合起来，则可以看到用作积累和消费的各类产品的价值构成、这些产品的数额、积累和消费的比例以及积累和消费内部的各种比例关系和实物构成。

在主栏和宾栏之间存在着一定的数量关系，例如，$\sum_{c}=\sum_{B}$，$\sum v=\sum \text{II}_{1}$，$\sum m=\sum \text{I}_{3}+\sum \text{II}_{2}+\sum \text{II}_{3}$，$\sum v+\sum m=$

$\sum_{H} + \sum_{\Pi}$，$\sum_{c} + \sum v + \sum m = \sum_{B} + \sum_{H} + \sum_{\Pi}$，等等。

总起来说，前述具体化再生产公式所表现的各种关系在这种平衡表中都可以得到清晰明了的反映。所以利用这种平衡表有助于分析和研究再生产过程中的各种关系和改进国民经济的计划工作。

我们设计的这种部门间产品的生产、分配和使用平衡表，同现行的部门联系平衡表，在设计的原理上有不同。在现行的平衡表中，主栏的物质消耗一项包括各个生产部门的全部产品，而在我们的平衡表内，这一项只包括生产资料，不包括消费资料。在现行的平衡表中，宾栏的补偿基金项内也包括各个生产部门的全部产品，而在我们的平衡表内，宾栏的补偿基金则只包括用于补偿的生产资料，其余用于积累的生产资料和用于消费与积累的消费资料，则列在宾栏的积累基金和消费基金各项内。由于主栏和宾栏的项目在设计上有区别，两种平衡表的各个象限所反映的过程也不相同。但是，它们之间又有很密切的联系。例如，我们的平衡表的第一、三两象限之和在总额上等于现行平衡表第一象限的合计，我们的平衡表的第二、四两象限之和在总额上等于现行平衡表的第二象限的合计，我们的平衡表的第三、四两象限之和在总额上等于现行平衡表的第三象限的合计，我们的平衡表的第一、二、三、四各象限之和在总额上等于现行平衡表的第一、二两象限的合计，等等。

现行的部门联系平衡表的第一象限，解决了各个生产部门在生产上的联系问题，更便于运用现代计算技术计算产品生产的消耗系数，寻求最优计划方案。这是它的最大的优点之一。就这一点来说，我们设计的平衡表不及现行的平衡表方便，因为在我们的平衡表中，有关各栏不是按纯部门而是按产品划分的，而每一种产品又根据它们的最终使用往往同时出现在宾栏的补偿基金、积累基金和消费基金的几个项目内，从而会增加计算产品生产的消耗系数的困难。与此同时，我们的平衡表也有一些显著的优点，例如它是完全按照马克思的再生产公式设计的，所以更便于以马克思的再生产原理为基础来分析社会主义再生产中的各种复杂联系及其变化。所以，我们的平衡表可以作为一种分析表来补充现行的部门联系平衡表，现行部门联系平衡表所取得的资料，经过一些改算就可以编制我们设计的平衡表以分析社会主义的再生产。

上面我们从社会产品的生产和使用的统一的角度，对马克思再生产公式的具体化问题进行了初步探索。限于篇幅，我们只对提出的具体化再生产公式作了静态的分析，至于利用这些公式把一些动态的因素纳入进来以揭示社会主义再生产过程中各种关系的变化，则需另行专门研究。上面的论述难免有不当之处，深望同志们批评指正。

关于不同扩大再生产途径下的社会主义再生产比例关系问题*

——马克思再生产公式具体化问题的再探索

我曾在一篇文章中，从社会产品的生产和使用统一的角度，对马克思再生产公式的具体化问题，作了一些初步探索，并不揣浅陋地提出了一个具体化的再生产公式①。在那篇文章里，限于篇幅，未能将一些动态因素纳入进去，考察它们对社会再生产比例关系的影响。在这些动态因素中，不同扩大再生产途径的不同结合，是重要的因素之一②。

众所周知，马克思在它的再生产公式中只考察了增加劳动人数这样一种扩大再生产的途径，舍象了技术的进步和劳动生产率的提高以及由于技术进步而引起的生产资料的节约这样一种扩大生产的途径，也即舍象了提高社会劳动生产率

---

* 原载《经济研究》1963 年第 11 期。

① 参见本书《从社会产品生产和使用统一的角度探索马克思再生产公式具体化问题》。需要指出：这里所说的再生产公式的具体化，只是指将马克思所舍象的因素逐一纳入他的再生产公式，以便更为具体地考察社会再生产的各种联系。

② 对于“动态”关系，可以有不同的理解。本文所说的动态是就不同扩大生产途径的结合、各年度社会再生产在时序上的联系而言的。

这一种扩大社会生产的途径；与此相联系，马克思还假定工人的平均工资是不变的。由于这样，在马克思的再生产公式中就没有考察各种扩大生产途径的结合以及工人平均工资同劳动生产率之间的对比关系的变化而引起的社会再生产比例关系的变化。

在这篇文章中，我们试图借助前一篇文章提出的具体化再生产公式，把不同扩大生产途径的因素纳入进去，对马克思再生产公式的具体化问题作进一步的探索，考察不同扩大生产途径下，社会再生产的实物量的比例关系问题。在考察中将涉及其他一些因素，诸如劳动者平均收入的变动、积累和消费比例的变动，等等，同时，也根据需要和可能适当地考虑社会主义再生产的一些特点。

一

为了叙述的方便，我们先分析提高劳动生产率情况下社会主义再生产的比例关系问题。

提高劳动生产率是扩大社会生产的重要途径，而且是更为先进的途径，因为它是同技术的进步相联系的。当社会主义建设达到一定阶段以后，它还会成为扩大社会生产的最主要途径。社会主义再生产，就本质上说，是以通过技术进步、提高劳动生产率而实现的内涵扩大再生产为典型的。在劳动生产率提高的情况下，社会再生产的比例关系问题，研究得还比较少。无疑，列宁在这方面的研究，对我们有很大的意义和启示。但他是以资本主义的再生产作为研究对象的。当我们研究社会主义的内涵扩大再生产时，还需要考虑它之区别于资本主义的特点，以便把马克思和列宁提出的原理具体地运用于社会主义建设的实践。这里有以下几点需要着重考虑：

首先，众所周知，由于在马克思的再生产公式中只考察了增加劳动人数这样一种扩大生产的途径，舍象了提高社会劳动生产率这另一种扩大生产的途径，在他的再生产公式中，价值量方面的社会生产的规模和比例同实物量方面的社会生产的规模和比例，在动态上是完全一致的。在列宁进一步发展的再生产公式中，不仅考虑了增加劳动人数这样一种扩大生产的途径（表现为可变资本的增加），而且把技术进步、劳动生产率提高这另一种扩大生产的途径（表现为资本有机构成的提高）纳入进去。但是，在列宁的再生产公式中，也只考察了价值量方面社会生产的规模和比例的变化，舍象了它们在实物量方面的变化。[①] 列宁

① 这里需要作一简单说明。我们知道，当社会生产既通过增加劳动人数又通过提高劳动生产率而扩大时，各部类产品实物量的增长就应当等于各部类劳动人数的增长和劳动生产率的提高的乘积；而各部类产品价值量的增长则应当等于各部类生产资料转移价值的增加（由于技术进步、劳动生产率提高，消耗的生产资料数量要增加）和各部类新创造价值的增加（由于劳动人数增加，活劳动消耗要增加）之和。在列宁的再生产公式中各部类产品的动态正是价值量的而非实物量的。举例来说，在列宁的数例中，第二年同第一年相比，第一部类劳动人数增加5%（表现为可变资本由1000增加为1050），劳动生产率提高5.95%（表现为资本有机构成提高，单位劳动者的生产资料装备率相应增加，即由4000/1000提高到4450/1050），因此，第一部类产品在实物量上应该增长11.25%（105%×105.95%—100%），也就是说，在绝对量上应该从第一年的6000增加为6675，即增加675。可是在列宁的数例中，第一部类产品却只增长9.17%，也就是说，在绝对量上从第一年的6000增加为6550，即增加550。这是因为，在列宁的数例中各部类产品的动态是就价值量观察的。其中，由于劳动人数增加5%，新创造价值也增加5%，即由2000增加为2100，增加100（因为提高劳动生产率只影响v+m的实物量，而不影响它们的价值量，所以新创造价值也只增加5%）；由于劳动生产率提高和劳动人数的增加，生产资料转移价值增加11.25%（如不考虑生产资料的节约，转移价值同产品实物量成正比例增长），即由4000增加为4450，增加450，两项合计，第一部类产品的价值量共增加550，同列宁的计算相符。第二部类的情况也是如此。社会再生产的各种比例，在列宁的再生产公式中，也是从价值量而不是从实物量方面考察的（参见：《论所谓市场问题》，《列宁全集》第1卷，人民出版社版，第69页）。

是以资本主义再生产作为研究对象的，从价值量上进行考察无疑是恰当的。因为对于资本家来说，重要的是他的资本价值的扩大再生产；产品使用价值的扩大再生产，只是因为使用价值是价值的物质承担者，才有意义。对于社会主义社会来说，在研究社会再生产的比例问题时，仍然不能忽视价值量的比例关系的一面，因为它同社会劳动的分配直接有关。但是，与此同时，为了自觉地安排国民经济，还必须研究实物量方面的再生产规模和比例关系。这一则是因为，技术的进步、劳动生产率的提高，不仅会影响社会生产的价值量的动态，而且会在更大程度上影响它的实物量的动态；再则还因为，社会需要的满足程度，并非直接决定于产品的价值量的大小，而是直接依存于使用价值的多少。例如，扩大社会生产的可能性，就不是由剩余劳动的大小所决定，而是由一定剩余劳动时间内究竟能生产多少使用价值所决定。马克思说："在一定时间内，从而在一定的剩余劳动时间内，究竟能生产多少使用价值，取决于劳动的生产率。也就是说，社会的现实财富和社会再生产过程不断扩大的可能性，并不是取决于剩余劳动时间的长短，而是取决于剩余劳动的生产率和这种剩余劳动借以完成的优劣程度不等的生产条件。"① 单从价值量方面考察，还不能全部揭示由于劳动生产率的变化而引起的社会再生产诸方面相互关系的变化。

其次，要揭示提高劳动生产率对社会再生产的实物量的比例关系的影响，关键之一在于弄清资金有机构成在实物量上的变化。众所周知，无论在马克思还是在列宁的再生产公式中，为了考察的方便，都假定可变资本数量的变动同劳动人数的变动相一致（即假定劳动者的平均工资不变），可变资本增加即意味着劳

① 马克思：《资本论》第3卷，《马克思恩格斯全集》第25卷，第926页。

动人数的相应增加。对于资本主义再生产来说，这种理论上的假定是完全容许的。因为，在资本主义社会，劳动生产率的提高，并不经常伴随有劳动者平均实际工资的增加，相反，还会导致劳动力价值的降低。所以，为了分析的便利，一般地可以假定劳动力的价值从而平均工资是不变的。在这种假定下，如果也不考虑生产资料的价值由于劳动生产率的提高而降低①，资本技术构成的提高，就直接反映为资本价值构成的提高，从而也反映为资本有机构成的提高。在马克思和列宁的再生产公式中，资本有机构成都是指资本要素的价值量的对比关系（马克思说，资本的有机构成就是由资本技术构成决定并反映资本技术构成的资本价值构成）。列宁也正是通过揭示技术进步情况下价值量上资本有机构成的变化，来揭示社会再生产中价值量的比例关系的变化规律的。实际上，资本的有机构成还有它按资本要素的实物量计量的对比关系的一面。这一面对于揭示内涵扩大再生产中实物量的比例关系的变化，具有十分重要的意义。我们知道，要提高劳动生产率，必须相应提高生产的技术构成（生产资料的数量同劳动人数之比），生产技术构成的提高，表现为每个劳动者所装备的生产资料实物量的增加，这是提高劳动生产率的条件；同时，由于劳动生产率提高，每个劳动者所推动的生产资料实物量会增加，所以，生产技术构成的提高，又是劳动生产率提高的结果表现。在劳动生产率和生产技术构成提高时，资金有机构成在实物量方面将起怎样的变化，还要看劳动者的平均实际收入的变化而定。在社会主义社会，提高劳动生产率是增加劳动者平均实际收入的前提，实际上后者也总是伴随前者的提高而增加。在这种情况下，在实物量上，资金有机构成将以劳动生产率的提高速度同

① 参见马克思《资本论》第1卷，《马克思恩格斯全集》第23卷，第683页。

劳动者平均实际收入的增长速度之间的对比关系为转移而发生变化[①]，它的变化又会引起社会再生产的实物量比例发生一系列变化。这是在研究和安排社会主义内涵扩大再生产的比例关系时所不容忽视的。

第三，在全社会范围内，通过提高劳动生产率来扩大生产，在资本主义社会是盲目进行的，而在社会主义社会，则是有计划进行的。这种有计划性，要求在安排社会再生产时，自觉地保持各种有关的比例关系，并且除了遵守马克思所提出的基本公式和条件以外，还必须遵守其他一些条件。总起来说，就是上年用于下年内涵地扩大生产的积累基金在数量上和构成上必须同下年提高劳动生产率以及相应地增加劳动者的平均实际收入对它的需要相适应。具体地说，要求它们之间保持以下三方面的平衡关系：

（1）上年用于内涵扩大生产资料生产的生产资料积累，在实物量上必须同下年提高第一部类劳动生产率对它的需要相适应；

（2）上年用于内涵扩大消费资料生产的生产资料积累，在实物量上必须同下年提高第二部类劳动生产率对它的需要相适应；

（3）上年用于内涵扩大生产的消费资料积累，在数量上必须同下年随着劳动生产率的提高而增加劳动者的平均实际收入对它的需要相适应。

下面我们借助前述具体化的再生产公式，举例说明，在内涵扩大再生产情况下，在实物量上资金有机构成和社会再生产比例的变化。在举例中，假定各部类劳动人数不变，因此各部类产品

① 生产资金有机构成在实物量上的变化，表现为每个劳动者所装备的生产资料（c）的实物量同每个劳动者的平均实际收入（v）的实物量之间的对比关系的变化。

的实物量将随劳动生产率的提高而成正比例地增加；假定劳动生产率的提高速度和生产技术构成（也即和劳动者的生产资料装备率）的提高速度相一致。同时，为了分析的方便，还假定每年各部类都只有一个生产周期，而且同流动基金一样，固定基金也在一个生产周期内转移完自己的价值。

参照马克思扩大再生产发端表式的数字，假定第一年的生产条件如下：

	劳动人数	劳动生产率（按总产品计算）	劳动者平均收入	每个劳动者的生产资料装备率	剩余产品率
第一部类	100	60	10	40	100%
第二部类	75	40	10	20	100%

根据这些条件，第一年社会生产的情况如下：

$$\begin{array}{ll} \text{I} & 4000c + 1000v + 1000m = 6000 \\ \text{II} & 1500c + 750v + 750m = 3000 \\ \hline & 5500c + 1750v + 1750m = 9000 \end{array}$$

再假定第二年生产内涵地扩大有以下三种情况：

第一种情况：第二年两部类平均的劳动生产率提高，劳动者的平均实际收入保持不变。假定前者提高 9.09%，相应地要求用于两大部类的生产资料也比第一年增加 9.09%，为此上年需要积累生产资料 500$\left(\frac{5500+500}{5500}\times 100\% = 109.09\%\right)$；再假定第二年第一部类和第二部类的劳动生产率分别提高 10% 和 6.66%，相应地上年用于积累的生产资料中应该有 400 和 100 分别用于扩大第二年两大部类的生产。根据这些条件，为了使第一年用于内涵扩大生产的积累基金在数量上和构成上能够同下年内涵地扩大生产对它的需要相适应，参照前引拙作中提出的具体化再生产公

式，第一年社会产品和国民收入的分配使用应作如下安排：①

$$\text{I}\ 4000c + 1000v + 1000m = 6000$$

$$\text{I}_1\ 2667c + 666.5v + 666.5m = 4000$$

$$\text{I}_2\ 1000c + 250v + 250m = 1500$$

$$\text{I}_3\ 333c + 83.5v + 83.5m = 500 \begin{cases} \text{I}_3a = 400 \\ \text{I}_3b = 100 \end{cases}$$

$$\text{II}\ 1500c + 750v + 750m = 3000$$

$$\text{II}_1\ 875c + 437.5v + 437.5m = 1750$$

$$\text{II}_2\ 625c + 312.5v + 312.5m = 1250$$

$$\text{I} + \text{II}\ 5500c + 1750v + 1750m = 9000$$

由于第二年两大部类的劳动生产率分别提高 10% 和 6.66%，劳动者的平均实际收入不变，第二年社会生产的情况将如下：

$$\text{I}\quad 4400c + 1000v + 1200m = 6600$$

$$\text{II}\quad 1600c + 750v + 850m = 3200$$

$$6000c + 1750v + 2050m = 9800$$

第二种情况：第二年两部类平均的劳动生产率提高，劳动者的平均实际收入也增加，且同前者在速度上相等。假定下年各部类劳动生产率的提高速度和第一种情况相同。再假定第二年两部类劳动者平均实际收入也增长 9.09%，为此第一年需要积累消

① 在这个具体化再生产公式里，I_1 为用于补偿第一部类物质消耗的生产资料，I_2 为用于补偿第二部类物质消耗的生产资料，I_3 为用于积累的生产资料，其中，I_3a 为用于扩大第一部类生产的生产资料，I_3b 为用于扩大第二部类生产的生产资料；II_1 为用于抵偿物质生产劳动者必要消费基金的消费资料，II_2 为用于非生产领域消费的消费资料，后面数例中的 II_3 则为用于积累的消费资料。关于具体化再生产公式中的各种平衡关系，请参阅前引拙作。为了简便起见，以下数例中，有些数字舍去了尾数而取其整数。

费资料 159$\left(\frac{1750+159}{1750}\times 100\% = 109.09\%\right)$，其中第一部类和第二部类劳动者的平均实际收入分别增长 10% 和 7.87%。根据这些条件，为了使上年用于内涵扩大生产的积累基金在数量上和构成上能同下年对它的需要相适应，第一年社会产品和国民收入的分配使用就应作另一种安排：

$$\text{I}\ 4000c + 1000v + 1000m = 6000$$

$$\text{I}_1 2667c + 666.5v + 666.5m = 4000$$

$$\text{I}_2 1000c + 250v + 250m = 1500$$

$$\text{I}_3 333c + 83.5v + 83.5m = 500\begin{cases}\text{I}_3 a = 400\\ \text{I}_3 b = 100\end{cases}$$

$$\text{II}\ 1500c + 750v + 750m = 3000$$

$$\text{II}_1 875c + 437.5v + 437.5m = 1750$$

$$\text{II}_2 545.5c + 272.75v + 272.75m = 1091$$

$$\text{II}_3 79.5c + 39.75v + 39.75m = 159$$

$$\text{I} + \text{II}\ 5500c + 1750v + 1750m = 9000$$

根据上述条件第二年两大部类的生产情况将如下：

$$\text{I}\quad 4400c + 1100v + 1100m = 6600$$

$$\text{II}\quad 1600c + 809v + 791m = 3200$$

$$6000c + 1909v + 1891m = 9800$$

上面所举的两种情况，对于社会主义社会来说，都是极端的情况，通常的情况是，劳动者的平均实际收入随着劳动生产率的提高而增加，但其增加要慢于劳动生产率的提高。这是降低产品成本、增加社会主义积累的一个重要途径。所以实际情况通常介乎这两种情况之间，即下面的第三种情况。

第三种情况：第二年两部类平均的劳动生产率的提高快于劳动者平均实际收入的增加。假定前者仍将提高 9.09%，后者将增加

8.57%，为此需要生产资料和消费资料的积累分别为500和150。这样，第一年社会产品和国民收入的分配和使用应安排如下：

$$\text{I}\ 4000c+1000v+1000m=6000$$

$$\text{I}_1 2667c+666.5v+666.5m=4000$$

$$\text{I}_2 1000c+250v+250m=1500$$

$$\text{I}_3 333c+83.5v+83.5m=500\begin{cases}\text{I}_3 a=400\\ \text{I}_3 b=100\end{cases}$$

$$\text{II}\ 1500c+750v+750m=3000$$

$$\text{II}_1 875c+437.5v+437.5m=1750$$

$$\text{II}_2 550c+275v+275m=1100$$

$$\text{II}_3 75c+37.5v+37.5m=150$$

$$\text{I}+\text{II}\ 5500c+1750v+1750m=9000$$

由于第二年第一部类和第二部类的劳动生产率分别提高10%和6.66%，它们的劳动者的平均实际收入也分别提高10%和6.66%，这样，第二年的情况将如下：

$$\text{I}\quad 4400c+1100v+1100m=6600$$

$$\text{II}\quad 1600c+800v+800m=3200$$

$$6000c+1900v+1900m=9800$$

通过对比上述三种情况，可以看到，当劳动生产率和生产的技术构成提高，而劳动者的人数和分配不变时，依劳动生产率提高速度同劳动者平均实际收入增长速度之间的对比关系为转移，在实物量方面，资金有机构成可以提高（如第一和第三种情况），也可以不变（如第二种情况，不考虑劳动者平均实际收入下降或其增长快于劳动生产率的例外情况）。对于社会主义社会来说，既然通常的情况是劳动生产率的提高要快于劳动者平均实际收入的增加，所以在实物量方面，资金有机构成通常也是提高的，但提高的速度要慢于劳动生产率和生产技术构成的提高。[①]

二

说明了这一切，我们就可以着手分析社会主义内涵扩大再生产的实物量比例问题。

首先需要分析积累基金中生产资料的积累 I_3 和消费资料的积累 II_3 之间的比例关系。之所以要从这一比例入手，是因为，如后所述，内涵扩大再生产的许多重要比例都要受它的制约。

从前面的数例中可以看到，当生产内涵地扩大时，如果下年劳动者的平均实际收入保持不变，上年也可以无须有用于内涵扩大生产的消费资料的积累（见上述第一种情况）。但是，既然在社会主义社会，劳动者的平均实际收入通常要随劳动生产率的提高而有所增加，那么对于内涵扩大再生产来说，消费资料的积累通常依然是不可或缺的条件之一。在内涵扩大再生产情况下，I_3 和 II_3 的比例是由以下几个因素决定的：（1）下年第一部类劳动生产率和劳动者平均实际收入提高速度之间的对比关系；（2）下年第二部类劳动生产率和劳动者平均实际收入增长速度

---

① 在本文里，为了分析的方便，如前所述，我们假定劳动生产率和生产的技术构成（也即每个劳动者的生产资料装备率）在增长速度上是一致的。实际上，在不同的内涵扩大再生产情况下，依技术进步的性质、生产资料的物质构成及其利用情况、社会生产的部门结构、生产的自然条件、生产的专业化和协作的发展、生产的地区布局等条件的不同，劳动生产率和劳动者的生产资料装备率在增长速度上并非总是一致的。有时前者快于后者，有时相反。如果考虑到这个因素，在实物量方面，生产资金有机构成的变化就直接取决于每个劳动者的生产资料装备率和每个劳动者的实际收入之间的增长速度对比关系。当劳动生产率的提高快于劳动者的生产资料装备率时，只要后者的提高快于劳动者平均实际收入的增加，那么，劳动生产率的提高快于劳动者平均实际收入的增加，就仍然会引起生产资金有机构成在实物量上的提高。这里不详述。

之间的对比关系；（3）前面这两个对比关系之间的对比关系。这三个因素集中表现为下年两部类平均劳动生产率的提高速度和两部类劳动者平均实际收入的增长速度之间的对比关系。这个对比关系决定了下年内涵扩大再生产所需新增生产资金在实物量上的平均有机构成，从而也就决定了上年用于下年内涵扩大再生产的积累基金中生产资料和消费资料的比例。当下年两部类平均劳动生产率的提高速度等于劳动者平均实际收入的增长速度时，下年所需新增生产资金有机构成同上年原有生产资金有机构成相等，从而上年积累基金中生产资料和消费资料的比例也应同上年原有生产资金的有机构成相等，即$\frac{\text{I}_3}{\text{II}_3}=\frac{\text{I}c+\text{II}c}{\text{I}v+\text{II}v}$，或者说$\frac{\text{I}_3}{\text{II}_3}=\frac{\text{I}_1+\text{I}_2}{\text{II}_1}$（参见上述第二种情况）。[①] 而当下年两部类平均劳动生产率的提高速度快于劳动者平均实际收入的增长速度时（即$\frac{\text{I}_1+\text{I}_2+\text{I}_3}{\text{I}_1+\text{I}_2}>\frac{\text{II}_1+\text{II}_3}{\text{II}_1}$或$\frac{\text{I}_3}{\text{I}_1+\text{I}_2}>\frac{\text{II}_3}{\text{II}_1}$），上年积累基金中生产资料和消费资料的比例就应比上年原有生产资金有机构成高，即$\frac{\text{I}_3}{\text{II}_3}>\frac{\text{I}_1+\text{I}_2}{\text{II}_1}$（见上述第三种情况）。

既然，在社会主义社会，劳动生产率的提高一般要快于劳动者平均实际收入的增加，那么，由于所需新增生产资金有机构成在实物量上的相应提高，各年积累基金中生产资料和消费资料之间的比例，一般也要比当年原有生产资金在实物量上的有机构成高。

了解了这一点，我们就可以进一步分析内涵扩大再生产情况

① 因为在具体化再生产公式中，$\text{I}c=\text{I}_1$，$\text{II}c=\text{I}_2$，$\text{I}v+\text{II}v=\text{II}_1$。在上述数例中，由于数字的简化，在比例上稍有出入。

下，两大部类之间的实物量的比例。

如前所述，在列宁的扩大再生产公式中，是就产品的价值量来考察两大部类之间的比例关系的。在技术进步情况下，资本价值构成要随资本技术构成的提高而提高，列宁正是通过揭示反映资本技术构成的资本价值构成的提高，而揭示出在价值上第一部类生产优先增长的规律的。那么，在内涵扩大再生产情况下，在实物量上两大部类的比例关系又将如何变化呢？

假定 t_1 表示用于补偿的生产资料占全部生产资料的比重，即 $t_1=\frac{I_1+I_2}{I}$，因此 $1-t_1$ 就表示用于积累的生产资料占全部生产资料的比重，即 $1-t_1=\frac{I_3}{I}$。

再假定 t_2 表示用于消费的消费资料占全部消费资料的比重，即 $t_2=\frac{II_1+II_2}{II}$，因此 $1-t_2$ 表示用于积累的消费资料占全部消费资料的比重，即 $1-t_2=\frac{II_3}{II}$。

由此，在实物量上两大部类的比例关系应为：$\frac{I}{II}=\frac{I_3}{II_3}\times\frac{(1-t_2)}{(1-t_1)}$。

公式表明，两大部类产品实物量的比例，直接是由两个比例决定的：（1）用于积累的生产资料和用于积累的消费资料之间的实物量比例；（2）用于积累的消费资料占全部消费资料实物量的比重同用于积累的生产资料占全部生产资料实物量的比重之间的比例。

当后一比例为已定时，两大部类之间的比例将依前一比例的变化为转移，例如当积累基金中生产资料积累的比重提高，消费资料积累的比重降低时，第一部类的比重要提高，第二部类的比重要相应降低；反之亦然。如上所述，上年积累基金中 I_3/II_3

的比例，是由下年所需新增生产资金在实物量上的有机构成决定的，而在内涵扩大再生产情况下，后者又是由下年整个社会生产平均劳动生产率的提高速度和劳动者平均实际收入的增长速度之间的对比关系决定的。

公式还表明，当 I_3/II_3 为已定时，两大部类的比例同两部类产品中各自用于积累的部分所占比重之间的比例成反比例变化。例如，当第一部类产品中用于积累的部分所占比重降低时，或者当第二部类产品中用于积累的部分所占比重提高时，第一部类产品的比重就应提高，第二部类产品的比重就应降低；反之亦然。换句话说，当 I_3/II_3 为已定时，如果 $1-t_2$ 为已定，两大部类的比例就取决于第一部类产品之用于补偿和用于积累这两部分之间的比例，即同 $\frac{t_1}{1-t_1}$ 成正比例变化；而当 $1-t_1$ 为已定时，两大部类的比例就取决于第二部类产品之用于消费和用于积累这两部分之间的比例，即同 $\frac{t_2}{1-t_2}$ 成反比例变化。

这里想专门说明一下，在劳动生产率的提高快于劳动者平均实际收入增加的情况下，两大部类比例的变化，因为对于社会主义社会来说，这是通常的情况。

如前所述，在这种情况下，第二年积累基金中生产资料积累和消费资料积累之间的比例要大于该年原有生产资金的有机构成，即

$$\frac{I'_3}{II'_3}>\frac{I'c+II'c}{I'v+II'v}，也即\frac{I'_3}{II'_3}>\frac{I'_1+I'_2}{II'_1}，①$$

进一步说，$\frac{I'_1+I'_2+I'_3}{II'_1+II'_3}>\frac{I'_1+I'_2}{II'_1}$。

① 在这部分论述中，我们以 I'_3、II'_3、I'_1 等分别代表第二年各部分产品，而以 I_3、II_3、I_1 等分别代表第一年各部分产品。

但是，第二年原有生产资金中的生产资料等于第一年原有生产资金物质要素中的生产资料同第一年生产资料积累之和，即 $\mathrm{I}'_1+\mathrm{I}'_2=\mathrm{I}_1+\mathrm{I}_2+\mathrm{I}_3$；而第二年用于抵偿原有生产资金 $\mathrm{I}'v+\mathrm{II}'v$ 的消费资料则等于第一年用于抵偿原有生产资金 $\mathrm{I}v+\mathrm{II}v$ 的消费资料同第一年消费资料积累之和，即 $\mathrm{II}'_1=\mathrm{I}_1+\mathrm{II}_3$。

因此，$\dfrac{\mathrm{I}'_1+\mathrm{I}'_2+\mathrm{I}'_3}{\mathrm{II}'_1+\mathrm{II}'_3}>\dfrac{\mathrm{I}_1+\mathrm{I}_2+\mathrm{I}_3}{\mathrm{II}_1+\mathrm{II}_3}$，

也即 $\dfrac{\mathrm{I}'_1+\mathrm{I}'_2+\mathrm{I}'_3}{\mathrm{I}_1+\mathrm{I}_2+\mathrm{I}_3}>\dfrac{\mathrm{II}'_1+\mathrm{II}'_3}{\mathrm{II}_1+\mathrm{II}_3}$。

公式表明，当第三年社会生产平均劳动生产率的提高快于劳动者平均实际收入的增加时，第二年同第一年相比，第一部类产品的增长（$\dfrac{\mathrm{I}'_1+\mathrm{I}'_2+\mathrm{I}'_3}{\mathrm{I}_1+\mathrm{I}_2+\mathrm{I}_3}$）应快于第二部类中用于物质生产者消费的消费资料同用于积累的消费资料合计的增长（$\dfrac{\mathrm{II}'_1+\mathrm{II}'_3}{\mathrm{II}_1+\mathrm{II}_3}$）。在这种情况下，同第一年相比，当第二年非生产领域消费的消费资料的增长速度同消费资料中另两部分之和（$\mathrm{II}'_1+\mathrm{II}'_3$）的增长速度相等时，即 $\dfrac{\mathrm{II}'_2}{\mathrm{II}_2}=\dfrac{\mathrm{II}'_1+\mathrm{II}'_3}{\mathrm{II}_2+\mathrm{II}_3}$ 时，换句话说，当第二年非生产领域消费的消费资料在全部消费资料中的比重保持第一年的水平时，第二年第一部类产品在实物量上就应比第二部类增长更快。举例说明如下：

从上述数例的第三种情况可以看到，第一年第二部类产品用于非生产领域消费的部分占 36.66%，假定第二年这一比重仍保持这个水平。如果第三年两部类平均的劳动生产率提高 10%，而劳动者的平均实际收入增长 6.7%，那么根据第一年社会产品的分配和第三年社会生产的需要，第二年两大部类产品的生产和

分配使用就应作如下安排：

$$\text{I}\ 4400\ (c) + 2200\ (v+m) = 6600$$

$$\text{I}_1 2934\ (c) + 1466\ (v+m) = 4400$$

$$\text{I}_2 1066\ (c) + 534\ (v+m) = 1600$$

$$\text{I}_3 400\ (c) + 200\ (v+m) = 600$$

$$\text{II}\ 1600\ (c) + 1600\ (v+m) = 3200$$

$$\text{II}_1 950\ (c) + 950\ (v+m) = 1900$$

$$\text{II}_2 586.5\ (c) + 586.5\ (v+m) = 1173$$

$$\text{II}_3 63.5\ (c) + 63.5\ (v+m) = 127$$

$$\text{I} + \text{II}\ 6000\ (c) + 3800\ (v+m) = 9800$$

由于这样的安排，同第一年相比，第二年第一部类将增长10%，而第二部类则将增加6.66%，也就是说，第一部类的增长快于第二部类。（在这个数例中，由于第一年的数字遵照了马克思的假设，第二年用于积累的生产资料在全部生产资料中的比重略有提高，这对第二年第一部类比第二部类增长更快有某些影响，但即使消除这一因素的作用，由于第二年积累基金中生产资料和消费资料的比例超过了当年原有生产资金的有机构成，该年第一部类的增长仍要快于第二部类。）

由此可见，如果不考虑用于非生产领域消费的消费资料在全部消费资料中所占比重的变化，在社会主义社会，既然在一般情况下，劳动生产率的提高要快于劳动者平均实际收入的增长，那么，在一般情况下，在实物量上第一部类的增长也应快于第二部类。

在具体安排两大部类在实物量上的对比关系时，当然也不能忽视非生产领域消费的规模对它的影响。如前述公式所表明的，当下年两部类劳动生产率的提高快于劳动者平均实际收入的增长时，如果上年非生产领域的消费在全部消费资料中的比重下降，那么，上年第一部类产品的增长速度就将在更大程度上超过第二部类。而当这一比重提高时，第一部类产品的增长究竟将快于、等于或慢于第二部类，就要看两个条件而定：(1) 上述比重提高的程度；(2) 下年劳动生产率的提高快于劳动者平均实际收入的增长的程度。所以，为了保证生产资料生产在实物量上的优先增长，在安排非生产领域的消费规模时，必须结合考虑劳动生产率和劳动者平均实际收入之间的速度对比关系，粗略地说，在一般情况下，至多也不能使非生产领域消费的增长在速度上超过消费资料生产很多。

分析了上述两个比例关系以后，就可以转而分析内涵扩大再生产情况下积累基金和消费基金之间的实物量比例。下面的公式说明了这一比例是由哪些因素决定的：

积累基金 $= \mathrm{I}_3 + \mathrm{II}_3 = \mathrm{I}\ (1-t_1) + \mathrm{II}\ (1-t_2)$，

消费基金 $= \mathrm{II}_1 + \mathrm{II}_2 = \mathrm{II} \times t_2$

因此，
$$\frac{\mathrm{I}_3+\mathrm{II}_3}{\mathrm{II}_1+\mathrm{II}_2}=\frac{\mathrm{I}}{\mathrm{II}}\times\frac{(1-t_1)}{t_2}+\frac{(1-t_2)}{t_2} \qquad (1)$$

因为，
$$\frac{\mathrm{I}}{\mathrm{II}}=\frac{\mathrm{I}_3}{\mathrm{II}_3}\times\frac{(1-t_2)}{(1-t_1)},$$

所以，
$$\frac{\mathrm{I}_3+\mathrm{II}_3}{\mathrm{II}_1+\mathrm{II}_2}=\left(\frac{\mathrm{I}_3}{\mathrm{II}_3}+1\right)\left(\frac{1-t_2}{t_2}\right) \qquad (2)$$

从第一个公式可知，积累基金和消费基金的比例，取决于三个因素：(1) 两大部类的比例；(2) 用于积累的生产资料占全部生产资料的比重同用于消费的消费资料占全部消费资料的比重之间的比例；(3) 用于积累的消费资料和用于消费的消费资料之间的比例[①]。第二个因素实际上又取决于两个因素，即生产资

---

① $\frac{1-t_2}{t_2}=\frac{\mathrm{II}\ (1-t_2)}{\mathrm{II}\times t_2}=\frac{\mathrm{II}_3}{\mathrm{II}_1+\mathrm{II}_2}$。

料中用于补偿和用于积累的比例以及消费资料中用于消费和用于积累的比例。当第一部类的比重提高、用于积累的生产资料和用于积累的消费资料各自在生产资料和消费资料中的比重提高时，积累基金的比重就要提高，反之，消费基金的比重就要提高。

从第二个公式中可以看到，积累基金和消费基金的比例，进一步是由两个因素决定的：（1）用于积累的生产资料和用于积累的消费资料之间的比例；（2）用于积累和用于消费的两部分消费资料之间的比例。

积累和消费的比例，是国民经济中最综合和最重要的比例关系之一。要安排好这个比例，需要考虑众多的政治经济因素。从国民经济平衡的角度看，要使这一比例的安排，既能保证当年的资源同当年的需要之间的平衡，又能保证当年的资源同下年的需要之间的平衡，就要从决定这一比例的那些比例的安排入手。对各种政治经济因素的考虑，也是通过对那些比例的安排来体现的。

最后，再考虑一下内涵扩大再生产情况下，**用于积累的生产资料中为扩大生产资料生产的生产资料**（I_3a）**和为扩大消费资料生产的生产资料**（I_3b）**之间的比例**，以及和这个比例密切联系的、**第一部类产品中为制造生产资料的生产资料**（$\mathrm{I}_1+\mathrm{I}_3a$）**和为制造消费资料的生产资料**（$\mathrm{I}_2+\mathrm{I}_3b$）**之间的比例**。

在内涵扩大再生产情况下，用于积累的两部分生产资料之间的比例（$\mathrm{I}_3a/\mathrm{I}_3b$），归根到底，也是由下年所需新增生产资金在实物量方面的有机构成决定的。例如，假定有第一、第二和第三年三个年度，当第三年劳动生产率的提高快于劳动者平均实际收入的增加时，要求新增生产资金的有机构成提高，从而在其他条件不变的情况下，要求第二年第一部类的增长快于第二部类，由此又进而要求第一年生产资料积累中用于扩大第一部类和第二部类生产的两部分的比例大于当年第一和第二部类原有生产资料之间的比例，即$\frac{\mathrm{I}_3a}{\mathrm{I}_3b}>\frac{\mathrm{I}_1}{\mathrm{I}_2}$（参见上述数例中的第三种情况）。

至于说到第一部类产品中为制造生产资料的生产资料（$\mathrm{I}_1+\mathrm{I}_3a$）和为制造消费资料的生产资料（$\mathrm{I}_2+\mathrm{I}_3b$）之间的比例关系，那么，它直接是由两个比例决定的，即（1）当年用于两大部类物质消耗的生产资料之间的比例关系，即I_1∶I_2；（2）当年用于积累的生产资料中用于扩大第一部类和第二部类生产的两部分生产资料之间的比例关系，即I_3a∶I_3b。而当各部类单位产品的物质消耗不变时，这两个比例关系，又分别是由当年和下年的两大部类比例关系决定的，或者进一步说是由下年和下下年劳动生产率的提高速度和劳动者平均实际收入增长速度之间的对比关系决定的。既然，在社会主义社会，通常劳动生产率的提高逐年要快于劳动者平均实际收入的增加，那么，如不考虑其他因素的变化，为制造生产资料的生产资料的增长，在实物量上也通常应该逐年快于为制造消费资料的生产资料的增长。[①]

三

在分析了内涵扩大再生产情况下社会再生产的比例关系以后，对于外延扩大再生产情况下社会再生产的比例关系问题，只需略作说明就行了。因为上面对各种比例及其相互关系的分析，有些也适用于外延扩大再生产。

---

① $\frac{\mathrm{I}'_3a}{\mathrm{I}'_3b}>\frac{\mathrm{I}_1'}{\mathrm{I}_2'}$，所以，$\frac{\mathrm{I}_1'+\mathrm{I}_3'a}{\mathrm{I}_2'+\mathrm{I}_3'b}>\frac{\mathrm{I}'_1}{\mathrm{I}'_2}$；而$\mathrm{I}_1'=\mathrm{I}_1+\mathrm{I}_3a$，$\mathrm{I}'_2=\mathrm{I}_2+\mathrm{I}_3b$，所以，$\frac{\mathrm{I}'_1+\mathrm{I}_3'a}{\mathrm{I}'_2+\mathrm{I}_3'b}>\frac{\mathrm{I}_1+\mathrm{I}_3a}{\mathrm{I}_2+\mathrm{I}_3b}$，即$\frac{\mathrm{I}_1'+\mathrm{I}_3'a}{\mathrm{I}_1+\mathrm{I}_3a}>\frac{\mathrm{I}'_2+\mathrm{I}'_3b}{\mathrm{I}_2+\mathrm{I}_3b}$。

增加劳动人数从而增加投入生产的活劳动量，是扩大社会生产的另一个重要途径。对于这种类型的扩大再生产（外延的扩大再生产），马克思在《资本论》第2卷中作了甚为详尽的考察。如果舍去资本主义生产关系的形式，马克思所揭示的外延扩大再生产的比例关系，完全适用于社会主义社会的外延扩大再生产。我们所要做的是，考虑社会主义外延扩大再生产不同于资本主义的根本区别，考察它们给社会主义再生产比例关系带来的影响，以便把马克思的一般原理进一步具体化。除了其他一些根本区别以外，这里想举出同我们的分析有关的三点根本区别。

第一，要增加劳动人数以外延地扩大社会生产，上一生产周期必须为下一生产周期准备好所需要的追加的生产资料和消费资料，它们的数量从物质条件方面决定了下一生产周期得以就业的人数。这一点无论对于资本主义社会还是社会主义社会都是共同的。但是，在资本主义社会，存在着为数庞大的相对的过剩人口——产业后备军。它一方面是资本主义积累的必然产物，另一方面又是资本主义积累的杠杆，甚至是资本主义生产方式的存在条件之一。所以，当资本家为了追求更多的利润而进行积累以便通过增加雇佣劳动者来扩大生产时，除了“在近代资本主义生产的幼年期”（马克思语）以外，他是不虞人手之匮乏的。正如马克思所说：“过剩的工人人口不受人口实际增长的限制，为不断变化的资本增殖需要创造出随时可供剥削的人身材料。”① 他又说：“用来转化为资本的已经增加了的生产资料的量，总会随时找到相应地增加了的、甚至过剩的可供剥削的工人人口。”② 与此相反，在社会主义社会，依靠增加劳动人数来扩大社会生产，在一定阶

① 马克思：《资本论》第1卷，《马克思恩格斯全集》第23卷，第693页。

② 马克思：《资本论》第3卷，《马克思恩格斯全集》第25卷，第244页。

段以后，则要受到劳动资源的限制，如果不考虑劳动者在物质生产领域和非生产领域之间的分配，各个时期可用于扩大社会生产的新增劳动者人数，要受到人口的自然增殖率和年龄构成的限制。这是社会在安排生产的规模和比例时必须加以考虑的。

其次，资本主义的扩大再生产，不以而且也不可能以保证劳动者的充分就业为前提条件，相反，资本的积累，一方面固然“扩大对劳动的需求，另一方面又通过‘游离’工人采扩大工人的供给”①。而在社会主义社会，除了建设初期以外，在正常情况下，不存在失业问题（初期的失业问题是革命前遗留下来的），社会在安排生产时，必须首先保证新增劳动者得以全部就业并按社会需要的比例在各个部类和部门就业。

第三，在资本主义社会，增加劳动者来扩大生产，就整个社会而言，是盲目进行的，而在社会主义社会，则是有计划进行的。这种有计划性，要求在安排外延扩大再生产时，自觉地保持各种有关的比例关系。

社会主义外延扩大再生产的这些特点和不同于资本主义的根本区别，要求在安排社会主义再生产时，除了遵守马克思所提出的基本公式和条件以外，还必须遵守以下一些必要条件，这些条件是在资本主义外延扩大再生产情况下所无须遵守的。总起来说，就是上年用于下年外延扩大再生产的积累基金，在数量上和构成上必须同下年可以和应该就业的新增劳动者的人数及其分配相适应。具体地说，就是在上年用于外延扩大生产的积累资源同下年新增劳动者的就业对它的需要之间保持以下三方面的平衡关系：

（1）上年用于外延地扩大生产资料生产的生产资料的积累，

① 马克思：《资本论》第1卷，《马克思恩格斯全集》第23卷，第702页。

在数量上必须同下年可以和应该就业于第一部类的新增劳动者的就业对它的需要相适应；

（2）上年用于外延地扩大消费资料生产的生产资料的积累，在数量上必须同下年可以和应该就业于第二部类的新增劳动者的就业对它的需要相适应；

（3）上年用于外延地扩大生产的消费资料的积累，在数量上必须同下年可以和应该就业的新增劳动者的就业对它的需要相适应（如不考虑原有劳动者平均收入的增加）。

只有这样，才既能充分地发挥用于外延地扩大生产的积累基金的作用，又能保证可以和应该就业的新增劳动者届时得以全部地并按社会需要的比例在各个部类和部门就业（这里都没有考虑他们在非生产领域的就业）。

但是，为了使上年用于下年外延扩大再生产的积累基金在数量上和构成上能同下年可以和应该就业的新增劳动者的人数及其分配保持上述种种平衡关系，就必须安排好上年甚至以上诸年社会再生产的规模和一系列的比例关系。

众所周知，在马克思的扩大再生产数例中，从第三年起，两大部类的比例以及其他比例，是保持不变的。这是由于马克思舍象了许多因素之故。这些因素主要有：（1）新增劳动者的生产基金装备率保持原有劳动者的水平，也就是说，不仅原有劳动者在各部类的分配比例以及各部类的生产技术构成都保持不变，而且新增劳动者也按原有劳动者的分配比例分配于各个部类；（2）新增劳动者以至全部物质生产劳动者的平均实际收入保持不变；（3）由上述两点所决定，用于新增劳动者的资金有机构成保持整个社会生产原有的平均水平；（4）非生产领域消费的消费资料占所生产的消费资料的比重不变（在马克思的再生产公式中就是资本家的个人消费占剩余价值的比重不变），因而消费和积累的比例也不变。实际上，即使在外延地扩大生产时，这一切也都是可变的。所以，在具体地安排外延扩大再生产的比例时，为了保持上述种种平衡关系，这些因素都必须予以考虑。

就生产的技术构成来说，当各部类的生产只是外延地扩大时，它们各自的生产技术构成虽然不变，但是，由于各部类的生产技术构成有高有低，只要下年新增劳动者在各部类之间的分配比例不同于原有劳动者的分配比例，整个社会生产平均的生产技术构成就仍然可以有起有伏（当它上升时，对于整个社会生产来说，具有内涵扩大再生产的性质）。

新增劳动者的平均实际收入，也是如此。当各部类生产外延地扩大时，各部类劳动者的平均实际收入一般应该保持不变。但是，即使如此，由于各部类劳动者的平均实际收入存在着差异，当新增劳动者的分配不同于原有劳动者的分配比例时，新增劳动者的平均实际收入依然可以不同于原有劳动者。如果各部类劳动者的平均实际收入有变化，就更是如此了。

所以，在各部类生产外延地扩大的情况下，虽然各部类的生产技术构成依旧不变，以至各部类生产资金的有机构成不变，由于各部类生产资金的有机构成存在着实际的差异，只要新增劳动者在各部类的分配不同于原有劳动者，新增劳动者所需新增生产资金的有机构成就会不同于上年整个社会生产原有的平均的资金有机构成。这一点，我们从马克思的扩大再生产数例的第二年中可以看到，在实际生活中也屡见不鲜。例如，为了保证生产资料生产的优先增长，将新增劳动者更多地分配于第一部类时，由于该部类的资金有机构成较高，即使不考虑各部类各自的资金有机构成的变化，也会要求新增生产资金的有机构成比原有的提高。

在外延扩大再生产情况下，当劳动者的平均实际收入有变化时，也会引起所需新增生产资金有机构成之不同于原有生产资金有机构成的变化。

而这一切同样要求上年用于外延地扩大生产的积累基金具有不同的物质构成（I_3/II_3），同时也要通过后者影响社会再生产的其他许多比例。这些都在上面作了说明，这里不再重复。

关于非生产领域的消费对外延扩大再生产各种比例的影响，在一般关系上也如上述。

这里需要着重指出的是，当我们在安排社会再生产的比例时，不仅要考虑新增劳动者的分配，而且还要考虑他们的数量。为了保证他们届时得以全部就业，往往还不能限于安排上一年的社会生产规模和比例，而且要在若干年以前就要有安排。举例来说，假定某年两大部类的生产规模及其比例为一定，如果不考虑各部类单位产品物质消耗的变化，该年生产的生产资料中可用于积累的生产资料，其数量实际上也是已定的（参见上述数例的三种情况），如不考虑对外贸易等因素，很少有回旋余地。所以，为了使该年用于积累以外延地扩大生产的生产资料在数量上能够同下年新增劳动者的数量相适应，早在该年以前，在安排社会生产的规模和比例时，就应该加以考虑了。就消费资料来说，也大体如此。当该年两大部类的规模和比例为一定时，如不考虑各部类劳动者平均实际收入的变化，该年生产的消费资料中用于物质生产劳动者消费的消费资料，在数量上也是已定的，在这种情况下，在一定限度内固然可以通过调节非生产领域消费的规模来调节用于积累的消费资料的数量（可参见上述数例的第二，第三种情况），使其能同下年新增劳动者的数量相适应。但这种可能性毕竟是有限度的，主要的还是要在该年以前，在安排社会生产的规模和比例时，就给予考虑。

四

上面我们分别考察了增加劳动人数和提高劳动生产率这两种扩大生产途径下，社会再生产的比例关系问题。在实际生活中，通过这两种途径来扩大生产，是结合进行的。它们的不同结合，会给社会再生产的比例关系带来许多复杂的变化。但是，不管它们的结合如何多种多样，首先都集中表现在扩大生产所需新增生产资金的数量及其在实物量方面的有机构成的变化上，而且都要通过后者影响用于积累的生产资料和用于积累的消费资料的数量和比例关系以及用于积累的生产资料中为扩大第一部类和第二部类生产的生产资料的数量及其比例关系，并进而通过这两个比例关系影响社会再生产按实物量表现的其他比例关系。

综上所述，在社会主义社会，为了使上年用于外延和内涵扩大生产的积累基金在数量上和构成上能够同下年增加劳动人数和提高劳动生产率对新增生产资金的数量和构成的需要相适应，主要必须自觉地安排上年以至上上年社会再生产中以下几个重要比例：(1) 两大部类的比例；(2) 积累和消费的比例；(3) 积累基金中生产资料和消费资料的比例；(4) 生产资料积累中用于扩大第一部类生产的生产资料和用于扩大第二部类生产的生产资料之间的比例；(5) 第一部类产品中为生产生产资料的生产资料和为生产消费资料的生产资料之间的比例；(6) 第二部类产品中用于物质生产劳动者个人消费的消费资料、用作非生产领域消费的消费资料以及用作积累的消费资料之间的比例。这些比例彼此之间又是相互联系、相互制约的。另一方面还必须妥善安排后续年度社会再生产中以下几个比例：(1) 新增劳动者在两大部类之间的分配比例；(2) 两大部类劳动生产率提高速度之间的比例；（3）两大部类劳动者平均收入增长速度之间的比例；（4）整个社会生产平均的劳动生产率的提高速度和劳动者平均实际收入的增长速度之间的比例。或者说，这四个因素所集中表现的，所需新增生产资金按实物量表现的有机构成。在这两组比例关系之间又必须建立彼此适应的关系。

从上面所说的一切，还可以看到，社会再生产是一个连续不断的流，任何一年的社会再生产，都不是同其他各年的社会再生产相分离的。在安排任何一年社会再生产的比例时，都必须统筹兼顾、瞻前顾后，这就是说，从国民经济平衡的角度来看，不仅要考虑当年资源同需要之间的平衡，而且一方面要考虑上年扩大生产的资源同当年扩大生产的需要之间的平衡，另一方面还要考虑当年扩大生产的资源同下年以至往后诸年扩大生产的需要之间的平衡。

产品的分配和使用与两大部类比例的关系*

——马克思再生产公式具体化问题的探索之三

社会再生产的比例问题，是一个极为复杂的问题，如何利用马克思提出的、具有重大意义的社会再生产公式，并把为马克思所舍象的、但对具体研究社会主义再生产比例有意义的一些重要因素纳入进来，以便进一步揭示社会主义再生产中一些主要比例的变化规律性，这是摆在我们面前的一项重大课题。为此，我曾不揣浅陋地从社会产品的生产和使用统一的角度，对马克思再生产公式的具体化问题作了初步探索，并尝试地提出了一个具体化的再生产公式①。在这个具体化再生产公式中，从社会产品的生产和使用统一的角度考虑，把第一部类的产品（Ⅰ）进一步细分为三大部分：（1）用于补偿第一部类物质消耗的生产资料（$Ⅰ_1$），它在数量上等于第一部类的物质消耗，$Ⅰ_1(c+v+m)=Ⅰc$；（2）用于补偿第二部类物质消耗的生产资料（$Ⅰ_2$），它在

* 原载《经济研究》1964年第8期。

① 参见本书《从社会产品生产和使用统一的角度探索马克思再生产公式具体化问题》一文。目前这篇文章中列示的具体化公式根据后面分析的需要又作了某些细化。

数量上等于第二部类的物质消耗，$\text{I}_2(c+v+m)=\text{II}c$；（3）用于积累的生产资料（$\text{I}_3$），这一部分又可以进一步划分为用于扩大第一部类生产的生产资料（I_3a）和用于扩大第二部类生产的生产资料（I_3b）。第二部类产品也可以划分为三大部分：（1）用于物质生产劳动者个人消费的消费资料（II_1），它在数量上等于两部类必要产品之和，$\text{II}_1(c+v+m)=\text{I}v+\text{II}v$，它还可以进一步按所用于的两个部类划分为 II_1a 和 II_1b，$\text{II}_1a(c+v+m)=\text{I}v$，$\text{II}_1b(c+v+m)=\text{II}v$；（2）用于非生产领域消费的消费资料（$\text{II}_2$）；（3）用于积累的消费资料（$\text{II}_3$），假设它全部用于物质生产领域，则又可以按其所用于的部类划分为 II_3a 和 II_3b。根据以上的细分，可将具体化再生产公式列示如下：

$$
\begin{aligned}
&\text{I}(c+v+m)\\
&\quad \text{I}_1(c+v+m)\\
&\quad \text{I}_2(c+v+m)\\
&\quad \text{I}_3(c+v+m)\begin{cases}\text{I}_3a(c+v+m)\\ \text{I}_3b(c+v+m)\end{cases}\\
&\text{II}(c+v+m)\\
&\quad \text{II}_1(c+v+m)\begin{cases}\text{II}_1a(c+v+m)\\ \text{II}_1b(c+v+m)\end{cases}\\
&\quad \text{II}_2(c+v+m)\\
&\quad \text{II}_3(c+v+m)\begin{cases}\text{II}_3a(c+v+m)\\ \text{II}_3b(c+v+m)\end{cases}
\end{aligned}
$$

在这个具体化再生产公式中，由于对两大部类产品按其最终使用方向作了这样的细分，社会再生产公式反映各种比例关系的可能性扩大了，一些影响社会再生产比例的因素被引入了，从而也为更具体地分析社会再生产主要比例的变化，提供了更多的可能（详见前引拙作）。与此同时，在这个具体化再生产公式中也还有一些因素未曾引入，需要考虑通过别的途径来解决。

我在《关于不同扩大再生产途径下的社会主义再生产比例关系问题》（下简称《再探索》）一文中，从各个再生产周期的相互联系和相互制约中，把扩大生产的不同途径的因素引入了再生产公式，考察不同扩大生产途径下社会主义再生产比例的变化，在考察中也兼及一些其他因素，诸如：积累和消费的比例、劳动生产率和劳动者平均实际收入的对比关系，等等，但在那篇文章里，由于分析的需要，也舍象了另外一些因素，例如，劳动生产率的变化同劳动者生产基金装备率的变化可能不一致，它们之间的对比关系的变化在各部类又可能彼此不一致，各部类劳动生产率和劳动者平均实际收入的对比关系的变化可能不一致，以及由这些所决定的各部类实物量上的资金有机构成的变化可能不一致，等等①。

在目前这篇文章里，则要进一步把这些因素引入，考察它们对社会再生产比例关系的影响，并着重考察它们对两大部类生产比例的影响。为了论述的方便，打算先考察劳动生产率的变化同劳动者生产基金装备率变化的不一致以及它们之间的对比关系的变化在各部类的不一致所带来的影响，然后考察劳动生产率和劳动者平均实际收入的对比关系的变化在各部类不一致所带来的影响，最后把两者结合起来，考察各部类实物量上资金有机构成的不同变化所带来的影响。在考察中，根据需要，也将兼及其他一些因素。

① 参见本书《关于不同扩大再生产途径下的社会主义再生产比例关系问题——马克思再生产公式具体化问题的再探索》一文。

一

生产资料是劳动过程的物质要素，它的数量、质量和使用情况，会从物质要素方面决定生产的规模、增长速度和比例关系。当我们从生产资料对社会生产的这种制约作用着眼，考察社会再生产比例关系的决定和变化时，必须研究劳动生产率和劳动者生产基金装备率[①]之间对比关系的变化以及它在各部类的不同变化。这一对比关系，换成另外的说法就是：单位所用生产基金的产品产出率，或者单位产品的生产基金占用率的倒数。因为，劳动生产率（T）表现为产品产量（P）同劳动者人数（N）之比，即：T = P/N，而劳动者的生产基金装备率（f）则表现为所用生产基金数量（F）同劳动者人数（N）之比，即 f = F/N，因此，劳动生产率同劳动者生产基金装备率的对比关系就表现为产品产量同所用生产基金量之比：$\frac{T}{f}=\frac{p}{N}/\frac{F}{N}=\frac{p}{F}$，而产品产量同所用生产基金量之比（P/F）就是单位所用生产基金的产品产出率，它的倒数（F/P）则是单位产品的生产基金占用率。这两个指标综合地反映了生产资料（生产基金）的性能及其使用情况的变化。单位所用生产基金的产品产出率越高，利用同样多的生产基金所能生产出的产品就越多；相反，单位产品的生产基金占用率越低，生产同样多的产品所需使用的生产基金就越少。所以，生产资料的性能及其使用情况，不能不通过劳动生产率和劳动者生产基金装备率之间对比关系的变化，影响社会生产的规模、增长

① 劳动者的生产基金装备率或称为劳动者的生产资料装备率，本文所说的生产基金仅指生产资料部分，不包括物质生产劳动者的必要消费基金。在社会主义社会，后者是否应列入生产基金，尚无定论。

速度和比例关系。而当我们更进一步考察社会再生产比例关系问题时，也不能不把这个因素引入进来。

在实际生活中，劳动生产率的变化同劳动者生产基金装备率的变化，在绝大多数情况下是不一致的。它们之间的对比关系，要受一系列因素的制约。其中有一些因素的作用，会使劳动生产率的提高快于劳动者生产基金装备率的提高，即提高单位所用生产基金的产品产出率或降低单位产品的生产基金占用率，而另一些因素的作用，其结果则相反。所以，视各种因素的不同结合为转移，这一对比关系会有不同的变化。影响这些比率的因素很多，其中主要有：技术进步的性质、生产基金的物质构成的变化、生产基金的利用情况、社会生产的部门结构的变化、生产的地理分布的变化、生产的专业化和协作的发展、生产的自然条件的变化等。生产关系的变革及其同生产力性质的适应情况，也有重要的影响。这里不打算多作说明①。

所有这些因素共同作用的结果，从总的、长远的趋势来看，无论分别就固定基金和流动基金与产品产量的对比关系来说，还是就全部生产基金与产品产量的对比关系来说，都是产品的增长快于生产基金的增长，或者说，劳动生产率的提高快于劳动者生产基金装备率的提高，当然也不排除在某些时期（主要是工业化初期）某些部门会出现相反的情况。

这里我们所要分析的是：各部类中劳动生产率和劳动者生产基金装备率之间的对比关系与社会生产两大部类比例以及其他一些社会再生产比例的关系。

众所周知，各部类的生产规模，直接取决于各该部类从事生

① 关于所用固定基金与产品产量的关系，可参见梁文森《固定资产再生产与社会产品再生产的关系》，《经济研究》1964 年第 5 期。

产的劳动者人数（N'_1 和 N'_2）和他们的劳动生产率（T'_1 和 T'_2），因此，第一部类生产（P'_1）和第二部类生产（P'_2）之间的比例[①]，等于：$P'_1/P'_2 = N'_1 \cdot T'_1/N'_2 \cdot T'_2$。而各部类从事生产的劳动者人数，从生产资料的条件方面看，则又决定于各该部类所用的生产资料数量（F'_1 和 F'_2）和各该部类每个劳动者的生产基金装备率（f'_1 和 f'_2），即：$N'_1 = F'_1/f'_1$，$N'_2 = F'_2/f'_2$。由此，两大部类生产的比例，又进一步等于：

$$\frac{P'_1}{P'_2}=\frac{T'_1}{f'_1}\times\frac{f'_2}{T'_2}\times\frac{F'_1}{F'_2} \tag{1}$$

这个公式表明，从生产资料的分配和使用情况看，某年两大部类的比例是由三组因素决定的：

第一组因素 T'_1/f'_1，是指某年第一部类劳动生产率和劳动者生产基金装备率之间的对比关系。如前所述，这个对比关系所表示的是某年第一部类单位所用生产基金的产品产出率或者说单位产品的生产基金占用率的倒数。

第二组因素 f'_2/T'_2，是指某年第二部类劳动者生产基金装备率和劳动生产率之间的对比关系，即某年第二部类单位产品的生产基金占用率或者说第二部类单位所用生产基金的产品产出率的倒数。

第三组因素 F'_1/F'_2，是某年第一、二部类所用生产资料的比例，也即上年生产的生产资料在下年（即某年）第一部类和第二部类之间的分配比例（这里不考虑上年未报废而结转下年的固定基金，或者说假定固定基金也在一年或一个生产周期内转移完价值）。

① 我们以 N、T、P 等符号表示上年（或上一生产周期）的数值，以 N′、T′、P′等符号表示下年（或下一生产周期）的数值。符号右下角的 1、2，则表第一部类和第二部类。

公式表明，当第三组因素——上年生产的生产资料在下年两大部类间的分配比例为一定时，下年两大部类的比例同第一部类劳动生产率和劳动者生产基金装备率的对比关系成正比例变化，而同第二部类这一对比关系成反比例变化，换句话说，同第一部类单位所用生产基金的产品产出率成正比例变化，而同第二部类这一比率成反比例变化。道理很简单。从生产资料对生产的制约来看，当用于第一部类和第二部类的生产资料之间的比例为一定时（例如同上年它们的比例相等），如果第一部类单位生产基金的产品产出率提高，即利用单位的生产基金可以生产出比上年更多的生产资料，在其他条件相同的情况下，第一部类的比重就会比上年相应提高；相反，如果第二部类单位生产基金的产品产出率提高，即利用单位生产基金可以生产出比上年更多的消费资料，在其他条件相同的情况下，第二部类的比重就会比上年相应提高。

各部类中劳动生产率和劳动者生产基金装备率的对比关系的变化，对当年社会再生产的其他一些比例也有一定的影响。各部类这一对比关系的不同结合，首先会影响当年需要用于补偿第一、第二部类物质消耗的生产资料各自在当年生产的生产资料中所占的比重，即 $\mathrm{I}'_1/\mathrm{I}'$ 和 $\mathrm{I}'_2/\mathrm{I}'$。由此，它还要进一步影响用于积累的生产资料中可用于扩大第一部类和第二部类生产的部分各自所占的比重，即 $\mathrm{I}'_3a/\mathrm{I}'_3$ 和 $\mathrm{I}'_3b/\mathrm{I}'_3$，而这些比重又进而会从生产资料这个物质条件方面影响后一年度两大部类的比例。其次，各部类中劳动生产率和劳动者生产基金装备率的对比关系的变化，还会影响当年生产的生产资料用于补偿和用于积累的比例，即 $(\mathrm{I}'_1+\mathrm{I}'_2)/\mathrm{I}'_3$。这个比例，在一定程度上又会从生产资料这个物质条件方面决定后一年度扩大再生产的规模和速度。同时，这个比例，还要影响当年创造的积累基金中生产资料和消费资料的比例（$\mathrm{I}'_3/\mathrm{II}_3'$）以及当年创造的国民收入中积累基金和消费基金的比例，即（$\mathrm{I}'_3+\mathrm{II}'_3$）/（$\mathrm{II}'_1+\mathrm{II}'_2$），这里不打算作更多的说明。

上述简单的分析表明，研究和安排劳动生产率和劳动者生产基金装备率之间的对比关系的变化以及它在两大部类中的不同变化，对于研究和安排社会生产两大部类比例以及其他一些社会再生产比例，是很重要的。社会主义工业化的道路、国家的技术政策和投资政策，对上述对比关系有着重大作用。特别是在制定技术政策和投资政策时，不能不加以考虑。从一些革命前工业较落后的社会主义国家的情况来看，在实行社会主义工业化的过程中，由于较多的投资用于建设重工业以及首先在重工业中采用先进技术，以便在建立和发展重工业的基础上和过程中逐步进行农业、轻工业以至整个国民经济的技术改造，重工业中单位产品生产基金占用率的降低或单位所用生产基金产品产出率的提高，一般要快于农业和轻工业，这大体上可以说明，第一部类上述比率的那种变化一般地也要快于第二部类。另外，从一些工业化水平较高的国家的情况来看，现代先进生产技术大多也首先出现和运用于生产资料生产部门（除了军事工业部门以外）。这些过程都有利于生产资料生产的优先增长。但是，也应当注意到，在投资总额及其在两大部类的分配比例为既定的条件下，使第二部类劳动生产率的提高尽可能快于第二部类劳动者生产基金装备率的提高，这是保证把优先发展生产资料生产和迅速发展消费资料生产结合起来的重要途径。

最后，还要对上述公式中的第三组因素——某年两大部类所用生产资料的比例或者说上年生产的生产资料在下年两大部类间的分配比例——作一些分析。如后所述，这组因素也同劳动生产率和劳动者生产基金装备率的对比关系有关。

众所周知，某年用于第一部类生产的生产资料，如不考虑往年储备的动用，是由三部分构成的：（1）上年生产的用于补偿第一部类物质消耗的生产资料（I_1）；（2）上年积累的生产资料中用于扩大第一部类生产的生产资料（I_3a）；（3）上年未曾报废结转下年使用的第一部类固定基金。鉴于第三部分生产资料在两大部类的分配为已定（不考虑它们的重新分配），为了便于分析，我们可将它置而不论（或者说，假定固定基金在一个生产周期内完成自己的周转），同时在劳动者的生产基金装备率中也相应扣除这部分生产资料数量。这样做不会影响分析的实质。现在我们来看前两部分生产资料的数量是如何决定的。

上年生产的并用于补偿第一部类物质消耗的生产资料，是由上年第一部类的产品数量和上年单位产品的生产资料消耗率决定的，或者说，是由上年第一部类劳动者的人数（N_1）和每个劳动者的生产基金消耗率（f_1）决定的，即$\mathrm{I}_1(c+v+m)=N_1\times f_1$。

上年用于积累以扩大第一部类生产的生产资料数量，则是由上年第一部类产品的产量（$T_1\times N_1$）和上年用于下年扩大第一部类生产的生产资料占上年生产的生产资料的比重（r）决定的，即$\mathrm{I}_3a(c+v+m)=T_1\times N_1\times r$。

由此可知，某年用于第一部类生产的生产资料数量（F'_1）应等于：$F'_1=N_1\times\bar{f}_1+T_1\times N_1\times r=(T_1\cdot r+\bar{f}_1)N_1$。

而某年用于消费资料生产的生产资料，也是由和上述用于生产资料生产的生产资料相应的三部分构成的，如果将第三部分存而不论，就是由上年生产的生产资料除去用于下年第一部类生产的部分后的差额决定的，即$F'_2=T_1\times N_1-(T_1\cdot r+\bar{f}_1)N_1=[T_1(1-r)-\bar{f}_1]N_1$。

由此，某年第一、第二部类所用生产资料的比例，决定于下述公式中的一些因素：

$$\frac{F'_1}{F'_2}=\frac{T_1 \cdot r+\bar{f}_1}{T_1\ (1-r)\ -\bar{f}_1} \tag{2}$$

这个公式表明，某年两大部类所用生产资料的比例，直接是由两组因素决定的：（1）上年第一部类劳动生产率（T_1）和上年第一部类劳动者的生产基金消耗率（$\bar{f}_1$）之间的数量关系。这一关系决定了上年生产的生产资料中用于补偿第一部类物质消耗的生产资料所占的比重（$Ⅰ_1/Ⅰ$）。（2）上年积累的生产资料中用于扩大下年第一部类生产的部分在上年生产的生产资料中所占的比重 r（$=Ⅰ_3a/Ⅰ$）。这里只想就第一个因素略作说明如下：

公式表明，当上年生产的生产资料中用于积累以扩大第一部类生产的部分所占比重（r）为一定时，上年第一部类劳动生产率和每个劳动者生产基金消耗率之间的对比关系，决定了生产资料在下年两大部类间的分配比例。这一对比关系，依照上述说明可以推知，就是单位生产资料的生产基金消耗率，或者倒过来，就是单位所费生产基金的生产资料产出率。从公式可以看到，当上年 T_1 的增长快于 $\bar{f}_1$ 的增长时，即上年第一部类单位所费生产基金的生产资料产出率提高时，在其他条件相同情况下，同上上年相比，由于所需用于补偿第一部类物质消耗的生产资料在上年生产的生产资料中所占的比重下降，下年第一部类所用生产资料的比重就会下降，第二部类所用生产资料的比重则会上升，而当 T_1 的增长慢于 $\bar{f}_1$ 的增长时，情况正好相反。

这种依存关系，也是不容忽视的。它告诉我们，为了把优先发展生产资料生产同迅速发展消费资料生产妥善地结合起来，除了上面所说的以外，在生产资料分配于两大部类的数量和比例上着眼，使第一部类劳动生产率的提高尽可能快于第一部类每个劳动者生产基金消耗率的增加，或者说尽可能降低单位生产资料的生产基金消耗率，也是一个重要途径。通过这种途径，不仅可以增加用于扩大第一部类生产的生产资料的积累，而且也可以增加用于扩大第二部类生产的生产资料的积累。在这种情况下，由于积累的生产资料增加了，即使适当地提高其中用于扩大第一部类生产的部分的比重（r），也不至于削弱消费资料生产的迅速发展。

第一部类劳动生产率同第一部类劳动者生产基金消耗率之间的对比关系，又是由两个因素决定的：（1）第一部类中劳动生产率和劳动者生产基金装备率之间的对比关系，这一因素的作用，总的说来，有利于使第一部类中劳动生产率的提高快于劳动者生产基金消耗率的提高；（2）一定生产周期（或年度）内，第一部类生产性固定基金的消耗率。这里对后者需要略作说明如下：

在每个特定生产周期里不存在每个劳动者的流动基金装备率同每个劳动者的流动基金消耗率之间的差异，因为流动基金在一个生产周期内就全部被消耗，转移完自己的价值，不发生所用流动基金和所费流动基金的不一致问题。所以，劳动者的生产基金装备率和生产基金消耗率之间的差异，是由一定生产周期内所用生产性固定基金数量和所费生产性固定基金数量的差额决定的，而这又是由固定基金的周转速度决定的。它周转得越快，在相同条件下，这个差额就越小，否则，就越大。影响固定基金周转速度的因素很多，按其作用方向的不同，可以把它们分为两类。

有一类因素会延缓固定基金的周转，延长它的使用期限，使固定基金的损耗减少，从而使所用同所费固定基金的差额扩大。这些因素例如有：用更坚实的材料制造构成固定基金的物质要素（机器设备、房屋等），合理利用固定基金，改进维修工作，固定基金中耐用部分（如房屋、水坝、各种营造物等）的比重提高，等等。

另一类因素则会加速固定基金的周转速度，缩短其实际可以使用的期限和使用的经济期限（即固定基金从投入生产到被新的固定基金所代替时为止的使用期限），从而使得一定生产周期内固定基金的损耗率增加，所用同所费固定基金的差额缩小。这类因素例如有：提高固定基金的使用强度（加速运转、提高换班系数等），提高机器设备等使用期限较短的固定基金的比重，由于技术进步而引起的固定基金的无形损耗使其在实际可以使用期限结束以前报废和更新，等等。

从一些国家的资料看来，生产性固定基金的折旧率有提高的趋势。由此，大体上可以断定，在这两类因素中，总的说来，后一类因素所起的作用可能更大些。这主要是技术进步加快的结果。

由此看来，决定第一部类劳动生产率的提高同第一部类劳动者生产基金消耗率的增长之间对比关系的上述两个因素，可能起着相反的作用。在特定时期里，它们共同作用的结果，对用于两部类所用生产资料的比例的影响如何，是值得继续研究的一个问题。

上述一切告诉我们，在安排国民经济计划时，为了使资源同需要相适应，从生产资料这个物质条件来看，无论在安排上年生产的生产资料在下年两大部类间的分配比例和上年社会再生产的其他有关比例（如生产资料积累用于两大部类的比例、生产资料用于补偿和积累的比例、生产资料用于补偿两部类物质消耗的比例、制造生产资料的生产资料和制造消费资料的生产资料的比例等）时，还是在安排下年两大部类比例以及下年其他一些社会再生产比例时，都必须研究和安排劳动生产率和劳动者生产基金装备率之间的对比关系以及各部类中这一对比关系的变化。

二

在从事社会生产时，人们除了要装备和消耗一定的生产资料以外，还必须不断消费一定的消费资料以维持劳动力的再生产。因此，虽然消费资料并不是劳动过程和生产的物质要素，却由于在一定程度上能决定从事劳动的人数，而能通过劳动过程的人的要素制约社会生产的规模、增长速度和比例关系。消费资料对社会生产的这种制约作用，具体地说，是通过劳动生产率和物质生产者平均实际收入之间对比关系的变化而表现出来的。

在前引《再探索》一文中，我们曾经考察过内涵扩大再生产情况下，整个社会生产平均的劳动生产率和整个社会生产的劳动者平均实际收入的对比关系同社会再生产诸比例关系之间的依存关系。但是，劳动生产率和劳动者平均实际收入之间对比关系的变化在各部类中并非总是一致的。所以，在本文中，我们要进一步把这一因素引入，考察它对社会再生产诸比例关系的影响，并着重考察它对社会生产两大部类比例关系的影响。

在各个部类和部门中，劳动生产率和劳动者平均实际收入之比，表现为单位必要消费基金（在全民所有制经济中也就是工资基金）的产品产出率，它的倒数就是单位产品的必要消费基金占用率。因为，劳动生产率（T）表现为产品产量（P）同劳动者人数（N）之比，即：T = P/N，而劳动者的平均实际收入（v），则表现为必要消费基金（V）同劳动者人数（N）之比，即 v = V/N。由此，$\frac{T}{v}=\frac{P}{N}\bigg/\frac{V}{N}=\frac{P}{V}$。

如不考虑物质消耗在社会产品中所占比重的变化，或者当劳动生产率是按净产品作为分子而计算时，劳动生产率同劳动者平均工资之比的变化，在资本主义社会，实质上是从另一方面（即不是从剩余价值而是从可变资本占总产品或净产品的比重的变化方面）反映资本家对劳动者的剥削程度的变化。而在社会主义社会，上述比率，则反映劳动者个人同集体、社会的关系的变化，反映在劳动者个人生活逐步改善的同时，劳动者对集体和社会提供剩余产品份额的变化。这一比率同产品产量与所用生产基金量之间的比率有一点重大区别：如果一般地说单位所用生产基金的产品产出率越大越好的话，那么，不能一般地说，单位必要消费基金的产品产出率也是越大越好。因为，在社会主义社会，在提高劳动生产率的同时还必须适当地提高劳动者的平均实际收入。

下面，我们说明劳动生产率和劳动者平均实际收入在各部类的不同变化同两大部类比例以及其他一些社会再生产比例的关系。

如前所述，某年各部类的生产规模，直接是由各部类的劳动者人数和他们的劳动生产率决定的。而各部类从事生产的劳动者人数，从消费资料的条件看，则是由当年用于各部类劳动者的消费资料数量（V'_1 和 V'_2）和各部类劳动者的平均实际收入（v'_1 和 v'_2）决定的，即 $N'_1 = V'_1/v'_1$，$N'_2 = V'_2/v'_2$。因此，从消费资料的分配和使用情况看，某年两大部类生产的比例，决定于下述公式所表现的一些因素：

$$\frac{P'_1}{P'_2} = \frac{T'_1}{v'_1} = \frac{v'_2}{T'_2} \times \frac{V'_1}{V'_2} \tag{3}$$

这里，同样有三组因素：

T'_1/v'_1 是某年第一部类劳动生产率和劳动者平均实际收入之间的对比关系，或者说第一部类单位必要消费基金的产品产出率。

v'_2/T'_2 是某年第二部类劳动者平均实际收入和劳动生产率之间的对比关系，或者说第二部类单位产品的必要消费基金占用率。

V'_1/V'_2 则是某年用于两大部类劳动者消费的消费资料的比例，或者说，上年生产的消费资料扣除用于非生产领域消费后剩下的部分在下年两大部类间的分配比例。

公式表明，当第三组因素为一定时（假定这一分配比例同上年两大部类必要消费基金的比例相一致），下年两大部类的比例，一方面将同下年第一部类劳动生产率和劳动者平均实际收入的对比关系的变化成正比例变化，例如，当第一部类劳动生产率的提高快于劳动者平均实际收入的增长时，第一部类的比重会比上年提高；另一方面下年两大部类的比例，又同下年第二部类劳动者平均实际收入和劳动生产率的对比关系的变化成正比例变化（或者说，同这一对比关系的倒数——劳动生产率和劳动者平均实际收入的对比关系——成反比例变化），例如当下年第二部类劳动者平均实际收入的增长慢于劳动生产率的提高时，第二部类的比重会比上年提高。道理也很简单。当某年用于第一部类劳动者消费的消费资料数量为一定时，如果第一部类劳动生产率的提高快于劳动者平均实际收入的增加，那么，第一部类就可以利用单位必要消费基金使就业于第一部类的一定数量的劳动者生产出更多的生产资料。而当某年用于第二部类的消费资料数量为一定时，如果第二部类的劳动生产率的提高快于劳动者平均实际收入的增加，情况正好相反。所以，从消费资料方面看，如不考虑上年生产的消费资料在下年两大部类间分配比例的变化，要安排好下年两大部类的比例，还必须深入研究和妥善安排各个部类的劳动生产率和劳动者平均实际收入之间的对比关系。

除此以外，劳动生产率和劳动者平均实际收入的对比关系在各部类的不同变化，还会对当年社会再生产的其他比例关系带来影响。简单地说，依各部类这个对比关系不同变化的各种结合为转移，首先会影响需要用于抵偿第一部类和第二部类劳动者必要消费基金的消费资料各自在当年生产的消费资料中所占的比重，即 II'_1a/II' 和 II'_1b/II'；其次会影响当年用于抵偿全部物质生产者必要消费基金的消费资料（$\text{II}'_1a+\text{II}'_1b$）、用于非生产领域的消费资料（$\text{II}'_2$）以及用于积累的消费资料（$\text{II}'_3$）三者之间的比例；再次还会影响当年创造的国民收入用于积累和消费的比例；等等。这里也不一一说明。

在社会主义社会，正常的情况是，在劳动生产率不断提高的基础上，劳动者的平均实际收入会相随增加，但劳动生产率的提高要快于劳动者平均实际收入的增加。这是降低产品成本、增加社会主义积累以发展科学、文化艺术、教育、卫生保健等非生产事业和巩固国防的重要途径。因为这意味着生产单位产品能给社会带来更多的剩余产品。当然，也不排除在个别时期出现相反的情况。这一对比关系，是受众多政治经济因素决定的，诸如，国家的技术政策和技术进步的性质、工资政策、提高劳动生产率的具体途径、社会对积累和消费的比例的需要等。而在各个部类，诸如此类的政治经济因素的作用都有不同，所以，在每个具体时期，各部类中这一对比关系的变化彼此也会不一样。这一切在本文里，都不可能展开论述。这里只想指出一点，这就是：**从消费资料的条件方面看**，如不考虑消费资料在各部类分配比例的变化，为了保证生产资料生产的优先增长，当两大部类劳动者的平均实际收入都逐步增加而且增长速度大体接近时，必须使第一部类的劳动生产率的提高快于第二部类，或者说，使第一部类劳动生产率的提高快于劳动者平均实际收入的增长的程度，大于第二部类中前者快于后者的程度，而当第一部类劳动者平均实际收入的增长快于第二部类时，则应使第一部类劳动生产率的提高更大程度地超过第二部类劳动生产率的提高。由此可见，为了妥善地安排两大部类的比例和其他一些社会再生产比例，只限于就全社会生产来安排劳动生产率和劳动者平均实际收入的对比关系，是远远不够的，除此以外，还必须按部类进行这一对比关系的安排。

下面，还要对第三组因素——某年两大部类劳动者消费的消费资料的比例或者说上年生产的消费资料在下年两大部类间的分配比例——作一些分析。正如后面将说明的，这组因素也同劳动生产率和劳动者平均实际收入的对比关系有关。

我们知道，如不考虑往年积累的消费资料储备的动用并假定消费资料生产每年只有一个生产周期，某年用于第二部类的消费资料，是由两部分构成的：（1）上年生产的消费资料中用以抵偿上年第二部类劳动者必要消费基金的消费资料（II_1b），它在数量上等于上年第二部类劳动者人数（N_2）同上年他们的平均实际收入（v_2）的乘积，即 $II_1b\ (c+v+m)=N_2\times v_2$；（2）上年生产的并用于积累的消费资料中用于下年第二部类以扩大其生产和增加其劳动者平均实际收入的消费资料（II_3b），它取决于它在上年生产的消费资料中所占的比重（s），即 $II_3b=T_2\times N_2\times s$。因此，某年用于第二部类的消费资料应等于：

$$V'_2=N_2\times v_2+T_2\times N_2\times s$$
$$=(T_2\cdot s+v_2)\ N_2$$

而某年用于第一部类的消费资料也是由两部分构成的：（1）上年生产的用以抵偿上年第一部类劳动者必要消费基金的消费资料（II_1a）；（2）上年生产的并用于积累以扩大第一部类生产和增加其劳动者平均实际收入的消费资料（II_3a），或者说，用于第一部类的消费资料等于上年生产的消费资料扣除用于非生产领域消费的部分（II_2）（假定它在全部消费资料中所占比重为 k）和用于第二部类的部分后的差额，即

$$
\begin{aligned}
V'_1 &= T_2 \times N_2 - T_2 \times N_2 \times k - (T_2 \cdot s + v_2) N_2 \\
&= [T_2 (1 - k - s) - v_2] N_2
\end{aligned}
$$

这样，某年用于第一、第二部类的消费资料的比例，可用公式表示如下：

$$\frac{V'_1}{V'_2} = \frac{T_2 (1 - k - s) - v_2}{T_2 \cdot s + v_2} \tag{4}$$

公式（4）表明，某年用于两大部类的消费资料的比例，是由这样一些因素决定的：（1）上年第二部类劳动生产率（T_2）和劳动者平均实际收入（v_2）之间的数量关系；（2）上年用于非生产领域消费的消费资料在上年生产的消费资料中所占的比重（k）；（3）上年用于第二部类的消费资料的积累在上年生产的消费资料中所占的比重（s）。

如果 k 和 s 为一定，当上年第二部类劳动生产率的提高快于劳动者平均实际收入的增长时，由于需要用于抵偿上年第二部类必要消费基金的消费资料在所生产的全部消费资料中的比重下降，在其他条件不变情况下，用于下年物质生产劳动者的消费资料中第二部类所占的比重也会下降，第一部类的比重则会上升。在这种情况下，第一部类就可以有较上年更大比重的劳动者从事生产资料的生产，这样，如果不考虑上述第一、第二组因素的变化，下年第一部类生产的比重就会提高，第二部类的比重则会降低；反之亦然。

弄清第二部类中劳动生产率同劳动者平均实际收入的对比关系，对用于抵偿物质生产劳动者必要消费基金的消费资料在两大部类间的分配比例的影响，是重要的。我们知道，根据生产资料生产优先增长规律的要求，在物质生产劳动者中将有一个越益大

的比重从事生产资料的生产。正如马克思所说："**在个别资本中，同资本不变部分相比可变部分的减少，直接表现为花在工资**上的那部分资本的减少，**同样**，从资本的总量来说，——在资本**再生产时**，——可变资本所占份额的减少，必定表现为所使用的工人总数中相对地有更大的部分从事生产资料的再生产，也就是说，从事机器设备（包括交通运输工具，以及建筑物）、辅助材料（煤炭、煤气、机油、传动皮带等）和充当工业品原料的植物的再生产，而不从事产品本身的再生产。"[①] 因此，要使生产资料生产能优先增长，除了要用越益大比例的生产资料来装备这些从事生产资料生产的劳动者以外，还要把供物质生产劳动者消费的消费资料中越益大的部分用以抵偿从事生产资料生产的劳动者的必要消费基金。而要保证做到这一点，就必须使第二部类劳动生产率的提高快于第二部类劳动者平均实际收入的增长，前者快于后者的程度则应该同下年社会对两大部类比例的需要相适应，同下年两部类各自的劳动生产率和劳动者平均实际收入的对比关系之间的关系相适应。

由于消费资料本身不是劳动过程和生产的物质要素，人们往往忽视了消费资料通过劳动力的再生产而对社会生产所起的制约作用，同时，对于劳动生产率和劳动者平均实际收入的对比关系，人们也往往只从增加积累、处理积累和消费的关系和保持消费资料供求平衡的角度来加以考察。这显然是不全面的。从上面的分析中我们可以看到，劳动生产率和劳动者平均实际收入的对比关系，并不仅仅是分配方面的比例，从消费资料对社会生产的制约作用看，它同时也是生产方面的比例。看来，从这个角度着

① 马克思：《剩余价值理论》第1册，《马克思恩格斯全集》第26卷第1册，第220页。

眼来加强研究这一对比关系，是十分必要的。上述一切表明，为了使资源同需要相适应，保持必要的平衡，在安排上年生产的消费资料在下年两大部类的分配比例和上年其他有关比例时，以及在安排下年两大部类的比例和其他一些社会再生产比例时，都必须妥善安排劳动生产率和劳动者平均实际收入的对比关系以及各部类中这一对比关系之间的相互关系。

三

以上我们分别把两部类劳动生产率和劳动者生产基金装备率的对比关系的因素以及两部类劳动生产率和劳动者平均实际收入的对比关系的因素，纳入到对社会再生产比例，特别是两大部类比例的考察之中。下面，我们要进一步把这两个因素结合起来进行考察。

这两个因素的结合，所表现的是什么呢？是按实物量表现的资金有机构成的变化。我们知道，实物量上的资金有机构成（f/v），直接是由劳动者的生产基金装备率（f）和劳动者的平均实际收入（v）之间的对比关系决定的①。例如，当劳动者生产基金装备率的提高快于劳动者平均实际收入的增长时，在实物量上资金有机构成会提高，反之亦然。进而言之，在实物量上资金有机构成，也可以说是由以下两个对比关系之间的对比关系决定的：劳动生产率和劳动者平均实际收入之间的对比关系与劳动生产率和劳动者生产基金装备率之间的对比关系②。例如，当劳动

① 劳动者的生产基金装备率 $f=\frac{F}{N}$，劳动者的平均实际收入 $v=\frac{V}{N}$，$\frac{f}{v}=\frac{F}{N}/\frac{V}{N}$。

② $\frac{f}{v}=\frac{T}{v}/\frac{T}{f}$。

生产率的提高快于劳动者平均实际收入的增长的幅度大于劳动生产率的提高快于劳动者生产基金装备率的提高的幅度时，在实物量上资金的有机构成将提高，反之亦然。

前引《再探索》一文，在分析内涵扩大再生产的比例关系时，是以劳动生产率同劳动者生产基金装备率的变化相一致为假定前提的。在这个假定前提下，在实物量上资金有机构成的变化，就取决于劳动生产率和劳动者平均实际收入之间对比关系的变化，例如，当劳动生产率的提高快于劳动者平均实际收入的增长时，资金有机构成就要提高。但是，当我们把劳动生产率同劳动者生产基金装备率的变化可以不相一致这一因素考虑进来时，这一结论就要加以修改，使其更为确切。因为，即使劳动生产率的提高快于劳动者平均实际收入的增长，在实物量上资金有机构成究竟会起怎样的变化，还要看劳动生产率同劳动者生产基金装备率之间的对比关系的变化而定。在这种情况下，如果劳动生产率的提高慢于劳动者生产基金装备率的提高，资金有机构成一定会提高；而当劳动生产率的提高快于劳动者生产基金装备率的提高时，资金有机构成是否提高，还要看劳动生产率的提高快于劳动者生产基金装备率的提高的幅度是否小于劳动生产率的提高快于劳动者平均实际收入的增长的幅度而定。

在《再探索》一文中曾经较详细地说明社会生产平均资金有机构成在实物量上的变化对社会再生产诸比例关系的影响。既然，如上所述，社会生产平均的资金有机构成，进一步说是由社会生产平均的劳动生产率和劳动者生产基金装备率之间的对比关系以及社会生产平均的劳动生产率和劳动者平均实际收入之间的对比关系决定的，那么，我们就不难从《再探索》一文的论述推断后面这两个对比关系的不同结合，将如何影响社会生产平均的资金有机构成在实物量上的变化，并进而影响内涵扩大再生产诸比例关系的变化。由此可见，要安排好内涵扩大再生产诸比例关系，必须要安排好上述两个对比关系。

上面这些都是就整个社会生产而说的。不言而喻，整个社会生产平均的资金有机构成的变化，是由两部类资金有机构成各自的变化的不同结合决定的，而各部类的资金有机构成在实物量上的变化又各自是由上述两个对比关系在各部类的不同结合决定的。它们在各部类的各种变化，最后都会在整个社会平均的资金有机构成的变化上得到反映，从而会通过后者影响社会再生产诸比例关系。所以，按各个部类来研究和安排上述两个对比关系之间的对比关系也是十分必要的，这里不打算再作说明，在下面的论述中，我们还会碰到这个问题。

本文的前两部分，分别从生产资料和消费资料的分配和使用，对社会生产两大部类比例关系以及其他一些社会再生产比例的变化作了考察。在具体安排下年两大部类的比例时，自然既不能只考虑上年生产的生产资料的分配及其在下年的使用情况，也不能只考虑上年生产的消费资料的分配及其在下年的使用情况，而必须把两者结合起来考虑，使得两者的分配和使用能够相互适应，保持平衡。这样来考虑，在进行安排时就会引出一些新的客观要求。

首先，生产资料和消费资料各自分配和使用的结果所形成的两大部类比例，应该是相等的，这就是：

$$\frac{T'_1}{f'_1}\times\frac{f'_2}{T'_2}\times\frac{F'_1}{F'_2}=\frac{T'_1}{v'_1}\times\frac{v'_2}{T'_2}\times\frac{V'_1}{V'_2} \quad (5)$$

这个公式可以用来检验，分别从生产资料与消费资料的分配和使用情况两个方面对两大部类比例所作的安排，是否相互适应。如果不相适应，就要根据公式中的各种因素的相互关系作出相应的调整。

其次，我们可把公式（5）变化为：

$$\frac{f'_2}{f'_1}\times\frac{F'_1}{F'_2}=\frac{v'_2}{v'_1}\times\frac{V'_1}{V'_2} \tag{6}$$

从这个公式可以看到，为了使上年生产的生产资料在下年两大部类间的分配比例（F'_1/F'_2），能够同上年生产的消费资料在下年两大部类间的分配比例（V'_1/V'_2）相适应，从而相应地安排上年社会再生产中的其他许多比例，必须考虑下年两大部类劳动者的生产基金装备率之间的对比关系（f'_2/f'_1）同下年两大部类劳动者平均实际收入之间的对比关系（v'_2/v'_1）之间的相互关系。这就是：

当$\frac{f'_2}{f'_1}>\frac{v'_2}{v'_1}$时，应使$\frac{F'_1}{F'_2}<\frac{V'_1}{V'_2}$（后者小于的幅度应同前者大于的幅度相等）；

当$\frac{f'_2}{f'_1}=\frac{v'_2}{v'_1}$时，应使$\frac{F'_1}{F'_2}=\frac{V'_1}{V'_2}$；

当$\frac{f'_2}{f'_1}<\frac{v'_2}{v'_1}$时，应使$\frac{F'_1}{F'_2}>\frac{V'_1}{V'_2}$（后者大于的幅度应同前者小于的幅度相等）。

公式（6）还告诉我们，为了使生产资料的分配比例同消费资料的分配比例相适应，当公式右方的数值为既定时，生产资料在下年第一、第二部类的分配比例（F'_1/F'_2），应当同下年第一、第二部类劳动者生产基金装备率之间的比例（f'_1/f'_2）成正比例变化；而当公式左方的数值为既定时，消费资料在下年第一、第二部类的分配比例（V'_1/V'_2），则应当同下年第一、第二部类劳动者平均实际收入之间的比例（v'_1/v'_2）成正比例变化。

最后，让我们再把公式（5）变换为：

$$\frac{f'_2}{v'_2} \times \frac{F'_1}{F'_2} = \frac{f'_1}{v'_1} \times \frac{V'_1}{V'_2} \tag{7}$$

公式（7）中的 f'_1/v'_1 和 f'_2/v'_2，就是下年第一、第二部类按每个劳动者计算的实物量上的资金有机构成。这个公式告诉我们，在安排上年生产的生产资料和消费资料在下年两大部类间的分配比例时，为了使它们彼此相适应，从而相应地安排上年社会再生产的其他许多比例，应当如何考虑下年两大部类资金有机构成的变化。公式表明，当下年第一部类的资金有机构成（f'_1/v'_1）大于第二部类的资金有机构成（f'_2/v'_2）时，上年分配于下年两大部类的生产资料的比例就应当大于消费资料在两大部类的分配比例，即 $F'_1/F'_2 > V'_1/V'_2$。或者说，在生产资料生产优先增长的条件下，当下年第一部类资金有机构成的提高快于第二部类时，分配于第一部类的生产资料的增长之快于分配于第二部类的生产资料的增长的程度，就应当大于分配于第一部类的消费资料的增长之快于分配于第二部类的消费资料的增长的程度。公式还表明，当上年生产的消费资料在下年两大部类间的分配比例为一定时，为了使生产资料和消费资料的分配比例相适应，上年生产的生产资料在下年两大部类间的分配比例，应当同第一部类的资金有机构成成正比例变化，而同第二部类的资金有机构成成反比例变化。当上年生产的生产资料在下年两大部类间的分配比例为一定时，为了保持上述适应关系，上年生产的消费资料在下年两大部类间的分配比例，应当同下年第二部类资金有机构成成正比例变化，而同下年第一部类资金有机构成成反比例变化。反过来说，在安排各部类的资金有机构成时，也要考虑上年生产的生产资料和消费资料在下年两部类间的分配比例。即应该使第一部类的资金有机构成同上年生产的生产资料在两大部类的分配比例成正比例变化，使第二部类的资金有机构成同上年生产的消费资料在两大部类的分配比例成正比例变化。

综上所述，为了自觉地保持社会再生产中的一些平衡关系，在安排两大部类比例以及其他一些社会再生产比例时，必须安排好生产资料和消费资料的分配和使用，进一步说，就是要安排好各部类中劳动生产率和劳动者生产基金装备率之间的对比关系、各部类劳动生产率和劳动者平均实际收入之间的对比关系以及它们之间的对比关系。

论社会再生产诸比例与积累和消费比例之间的关系

——马克思再生产公式具体化问题的探索之四

在马克思再生产公式具体化问题中，如何把积累基金和消费基金比例的变化这一因素纳入考察之中，是一项重要的课题。

同社会生产两大部类的比例一样，积累和消费的比例是社会主义再生产中最重要和最综合的比例。因为，社会再生产的各个主要比例，无不同它密切相联系，有如凸透镜聚光的焦点那样，它们的变化最终无不集中地反映到积累和消费的比例上，而后者的变化也无不要引起社会再生产其他主要比例的变化。同时，积累和消费的比例，还涉及社会主义再生产的一个根本性问题：国民经济的发展速度和人民生活水平的提高速度的结合问题、国民经济当前的发展速度和长远的发展速度的结合问题、人民当前生活水平的提高和未来生活水平的提高的结合问题。所以，在国民经济计划工作中，要以对国民收入中积累基金和消费基金的比例的安排作为整个计划工作的出发点和归结点。

马克思和列宁在研究资本主义再生产的实现问题时，曾经舍象了积累和消费比例的变化。这样做，不仅是容许的，而且也是必要的，因为它无碍于揭露社会资本再生产的内在的对抗性矛盾。而当我们把马克思和列宁关于社会再生产一般原理自觉地运用于社会主义建设时，就不能不考虑这一因素。也即当我们把对积累和消费的比例的需要作为安排国民经济计划的出发点时，不能不考虑这一比例对社会主义再生产诸比例的影响；而当我们把对这一比例的安排作为国民经济计划的归结点时，不能不考虑社会主义再生产诸比例对它的影响。

我在对马克思再生产公式具体化问题的《再探索》和《探索之三》[①] 两文中，曾经顺便谈到社会再生产诸比例与积累和消费比例之间的关系。在本文里，想展开地作些论述，在论述中不准备涉及如何正确处理积累和消费的比例关系问题。

社会再生产诸比例与积累和消费的比例之间的关系，本是相互制约的。为了论述的方便，也为了弄清决定积累和消费比例的诸因素所起作用的机制，下面只从一个方面进行论述，即论述社会再生产诸比例对积累和消费比例的影响和作用。不言而喻，弄清了这一方面的联系，反过来也就弄清了积累和消费的比例对社会再生产诸比例的影响和作用。

一 综述

关于社会再生产诸比例与积累和消费比例之间的数量关系，我在前引《再探索》一文中，曾经提出如下两个彼此相联系的公式：

$$\frac{\mathrm{I}_3+\mathrm{II}_3}{\mathrm{II}_1+\mathrm{II}_2}=\frac{\mathrm{I}}{\mathrm{II}}\times\frac{(1-t_1)}{t_2}+\frac{(1-t_2)}{t_2} \qquad (1)$$

① 参见本书之《关于不同扩大再生产途径下的社会主义再生产比例关系问题——马克思再生产公式具体化问题的再探索》和《产品的分配和使用与两大部类比例的关系——马克思再生产公式具体化问题的探索之三》。

$$\frac{\text{I}_3+\text{II}_3}{\text{II}_1+\text{II}_2}=\left(\frac{\text{I}_3}{\text{II}_3}+1\right)\left(\frac{1-t_2}{t_2}\right) \tag{2}$$

这两个公式中各个符号所表示的内容如下：

I_3——用于积累的生产资料；

II_3——用于积累的消费资料；

I_3+II_3——积累基金；

II_1——物质生产领域劳动者消费的消费资料；

II_2——非生产领域消费的消费资料；

II_1+II_2——消费基金；

I——第一部类的产品，即全部所生产的生产资料；

II——第二部类的产品，即全部所生产的消费资料；

t_1——用于补偿的生产资料占全部生产资料的比重（在我们的具体化再生产公式里用于补偿第一、二部类物质消耗的生产资料，分别用 I_1 和 I_2 表示）；

$1-t_1$——用于积累的生产资料占全部生产资料的比重；

t_2——用于消费的消费资料（II_1+II_2）占全部消费资料的比重；

$1-t_2$——用于积累的消费资料占全部消费资料的比重。

上述两个公式概括地说明社会再生产诸比例与积累和消费比例的数量关系。公式表明，积累和消费的比例，同社会再生产中以下四个比例有着直接的依存关系：

（1）社会生产两大部类的比例；

（2）所生产的生产资料用于积累和补偿的比例；

（3）所生产的消费资料用于积累和消费的比例；

（4）积累基金中生产资料积累和消费资料积累的比例。

后面这四个比例之间，自然又是密切联系的。这里不仅包含有生产方面的因素，也包含有分配方面的因素。而积累基金和消费基金的比例，正是以社会产品和国民收入的生产为基础，经过分配（包括再分配）而最后形成的。下面我们分别说明上述四个比例与积累和消费比例的关系。

二　社会生产两大部类比例与积累和消费比例之间的关系

社会生产两大部类的比例与积累和消费的比例，是相互制约的。它们各自属于社会再生产统一过程中首尾阶段的综合比例。积累和消费的比例，作为国民收入使用阶段（即广义的消费阶段）的比例，归根到底是由社会生产的比例，首先是两大部类产品生产的比例决定的。从这一方面来说，安排两大部类产品生产的比例，是安排积累和消费的比例的物质前提。但是，在安排两大部类产品生产的比例时，又必须考虑社会对积累和消费的比例的需要，所以，从这一方面来看，安排积累和消费的比例，又是安排两大部类产品生产比例的出发点。

从前述公式（1）可以看到，当其他因素不变时，两大部类的比例与积累和消费的比例，是按同一方向变化的，即是说，当第一部类的比重提高时，积累的比重会提高，或者反过来说，当积累的比重需要提高时，要求第一部类的比重提高；反之亦然。

那么，这两个比例之间是怎样发生联系的呢？它们之间是经过哪些中间环节而发生联系的呢？概括说来，有以下三个中间环节：

第一，两大部类比例的变化，会通过对所生产的生产资料用于积累和补偿的比例的影响而影响国民收入中积累和消费的比例。这个环节，我们将在后面作专门考察，这里先存而不论。

其次，两大部类的比例，还要通过对所生产的消费资料用于积累和消费的比例的影响而影响国民收入中积累和消费的比例。

这个环节，也将在后面专门进行考察。

第三，两大部类的比例，还要通过对国民收入实物构成中生产资料和消费资料的比例的影响而影响积累和消费的比例。这个环节同前述第一个环节是密切联系的。第一个环节的变化会反映到第三个环节上。但从两大部类比例对积累和消费比例发生影响的机制来看，这第三个环节仍不失为一个相对独立的环节。这里我们所要说明的正是这一环节。

众所周知，积累基金和消费基金，都是由具有特定使用价值的产品所构成。在社会主义社会，积累基金在一般情况下大部分由生产资料所构成，除此以外，也包括小部分消费资料。根据某些社会主义国家的资料，积累基金中生产资料占 3/5 左右（没有考虑价格同价值相背离的因素）。消费基金自然全部由消费资料所构成。所以，如不考虑积累基金中生产资料和消费资料的比例的变化以及其他因素（诸如，对外贸易、储备后备构成的调整，等等）的变化，积累和消费的比例直接是由国民收入中生产资料和消费资料的比例决定的。那么，两大部类的比例与积累和消费的比例，又是怎样通过这个比例的中介而发生相互联系的呢？这里无妨举例加以说明。在举例中，为了消除由于各部类产品中物质消耗比重的不同，当两大部类比例发生变化时，能给所生产的生产资料用于积累和补偿的比例带来的影响（即上述第一个中间环节），我们假定各部类产品中物质消耗的比重相等，而且保持不变。

在这个假设数例的两种情况之间，所不同的仅仅是两大部类的比例。在第一种情况下，这一比例为 56%∶44%；在第二种情况下，则为 58%∶42%。仅仅由于这种差别，造成了国民收入实物构成中生产资料和消费资料的比例的差异。在第一种情况里，这一比例为 12%∶88%，而在第二种情况里，由于第一部类比重较高，这一比例成为 16%:84%，即国民收入中生产资料的比重较第一种情况为高，消费资料的比重则相反。这样，如果不考虑所生产的全部消费资料用于积累和消费的比例的变化，假定在两种情况下，都以 14% 的消费资料用于积累，86% 的消费资料用于消费（根据某些社会主义国家的资料，所生产的消费资料中用于积累的部分大体上一般也占 10%—15% 上下），这样，在第一种情况下，积累基金将为 1216（其中生产资料为 600，消费资料为 616），消费基金为 3784，它们的比例为 24.3%:75.7%；而在第二种情况下，积累基金为 1388（其中生产资料为 800，消费资料为 588），消费基金为 3612，它们的比例为 27.8%:72.2%。

	c	v + m	c + v + m	I 和 II 的比重 %	国民收入	
					绝对数	%
第一种情况						
I	2800	2800	5600	56.0	600	12.0
II	2200	2200	4400	44.0	4400	88.0
合　计	5000	5000	10000	100.0	5000	100.0
第二种情况						
I	2900	2900	5800	58.0	800	16.0
II	2100	2100	4200	42.0	4200	84.0
合　计	5000	5000	10000	100.0	5000	100.0

对比这两种情况可以看到，如不考虑其他因素的变化，两大部类的比例正是通过对国民收入实物构成中生产资料和消费资料

的比例的影响而影响积累和消费的比例的。当第一部类比重较高时，由于国民收入中生产资料所占比重较高，积累基金的比重也较高，反之亦然。①

由此可以看到，对积累和消费的比例来说，国民收入的绝对量及其增长速度虽然有相当意义，② 但绝不能忽视社会生产的结构，尤其是两大部类生产的比例。马克思在谈到扩大再生产不同于简单再生产的条件时，曾指出："规模扩大的再生

① 我们不妨利用美国的资料来说明两大部类比例与国民收入中生产资料和消费资料的比例以及积累和消费的比例之间的联系。对这些资料的准确性持有不同的看法，它们只是在观察动态变化方面有一定意义。下面只列举美国战后的逐年资料。

单位:%

	1945	1946	1947	1948	1949	1950	1951	1952
第一部类占社会总产品的比重	45	48	50	53	50	53	53	51.3
国民收入中生产资料所占的比重	1.9	5.8	7.0	9.7	5.8	7.8	8.1	7.4
积累基金占国民收入的比重	3.9	11.7	14.7	18.1	14.5	18.2	17.8	16.6
	1953	1954	1955	1956	1957	1958	1959	1960
第一部类占社会总产品的比重	50.8	51	52	52	53	51	52	52
国民收入中生产资料所占的比重	7.1	5.7	6.5	7.3	7.3	4.2	5.4	5.7
积累基金占国民收入的比重	16.2	15.7	17.4	17.3	17.3	14.8	16.4	17.2

资料来源：列·阿巴尔金等：《资本主义总危机条件下的再生产概论》，苏联高等学校出版社 1962 年版，第 73、77、85 页。从表中的数字可以看到，除了少数年份以外，两大部类比例的变化与国民收入中生产资料和消费资料的比例以及积累和消费比例的变化，在方向上是一致的。同时，还可以看到，就第二次世界大战后美国经济的结构来说，两大部类的一定比例伴随有大体一定的积累和消费的比例。（有人曾经对上引一书中的有关资料提出异议，认为社会总产品的数值偏小，国民收入的数值偏大，国民收入占社会总产品的比重偏高，积累基金偏小，积累率偏低，第一部类产品占社会总产品的比重偏小，例如，认为 1947 年美国社会总产品中第一部类的比重不是 50%，而是 60%。参见苏联《统计通讯》1963 年第 3 期，第 49—53 页）。

② 参见本书《确定积累和消费比例的若干方法论问题的探讨》一文。

产……与产品的绝对量无关……对一定量的商品来说，规模扩大的再生产所需要的前提是，既定产品的各种要素已经有了不同的组合，或不同的机能规定”，认为在扩大再生产情况下，“所改变的，不是简单再生产的各种既定要素的数量，而是它们的质的规定，并且这种改变是以后随着发生的规模扩大的再生产的物质前提”。[①] 马克思这里所谈的问题虽然并不就是我们所考察的问题，但也有很大的启示。我们在现实生活中看到，在社会主义社会，当社会总产品和国民收入的生产水平还远不及最先进的资本主义国家时，可以通过改变社会生产结构，使“产品的各种要素”有“不同的组合，或不同的机能规定”，而达到为资本主义国家所不及的积累率。当然这样做也应该适度，不能使积累率过高。

从上述数例中还可以看到，即使舍象掉物质消耗比重的变化，两大部类比例的变动与国民收入中生产资料和消费资料的比例从而积累和消费的比例的变动，在幅度上也是不一致的。这就是，前一比例的变动会引起后两个比例的更大幅度的变动。数例的两种情况表明，两大部类的比例相差2%（58%—56%），国民收入中生产资料和消费资料的比例则相差4%（16%—12%），这就是说，在这个数例里，两大部类比例的变动会引起国民收入中生产资料和消费资料的比例在幅度上两倍于它的变动（积累和消费的比例的变动幅度，虽稍不及此，也仍要超过两大部类比例的变动幅度）。这种差异是由社会总产品和国民收入的数量差异引起的，因为在我们的数例里，社会总产品的数量相当于国民收入的两倍。考虑到这种差异，是不无意义的。它告诉我们，随着社会总产

① 马克思：《资本论》第2卷，《马克思恩格斯全集》第24卷，第571页。

品和国民收入的对比关系的变化，两大部类产品比例的变化通过国民收入中生产资料和消费资料的比例变化的中介而对积累和消费比例的作用和影响在程度上也要起相应的变化。我们知道，由于物质消耗的节约，在实物量上国民收入占社会总产品的比重有提高的趋势，这样，如不考虑其他因素的作用，在实物量方面，两大部类比例的变化同国民收入中生产资料和消费资料比例的变化，在幅度上有相接近的趋势，前者通过后者的中介而对积累和消费的比例的影响也有削弱的趋势。在价值方面，情况正好相反，因为随着社会劳动生产率的提高，体现着活劳动消耗的国民收入占社会总产品价值的比重有下降的趋势。因此，为了同社会对积累和消费的比例变化的需要相适应，在不同时期，要求使两大部类的比例有不同程度的变化。

三 生产资料用于积累和补偿的比例与国民收入中积累和消费的比例之间的关系

前述公式（1）表明，当年所生产的生产资料用于积累和补偿的比例同国民收入用于积累和消费的比例之间，存在着这样一种依存关系：当生产资料中用于积累的比重提高时，在其他条件相同的情况下，国民收入中积累所占的比重要提高；反之亦然。这两个比例之间的数量依存关系，也是通过国民收入中生产资料和消费资料的比例的媒介而建立起来的。这是容易理解的。因为，当年生产的生产资料用于积累和补偿的比例，决定了构成一部分国民收入的那些生产资料的数量，从而会影响国民收入中生产资料和消费资料的比例，而当消费资料用于积累和消费的比例为一定时，也就决定了国民收入用于积累和消费的比例。①

当年生产的生产资料用于积累和补偿的比例，直接取决于两个因素的变化：第一是两大部类产品的比例，第二是社会总产品中物质消耗的比重。下面分别对这两个因素作些说明。

前面曾经指出，两大部类的比例会通过对所生产的生产资料用于积累和补偿的比例的影响而影响国民收入中积累和消费的比例。那么，两大部类的比例，是怎样影响生产资料用于积累和补偿的比例的呢？有两个方面：

一方面，如不考虑各个部类产品中物质消耗比重的差异及其变化，两大部类比例本身会直接影响生产资料用于积累和消费的

① 我们也可以用美国的资料作为例子来说明当年生产的生产资料用于积累和补偿的比例的变化与国民收入中生产资料和积累基金所占比重的变化之间的这种依存关系：

单位：%

	1945	1946	1947	1948	1949	1950	1951	1952
当年生产的生产资料用于积累的比重	2.4	6.7	7.5	9.8	6.2	7.5	8.0	7.5
国民收入中生产资料所占的比重	1.9	5.8	7.0	9.7	5.8	7.8	8.1	7.4
国民收入中积累基金所占的比重	3.9	11.7	14.7	18.1	14.5	18.2	17.8	16.6
	1953	1954	1955	1956	1957	1958	1959	1960
当年生产的生产资料用于积累的比重	7.2	5.8	6.4	7.1	7.1	4.4	5.3	5.7
国民收入中生产资料所占的比重	7.1	5.7	6.5	7.3	7.3	4.2	5.4	5.7
国民收入中积累基金所占的比重	16.2	15.7	17.4	17.3	17.3	14.8	16.4	17.2

在这个表中，当年生产的生产资料用于积累的比重和国民收入中生产资料所占比重十分接近。这是因为，根据这些资料，美国第一部类占社会总产品的比重约为50%，而补偿基金占社会总产品的比重也约为50%。有人认为第一部类比重偏低，补偿基金比重偏低。根据苏联1959年部门际联系平衡表的资料推算，1959年苏联生产的生产资料用于积累的部分约占12.7%，显然要超过美国许多。这是苏联国民收入中积累比重高于美国的原因之一。（美国的资料引自：列·阿巴尔金等：《资本主义总危机条件下的再生产概论》，苏联高等学校出版社1962年版，第73、77、85页。）

比例，也就是说，第一部类的比重越高，生产资料用于积累的比重就越高，用于补偿的比重则越低，反之亦然。我们从前一节的假设数例中看到，仅仅由于两大部类比例本身的不同，在第一种情况下，生产资料用于积累和补偿的数额为600:5000，即10.4%:89.6%，在第二种情况下，则为800:5000，即13.8%:86.2%。这种变化，如何反映在国民收入实物构成中生产资料和消费资料的比例上，我们已在上面看到了。但这只是一个方面。

另一方面，两大部类的比例，还会通过对社会总产品中物质消耗所占比重的影响而影响生产资料用于积累和消费的比例。因为各部类产品中物质消耗所占的比重是不一样的（在此以前，我们都舍象了这一因素），所以，即使不考虑各部类产品中物质消耗比重的变化，单单由于两大部类比例的变化，也会引起社会总产品中物质消耗的比重发生变化，而这又会影响生产资料用于积累和补偿的比例，从而会进一步影响国民收入中生产资料和消费资料的比例以至积累和消费的比例。现举例说明如下：

	c	v+m	c+v+m	c在产品中所占的比重%	I和II的比重%	国民收入	
						绝对数	%
第一种情况							
I	2900	2900	5800	50.0	58.0	800	16.0
II	2100	2100	4200	50.0	42.0	4200	84.0
合　　计	5000	5000	10000	50.0	100.0	5000	100.0
第二种情况							
I	3016	2784	5800	52.0	58.0	726	14.7
II	2058	2142	4200	49.0	42.0	4200	85.3
合　　计	5074	4926	10000	50.74	100.0	4926	100.0

这个数例的两种情况，说明当两大部类的比例为一定时，各部类物质消耗比重的差异，给生产资料用于积累和补偿的比例以及国民收入中生产资料和消费资料的比例所带来的影响。在第一种情况下，假定各部类物质消耗比重相同（都占50%），也就是舍象了它们的差异；在第二种情况下，则考虑了这种差异，即第一部类物质消耗的比重为52%，第二部类这一比重为49%，这种差异引起了社会总产品中物质消耗比重的差异，在第二种情况下为50.74%，在第一种情况下则为50%。由于这样，当两大部类的比例为58%∶42%时，生产资料用于积累和补偿的比例应为726∶5074，即12.5%∶87.5%，而非第一种情况下的13.8%∶86.2%，从而国民收入中生产资料和消费资料的比例，应为第二种情况下的14.7%∶85.3%，而非第一种情况下的16%∶84%。如果仍以14%的消费资料用于积累，那么在第二种情况下，积累和消费的比例应为1314（=726+588）∶3612，即26.7%∶73.3%，而非第一种情况下的27.5%∶72.5%。

在安排积累和消费的比例时，考虑两大部类比例通过对社会总产品中物质消耗比重的影响而影响生产资料用于积累和补偿的比例，是不容忽视的。前面曾经指出，在其他条件不变情况下，第一部类生产的优先增长，会导致国民收入中生产资料和积累基金更大幅度的优先增长。但是，第一部类生产的优先增长本身，又会产生出相反的因素，使这种过程在一定程度上受到削弱。因为，第一部类产品中物质消耗的比重要高于第二部类。以苏联为例，根据1959年苏联部门际联系平衡表的资料，社会总产品中物质消耗比重为50.8%，第一部类物质消耗比重为52.1%，第二部类物质消耗比重为49%。这样，第一部类生产的优先增长，一方面固然会提高生产资料用于积累部分所占的比重，另一方面却又会由于引起社会总产品中物质消耗比重的提高而在某种程度上削弱生产资料用于积累部分所占比重的提高。在个别年份里，当第二部类的比重提高时，正好相反。所以，当我们考察两大部类比例对当年生产的生产资料用于积累和补偿的比例的影响时，不能不同时看到这同一过程的两个相反方面。

在以上的分析中，我们都假定各部类产品中物质消耗的比重保持不变。这自然是一种抽象。实际上，它们也是变动的，它们的变动会引起社会总产品中物质消耗所占比重的变动。所以，当两大部类的比例为一定时，当年生产的生产资料用于积累和补偿的比例，还要取决于由各部类产品中物质消耗比重的变化而引起的社会总产品中物质消耗比重的变化。[①] 例如，当两大部类的比例为一定时，如果各部类产品中物质消耗比重的变化引起社会总产品中物质消耗比重的下降，就会使生产资料用于补偿的比重下降；用于积累的比重上升，从而进一步会使国民收入中生产资料和积累基金的比重上升，消费资料和消费基金的比重下降；反之亦然。

在社会主义制度下，由于技术的进步和生产管理工作的改善等原因，在实物量上物质消耗占社会总产品的比重有下降的趋势。所以，这一因素的作用，是有利于实物量上国民收入中积累基金比重的提高的。因此，除了在迅速发展消费资料生产的基础上优先发展生产资料以外，厉行生产资料的节约，降低单位社会总产品的生产资料消耗量，是提高积累率、增加积累资金的另一个重要途径。

---

① 有人根据美国1947年部门际联系平衡表的资料计算出，美国1947年社会总产品中国民收入占44.8%，物质消耗则占55.2%（见苏联《统计通讯》1963年第3期，第53页），后一比重要高于苏联。可是，苏美两国第一部类的比重是比较接近的（1959年美国约为52%，苏联约为58.1%），那么，生产资料用于积累的比重，以至国民收入中生产资料和积累基金的比重，苏联高于美国，就显然同苏联社会总产品中物质消耗比重较低有密切关系。

同优先发展生产资料生产相比，节约生产资料消耗这一途径，在提高积累率、增加积累基金方面，有其优越性。如果说，通过优先发展生产资料生产来提高积累率和增加积累基金，会使当前消费资料生产的发展以及当前人民生活水平的提高多少受到一些限制的话，那么，通过节约生产资料消耗来提高积累率和增加积累基金，则无须以多少限制当前人民的消费为前提，相反，在一定程度上还可以缓和生产资料生产和消费资料生产发展速度之间的矛盾，有利于实现它们的并举。当然，在各个特定时期内，由节约生产资料消耗而取得的追加的积累资源终究有一定的限度，只能部分地满足社会对积累基金的追加需要。为提高积累率，在厉行节约的同时，仍然必须实行生产资料生产的优先增长。而要同时把这两个途径结合起来，就必须考虑采取何种途径来实现生产资料生产的优先增长。

生产资料生产的优先增长，可以通过各种不同的途径来实现。概括地说，不外乎或者通过第一部类劳动者人数更快的增加来实现，或者通过第一部类劳动生产率更快的提高来实现，或者同时通过这两个途径来实现。而提高劳动生产率，视其对生产资料消耗的影响，又可区分为两种：一种是，劳动生产率的提高伴随有单位产品生产资料消耗量的增长（均就实物量而言），即劳动生产率的提高慢于劳动者生产资料消耗率的增加；另一种是，劳动生产率的提高伴随有单位产品生产资料消耗量的减少，即劳动生产率的提高快于劳动者生产资料消耗率的增加。在这方面，提高劳动生产率所赖以实现的途径，尤其是技术进步的性质，有很大作用。所以，依发展社会生产的途径、实现生产资料生产优先增长的途径为转移，生产资料生产的优先增长和单位产品的物质消耗量的变化之间会有不同的结合，这种不同的结合会反映到所生产的生产资料用于积累和补偿的比例上，以至于反映到积累和消费的比例上。当由技术的进步所要求的生产资料生产的优先增长，伴随有各部类物质消耗比重的下降时，这种下降在一定程度上会抵消由于第一部类产品中物质消耗比重较高而可能引起的社会总产品中物质消耗比重的提高。这也是我们在考虑生产资料用于积累和补偿的比例以安排国民收入中积累和消费的比例时，所必须注意的。

在这方面，还有一个不容忽视的问题。这就是：固定资产的价值的转移和固定资产的自然形态上的替换在时间上的不一致。我们知道，固定资产，像马克思所说的那样，除了有一部分要逐年或不到一年就替换以外，“进入生产过程的固定资本，只把它的一部分价值（损耗）转移到产品中去，尽管有损耗，但它继续在生产过程中执行职能；因此，固定资本要经过一段或长或短的时间，才需要用实物来补偿”[①]。当然，也像马克思所说：“就像在这些生产部门从事生产的人每年都有死亡一样，每年也有许多固定资本在当年到达寿命的终点，必须用积累的货币基金实行实物更新。”[②] 但是，由于固定资产的投产的不均衡、各部分固定资产已经使用和能够使用的年限的不一致、各部门技术进步的速度不相同以及其他原因，每年报废和需要在实物形态上补偿的固定资产数量，仍会有一定的起伏。马克思也说过：“寿命已经完结因而要用实物补偿的固定资本……的数量大小，是逐年不同的。如果在某一年数量很大（像人一样，超过平均死亡率），那在下一年就一定会很小。”[③] 所以，仍然会出现固定资产在价值上转移的数量和实物补偿的数量的不一致。固定资产运动的这个特点，会在当年生产的生产资料在实物上用于积累和补偿的比例

---

① 马克思：《资本论》第 2 卷，《马克思恩格斯全集》第 24 卷，第 204 页。

② 同上书，第 507 页。

③ 同上书，第 526—527 页。

方面得到反映，从而出现两大部类比例与生产资料用于积累和补偿的比例在变化上的背离。例如，当某年有较多的固定资产需要在自然形态上替换时，即使生产资料生产优先增长，该年在实物上用于补偿的生产资料在当年所生产的生产资料中的比重可能下降很少，而用于积累的部分的比重可能上升不多。这种情况不仅在资本主义社会可以看到，① 在社会主义社会也不能排除。当

① 在资本主义国家的某些年代里，尤其是在严重经济危机以后的一些年代里，由于大量进行固定资本更新，即使生产资料生产开始恢复和上升，甚至当它占社会总产品的比重由于其更快的恢复而提高时，用于补偿部分的绝对数甚至也会超过当年生产的生产资料总数，即出现“吃老本”的现象，用于积累的生产资料及其占国民收入的比重则出现负数。甚而出现两大部类比例和生产资料用于积累和补偿的比例在变动方向上的不一致，我们不妨举美国第二次世界大战前的一些资料来说明这一点。这些资料是否准确，还值得研究，有人认为用于补偿的生产资料占第一部类产品的比重偏高，但用来观察动态变化还是可以的。（美国从 1929 年到第二次世界大战前共经历两次经济危机：1929—1933 年一次，1937—1938 年一次。）

单位：%

	1929	1930	1931	1932	1933	1934
第一部类占社会总产品的比重	49	47	43	41	45	47
补偿基金占第一部类生产的比重	90.7	93.4	98.8	109.2	106.7	102.6
积累基金占国民收入的比重	17.9	13.6	8.2	-1.5	-0.8	3.0
	1935	1936	1937	1938	1939	1940
第一部类占社会总产品的比重	49	51	51	46	49	50
补偿基金占第一部类生产的比重	98.8	97.2	95	99.6	96	94.2
积累基金占国民收入的比重	7.6	11.1	12.7	8.2	12.4	13.9

在个别年代里，也出现过第一部类比重提高，生产资料用于积累的比重反而下降的情况（第一部类产品绝对数下降，但用于补偿的生产资料绝对数下降较小）。例如，美国 1953—1954 年发生一次中间性经济危机，1954 年同 1953 年相比，第一部类比重从 50.8% 提高到 51%，而生产资料用于积累的比重则从 7.2% 下降到 5.8%。（以上资料引自：列・阿巴尔金等：《资本主义总危机条件下的再生产概论》，苏联高等学校出版社 1962 年版，第 77、85 页。

然，造成这种情况的原因并不完全相同。

四 消费资料用于积累和消费的比例与国民收入中积累和消费的比例之间的关系

从前两节所分析的两个因素，我们看到，它们最后都要通过对国民收入的物质构成——国民收入中生产资料和消费资料的比例——而影响国民收入中积累和消费的比例。但是，如前所述，当国民收入中生产资料和消费资料之间的比例为一定时，积累基金和消费基金的比例，还要受消费资料用于积累和消费的比例的决定。例如，当用于积累的部分所占比重较大和提高时，积累基金的数量和比重也较大并提高，消费基金的数量和比重则相反。根据 1959 年苏联部门际联系平衡表的资料和其他资料推算，1959 年苏联消费资料用于消费和积累的比例大约为 86%:14%，而同年美国消费资料用于消费和积累的比例大约为 88.6%:11.4%。看来，由于非生产领域的庞大等原因，美国所生产的消费资料中用于积累的比重较低。这也是美国积累率较低的原因之一。

那么，消费资料用于积累和消费的比例，又是受哪些因素决定的呢？这方面的因素，比影响生产资料用于补偿和积累的比例的因素更为复杂，其中不仅有生产方面的因素，还有分配方面的因素。下面只作一扼要的说明。

用于消费的消费资料，概括地说，包括两个部分：

(1) 用于物质生产劳动者个人消费的部分（包括赡养其家属的部分），这部分消费资料用以抵偿物质生产劳动者的必要消费基金，如不考虑居民储蓄和手存现金的正常增加，它的数量应等于两个部类劳动者必要消费基金之和，即 $II_1(c+v+m)$ =

Ⅰv + Ⅱv，（在我们的具体化再生产公式里，II_1 指物质生产劳动者消费的消费资料）；

（2）用于非生产领域消费的消费资料（II_2），其中一部分供非生产领域劳动者及其家属个人消费，另一部分供非生产领域用于社会消费，（如国防、行政管理、文教卫生等部门的物质消耗，等等）。

上述两部分用于消费的消费资料，其数量和占全部消费资料的比重，是受不同因素决定的，所以需要分别考察。

首先谈谈消费资料中用于物质生产劳动者个人消费的部分所占比重的决定。简单地说，这一比重，是由下述公式中的一些因素决定的。假定 N_1 和 N_2 分别代表第一和第二部类劳动者的人数，假定 v 代表两部类劳动者的平均实际收入，假定 T_2 代表第二部类劳动者的劳动生产率。这样：

$$\text{II}_1\ (c+v+m)\ =\ (N_1+N_2)v,$$

$$\text{II}\ (c+v+m)\ =N_2\times T_2。$$

由此，$$\frac{\text{II}_1}{\text{II}}=\frac{N_1+N_2}{N_2}\times\frac{v}{T_2} \qquad (3)$$

公式（3）表明，物质生产劳动者个人消费的消费资料占第二部类产品的比重，直接取决于两组因素：

第一组因素，是全部物质生产劳动者人数同第二部类劳动者人数之比，换句话说，即第一部类和第二部类劳动者人数的比例。公式表明，当 v/T_2 为一定时，如果第一部类劳动者人数的比重增加，第二部类劳动者人数的比重减少，物质生产劳动者个人消费的消费资料占全部消费资料的比重就会提高，如不考虑非生产领域消费的部分占消费资料的比重的变化，就会使消费资料用于消费的部分比重提高，用于积累的部分比重降低，从而在其他条件不变的情况下，国民收入中消费基金所占比重会相应提高，积累基金的比重则会相应降低。现举例说明如下（在这个假设数例里，两部类劳动者人数共为200，他们的平均实际收入为12.25，第二部类劳动者按总产值计算的劳动生产率为42）：

	第一种情况		第二种情况	
	绝对数	%	绝对数	%
劳动者人数				
第一部类	100	50.0	105	52.5
第二部类	100	50.0	95	47.5
合计	200	100.0	200	100.0
物质生产劳动者个人消费的消费资料	2450	58.3	2450	61.4
所生产的全部消费资料	4200	100.0	3990	100.0

数例表明，在第一和第二种情况下，一切其他条件都相同，仅仅由于两大部类劳动者人数的比例的差异，使得物质生产劳动者个人消费的消费资料占全部消费资料的比重起了变化。谈到这里，需要对两大部类的比例与消费资料用于积累和消费的比例之间的关系作一些说明。上面我们曾经提到这一问题，而暂且没有加以论述（前面提到，这是两大部类比例影响积累和消费比例的中间环节之一）。

两部类劳动者人数的比例，是受两大部类生产比例的变化制约的。第一部类生产的优先增长，总的说来，要求第一部类劳动者人数更快地增长。上面曾经指出，第一部类生产的优先增长，一方面会促使国民收入中生产资料以至积累基金的比重提高，这是主要的，另一方面，又会由于引起社会总产品中物质消耗比重的提高而在某种程度上削弱这一过程。这里，我们又碰到了一个由第一部类生产优先增长而产生的起着同样相反作用的因素。这就是说，当生产资料生产的优先增长，伴随有第一部类劳动者人数更快的增长时，在其他条件相同的情况下，会引起所生产的消费资料中用于物质生产劳动者个人消费部分的比重提高，从而也会在某种程度上削弱同样由于生产资料生产的优先增长而引起的国民收入中积累基金比重的提高。就各个具体时期来说，自然要看实现生产资料生产优先增长的具体途径如何。现举例说明如下（数例中物质生产劳动者的平均实际收入均为12.25）：

	基期		考察期			
			第一种情况		第二种情况	
	绝对数	%	绝对数	%	绝对数	%
劳动者人数						
第一部类	100	50.0	110	51.1	100	50.0
第二部类	100	50.0	105	48.9	100	50.0
合　计	200	100.0	215	100.0	200	100.0
劳动生产率						
第一部类	58	—	58	—	63.8	—
第二部类	42	—	42	—	44.1	—
社会产品						
第一部类	5800	58.0	6380	59.1	6380	59.1
第二部类	4200	42.0	4410	40.9	4410	40.9
合　计	10000	100.0	10790	100.0	10790	100.0
物质生产劳动者个人消费的消费资料	2450	58.3	2634	59.7	2450	55.6
所生产的全部消费资料	4200	100.0	4410	100.0	4410	100.0

在这个数例里，考察期的两种情况同基期相比，第一部类生产都增长 10%，第二部类生产都增长 5%，即慢于第一部类，物质生产劳动者的平均实际收入不变。两种情况的差别，在于实现生产资料生产优先增长的途径不同：第一种情况完全依靠第一部类劳动者人数的更快增加；第二种情况则完全依靠第一部类劳动生产率的更快提高。由于这样，虽然在考察期两种情况中两部类的产量和比例完全一样，但物质生产劳动者个人消费的消费资料占所生产的消费资料的比重出现了差异。第一种情况占 59.7%，第二种情况占 55.6%。如不考虑其他条件的变化，积累基金和消费基金的比例也会不同，积累率在第一种情况下会小于第二种情况。

上面的数例告诉我们，生产资料的优先增长，越是依靠第一部类劳动生产率更快的提高来实现，在相同条件下，越有利于降低物质生产劳动者个人消费的消费资料占所生产的消费资料中的比重（在他们的平均消费水平为一定的前提下），从而越有利于增加积累，提高积累率；生产资料生产的优先增长，越是依靠第一部类劳动者人数更快的提高来实现，情况正好相反。所以，当我们考虑两大部类比例通过消费资料用于积累和消费的比例的中介而对国民收入中积累和消费比例的影响时，决不能忽视改变两大部类比例的途径。

公式（3）中的第二种因素，是全部物质生产劳动者的平均实际收入同第二部类劳动生产率之间的对比关系。例如，当两大部类劳动者人数的比例为一定时，如果第二部类劳动生产率的提高快于物质生产劳动者平均实际收入的增长，消费资料中用于物质生产劳动者个人消费部分的比重会下降，如不考虑非生产领域消费部分比重的变化，所生产的消费资料用于消费部分的比重就会降低，用于积累部分的比重就会提高，从而会引起国民收入中积累和消费比例的相应变化。因此，同第一部类生产的优先增长和降低物质消耗一样，提高第二部类的劳动生产率并使其快于物质生产劳动者平均实际收入的增长，是增加积累、提高积累率的另一个重要途径。

上面都是就物质生产劳动者的平均实际收入同第二部类劳动生产率的对比关系而言的。须知，物质生产劳动者的平均实际收入，不仅要受各部类劳动者平均实际收入各自变化的影响，而且要受各部类劳动人数的比例变化的影响，因为各部类劳动者的平均实际收入是不相同的。[①] 总的说来，第一部类劳动者的平均实际收入要高于第二部类，主要原因在于第一部类劳动者的平均熟练程度较高、劳动条件较差（高温、高压、井下、有毒气体等）、劳动强度一般较高等。所以，当第一部类生产的优先增长是依靠或主要依靠第一部类劳动者人数更快的增加而实现时，即使各部类劳动者平均实际收入不变，也会使整个物质生产劳动者的平均实际收入提高，从而影响消费资料用于物质生产劳动者个人消费的比重。而当生产资料生产的优先增长是依靠或主要依靠第一部类劳动生产率更快的提高而实现时，如果相应地使第一部类劳动者平均实际收入的增长也快于第二部类，也会导致整个物质生产劳动者的平均实际收入提高。所以，这里也要看实现生产资料生产优先增长的具体途径如何。

可见，公式（3）中的两组因素彼此之间又是相联系的，在安排时必须结合起来考虑。公式表明，如果要使物质生产劳动者

---

① 如果考虑到各部类劳动者平均实际收入的不同，公式（3）可改为：$\frac{II_1}{II}=\frac{N_1}{N_2}\times\frac{v_1}{T_2}+\frac{v_2}{T_2}$。

个人消费的消费资料占全部消费资料的比重适当下降，以便适当地增加积累和提高积累率，就必须使第二部类劳动者人数占全部物质生产劳动者人数的比重的下降程度，小于第二部类劳动生产率的增长快于物质生产劳动者平均实际收入增长的程度。或者说，当我们越是依靠第一部类劳动者人数更快的增加来实现生产资料生产的优先增长时，越要使物质生产劳动者平均实际收入的增长慢于第二部类劳动生产率的提高；当越是依靠第一部类劳动生产率的更快提高来实现生产资料生产的优先增长时，越有可能缩小物质生产劳动者平均实际收入的增长慢于第二部类劳动生产率提高的差距。由此可见，依靠更快地提高第一部类的劳动生产率来实现生产资料生产的优先增长，无论就生产资料的积累而言还是就消费资料的积累而言，在其他条件相同的情况下，同依靠更快地增加第一部类劳动者人数来实现生产资料生产优先增长相比，都更有利于增加积累基金和提高积累率，与此同时，也更有利于提高劳动者的消费水平。这正是这种途径的优越性所在。

如前所述，用于消费的消费资料，除了供物质生产劳动者个人消费以外，还包括非生产领域消费的部分。所以，当年生产的消费资料用于积累和消费的比例，还取决于非生产领域消费部分所占比重的变化。这一比重的变化，更为复杂。这里不打算展开论述。

在社会主义社会，用于非生产领域消费的消费资料数量，总的说来，是由非生产领域的发展规模决定的。它一方面决定了从事非生产领域各项活动的劳动者人数，从而决定了他们的个人消费数量；另一方面也决定了非生产领域用于社会消费的数量。诚然，非生产领域的发展规模及其消费的数量，归根到底要受消费资料生产部门，尤其是农业的劳动生产率水平所决定，不能也不可能超过后者的承担能力。但是，在这个限度内，依旧有很大的伸缩余地。总的看来，随着社会劳动生产率的提高（尤其是消费资料生产部门，特别是农业生产率的提高），随着社会分工的发展，从事非生产领域各项活动的劳动者人数在全社会劳动者中的比重要提高，非生产领域的消费占全部消费资料的比重也要提高，马克思指出："同总产品相比，一个国家的生产人口愈少，国家就愈富……在产品量相同的情况下，同非生产人口相比，一个国家的生产人口愈少，国家就愈富。因为生产人口相对的少，不过是劳动生产率相对的高的另一种表现。"① 然而在各个特定时期里，在安排非生产领域的规模、就业人数、消费数量及其比重时，必须考虑社会的劳动生产力水平和社会对消费资料积累的需要。

对于非生产领域的消费，也要就其不同的部分，区别对待。其中属于像马克思所说的"用来满足共同需要的部分"，如文化教育、卫生保健、科学研究等部门的物质消耗，不仅会绝对增加，而且在全部消费资料中所占的比重也可能逐渐提高。另一部分像马克思所说的"和生产没有关系的一般管理费用"的非生产领域消费，如国家机关、国防等部门的物质消耗，则应该在不影响国防安全、国家机关工作正常进行的前提下尽可能地节减，以利于增加积累。

总的看来，所生产的消费资料中物质生产劳动者个人消费部分所占比重有降低的趋势。这是第二部类劳动生产率的提高快于物质生产劳动者平均实际收入的增长所致。而非生产领域消费部分所占比重，则相应有提高的趋势。

---

① 马克思：《剩余价值理论》第1册，《马克思恩格斯全集》第26卷第1册，第229页。

五　积累基金中生产资料和消费资料的比例与国民收入中积累和消费的比例之间的关系

上面我们逐一分析了公式（1）中的各个因素。就公式（1）而言，积累和消费的比例，就是由这些因素共同决定的。但公式（2）告诉我们，从另外的角度考察，国民收入用于积累和消费的比例，还决定于积累基金中生产资料和消费资料的比例。这一比例，同公式（1）的各个因素有着密切的关系。在安排公式（1）中各个因素的相互关系时，必须考虑社会对这一比例的需要。

就公式（2）所表明的关系来看，积累和消费的比例，一方面取决于消费资料用于积累和消费的比例（$\frac{1-t_2}{t_2}$），这一比例上面已经作了分析，另一方面取决于生产资料积累和消费资料积累的比例（I_3/II_3）。例如，当前一比例为一定时，如果积累基金中生产资料的比重提高，国民收入中积累基金的比重也要相应提高。[①]

---

① 因为如果考察期同基期相比，消费资料用于积累和消费的比例保持不变的话，即$\frac{\text{II}'_3}{\text{II}'_1+\text{II}'_2}=\frac{\text{II}_3}{\text{II}_1+\text{II}_2}$（$\text{II}'_1$、$\text{II}'_2$…表示考察期，$\text{II}_1$、$\text{II}_2$…表示基期），当考察期积累基金中生产资料比重提高、消费资料比重降低时，即$\frac{\text{I}'_3}{\text{II}'_3}>\frac{\text{I}_3}{\text{II}_3}$，生产资料积累与消费资料积累之和同用于消费的消费资料的比例，在考察期中也要大于基期，即$\frac{\text{I}'_3+\text{II}'_3}{\text{II}'_1+\text{II}'_2}>\frac{\text{I}_3+\text{II}_3}{\text{II}_1+\text{II}_2}$（$\text{II}'_1+\text{II}'_2$和$\text{II}'_1+\text{II}'_2+\text{II}'_3$的增长速度相等）。这里，$\text{I}'_3+\text{II}'_3$和$\text{I}_2+\text{II}_3$就是考察期和基期的积累基金，$\text{II}'_1+\text{II}'_2$和$\text{II}_1+\text{II}_2$就是考察期和基期的消费基金。

积累基金中生产资料和消费资料的比例，在不同的国家，在数量上有着显著的差别。在一些资本主义国家，积累基金的大部分甚至绝大部分，是由消费资料所构成。有人计算，近十多年来，美国积累基金中消费资料大约占$\frac{2}{3}$。① 如果像有些人所指出的那样，所计算的积累基金偏小的话，这个数字可能有些偏高。但是，美国积累基金中消费资料占相当大的比重，这是毋庸置疑的。

在一些社会主义国家，积累基金大部分由生产资料所构成，消费资料只占小部分。有些国家，生产资料约占积累基金的70%左右。积累基金的这种物质构成，也从一个方面决定了一些社会主义国家保持有较高的积累率。

无论生产资料积累还是消费资料积累，都有一部分用于增加国家后备。它们合计占积累基金的比重，总的说来，在社会主义建设开始以后的一定阶段内，有提高的趋势。用于增加后备的生产资料和消费资料的比例会如何变化，缺少可供具体分析的资料，存而不论。

---

① 美国积累基金中生产资料和消费资料的比例有如下表所示（年平均数）：

年　　度	积累基金总额（十亿美元）	消费资料积累（十亿美元）	消费资料积累占积累基金总额的比重（%）
1929—1938	13.9	11.0	79.1
1939—1945	19.2	12.4	64.6
1946—1950	37.7	21.7	57.6
1951—1960	47.0	31.4	66.8

资料引自：列·阿巴尔金等：《资本主义总危机条件下的再生产概论》，苏联高等学校出版社1962年版，第86页。根据原表，“消费资料积累”本作“非生产性积累”。该书作者把生产资料积累直接看做生产性积累，所以表中的“非生产性积累”实为“消费资料的积累”。

生产资料积累扣除用于增加后备的部分以后，剩下的部分用于扩大再生产，增加生产性固定资产和流动基金。

消费资料积累扣除用于增加后备的部分以后，剩下的部分文可分为两部分：一部分用于生产领域的扩大生产（增加新的物质生产劳动者）和提高原有物质生产劳动者的平均实际收入；另一部分用于发展非生产领域各项事业（相应地增加从事非生产领域各项活动的劳动者）和提高非生产领域原有劳动者的平均实际收入。①

既然生产资料积累和消费资料积累，各自都包括着性质相异的一些部分，而各个部分的变化显然又各自要受不同因素的决定，那么，要概括出决定生产资料积累和消费资料积累比例的因素也是困难的。我在《再探索》一文里，曾经舍象了两部分积累中用于增加后备的部分以及消费资料积累中用于非生产领域的部分，把生产资料积累和消费资料积累比例，单纯作为用于物质生产领域的生产资料积累和消费资料积累的比例进行了一些考察。鉴于用于物质生产领域的生产资料积累和消费资料积累各自都占全部生产资料积累和全部消费资料积累的主要部分，它们之间的比例自然大体上也决定了后者的比例。

我在《再探索》一文中曾经指出，用于物质生产领域的生产资料积累和消费资料积累的比例，总起来说，是由社会对新增生产资金在实物量上的有机构成的需要决定的，分别地说，一部分是由进一步装备原有物质生产劳动者的新增生产资金的有机构成决定的，另一部分是由装备新增物质生产劳动者的新增生产资金的有机构成决定的。前一部分的资金有机构成，取决于原有的

① 上面，我们都是按每年一个生产周期来说的，如果考虑每年有几个生产周期，各年积累积金使用方向的划分又有所不同，这里不谈。

物质生产劳动者生产资料装备率的提高速度同他们的平均实际收入的增长速度之间的对比关系。后一部分的资金有机构成，取决于新增物质生产劳动者的生产资料装备率同他们的平均实际收入之间的对比关系。物质生产劳动者的生产资料装备率和平均实际收入之间的对比关系，主要是由生产技术水平的变化决定的。除此以外，也要看国家的工资政策。这些我在《再探索》和《探索之三》中都有所说明，这里不重复。总的看来，随着技术的进步，无论用于原有物质生产劳动者的新增生产资金也好，还是用于新增物质生产劳动者的新增生产资金也好，他们的有机构成都有提高的趋势，从而基本上也决定了积累基金中生产资料积累的比重有提高的趋势，消费资料的比重有降低的趋势。如果不考虑消费资料用于积累和消费比例的变化，就要求相应地提高国民收入中积累基金的比重，降低消费基金的比重。由此可见，国民收入用于积累和消费的比例的变化，在一定程度上也同技术的进步以及技术进步的性质有联系。

我们在分析公式（1）中决定积累和消费比例的因素时，对生产资料用于积累和补偿的比例以及消费资料用于积累和消费的比例是分别论述的。这里，我们又进一步看到这两个比例是不能分割的，它们有着相互的依存关系。因为，生产资料积累和消费资料积累之间的比例，不是可以任意决定的，在安排时，要考虑社会对它们的需要，要考虑社会生产技术水平的变化、物质生产劳动者平均实际收入的变化、新增物质生产劳动者的人数，等等。当社会对这一比例的需要大体为一定时，在安排生产资料用于积累和补偿的比例以及消费资料用于积累和消费的比例的任一比例时，都要考虑另一比例的变化和安排，并且还进一步要求考虑两大部类比例和其他社会再生产比例的变化和安排。由此可见，积累基金中生产资料和消费资料的比例，是同公式（1）中各个有关的社会再生产比例密切联系的。在安排国民收入用于积累和消费的比例时，我们必须把上述社会再生产诸比例结合起来，进行统一的安排。

积累和消费的比例，是国民经济中最综合和最重要的比例关系之一。要安排好这个比例，需要考虑众多的政治经济因素。从国民经济平衡的角度看，要安排好这一比例，必须从决定这一比例的上述那些社会再生产比例安排入手。而对各种政治经济因素的考虑，也要通过对那些比例的安排来体现。

中国经济发展中积累和消费的关系问题*

所有发展中国家在发展自己的经济中都遇到一个困难问题，这就是，一方面要有大量的资金、各种装备和技术用于积累以进行建设，另一方面又要有大量的收入用于消费以提高人民的生活水平，也就是说，需要正确地解决积累和消费的关系问题。中国在建设中也遇到了这个困难问题。这个问题，我们有些时候解决得比较好，有一些经验；有些时候则解决得不好，也有一些教训。下面我想就几个方面来谈一谈。

一

发展经济所需的资金从哪里来？依这个问题的解决途径的不同，经济发展中积累和消费的关系的处理也不同。

---

* 本文系作者参加1980年11月21—24日在美国举办的“中美经济发展战略抉择讨论会”时提交的论文。原载《武汉大学学报》哲学社会科学版1981年第1期。收入本书时，删去了文后的附表。

有些经济发达的国家在走上资本主义的发展道路时，主要是靠掠夺农民和掠夺殖民地来解决资本的积累。中国作为一个社会主义国家自然不能走这些国家曾经走过的老路。

当代有不少发展中国家主要是靠向外国借款或靠外国资本到本国投资来获得发展所需的资金。中国也不能走这条路。因为这条路潜伏着使本国的经济依附于外国资本的危险。

中国实行的是自力更生为主、争取外援为辅的方针，即主要依靠自己的内部积累来取得建设所需的资金，外国的资本可以借用，但不作为建设资金的主要来源。即使在新中国成立初期的 20 世纪 50 年代，在当时极端困难的条件下，我们也是这样做的。当时我们主要通过三个途径从自己的内部来提供资金。一个途径是财富的重新分配。中国人民革命的胜利结束了帝国主义、封建主义和官僚资本主义对中国人民的残酷剥削和掠夺。过去被它们掠夺和剥削的财富，可以由人民用于建设国家和改善生活了。据统计，单单蒋宋孔陈四大家族掠夺的财产就达 5 亿两黄金。他们在逃跑时未能带走的财富，都变成了人民的财产。由于实行了土地改革，土地归农民所有，免除了农民每年向地主缴纳大约 700 亿斤粮食的地租的沉重负担。这些地租，过去由地主阶级用于奢侈性的消费，而不用于扩大生产。土地改革后，这些巨额的财富归农民所有，农民除用一部分于增加消费以外，将其余部分用于积累。此外，过去被民族资产阶级剥削去的一部分财富，在公私合营以后，除了支付的定息以外，也归国家用于建设了。第二个途径是发展生产。社会主义生产关系的建立大大地解放了生产力，生产突飞猛进地发展，为积累提供了源泉。单就农业来说，由于实行了土地改革，农民从封建枷锁下解放出来，有了自己的土地，不再向地主缴纳大量地租，土地的果实归自己所有，农民不仅有能力而且也乐于在自己的土地上投资，他们的生产积极性空前高涨，从而使我国的农业在土地改革后出现了历史上罕见的蓬勃发展。1949—1952 年，农业总产值每年平均增长 14.1%，1953—1957 年每年平均增长 4.5%。农业生产的迅速增长，不仅为农业，也为整个国民经济提供了大量的积累。工业和其他部门生产的发展以及工业生产成本的降低，也创造了大量的积累。1949—1952 年，工业生产每年增长 34.8%。1953—1957 年每年增长 18%。1957 年同 1952 年相比，工业产品成本降低 29%，每年降低 6.5%。第三个途径是厉行节约，杜绝浪费，把一切可以节省的开支节省下来用于建设，同时，合理地使用建设资金。我们改变了新中国成立前的铺张奢侈的社会风气，树立了勤俭节约的社会风尚。精简庞大的国家行政机构和缩减军费在节约国家开支方面起了重要作用。新中国成立初期发行爱国公债也有助于资金的积累。由于合理地使用资金，使能用同样多的资金办更多的事。当然，实行自力更生的方针，并不是完全排除借用外国资金。新中国成立初期，我们也曾向苏联借过一些款，但为数不多。从 1949—1959 年的十年期间，外债收入在我国全部财政收入中所占的比重只有 2%。而且还大多是在新中国成立的最初几年借的。在当时的国际环境下，我们根本不可能从西方国家借到资本或吸收投资。从 20 世纪 60 年代起，由于中苏关系破裂，我们就完全依靠自己的资金从事建设了。70 年代后期以来，中国终于打破了被孤立、被封锁的国际环境，我们有可能从东西方一些发达国家借用一些资金，同时吸收一些外国资本到中国投资。这对中国经济的发展无疑是有利的。从我们以往的经验来看，我们是能够主要依靠自己的力量来解决发展所需的资金的。今后也应该这样做。但是，在一段时间里，我们曾把这个正确的方针作了绝对的理解。认为借用外国资本是不能容许的，甚至是不光彩的。这当然是错误的。特别应该看到，我们目前的经济状况已经同新中国成立初期有了根本的不同，我们已经建立了比较完整的国民经济体系。只要我们在借用外国资本时慎重地从我国的偿还能力和新技术的消化能力出发，控制于一定的限度内，是不至于使我国的经济依附于外国资本的。而在当前，在人民的生活长期未能得到改善，存在很多困难的情况下，适当地借用外国资本，当可缓和积累和消费之间的矛盾。

用于积累的各种物资（机器设备、原材料等）和技术从哪里来？依这个问题的解决途径的不同，经济发展中积累和消费的关系的处理也不同。

有些发展中国家依靠出口自己的天然资源（如石油等）或其他初级产品取得外汇，以换取积累所需的各种物资和技术，而不由自己制造和开发。

中国的解决办法不同。虽然我们也出口一些天然资源和其他初级产品以换取建设所需的物资。但不是把这种办法作为长期的主要的办法。从有些国家的经验来看，完全靠这种办法并不成功。且不说那些不可再生的资源迟早要枯竭，而且依靠从外国购买设备和技术，也不能使自己获得建立独立自主的民族经济的能力。按照中国的通俗说法就是：“现代化是不可能用钱买来的。”中国作为一个社会主义的大国，应该建立起自己的独立的完整的国民经济体系，并主要依靠自己的制造和开发来满足建设对生产资料和技术的需要。

如果说在资金的积累上，我们从建设初期起就主要依靠自己的内部积累来满足建设之所需的话，那么，在解决积累所需的各种物资和技术方面，我们则经历了一个从主要依靠进口到主要依靠自己生产和开发的过程。

新中国成立前中国的工业极端落后，有限的一点工业主要是棉纺织业和其他一些轻工业，重工业的基础十分薄弱。1949 年，我国的钢产量只有 15.8 万吨，不到全世界总产量的千分之一，炼钢能力不到 100 万吨。煤产量只有 3243 万吨，发电能力还不到 190 万千瓦，发电量仅有 43.1 亿度。极少的一点机械工业基本上只能进行修理和装配作业。许多制造工业例如机床和工具制造业、轴承制造业、精密仪器仪表制造业以及各产业部门的设备制造业等根本没有。这种状况决定了我们在开始建设时必须主要依靠进口来取得建设所需的各种设备、其他物资和技术。新中国成立初的十年期间，苏联和东欧各国曾帮助我国设计和装备了 400 个左右的工业企业，向我们提供的科学技术成就和生产经验方面的资料将近 6000 多项。这些对我国初期的建设无疑起了重要的作用。

当时，我们曾有两条路可供选择。一条路是从优先发展重工业入手，建立自己的基础工业，以便用自己生产的机器设备等生产资料去替代它们的进口，并用以装备和发展轻工业和农业；另一条路是从优先发展轻工业入手，用轻工业产品的出口去换取建设所需的机器设备等生产资料。我们当时选择的是前一条路。因此，我们在建设初期进口的设备和技术也主要用于建设一批现代化的重工业企业。在这批骨干企业建成以后，在建立了初步的工业基础以后，我们就能够用自己生产的设备、各种物资逐步替代一部分进口了。在第一个五年计划时期的有的年份，我国机器设备的自给率就达到了 60% 以上，到 1959 年进一步提高到 80% 以上。在我国出口贸易额中，工矿产品的比重，1952 年为 17.9%，1957 年就上升到 28.4%。有些过去我国不能生产或主要依靠进口来满足国内需要的物资，如某些机器设备和一般机床，若干化工原料等，不仅不需要进口，而且还可以出口一部分了。这样，我们逐渐地完成了由主要依靠进口到主要依靠自己生产的转变。现在看来，我们选择的这样一条路是正确的，也基本上成功了。

正由于这样，在20世纪60年代中苏关系破裂以后，在中国还被一些外国封锁的情况下，我们能够基本上依靠自己的力量为建设提供设备和技术，而没有屈服于外国的压力。当然，也应当指出，在这方面我们也有过片面性，曾经错误地追求全面的自给，没有利用可以利用的国际间的分工协作所能带来的益处。

二

中国采取这种以自力更生为主的方针来解决建设所需的资金问题，无疑会给处理积累和消费的关系问题带来一些困难。但是，从我们的实际经验来看，只要处理得当，这些困难都是可以克服的。

按说这个问题在发展国民经济的初期更难于处理，因为这时经济很不发达，国民收入很少，人民生活水平极低，一部分人尚处于饥饿或半饥饿状态，城市有400万人失业。在这种情况下，需要用大量的国民收入来使广大人民不仅能够生存下去，而且逐渐摆脱贫穷，但是要做到这一点，又必须以经济的发展为前提，而发展经济又需要积累大量资金。所以，在当时，要解决好积累和消费的问题困难是很大的。可是恰恰在这段时期，我们在解决这个困难时获得了成功。这段时间，不仅国家积累了大量的资金用于建设，而且人民的生活水平也得到了比较快的提高。在国民经济恢复时期（1950—1952年），我国国民收入增长69.8%。在第一个五年计划时期（1953—1957年），我国国民收入增长了53%，积累基金增加了93%，消费基金增加了34%，按人口平均计算的消费基金增长了23%，每年平均增长4.3%，在国民经济恢复时期全国职工的平均工资提高了70%，农民的收入增长了30%以上。在第一个五年计划时期，全国职工的平均工资提高了 42.8%，农民的收入增长了将近 30%。1957 年全国农村人口平均的消费水平比 1949 年增加了 80% 以上，比 1952 年增加了 30%。到 1956 年，严重的失业问题就基本得到解决。

怎么能同时实现这两个目标呢？主要就是靠上面所说的三个途径。在国民收入数量已定的条件下，积累和消费在数量上是互相限制的。要想增加积累而不对消费的增长进行限制是不可能的。从人民的长远的利益来考虑，适当地限制当前消费的增长是完全必要的，这种限制会由于积累的增加而带来日后的消费的增长。我们在新中国成立初期无疑也对消费作了一些限制。但这种限制主要是及于地主阶级和资产阶级。由于把地主阶级和官僚资产阶级的财富收归人民所有，从而也限制了他们的消费并大大缩小了贫富之间的差距，使能在增加积累的同时，保证占人口绝大多数的工人和农民的收入有所增加，特别是使过去处于饥饿半饥饿状态的穷苦工农群众的生活有了较大的改善。当然，积累和消费的关系得以妥善地处理，从根本上说来，还是由于生产的迅速发展和降低生产费用，这段时期，国民收入的迅速增长为同时兼顾积累和消费提供了巨大的可能性。在国民收入有限的情况下，积累资金的有效使用，也有助于在保证发展国民经济所需的积累资金的同时使人民的消费也有所增加。第一个五年计划时期，在当时刚刚开始大规模建设、许多工程项目正在施工没有投入生产的情况下，每百元积累就可以增加 32 元的国民收入（这里说的积累是指积累的全部，比投资额为大，不仅包括用于增加固定资产的投资，而且包括流动资金的积累）。

可惜的是，这种健康发展的过程，以后被工作中的失误所打断，从 1958 年起，我们曾一再为了追求经济发展的过高速度，以牺牲人民的消费为代价而增加积累。积累率由 1957 年的 24.9%（第一个五年计划时期平均为 24.2%），猛然提高到 1958

年的33.9%和1959年的43.8%。积累率大幅度提高，给国民经济带来了严重的后果，造成了经济状况的极度紧张、混乱和比例的严重失调。这样高的积累率已经远远超过了国民经济所能承担的程度，大规模的基本建设占用了大量的生产资料，使得大批的工厂因为生产资料的供应缺乏而开工不足，在生产资料有限的情况下，许多建设工程项目不能正常施工，工期大为延长。因此，积累基金的使用效果极差，在整个第二个五年计划时期每百元积累所能增加的国民收入下降到只有一元（按当年价格计算）。事与愿违，过高的积累率并没有给人们带来预期的经济增长的高速度，反而使国民经济严重倒退，国民收入的平均增长速度降为-3.1%（按1957年的不变价格计算）。另一方面，积累率的大幅度地猛增，更使人民的消费蒙受其害，无论工人还是农民的平均消费水平都比1957年的水平倒退了。1957年农民和职工的平均消费水平分别为79元和205元，1959年和1960年农民的平均消费水平分别降到65元和68元，职工的平均消费水平1958年降到195元（均按当年价格计算）。显然，要继续保持如此之高的积累率是不可能的。于是被迫后退，中国对经济进行调整，降低积累率成为调整中的一个重要课题，积累率一直退到1962年的10.4%。更为遗憾的是，失败的教训并未认真记取。在经济情况好转以后，积累率又开始上升到相当高的水平，1966年达到30.6%。而在整个70年代，甚至在国民经济遭到严重破坏的情况下，积累率都在30%以上，1978年进一步达到36.5%。当然，1976年以来的经济情况同50年代后期和60年代初期的情况有许多不同。但过高的积累率给国民经济带来的恶劣后果却有许多相似之处。中国的经济再度被迫调整。降低积累率，使积累和消费保持适当的比例也成为调整中要解决的一个重大问题。可以毫不夸张地说，积累和消费的比例失调是1958年以来，中国经济的发展多次遭到严重挫折的重要原因之一。

回顾以往的历程，使我们得到了不少经验教训。

首先，中国实行以自力更生为主的方针解决发展所需要的资金问题，必须十分慎重地处理积累和消费的关系。为了依靠自己的力量解决资金问题，国民收入用于积累的数量是必须增加的，积累的比重在一段时期内也是必须提高的，但都必须在国民收入增长的基础上，以保证人民的消费水平的提高为前提。而且积累率的提高也不能是无止境的，应该是有限度的。要增加积累总是要对人民的当前的消费作某些限制。但有两种性质不同的、社会后果相异的限制。一种限制是在保证人民的平均消费水平逐步提高的条件下对人民的消费水平的增长幅度所作的限制。由于人民的生活逐步得到了改善，人民是高兴的，因此也乐意为增加积累做出贡献。因为他们从积累的增长中看到了生活将进一步迅速改善的希望。另一种限制则不同。那是以使人民的平均消费水平的下降为代价的。这种限制使人民减弱或丧失劳动热情，失去对美好未来的憧憬，甚至会带来社会的不安定。所以，在增加积累基金的过程中，在需要提高积累率的情况下，必须以保证人民的消费水平得以逐步提高为前提。

其次，在我们开展大规模经济建设的过程中，积累基金的增加和积累率在一定限度内的提高，必须逐步地来进行，不能求之过急，并且在积累率上升到较高水平后使其保持相对稳定。积累和积累率的迅猛增长和由此而引起的它们的迅猛下降，会给国民经济带来灾难性的后果。积累的主要部分是用于基本建设的，而基本建设往往是跨年度的。积累的猛增和猛减，将使许多没有力量继续进行建设的工程在开始建设后不得不停止进行，从而造成极大的损失。这里还不说其他的损失了。可以设想，如果我们不是在 1958 年以来，一再错误地迅猛增加积累，而是逐步地增加并使积累率保持在一定的限度以内，我们将会积累更多的资金用于建设，我们的经济将会一直沿着上升的线达到远远超出现有水平的高度，人民的生活也将比现在好得多。

第三，只求积累多，不问积累的效果，是我们在积累和消费问题上一再遭受挫折的一个重要原因。从第一个五年计划以后，每百元积累所能增加的国民收入都远远不及第一个五年计划时期。在最近的第四个五年计划时期（1971—1975 年）平均只有 16 元，不到第一个五年计划时期的一半。可以设想，如果我们在增加积累的过程中切实注意提高积累的效果，我们本来可以在保持经济增长的高速度的同时，使人民的消费得到迅速的改善，而不至于把大量的国民收入白白地浪费掉。

三

我们选择从建立和发展重工业入手解决积累所需的各种物资和技术的道路，无疑也会给处理积累和消费的关系带来一定的困难。特别是在建设的初期困难更大。困难主要表现在三个方面：第一，在主要依靠自己的力量来积累发展资金的情况下，在建设的一定时期，特别是在初期，为了进口大量的生产资料和技术，就必须出口大量的农副产品及其加工品以换取外汇。建设初期，我们从苏联和东欧一些国家进口的各种设备和技术，除了一小部分是以贷款的形式借来的以外，大部分是通过贸易往来相互交换的方式，用出口的产品换取的。在我国出口的产品中，农副产品及其加工品当时占出口总额的 80% 以上（1979 年仍占 56%）。其余部分是工矿产品（如钨砂、钼砂、水银等）。而农副产品及其加工品的大量出口，则会减少它们在国内的消费量，从而影响人民的消费。第二，建立和发展重工业是极其耗费资金和物资的，而且从资金的投入到收回需要很长的时间，不像发展轻工业那样，投资少，周转快。因此，从建立和发展重工业入手进行经济建设，必定要求提高积累率，以提供大量的积累资金，从而在一段时间内，特别是在建立和发展重工业的初期会使农业和轻工业的发展受到限制。第三，重工业的发展本身就要求农业和轻工业为它提供大量的产品，或者用作重工业的原材料，或者用作重工业工人的消费品。从这三方面看，从建立和发展重工业入手进行建设，不仅会在一段时间里限制用于国内消费的农业和轻工业产品的数量，同时也会影响它们的出口数量从而影响积累所需的各种物资和技术的进口能力，这也会给处理积累和消费的关系带来困难。从我国以往的经验来看，只要我们使重工业和轻工业、农业保持协调，这些困难是可以克服的，特别是在重工业的基础建立起来以后，不仅可以替代一部分生产资料的进口，甚至可以用一些重工业产品替代一部分农产品和轻工业品的出口，从而有利于国内的消费的增加，而且可以用已经建立起来的重工业去促进农业和轻工业的发展，从而也有利于国内消费的增长和出口贸易的发展。在新中国成立初期的前八年时间里，我们在建立和发展重工业过程中，由于重工业的建设规模没有超过农业和轻工业所能承担的程度，农业和轻工业得到了较快发展。在第一个五年计划时期，农业生产每年增长 4.5%，轻工业生产每年增长 12.9%，都快于人口每年增长 2.2% 的速度。这样，虽然重工业增长得更快（每年平均增长 25.4%），人民的生活水平仍然能有较快的提高。应当指出，当时已经出现了某些不协调的苗头，例如，由于原料不足，部分轻工业的生产能力未能利用，正在建立的重工业项目中为发展农业、轻工业提供所需的原料和设备的项目少了。那时，我们针对上述情况并以苏联的经验为鉴戒，提出了在优先发展重工业的条件下实行重工业和轻工业同时并举、工业和农业同时并举，用多发展一些农业和轻工业的办法来发展重工业的正确方针。可惜的是，这一正确方针并未得到贯彻。在第二个五年计划时期，为了追求过分的高速度，重工业反而脱离农业和轻工业更加突出地发展，使重工业、轻工业和农业之间的比例严重失调。1958 年，重工业增长 78.8%，轻工业增长 33.7%，农业只增长 2.4%。1959 年三者的增长速度分别为 48.1%、22%、-13.6%。1960 年农业下降 12.6%，轻工业下降 9.8%，而重工业仍继续增长 25.9%，其结果是人民的消费下降，积累和消费出现尖锐的矛盾。以后，虽然经过几年的调整，重工业和轻工业、农业之间的比例恢复了协调。但是，在第三个五年计划时期和以后，在十年的动乱中的不少年份，又多次出现片面突出发展重工业的情况（1969 年增长 43.9%，1970 年增长 42.3%，1971 年增长 21.4%）。使重工业、轻工业和农业之间的比例一再陷入严重失调。

根据新中国成立以来我们所走过的曲折道路，从正确处理积累和消费的关系的角度来看，我们在处理重工业、轻工业和农业的关系问题上也有一些经验教训。

第一，在中国，农业在国民经济中占有重要的地位（1949 年，它在国民收入生产总额中占 68.4%）。在一段相当长的时期内，农业的状况对于积累和消费的问题具有重要的意义。首先，农业对于资金的积累起着重要的作用。农业提供的积累，除了用于农业本身的发展以外，还要转化为发展工业用的积累。农业的积累通过各种渠道集中于国家，成为国家用于建设的资金的重要来源。这里主要有两个渠道，一个是农民缴纳的农业税，一般来说，为数不大，国家向农民征收的农业税第一个五年计划时期只占国家财政收入的 11.1%，1952—1978 年则占国家财政收入的 5.4%。另一个渠道是价格，历史上形成的工农产品价格的“剪刀差”不可能在短期内消除，农业创造的积累通过“剪刀差”集中于国家（主要是通过以农产品为原料的轻工业产品所实现的利润集中于国家），成为国家用于建设的资金，这部分当比前一部分更多。建设所需的生产资料的进口也主要是用农副产品及其加工产品的出口来实现的。其次，在中国人民的消费中，农副产品及其加工产品所占比重很大（过去约占70%—80%）。轻工业生产品原料曾有80%来自农业。所以，人民的消费状况同农业的状况有极密切的关系。正因为如此，在中国农业生产的状况对积累和消费的影响很大。所以，要处理好积累和消费的关系，必须处理好农业问题。

我们在建立和发展重工业的最初阶段，曾经比较慎重地对待农业问题，注意了农业的发展。例如，政府采取了稳定农业税的政策，农业税在一段时间内不随农业生产的增长而增加，以鼓励农民发展生产。同时逐步缩小了工农业产品的价格的“剪刀差”，使农民不仅能逐步增加收入，而且有能力扩大生产。此外，国家还从财政上支持农业的发展。这种种正确的政策，使农业获得了较快的发展。在此基础上，农业不仅提供了更多的资金用于积累，提供了更多的产品供出口以换取积累所需的多种物资和技术，而且提供了更多的产品用于消费。所以，在一些时候农业的迅速发展，正是我们得以成功地处理积累和消费的关系的前提。相反，我们的几次失误也大都同在农业问题上的失误有关。例如，1958年由于对农业生产的增长作出了过分乐观的估计，曾经过多地征购了农产品用于建设（1959年征购的粮食占粮食产量的39.7%）。这种竭泽而渔、杀鸡取卵的错误做法，损害了农业，从而也损害了积累和消费。1979年，我国决定在今后一个较长时期内，全国粮食征购指标继续稳定在1971—1975年的水平不变，又确定从1980年起进一步减轻农村社队的税收负担，决定提高一些主要农产品的收购价格。这些对促进农业的发展将起重要的作用，无疑也将有助于我们克服积累和消费的比例的严重失调。还应当指出，由于农业生产受自然条件变化的影响很大，丰歉交替，在确定积累和消费和比例时要防止在丰收以后过快地增加积累以免在歉收时使积累大幅度减少，从而防止积累和消费的比例发生剧烈的变动。

第二，积累所需的各种物资和技术从主要依靠进口到主要依靠国内的生产和开发。这个替代的过程，应该逐步来实现，不能求之过急。为了逐步地实现这个替代过程，重工业的建立和发展也应该是逐步的，不能操之过急。如果重工业发展过快就会造成用于积累的资金的数量超过国民经济所能承担的程度，从而会影响消费；而且重工业脱离轻工业和农业而过快地发展，正如前面所说的，由于损害了轻工业和农业，不仅会影响人民消费的增长，还会影响资金的积累，损害积累所需各种物资和技术的进口能力。过快地发展重工业，这是我们几次造成积累和消费比例失调的根本原因。的确，重工业的建立和发展，可以为轻工业和农业的迅速发展提供物质技术基础，还由于可以替代一部分生产资料的进口以及出口一部分重工业产品而减少对农产品、轻工业品出口的需要，这对于增加国内的消费品供应自然是有利的，从而对于处理好积累和消费的关系也是有利的。但是，并不是重工业的任何发展都会带来这样的结果，这只有使重工业在其发展中同轻工业和农业的发展保持协调才能实现。用国内生产的生产资料去替代进口是必要的，但必须逐步地来实现（而且也不能要求什么都由国内生产和开发）。从我国以往的经验看，如果急于去实现这种替代，并为此过快地发展重工业，就不仅不能实现这种替代，反而会背道而驰。因为，重工业的过快发展，会由于国内对重工业所需的各种物资的供应不足，反而要求它们的更多的进口，同时，为此又要求有更多的农产品和轻工业产品出口去换取。我们常常看到，在我国，重工业越是不适当地过快发展，设备、钢材等的国内供应就越是不足，它们的进口反而越多，同时，国内消费品的供不应求也越严重。这样，急于想替代生产资料的进口，反而变成了增加它们的进口。

在这种急于替代进口的思想影响下，我们一再忽视了发展轻工业的重要性。轻工业具有投资少、资金周转快、利润多的特点。在从发展重工业入手进行经济建设中，注意发展轻工业有利于积累资金、增加出口、提高人民的消费，从而有助于解决好积累和消费的关系。从有利于积累和消费的正确结合来看，我们不能只着眼于建立和发展重工业以替代建设所需的各种物资的进口，而且应该努力发展轻工业以增加出口和增加国内的消费。

第三，在建立和发展重工业的过程中，注意使重工业的内部结构保持协调，对于处理好积累和消费的关系也有重要意义。应该说，从建立重工业的基础时起，就不但要发展那些满足重工业本身需要的重工业产品生产部门，而且要发展满足农业、轻工业等部门需要的重工业产品生产部门。只有这样，才能随着重工业的建立和发展，使农业和轻工业等部门得到相应的发展。否则就会由于农业、轻工业的发展不足而直接地或间接地影响积累和消费的关系的协调。我们在一段相当长的时间内由于过分着重重工业的发展，造成了重工业内部结构的严重失调。例如，就钢材生产来说，一方面有大量钢材积压，另一方面制造农业机械、制造化肥、农药、化学纤维等生产设备所需的钢材严重不足。又如机器生产中，一般机床大量积压，而许多农业机械或者还不能生产或者质量差、产量少，轻工业所需的现代化设备也有许多不能生产。重工业内部结构失调，也是造成我国积累和消费的比例失调的原因之一。

第四，为了在经济发展中使积累和消费的比例保持协调，使积累基金的分配比例保持协调也是很重要的。因为，后续一些年份的积累和消费的比例能否协调，同早先一些年份积累基金的分配比例是否适当有密切的关系。这些比例例如有：积累基金用作生产性积累（兴建生产企业等）和非生产性积累（建设住宅、学校等）之间的比例，生产性积累中用于发展重工业生产和发展轻工业、农业等部门生产之间的比例，用于发展重工业生产的积累中用于发展满足重工业本身需要的产品的生产和用于发展满足轻工业、农业等部门需要的产品的生产之间的比例，等等。积累基金的这种种分配比例会直接地或间接地影响后续年份积累和消费的比例。我们在一些时期里，由于积累基金的分配比例失调，曾经加重了积累和消费的比例的失调。例如，在第一个五年计划时期，积累总额中非生产性积累占 40.2%，而在第二个五年计划时期则降到只占 12.9%，其中的 1960 年更低到只占 2.8%。以后虽有所提高，但都远远没有达到第一个五年计划时期的水平，1971—1978 年都在 25% 以下，1976 年只占 17.1%。非生产性积累的不足直接影响了人民的消费水平的提高。例如，根据 1978 年对 182 个城市的调查，由于住房建设的减少，城市居民每人平均的居住面积由 1952 年的 4.5 平方米下降到 1978 年的 3.6 平方米。在生产性积累中，多年来，用于重工业建设的积累比重过高，用于发展同人民生活关系密切的农业和轻工业的积累比重过低。积累基金分配比例的这种种失调，造成了产业结构的失调。由于产业结构的失调而引起的积累和消费的比例的失调在短时间内是难以克服的。因为，产业结构的失调本身是难以在短时间内扭转的，要扭转产业结构失调要求投入大量的资金。而在纠正积累率过高的过程中是难以取得这样多的资金的。所以，为了使积累和消费之间保持适当的比例，在采取主要依靠国内的生产和开发来满足建设所需的生产资料的途径下，特别要防止出现产业结构失调的情况。

鉴于多年来我们在处理积累和消费的关系上的失误的沉痛教训，从 1979 年起我们正致力于调整积累和消费的比例，使积累率逐步降低到合适的水平，使积累的使用效果逐步提高，使积累的分配比例趋于合理。为此我们采取了各种措施，例如，降低重工业的发展速度、减少基本建设投资并加以控制、增加职工的工资和农民的收入、调整产业的结构特别是重工业内部的结构，加速居民住宅和城市建设、加速科学文化教育和卫生事业的发展、降低生产成本、减少企业的亏损、增加赢利，等等。经过一年多的调整，积累和消费的比例开始向协调方向发展，积累率 1979 年已经下降到 33.6%，1980 年有可能降到 30% 左右，今后几年内还将进一步降低。积累和消费之间的关系的协调，将使我国经济得以健康地发展，并使人民的生活得以较快地提高。

上面我只就我国经济在沿着特定的道路而发展中在积累和消费的关系上所遇到的某些问题谈了一些看法。积累和消费的关系问题是一个广泛的题目，我不曾企图对它作广泛的考察。

提高消费率问题*

从20世纪后半叶以来，我国居民的消费倾向低，有效需求不足，从而消费率也低，这使得居民消费价格几乎一直呈下降趋势，直到2003年前。消费率低制约着中国的增长。至今，在市场供求上，除住房、小轿车、电信商品等消费商品热销和旅游等某些服务消费兴旺外，大多商品和服务的销售仍不够旺，居民消费价格虽然已在上涨，但那主要是一些商品（住房、农产品等）和某些服务（如房租等）价格上涨的结果。因此，在最近闭幕的第十届全国人大二次会议上，在温总理的《政府工作报告》中专门谈到，“合理调整投资与消费的关系是今年宏观调控的重要方面。我国消费在国内生产总值中的比重偏低，不利于国内需求的稳定扩大，不利于国民经济持续较快增长和良性循环”，指出“要通过不断努力，逐步改变投资率偏高，消费率偏低的状况”。

在国民核算体系（SNA）中，按支出法计算，一国的GDP由三部分构成，即投资（分为资本形成和库存）、消费（分为居

---

* 原载《宏观经济研究》2004年第5期。

民消费和政府消费）和净出口。如果不考虑净出口，在 GDP 中，投资的比重（即投资率）与消费的比重（即消费率）成反比，投资率越高，消费率越低，或者相反。提高消费率是一个老问题了，在改革初期就提出来了，当时是从生产目的问题的角度提出来的，针对的是计划经济时期在“先生产，后生活”的口号下对人民生活和消费的轻视或忽视。那时，我们采用的是物质产品核算体系（MPS），它与国民核算体系在原理、概念和方法上都不相同。当时关注的是国民收入中积累和消费的比例。这个比例是由计划确定的。按照经验数据，当时认为积累率占 25% 左右是合适的，也就是说，消费率应占 75% 左右。但是由于片面追求高速度和存在机制性的“投资饥渴症”，实际上积累率大大超过 25%，多的时候要占 40% 以上。在由计划经济转向市场经济的初期，随着经济改革特别是农村和农业的改革，城乡居民特别是农民的收入迅速增加，消费率曾经有所上升，按照国民核算体系的支出法计算，在 GDP 中，最终消费率（包括居民消费和政府消费）1978 年为 62.1%，1981 年为最高，达 67.5%，1989 年为 64.1%，这几年，居民消费占 GDP 的比重相应为 48.8%、52.1% 和 51.8%。随后，由于计划经济的体制尚未根本改革，特别是由政府主导的投资体制没有根本改革，投资饥渴的顽症没有整治，投资率又开始上升，而消费率则开始下降。在 1993 年初，由于发生了严重的经济过热、投资膨胀、价格迅猛上升，实行了严厉的紧缩政策，之后转入了较长时间的通货紧缩，出现消费不振，消费率下降。2002 年最终消费率降到改革以来的最低点，即 58%，其中居民消费占 GDP 的比重也降到 45.1%。这样的消费率显然是过低了。近年来，我国消费率的低下，对国民经济的发展带来了不良影响，以致引起政府的高度关注，要求把提高消费率、扩大国内需求作为宏观调控的一项重要任务。这项任务之所以重要，在于我国是一个人口众多的大国，国内市场是我国经济赖以立足的主体，国内市场的发展是我国经济发展的根本，消费率长期低下，国内需求长期不振，国民经济就不可能稳定、持续、快速发展。在《政府工作报告》中，虽然没有明确指出，“消费率”中的消费是包括居民消费和政府消费，还是仅指居民消费，但从其后面的行文来看，显然是指居民的消费率，尽管政府消费在国民经济中也不可忽视，但居民消费是消费的主体，占全部消费的80%左右。我们在这里讨论提高消费率问题也仅限于讨论提高居民消费率的问题。

提高消费率虽然是2004年宏观调控的重要方面，但绝非短期所能成功，必须较长时间从多方面作出努力。因为影响消费率的因素是多方面的，有些因素不是短时间所能改变的。这里，想就几个问题作一些讨论。

第一，居民收入与消费率。增加居民收入是增加居民消费的一个重要因素。一般地说，居民收入增加，居民的消费支出也会增加，从而会增加市场的有效需求，拉动经济的增长。与此同时，如果消费率再提高，市场的有效需求就会更快增加。但是，在居民的收入为一定的情况下，其消费率又取决于居民的消费倾向，而增加居民收入是否会增加居民的消费以及增加多少，如果其他条件不变，则取决于居民的边际消费倾向。如果边际消费倾向低，甚至下降，那么即使居民的收入增加，居民的即期消费也可能不相应增加，或者不增加，甚至减少。所以居民收入的高低以及变化与消费率的变化并不一定呈正相关的关系。这就是说，在一般情况下，居民的收入增加，居民的消费会增加，居民的收入高，其消费也多。那么，居民的收入增加是否其消费率也提高，以及居民的收入高是否其消费率也高呢？则不一定。我没有掌握具体的数字，我猜想，在其他条件不变的情况下，随着居民收入的增加，在一定的限度内，消费率呈倒 U 字形变化。这就是，在低收入居民中，由于收入低，全部收入都要用于即期消费，没有能力储蓄和投资。他们的消费率可达 100%，甚至超过 100%（需要借贷）。而在他们的收入增加超过能够满足最低生存需求的一定程度时，虽然他们的潜在的消费倾向很高，但由于收入低，他们并不会把钱都花出去，而会尽量地存点钱以应付未来的不时之需，或用于还债，而不都用于即期消费。所以在他们的收入提高在一定限度内，他们的消费率并不会相应提高，甚至会下降。在高收入的居民中，尽管他们的消费支出的绝对数大，但由于他们的收入很多，消费在他们的收入中的比重反而不一定高，他们可能会将更多的钱用于储蓄和直接投资。因此他们的收入增加也并不会使其消费率提高，甚至还会下降。中等收入者则不同，他们有多方面的需求，也有能力去消费以满足需求，而且还可以有钱储蓄或直接投资，所以他们的消费率会较高，高于高收入者，在他们的收入增加时，他们的消费率可能会提高。如果这个猜想是正确的，那么可以看到，在居民收入的增长过程中，在一定限度内，消费率会呈倒 U 字形变化。如果这个猜想是正确的，那么，在居民的收入普遍大为提高且超过一定程度时，如果中等收入者的比重也上升并成为居民中的主体的情况下，居民的消费率就会提高。发达国家的消费率一般较我国高，可以说明这一点。例如，在美国，2003 年的 GDP 中最终消费率达到 86.1%，居民消费的比重为 70.6%；在日本，1995 年的 GDP 中最终消费率为 70%，居民消费的比重为 60.2%；我国 1995 年 GDP 中最终消费占 57.5%，居民消费占 46%。由此可见，要提高消费率，除了需要进一步普遍提高居民收入（使其远远超过小康水平）外，还需要通过调节收入分配，增加中等收入者的比重。

第二，居民消费倾向与消费率。居民的消费倾向对消费率有重要影响。如前所述，在居民的收入为一定的情况下，居民消费率取决于其消费倾向。而消费倾向的高低则取决于一系列因素。其中之一是居民的收入预期和支出预期。居民的收入预期对居民的消费倾向，从而对消费率有重要影响。当居民预期其收入将继续增加时，居民的消费倾向会上升，敢于增加即期消费。否则，像前几年那样，由于失业威胁和就业困难，虽然居民的收入在增加，消费价格在下降，但由于人们对未来收入的预期不好，消费倾向降低，有钱也不愿多消费，导致消费率下降。同时，预期未来的支出将增加也会障碍居民的即期消费的增加。在我国随着经济的市场化改革，过去居民的一些福利如免费高等教育、单位分配住房、免费医疗等已经取消，为应付这些支出，居民不得不把一部分收入存起来，这笔钱虽然也要用于消费，但那是延期的消费，它们会降低居民的即期消费，使得消费倾向下降，从而也导致消费率下降。居民的消费倾向的变化，也与政府的政策有很大关系。日本在20世纪90年代，为提高居民的消费倾向，刺激居民消费，曾一度降低消费税率，结果是居民的消费立即上升，但不久又提高消费税率，居民的消费也随之下降。在美国，银行利率的变化对居民购买住房和汽车的消费的影响巨大，这是众所周知的。政府的政策是政府调节居民消费倾向和消费率的重要手段，我国也曾经采用过这种手段，例如，曾经想利用降低银行存款利率的办法，把居民存入银行的大量储蓄“赶出去”，以增加消费，减轻银行的风险。这个考虑本身是不错的，只是由于其他因素的牵制，未能充分达到预期的效果。居民的消费倾向、消费率，还受到消费品和消费服务的供给的影响。前几年，居民消费不振，消费倾向低，商品卖不出去，给人的印象是，似乎居民的所有需求都已满足，市场已经饱和。这自然是假象。如果在人均

GNP 还不到 1000 美元的情况下，市场已经饱和，我国的经济还要发展吗？还能发展吗？我国居民的消费倾向低，除上述以及其他原因外，与消费品和消费服务的供给不适应需求以及消费的配套条件不具备有一定关系。常常是居民需要的商品和服务，或者没有供给，或者由于没有其他条件的配套无法消费。例如农民想买电视机，但没有电的供给，或者电价太贵。在城市也出现过限制用电而无法用空调的情况。实际上，问题不仅仅在于供给如何适应需求，从而使居民能够消费，而且还在于供给如何创造需求。事实上，许多需求是由供给创造出来的。对数码照相机的需求，是生产出数码相机创造出来的，在其问市前，人们未必甚至可以说没有消费数码相机的需求。我国企业在用供给去创造需求上的能力不足，是造成居民消费倾向和消费率低的一个重要原因。虽然消费品有生命周期，有些消费品和消费服务会出现市场的饱和，但随着居民收入的增加以及消费品和消费服务的推陈出新，居民的需求，从而消费也是无止境的。

第三，社会保障与消费率。当前，我国的消费率低与原有的与计划经济相适应的社会保障制度瓦解，而新的与市场经济相适应的社会保障制度尚在建立中有关。没有可靠的医疗、失业和养老等社会保障，居民自然不敢多即期消费，从而使消费率不高，甚至下降。但是，新的社会保障制度，除了政府和雇用单位需要支付一定的费用外，居民自己也需要付出一部分，有些居民还要寻求商业保险。这样，在居民的收入中，在一段时间内需要从其收入中拿出一部分用于这方面的支出，从而减少即期消费，并使即期消费率难以提高，甚至下降。当新的社会保障制度还在建立过程中，它对消费率的影响更为明显。

第四，消费文化与消费率。一国的居民消费倾向、消费率与该国的消费文化有密切关系。崇尚节俭、不愿意借贷消费等，是我国消费文化的特点。节俭本是我国的传统美德，人们提倡“新三年，旧三年，缝缝补补又三年”。这种消费文化的形成显然与经济的落后有关，也与日后的以供给短缺为特点的计划经济有关。那么，在市场经济中如何看待节俭？如果我们把节俭理解为节约资源，特别是节约不可再生的资源，那么节俭仍值得提倡。即使从增加消费的角度看，也应提倡，因为节约资源可以用同样多的资源满足更多的需求，或者说用更少的资源满足同样多的需求，而且节约资源可以使国民经济得以持续地发展，从而可以持续地满足人民的需求。如果一桌饭菜大量剩下、扔掉，这种浪费资源的行为是不可取的。但是，如果把提倡节俭理解为压制正常消费、压低消费倾向，那也是不可取的，因为那会压制生产，障碍经济的增长，自然也不利于消费的增长。节俭不应是节制正常的消费，而是抑制败坏社会风气甚至损害健康的非正常消费。而且，随着收入的增长，人们的消费水平要提高，节俭的内涵也要改变。今天总不能再提倡“新三年，老三年，缝缝补补又三年”，否则发展经济干什么？当然，愿意如何消费（只要不是违法违纪的消费），那是每个消费者的主权范围的事，有人愿意“缝缝补补又三年”，也不应去反对，正如不应笼统地反对高消费那样。至于不愿意借贷消费的问题，那是计划经济或市场经济不发达所形成的消费方式。至今，我国大多数人还是愿意先存钱，再消费，而不是先借钱消费，再还钱。先存钱，后消费，是将现在的收入用于未来的消费，其结果是减少了推迟了即期的消费，降低了即期的消费率。先借钱消费，再还钱，则相反，是将未来的收入用于即期的消费，其结果是增加了提前了即期的消费，提高了即期的消费率。从促进经济的发展和满足人民的需要来看，借贷消费的作用更大。随着我国市场经济的发展，借贷消费正在迅速兴起。越来越多的人，特别是年轻人，正利用银行的按揭购买住房、买汽车、上学等。但是，由于消费的环境不佳，其中特别是社会的信用环境不佳，银行的服务尚有欠缺，特别是人们的消费习惯尚待改变，消费信贷发展得还很不足，如能加以改进，居民消费率将可提高。当然，消费文化的改变不是一朝一夕所能成功的。我们看到，在文化上与我国相似的一些亚洲国家，那里的居民也崇尚节俭，愿意储蓄，一般地说，消费率也较欧美国家低。例如，在 GDP 中最终消费的比重，1996 年，韩国为 64.8%（其中居民消费率为 54.2%），新加坡为 49.6%（其中居民消费率为 40.7%），泰国（1995 年）为 64.1%（其中居民消费率为 54.2%）。1996 年我国最终消费所占比重为 56.6%（其中居民消费率为 47.5%）。与韩国和泰国比，我国居民消费率稍低一些，与新加坡比，我国居民的消费率还高一些。即使是经济的发达程度仅次于美国、日本，受消费文化的影响，其居民消费率也低于美国，1995 年日本的居民消费率为 60.2%，而美国为 67.2%。

第五，投资率与消费率。前面提到，在 GDP 的构成中，投资率与消费率成反比。但是两者之间不仅仅是这种数量上的消长关系，还有相互带动的关系。对发展中国家来说，为了保持经济较快和持续的增长，也为了居民的收入能较快和持续地增长，必须有较高的投资率，但是投资率过高确实又会影响居民的即期消费，从而从需求方面约束供给，进而障碍生产的发展。同时，如果消费率过高，则又会使投资率过低，从而影响就业的增加、经济的增长和发展，进而障碍居民收入的进一步增长。怎样的投资率和消费率才合适？没有确定的回答。因为它们取决于众多因素，这些因素又是变动不定的。在计划经济中，积累率是由计划决定的，积累率定了，消费率也大体定了。那时，在收入很低的情况下，一般地说，居民基本没有储蓄，而且不许投资，居民的储蓄往往是被动的，即有钱买不到东西，不得不把钱存起来，那时，基本上不存在市场经济中居民消费支出与居民的可支配收入之间的函数关系，也基本上不存在居民的消费倾向（许多商品都凭票供应）。而在市场经济中，虽然政府可以通过财政政策和货币政策调节投资率和消费率，但已不可能决定投资率和消费率，因为由政府直接配置的社会资源有限，居民（和居民投资的企业）成为投资的主体，居民的收入是用于消费还是投资是他们自主的行为。居民的消费率基本上取决于居民自己的消费倾向。当然，居民的消费倾向又受到其他许多因素的制约。尽管这样，对一个国家来说，受各种因素的影响，在一定的发展阶段，消费率和投资率虽然在不断变动，但大体上有一个变动的区间，我们从统计上可以观察到。例如，我国的 GDP 中最终消费率约占 60% 左右，其中居民消费约占 50% 左右，在最终消费中约占 80% 左右，政府消费在 GDP 中约占 10% 左右，在最终消费中约占 20% 左右。虽然，从长远来看，随着居民收入的普遍提高到一定程度以及中等收入者成为居民的主体，居民的消费率会提高，但受到各种因素的影响，特别是消费文化的影响，其提高仍是有限度的。实际上，在消费率大体稳定的情况下，只要经济能保持较快和持续的增长，居民的消费、有效需求仍能保持较快和持续的增长，从而反过来能促进经济的较快和持续的增长。我国目前的实际情况是，在较长时间的经济紧缩的影响下，居民的消费倾向过低，从而使得消费率过低，并对经济的增长和发展产生了不利影响，因此需要调整。为提高居民的消费倾向和消费率，政府除运用税收和利率政策外，还可以运用投资政策，通过增加政府的投资来拉动居民的有效需求和消费。因为投资中有一部分会直接和间接地转化为居民收入（在计划经济时期，其转化的比例约为 40%），但转化的比例是多少，取决于投资项目的选择。前几年，为拉动经济和居民的有效需求，政府通过发行特别国债在增加基础设施的投资上作了巨大努力，取得了成功。但是基础设施项目的直接的产业关联度较低，雇用的劳动力较少，如能在产业关联度较高的项目上多一些投资，那么投资对居民的消费的拉动将更显著。在居民收入为一定的条件下，居民的消费率不仅取决于居民的消费倾向，也取决于居民的投资倾向。改革以来，居民的投资的空间逐渐扩大，不仅可以投资办企业，而且可以投资于证券市场，储蓄作为间接投资的比重在下降。这虽然会对居民的即期的消费率的提高产生相反的影响，但是在证券市场的发展中，居民通过在证券市场的直接投资增加了财富，并进而产生了增加消费的财富效应。所以，在居民消费率过低的情况下，为增加居民的消费，提高消费率固然是必要的，但与此同时，居民从增加投资中增加财富，从而增加消费也是重要的，而且，从长远看可能更为重要。所以在关心提高消费率的同时，不可忽视为居民创造更广阔、更宽松的投资空间和环境。

所有制改革论

关于我国社会主义所有制形式问题*

生产资料所有制问题，是政治经济学的核心问题，也是一个复杂的问题。过去我们对于社会主义所有制问题的论述除了有许多正确的方面以外，也有一些不正确的方面，主要是把社会主义所有制问题理解得比较狭隘，看得比较简单，存在不从发展上看问题的观点。

所谓理解得比较狭隘，主要是指把生产资料社会主义所有制问题局限于仅仅作为社会主义生产关系的一个方面去考察，而不从社会主义生产关系的总体上去把握。生产关系问题中自然存在着生产资料归谁所有的问题。为了便利，可以单独进行考察。但与此同时，不能忘记，生产关系的各个方面都是所有制的不可分割的内容，例如产品的分配，就是所有制的实现。马克思就把所有制问题看做是生产的全部社会关系，他指出："给资产阶级的所有权下定义不外是把资产阶级生产的全部社会关系描述一番。"①

---

* 根据1978年9月在哲学社会科学规划会上的发言而写，原载《经济研究》1979年第1期。

① 《马克思恩格斯全集》第4卷，第180页。

他还批评过普鲁东把所有制定为独立的关系的范畴。[①] 理解得比较狭隘还表现在把生产资料所有制问题仅仅归结为生产资料的归属问题，忽视了生产资料的占有、支配和使用这些问题。这些狭隘的理解阻碍着我们去研究社会主义所有制问题的多方面内容。例如不大注意研究生产资料归谁占有、归谁支配、归谁使用的问题，而且也不大联系生产关系的各个方面去考察所有制问题，从而对于当前现实生活中提出的许多问题，难以正确地回答。举例来说，在全民所有制经济中，为什么企业应该具有统一领导下的独立性？为什么可以允许企业分取一部分利润作为企业基金？为什么可以容许不同全民所有制企业职工的收入由于同企业经营好坏发生联系而带来差别？为什么应该容许企业有权处置多余的生产资料？为什么企业占用生产基金应该是有偿的而不应该是无偿的？为什么企业可以作为相对独立的主体彼此间或同国家订立经济合同？为什么企业应该实行全面的独立的严格的经济核算，要承担经济责任？等等。

所谓看得比较简单，主要是指把资本家的生产资料的被剥夺、个体经济的走上集体化道路、社会主义全民所有制和集体所有制的建立，即生产资料的归属问题的解决，看做是所有制问题的全面解决。其实，这虽然是解决所有制问题的决定性步骤，但社会主义所有制仍有许多问题要解决，而且还会不断地产生许多新的问题。例如，我们当前遇到的企业没有独立自主的经营管理权，企业没有自身的经济利益，直接生产者对企业的生产、分配、交换等问题无权过问，生产队的自主权遭到侵犯，生产资料、资金和劳动力被任意无偿调用，某些干部的宗法式、家长式统治，等等，都要从所有制问题的高度去把握、去研究。如果把

① 《马克思恩格斯选集》第4卷，第324—325页。

它们仅仅看做是一个管理方法问题（如通常所说的行政方法还是经济方法问题），那就不能揭示问题的实质。“四人帮”为了论证我国的生产资料所有制是走资派所有制、党内资产阶级所有制，说我国的所有制问题“没有解决”，这当然是荒谬的。但是，我们也不能反过来认为我国的社会主义所有制已经不存在问题了，没有什么可研究的了。

所谓缺乏从发展上看问题的观点，主要是认为社会主义全民所有制一经建立就成为最彻底最成熟的所有制形式，至少在一段相当长的时间内它是不会变化的，不认为生产资料的全民所有制形式也要随着生产力的发展变化而发展变化。农村集体所有制在实行了“政社合一”的人民公社化以后，除了从以生产队为基本核算单位向以大队为基本核算单位，以至以公社为基本核算单位的过渡问题之外，似乎也没有更大的问题了。其实，不完全是这样。只要我们不是狭隘地、简单地理解所有制问题，不是静止地看待它，就可以看到，我国的全民所有制形式和集体所有制形式都存在不少问题，都有许多不完善的方面，它们限制了生产力的迅速发展，需要变革。为了按客观经济规律办事，加速实现四个现代化，有许多社会主义所有制问题要着力去解决。

这里不打算涉及更多的所有制问题，只想就我国的社会主义全民所有制的国家所有制形式问题和社会主义集体所有制的“政社合一”形式问题提出一些探索性的看法。鉴于问题的复杂性，很可能有不当之处。

关于全民所有制的国家所有制形式问题

长时间以来，我国的经济理论一直认为全民所有制必须而且只能采取国家所有制的形式。属于社会主义全民所有的生产资料，只能由无产阶级专政的社会主义国家代表全体劳动人民来占有。社会主义国家直接领导属于国家的企业，国家通过自己的代表，即由有关的国家机关任命的企业领导人管理这些企业。国家机关直接计划这些企业的全部生产活动，等等。对全民所有制的这种认识一直延续到今天，被认为是天经地义，毋庸置疑的。现在看来，这种种看法都需要重新评价，因为多年的实践使我们认识到，全民所有制的国家所有制形式带来了许多问题。概括地说：

第一，在全民所有制的国家所有制形式下，国家政权的行政组织取代了经济组织，企业成为国家各级行政机构的附属物，甚至成为基层一级政权（如政企合一单位）。中央直属企业隶属于中央一级国家政权，地方企业隶属于地方各级国家政权。一些政治经济学书籍在论证国家所有制形式的必要性时，都指出社会主义全民所有制的性质决定了企业不应该在产、供、销、人、财、物等方面拥有独立自主的权限，这些权限应该集中到国家，企业的一切活动都得听从上级行政组织的安排和批准，否则，社会主义全民所有制就不成其为全民所有制了，甚至像有的书上所说，就“被分割成为地方所有制、部门所有制、企业所有制或者集体的资本主义所有制了”①。由于国家所有制的这种概念根深蒂固、神圣不可侵犯，二十多年来，我国虽然进行过多次经济管理体制的改革，改来改去，无非是在中央集权和地方分权的关系上考虑，不论是强调集权还是强调分权，都没有触及国家所有制形式问题，都没有去注意解决企业在统一领导下的独立性问题。一些企业的隶属关系几经改变，时而收时而放，变来变去，都无非

① 参见“四人帮”在上海组织编写的《社会主义政治经济学》。

是确定这些企业究竟应该隶属于哪一级政权，应该成为由哪一级政权来拨动的算盘珠。资金上的统收统支、产品上的统购包销这一套办法，始终不曾有多大触动。企业不能实行全面的独立的严格的经济核算制。企业既没有必要的经济管理权限，当然也就不必也不能承担经济责任，干好干坏、赢利亏损都是一样的，同企业和企业职工本身没有直接的利害关系。

第二，国家所有制是由国家政权的行政组织取代经济组织，直接指挥企业的一切经济活动。多年的实践表明，这种所有制形式容易产生官僚主义、命令主义、瞎指挥、“按长官意志”办事，违反客观经济规律。

这是因为经济基础和上层建筑是人类活动的不同领域，它们的运动具有各自不同的形式、特点和客观规律。国民经济是一架大机器。它运转的动力是经济利益。资本主义经济的动力在于资本家对利润的追逐。满足劳动人民个人和社会的物质文化需要，则是社会主义经济中的经济利益所在，它推动着社会主义经济的运动。社会主义经济中的各个劳动者和各个生产单位，以经济利益为纽带结合起来，为满足个人和社会的各种需要而进行生产。社会主义国民经济这架大机器的运转还借助于各种经济机制和杠杆。它们是：价值、价格、商品、货币、市场、银行、信贷、利息、预算、成本、利润、簿记、经济合同、工资、奖金等。它们是国民经济这架大机器的齿轮、联动装置、传送带……客观经济规律的要求和作用是通过这些经济机制和杠杆的运动来实现和表明的。它们的运动显示人们的经济活动是否符合客观经济规律。在经济管理中，要按客观经济规律办事，就必须把经济活动建立在对经济利益的关心的基础上发挥经济利益的动力作用，善于运用各种经济机制和杠杆。为此，就必须使各种社会主义经济组织具有自身的经济利益，在集中统一的领导下有独立自主的权限来利用这些经济机制和杠杆以进行自己的经济活动。国家政权则是上层建筑的一部分。它也是一架大机器。但它的运动却有着与经济基础的运动完全不同的形式、特点和规律。它不是经济组织，不实行经济核算，从而也没有用自己的收入抵偿自己的支出并且向社会提供利润的经济责任。它的运动不是借助于上述种种经济机制和杠杆，而主要是借助公文、命令、指示、规定、条令等非经济的杠杆来实现的。客观经济规律的要求和作用不是直接通过这些非经济的杠杆的运动而实现和表现的，因此后者也不能直接地反映客观经济规律的要求和作用，从而人们也不能通过它们去认识客观经济规律。虽然在管理国民经济中不能不运用这些非经济的杠杆，但它们决不能成为主要的，更不能用它们来取代经济的机制和杠杆。相反，在必须运用它们来管理国民经济时，为了知道它们是否正确地反映了客观经济规律的要求，也还要从经济机制和杠杆的运动中去判断和认识。主要地或单纯地利用这些非经济杠杆来管理国民经济必然会出现违反客观经济规律的情况，而且这种违反往往必须经过一个相当长的过程，在客观经济规律给予了惩罚以后才会被人们所认识。在全民所有制采取国家所有制形式下，一切经济活动由国家政权来指挥和决定，就会出现主要地或单纯地利用非经济的杠杆来管理国民经济的情况。再加上国家政权的行政组织是远离生产、流通、分配、交换的，要靠这只手去拨动千千万万颗直接从事生产、流通、分配、交换的那些算盘珠，怎么可能不出现官僚主义、命令主义、瞎指挥呢？怎么可能不违反客观经济规律呢？胡乔木同志的重要文章中所列举的种种现象，例如，考虑行政方便，要求经济活动机械地适应行政的系统、层次、区划，机构重叠，层次繁多，手续复杂，公文旅行，文件泛滥，会议成灾，办事无效率，经营缺效果，经济运转不灵，凭“长官意志”办事，靠首长批条子行动，等等，都决不单纯是一个管理经济的方法问题（如最近人们常说的用行政方法管理经济），实质上涉及社会主义全民所有制的国家所有制形式问题。不妨举一些例子来说明。

有一个工厂为了给一套引进的设备进行配套，需要向国外补充订货，货单在各个行政组织中往返周转，单单办理申请手续就耗费了9个月时间，其中仅在两个部之间来回往返就达半年之久。上海华光啤酒厂要进行一项工艺改革，实行后可大幅度增加产量。这项改革的报告从轻工业部批复下达后，在各行政部门办公室里转来转去就花了5个多月的时间，才由市轻工业局下达到工厂。沈阳重型机器厂要盖一点宿舍，申请书经过了11个机关审批，盖了24个图章。这几个例子说明，由国家政权的行政组织来管理经济，结果是国家政权的行政组织有多少系统、多少机构、多少层次，公文就必须沿着主管的这些行政系统、机构和层次去旅行，旅途中要通过一道道关卡，还要不断遇到交通堵塞和红灯。有一个化工厂要从国外引进生产聚酯纤维的先进技术，这套技术可以连续缩聚，直接抽丝，不需要像以往的技术那样先缩聚，再造粒而后抽丝。可是，各种产品的生产是按国家的行政部门的划分分别管理的，外汇也是按行政部门划分的，按照国家行政组织的这种划分，化工厂向国外购买聚酯纤维的装置就不能是连续生产的，即不经过造粒，由缩聚直接抽丝，因为抽丝是纺织部门管的事。这就是说，化工部门必须把缩聚后的物料加以冷却，造成颗粒，再由纺织部门拿去重新升温熔化，进行抽丝。于是，为了服从这种国家行政组织的划分，化工厂进口这套装置，就把这套连续生产的先进技术装置的完整生产流程，人为地切掉属于纺织部门管的那一部分，使它失去了先进性。我们还经常地了解到，许多原材料由于各道生产工序和各种产品的生产分属各个行政主管部门而不能综合利用的情况。至于商品流通不根据经济上的合理性来组织而受到行政区划的限制，造成迂回运输和商品的不合理分布，那更是司空见惯的事。这些都是在国家所有制形式下强使经济活动违反经济、合理的原则去服从国家行政组织的系统和划分的例子。其他方面的例子很多，无须再一一列举了。

第三，在国家所有制形式下，社会主义国家是通过自己的代表，即国家任命的企业领导人去经营这个企业的。企业领导人作为国家政权的代表在企业中行使他们的权力，他们直接向企业所属的国家政权机构负责，而不是向企业和企业的职工负责。这种状况往往造成他们必须按照上级政权的行政组织的命令行事，而不必问这种命令的经济合理性，即使这个命令是不合理的，他们作为国家委任的代表也必须执行。企业的经营好坏同他们个人没有直接的利害关系，只要执行上级命令，即使造成严重损失，他们也无须承担经济上的责任，同他个人的收入更没有关系。相反，他不执行这种命令，倒是要给自己带来不利。有些企业的封建衙门化，有些领导人的官僚化，不能说同国家所有制形式没有关系。企业领导人既然是国家政权机关任命的，职工就无权对他们的去留作出决定，不能对他们进行有效的监督，致使有些领导人专横跋扈、胡作非为。

最后，社会主义全民所有制作为劳动者同生产资料直接结合的社会形式，理应由劳动者直接管理全民所有制的生产资料，管理企业的生产、交换、分配等活动。为了使劳动者把这些生产资料经营管理好，理应使他们从经济利益上关心本企业的经营状况，使他们的利益不仅同全社会的利益而且同本企业的利益直接结合在一起。但是，国家所有制形式却未能使劳动者同生产资料这样紧密地结合起来，凡事由上级国家行政组织决定，劳动者无权过问，企业经营好坏又同他们的利益没有直接关系，劳动人民怎么能起到生产资料的主人翁的作用呢？这些生产资料又如何能管理好、运用好呢？

国家所有制形式同生产力的矛盾，在20世纪50年代就已有所暴露。在毛泽东同志的著作中，曾一再涉及。例如，在《论十大关系》中就谈到“工厂在统一领导下的独立性问题”、“国家、生产单位和生产者个人的关系”问题，实际上就涉及改善全民所有制形式的问题。但那时，生产建设的规模毕竟很小，各地区、各部门间的经济联系还比较简单，所以矛盾还不大引人注目，毛泽东同志的精辟思想未能被大家很好领会和贯彻。以后，随着生产力的发展，随着生产的社会化程度的提高，它同生产力的矛盾就尖锐起来了，成为生产力发展的一种障碍。因此，为了加速实现四个现代化，必须改变国家所有制这种形式，找出能促进生产力迅速发展的社会主义全民所有制的新形式。实践将创造出这种新形式来。

那么，改变社会主义全民所有制的国家所有制形式是否意味着改变全民所有制的性质呢？恰恰相反，正是为了适应它的性质。

在社会主义全民所有制条件下，全体劳动者既然是生产资料的共同所有者，就必须按照全体劳动者的共同利益来运用生产资料。建立在社会化大生产基础上的社会主义全民所有制要求对生产资料的经营管理实行集中统一的领导，按照体现全体劳动者共同利益的统一计划来发展国民经济。列宁说过：“建成社会主义就是建成集中的经济，由中央统一领导的经济”①，这是一方面；另一方面，全体劳动者的共同利益又是同各个劳动者的利益密不可分的，它是各个劳动者的利益的集中；而全民所有的生产资料又总是分归各个生产单位经营管理的，即占有、支配和使用。这样，

① 《列宁全集》第28卷，第378页。

全民所有制作为劳动者同生产资料直接结合的社会形式，就只有使各生产单位及其劳动者关心本身的利益的增进，由劳动者直接经营管理，才能有效地运用生产资料，从而增进全体劳动者的共同利益。因此，社会主义全民所有制又要求实行广泛的民主，使各个生产单位具有必要的权力和独立性，具有自身的利益，并能够考虑自身的利益，使各生产单位的劳动者享有经营管理权。恩格斯说：在新的社会制度下，“一切生产部门将由整个社会来管理，也就是说，为了公共的利益按照总的计划和在社会全体成员的参加下来经营”①。毛泽东同志说：“各个生产单位都要有一个与统一性相联系的独立性，才会发展得更加活泼。”② 这都是很正确的。生产资料经营管理上的与统一性相联系的独立性并不改变它的全民所有制的性质，生产资料并不因此就属于各生产单位所有，而只归它们占有、支配和使用。因为各生产单位是在统一计划的领导下，独立地运用这些生产资料，生产的剩余产品也不归各个生产单位所有，而是归全体劳动者所共有，并且根据全体劳动者的共同利益进行分配。由此可见，社会主义的全民所有制的性质，要求把它的经营管理中的统一性和独立性结合起来。从以往的实践看来，社会主义全民所有制的国家所有制形式是难以做到这一点的，是难以使全民所有制充分发挥它的优越性的。

看来要做到这一点，需要使国家行政组织和经济组织分开，经济活动要由各种经济组织去进行，各个管理经济的国家行政组织要改变为实行经济核算的经济组织。③ 各种经济组织应该具有

---

① 《马克思恩格斯全集》第4卷，第365页。

② 《毛泽东选集》第5卷，第273页。

③ 需要指出，目前有些专业公司只是名义上的经济组织，它们不实行经济核算，实际上依然是国家行政组织的一个单位，挂着公司的牌子。有的专业公司对外叫公司，对内则是某个部的一个局。

统一领导下的独立性，实行全面的独立的严格的经济核算，它们的一切经济活动都应该纳入经济核算的轨道，受到银行和簿记的监督，它们应该有自身的经济利益，负有法律规定的经济上的责任。各经济组织中的劳动者有权在维护和增进全体劳动者的共同利益的前提下，在统一计划的指导下，结合对本单位和自身的利益的考虑直接参加经营。

那么，无产阶级专政的国家是否还应该具有经济职能呢？国家在消亡以前，在社会经济中心形成以前，是具有经济职能的；但这种职能不应该是代替各种经济组织去直接指挥各生产单位的一切经济活动，而应该是在各经济组织的独立经营的基础上，通过反复协商和协调，制定统一的国民经济计划，安排国民经济的比例，协调各方面的活动，进行国民经济平衡，制定统一的经济政策，调节各方面的经济利益上的矛盾，制定经济法律并执行法律，等等。

关于集体所有制的“政社合一”形式问题

在实现人民公社化以后，我国的集体所有制形式发生了重大变化。农村人民公社实行了“政社合一”。人民公社不仅是一个经济组织，而且成为国家的基层政权。20 年的实践表明，人民公社这种集体经济组织是好的，具有很大的灵活性。但“政社合一”的所有制形式却带来了一系列的问题，需要重新考虑。

集体所有制本来是这样一种社会主义所有制形式：在各个集体所有制经济中生产资料归这个集体经济中的劳动者所共有，这些劳动者共同劳动，共同占有产品，共同分配收入。除去上缴农业税以外，各个集体所有制单位，作为独立的所有者同全民所有制以及其他集体所有制单位的关系只能建立在等价交换原则的基础上。集体所有制经济在考虑国家利益的大前提下，根据对本集体的经济利益的考虑对自己的生产、交换、分配的安排拥有完全的独立的自主权，一切活动由本单位的劳动者共同决定。

首先，集体所有制的这种性质，决定了国家对它只能实行间接计划，而不能实行直接计划。按照我国目前的计划体制，直接计划是国家对全民所有制经济实行计划领导的方式。国家可以直接安排全民所有制单位的生产、交换、分配等活动，国家制定的计划对于全民所有制经济具有指令性，必须执行。对于集体所有制经济，国家本不能直接下达具有指令性的计划，而只能间接地计划集体所有制经济的活动。这就是说，只能运用各种经济政策，利用价格、信贷、购销合同、奖售等经济机制和杠杆，间接地引导集体所有制经济按照国家计划需要的方向安排生产，进行分配和交换。由于实行了“政社合一”，人民公社就成了国家的一级政权，上级政权组织可以向人民公社下达命令了，人民公社作为基层组织必须执行。结果，正如我们在不少地方看到的，国家对集体所有制经济的活动本应采取的间接引导的计划方式，在不少地方就被直接计划的方式所代替，生产指标和基建指标等国家计划指标可以直接下达到公社和生产队。这种计划方式使集体所有制单位无权根据自己的经济利益，独立自主地决定自己的经济活动。于是，强迫命令、瞎指挥风盛行，大量地出现违反群众意愿，不顾集体经济的利益，强制公社和生产队按照上级政权组织的命令进行生产、分配和交换的情况。一些地区强令生产队不顾具体条件改单季稻为双季稻、三季稻，强令生产队砍掉果树种粮食等荒谬现象就是例子。

其次，一个集体所有制经济中的土地、生产工具、资金、产品，只属于本集体所共有，劳动力也只是本集体的基本生产力，全民所有制经济和其他集体经济不能无偿调用，而只能在平等互利的基础上，遵循自愿的原则进行交换。可是，在“政社合一”这种所有制形式下，公社成为国家的基层组织，从而经常发生上级政权组织无偿地调用生产队的人力、物力和财力的情况，使得集体所有制不成其为集体的所有制。

其实，在过去论述人民公社集体所有制性质的不少文章中，早就指出过“政社合一”这种所有制形式使国家政权得以直接干预集体所有制单位的一切活动，可以支配集体所有制单位的生产资料。但是，由于当时矛盾还没有充分暴露，这些文章都是把这一点作为人民公社的优越性而加以肯定和宣传的。例如有的文章写道：“政社合一了，人民公社既是基层经济组织，又是基层政权组织。政权是全民的代表，而不是某个集体的代表。因此，公社生产资料的实际支配权就不仅是属于公社这个集体，并有代表全民的政权参与其事”，“国家能够直接参与公社物质生产的组织和收入的分配，这样就使公社具有了全民所有制的因素，加强了国家对公社的领导”。现在看得比较清楚，这些都不仅不应该当做人民公社的优越性加以颂扬，而且应该切实加以纠正。

第三，农业社时期，各级干部都是社员，是农业社的生产资料和产品的集体所有者的一分子。他们同其他社员一样，凭自己的劳动从农业社的收入中分配到自己的收入。他们由社员选举产生，受到社员的监督。他们要向全体社员负责。因为在经济利益上他们同全体社员是密不可分的，所以，他们切身地关心农业社经营的好坏，能够考虑农业社的利益。实行“政社合一”后，公社干部由国家干部担任了。他们是国家基层政权组织的领导人，而不是公社的社员。他们不是本集体的生产资料的集体所有者的一员。他们领取国家工资，生产队的经营好坏、收入多少同他们没有直接的利害关系。他们是由上级政权机关委派的，社员无权决定他们的任免。他们是国家基层政权的领导人，而公社委员会又是基层政权组织。这样，他们中的许多人往往更多地从国家政权的立场考虑问题，而较少考虑集体经济的利益，有些人则滥用国家政权赋予的权力和国家政权组织的权威，对公社各级组织的一切活动发号施令，横加干预，从而常常造成违背群众的利益和意愿的情况。最近报上刊载的浙江省天台县平桥公社长洋大队的调查情况很能说明问题。这个大队因地制宜把部分早稻田种上黄豆。这不仅是正确的，而且是集体所有制单位本应具有的、完全可以自行作出决定的权力，国家本是无权干预的。但是，天台县委却有权责令公社党委一律把已经开花的黄豆犁掉，改种水稻。值得注意的是公社党委一些干部的态度。他们完全不像社员群众那样痛心地感到这个荒谬的命令会严重地损害自己的切身利益（因为他们的收入不会受影响），从而不仅不能像社员群众那样坚决地抵制这个命令，奋起维护集体经济的利益。相反，他们却同县委的错误领导站在一起，同社员群众相对立，施展各种手段，迫使群众把黄豆苗犁掉了。此外，他们更动用专政手段，把敢于抵制错误领导的贫农社员带到公社片的所在地扣留了几个小时，而且威胁群众说："要抓出个把坏人来示众！"

最后，"政社合一"这种组织形式，容易把国家应该举办的许多事业和工作，如教育、卫生等，推到人民公社，在"群众大办"的名义下，把负担转嫁给农民。公社干部则必须把许多精力用于从事政权、文教等工作，严重影响他们抓好生产。

毫无疑问，目前，农村中存在着的问题，许多是"四人帮"干扰破坏造成的，不能统统都算到"政社合一"的账上。例如，他们叫嚷，要"用无产阶级专政的办法办农业"，就是煽动一些干部用封建法西斯专政的办法镇压农民，破坏农业。在这种蛊惑性口号的影响下，有些公社干部竟然把公社这级基层政权变成为镇压群众的机关，任意打人、骂人、罚人、抓人。其实，即使是真正的无产阶级专政的办法也不能用来办农业，国家领导集体所有制经济，既不能用管理政权的那套办法，更不能用镇压阶级敌人的那套办法。

根据上面的一些分析，看来应该使农村的基层政权组织同人民公社集体所有制经济组织分开，重新建立乡镇政权。乡镇政权担负政权本身的各项任务，不能对人民公社的经营管理直接进行干预。那么，这样一来是否会削弱国家对人民公社的领导呢？是否使人民公社的集体所有制离全民所有制比“政社合一”时远了呢？不是这样。国家对人民公社是要加强领导的，但加强领导不应该单纯从组织隶属关系上着眼，把人民公社变成基层政权，由国家直接干预人民公社的一切活动。要加强国家对人民公社的领导，必须建设强大的现代化的全民所有制工业，使工业发挥国民经济中的主导作用，用现代化的工业产品去装备农业，实现农业现代化。要加强国家对人民公社的领导还要靠制定和执行正确的经济政策，利用各种经济机制和杠杆，发展社会主义商业，在等价交换的基础上密切全民所有制同集体所有制的经济联系。恩格斯说：“暴力虽然可以改变占有状况，但是不能创造私有财产本身。”[①] 同样，“政社合一”也不能因为国家政权同人民公社集体所有制经济结合一起而像有些同志所说的那样，使集体所有制具有全民所有制因素，使集体所有制向全民所有制接近。国家政权并不能创造出全民所有制来。有些地方错误地平调生产队的生产资料，只是强制地改变了它们的占有状况，破坏了集体所有制，并没有能创造出全民所有制来。要使集体所有制向全民所有制接近，首先要靠生产力的大发展，靠集体经济的大发展，只有在这个基础上才能逐步提高集体所有制的公有化水平，否则是不

---

① 《马克思恩格斯选集》第3卷，第202页。

可能的。1958 年人民公社化过程中，有的集体所有制单位并入到全民所有制经济，但是由于生产力水平低，这种合并带来了许多问题，最后又同全民所有制分开了。这种分开，形式上看来是使集体所有制从全民所有制重新退回到集体所有制了，离全民所有制远了。实际上，这种分开，促进了集体经济的发展，反倒使集体所有制离全民所有制近了。基于同样的道理，没有必要担心，“政社”分离后，国家对集体所有制经济的领导会削弱。集体所有制是要向全民所有制过渡的，实践将会开辟实现这种过渡的具体途径，创造出过渡的具体形式。

再论我国社会主义所有制形式问题*

《经济研究》1979年第1期发表了拙作《关于我国社会主义所有制形式问题》。这篇文章曾引起较大反响，赞成者有之，反对者也有之。这里不想就反对者提出的各种批评进行辩论，还是留待实践去检验这篇文章的论点为好。不过，我觉得社会主义所有制形式问题实在需要研究，这一点应该说是可以肯定的。这里，我只想就我国社会主义所有制形式问题，从经济体制改革的角度再谈一点粗浅看法。

在进入正题以前，有必要先区分一下社会主义所有制一般和具体形式的社会主义所有制。两者的关系是一般与个别的关系，抽象与具体的关系。一般寓于个别之中，抽象寓于具体之中，社会主义所有制作为"一般"总是寓于个别之中，它总是具体的，具有具体的形式，例如，全民所有制、集体所有制等。同样，在另一层次上，全民所有制、集体所有制等，作为"一般"，也总是寓于个别之中，它们各自也是具体的，具有不同的具体形式。例如，前者具有国家所有制等形式，后者具有合作社、集体农

---

* 原载《经济研究》1985年第4期。

庄、人民公社等形式。我们研究社会主义所有制问题，不能停留于研究社会主义所有制一般，而必须研究具体形式的社会主义所有制，即本文所说的社会主义所有制形式。

一　经济体制与社会主义所有制形式

1980 年我在《关于布鲁斯的社会主义经济模式的理论》一文中写过这样一段话："社会主义经济模式问题，依我看，可以从两个不同的角度来考察，一个是从生产资料社会主义所有制形式着眼来研究，也就是研究在特定的生产力性质和水平的基础上社会主义公有制的形式、它们的结构以及随着生产力的发展社会主义公有制形式的发展和它们的结构的变化。另一个是从社会主义经济运行的原则的角度来探讨。……社会主义经济模式问题的上述两个方面显然是既有区别又有联系的。依我看，在探讨社会主义经济模式问题时，可以分别从不同的角度来进行，但最后必须把两者结合起来，才能求得问题的完满解决。"① 现在，我还是坚持这样的看法，而且随着我国经济体制改革的进行，我愈加深信，应该把改革我国社会主义所有制形式和结构作为改革我国经济体制的重要内容。

前几年，在推动农村实行家庭联产承包责任制时，为了减少人们的顾虑，减少改革的阻力，有人曾经提出，实行"包产到户"、"包干到户"不会改变农业集体所有制，改变的只是农业集体所有制经济的经营方式。这种主张，在当时有一定的作用，但是从理论上说是不妥的，对于改革的深入是不利的，因为它把

---

① 董辅礽：《大转变中的中国经济理论问题》，山东人民出版社 1981 年版，第 148—149 页。

在农村的经济体制改革中农业集体所有制形式的变革问题从人们的视野中抹掉了。前几年，当城市中的经济体制改革逐步开展起来以后，为了同样的目的，我们又读到了一种主张，这就是，扩大全民所有制企业的自主权，使全民所有制企业成为相对独立的商品生产者，实行自主经营、自负盈亏，不会改变全民所有制（国家所有制），改变的只是企业的经营方式。为了论证这种主张，还提出了一些理论。这种主张的出发点是可以理解的，但是从理论上看，这种主张还值得商榷。上述这些主张，有一个共同点，这就是，人们不希望、不愿意在经济体制改革中触及社会主义所有制形式（或者说具体形式的社会主义所有制）问题，更不愿意变革社会主义所有制形式，内心深处担忧：如果变革了社会主义所有制形式，会使经济体制改革偏离社会主义方向，以致改变社会主义经济的性质。我认为，这种担心是没有根据的。但这反映出以往的关于社会主义经济特别是关于社会主义所有制问题的某些传统观念还在支配着一些人的头脑，而这些传统观念已被实践证明是不正确的。实际上，稍微深入的经济体制的改革，都要求不同程度地变革社会主义所有制形式，不进行社会主义所有制形式的变革，就不可能使经济体制改革深入下去并取得成功。我们毋庸讳言，在经济体制改革中必须变革社会主义所有制形式。其实，把道理说清楚，人们是可以理解的，对经济体制改革的深入进行是有利的。

经济体制改革实际上是对社会主义经济模式的改革，即改变传统的旧的模式，建立新的模式。社会主义所有制形式问题之所以是经济体制改革的重要组成部分，就在于它同社会主义经济模式问题中的社会主义经济的运行问题有着不可分割的联系，这些联系主要在于以下两个方面：

第一个方面是社会主义经济的决策系统。

在社会主义经济的运行中一个重要的问题是，经济的决策是如何作出的以及由谁作出的，也就是说，社会主义经济是通过怎样的决策系统来运行的。不同的决策系统是区别社会主义经济模式的一个重要标志。

经济决策，说到底，无非是确定经济的发展目标以及确定为实现这些目标而对资源的配置进行的调节。由中央部门集中确定经济的发展目标并为实现这些目标而对资源的配置进行集中的调节，要求建立中央集权的经济决策系统。在这种经济决策系统中，自然并不是说经济决策权全部集中于中央某一个部门，因为这在事实上是不可能的，而是通过等级的层次集中于中央部门的，低层组织只能在上层组织规定、划定的权力范围内活动，不得逾越，低层组织必须服从和执行上层组织的决策，这种等级服从的决策系统，使得最高层的中央部门实际上集中了经济决策权。中央集权的等级层次的经济决策系统往往通过两种等级系统来管理整个经济活动，即按部门划分的行政系统（即所谓“条条”）和按地域划分的地区系统（即所谓“块块”）。在这种经济决策系统下，企业没有自己独立的目标，也无权确定自己的目标，它们的目标是中央集中确定的目标分解给自己的部分，或者说实现中央集中确定的目标就直接是它们的目标。在极端的情况下，甚至劳动者个人也没有或者很少有自己的决策权（如职业的选择权、消费品的选购权等）。在我国原有的经济体制中建立的就是这种中央集中的等级层次的经济决策系统。在各种社会主义经济模式中，南斯拉夫构筑了权力分散在各个企业的经济决策系统，而在企业内部由工人委员会行使经济决策权。这里，各个企业可以自行确定自己的目标，并为实现自己的目标而行动。这是一种分权的经济决策系统。除了上述两类经济决策系统以外，还有其他的或者介乎二者之间的经济决策系统，例如在匈牙利。

第二个方面是社会主义经济的动力系统。

这里说的动力是指社会主义经济运行的动力，也就是社会主义经济在运行中实现经济发展目标并对资源的配置进行调节的动力。经济的动力系统是同经济决策系统相适应的。在上述中央集中的等级层次的经济决策系统下，为了实现中央集中地确定的目标和为实现这些目标而进行的对资源的配置的调节，建立了相应的动力系统，这种动力系统主要是以强制性的行政手段作为经济运行的动力。这就是，中央的集中决策采取行政命令、指令、决定等形式，从上到下，按照行政系统和地区系统，通过等级结构直到企业，层层贯彻执行。在这种等级结构中，上级机构同下级机构之间是命令和服从的关系，上级机构的决策以命令、指令、决定等形式对下级的行动及其后果起着强制的约束作用，下级机构如需更改上级下达的命令、指令和决定或者需要采取别的行动，必须向上级请示并获得上级的批准。我国原有的经济体制中经济运行的动力系统大致就是这样的。而在另一种社会主义经济模式中，同企业分权的经济决策系统相适应，建立的是以经济利益或者说经济刺激为主的动力系统。各个企业的行动以获取更多的利润为动力，企业的成员则以通过企业获取更多的利润使自己获得更多的收入为动力。这种动力系统通过市场的竞争引起经济利益关系的变化来进行对资源配置的调节。在南斯拉夫的经济体制中大体上是这样的。此外，还有其他的或者介乎二者之间的各种动力系统，它们大致是强制性的行政手段的动力与非强制性的经济利益的动力并用，但又有多种不同的结合方式。

社会主义经济的运行问题自然不止上述两个方面的问题，还有信息系统、调节系统等问题。但上述两个方面的问题同社会主义所有制形式问题的关系最为密切。这里仅就中央集中的经济模式来说明。根据我国的情况，在中央集中的经济模式中上述经济的决策系统和动力系统对社会主义所有制形式和结构产生了一系列的要求：

第一，要求范围尽可能大的生产资料的公有化。因为公有化的范围越大，就能把越多的资源集中于中央决策部门，从而越能实行集中的决策并用强制的行政手段作为动力来推动经济的运行和集中决策的贯彻。除了人们担心从个体所有制经济会大量产生资本主义以外，这就是在我国原有经济体制建立以后，要求个体所有制尽可能快地、尽可能全部地转变为社会主义所有制的重要原因。因为个体所有制的大量存在，意味着有相应数量的资源分散于个体所有制经济而不能集中于中央决策部门。同时，个体所有制经济单位各有自己的目标，这些目标可能同中央集中确定的目标不相一致。个体所有制经济作为一种私有制经济，它们的运行是以个体所有者的经济利益为动力的，中央决策部门一般不能对它们直接运用行政的强制力（这里不包括必要的法令、政策等）使它们按中央集中的决策行动。

第二，要求社会主义生产资料所有制的全民化，而且全民化的范围越大越好。因为全民化的范围越大，就能将越多的资源集中于中央决策部门，从而越能实行中央的集中决策，并保证能运用行政的命令、指令、决定等作为动力来贯彻集中作出的决策，并推动社会主义经济按照集中的决策的要求运行。在我国的原有经济体制下，在社会主义集体所有制广泛建立以后，一再使集体所有制企业"升级过渡"，即由所谓"小集体"升为所谓"大集体"，由"大集体"过渡为全民所有制，这是一个重要原因。因为，集体所有制经济虽然是社会主义所有制经济，但是由于企业独立经营，拥有自己支配的资源，可以自行确定目标，并作出相应的决策，对经济利益的考虑推动着它的行动，因此，同全民所有制经济相比，它的存在不利于资源的高度集中，从而不便于实行中央的集中决策，中央决策部门也不能用行政手段的强制力使集体所有制经济贯彻中央集中的决策。集体所有制经济的“升级过渡”、实现全民化，正是高度集中的社会主义经济模式所要求的。

第三，要求社会主义所有制的“政企合一”化。“政企合一”的社会主义所有制形式使社会主义企业从属于各级行政机构，由各级行政机构直接经营和管理企业。由于经济的决策系统是等级结构的，企业也相应地划分为等级，各自从属于相应的行政系统和地区系统的行政组织，即有中央直属企业和地方企业之分，而地方企业又有省属企业、地市县属企业之分。社会主义所有制的“政企合一”形式，保证了各级行政机构得以用命令、指令、决定等具有强制力的行政手段来推动企业，并使其按照中央集中的决策行动。社会主义所有制的“政企合一”化，不仅包括全民所有制的“政企合一”化，而且也包括集体所有制的“政企合一”化。在我国的城市中，许多集体所有制企业通过层层“升级”，虽然还保留着集体所有制经济的名称，实际上已经成为变相的地方政权所有制，从属于市、区等各级行政机构，有些集体所有制经济则从属于街道办事处。在我国的农村中，集体所有制采取“政社合一”的人民公社形式，各个农村集体所有制经济与乡镇政权合为一体，人民公社作为集体所有制经济组织同时成为一级政权组织。社会主义所有制的“政企合一”化，使各个企业从属于各级行政机构，从而不仅使全民所有制经济而且使城乡集体所有制经济都纳入中央集中决策的系统，包罗于行政强制的动力系统，按照各级行政机构下达的具有强制性的行政命令、指令和决定等行动，以便贯彻中央集中确定的决策，企业不必也不能自行决定自己的行动。社会主义所有制的“政企合一”化，也就是社会主义所有制的国家所有制化，“政企合一”

化不仅使全民所有制具有国家所有制的形式，而且使城市和农村的集体所有制也某种程度地具有国家所有制的形式。[①]

在别的社会主义经济模式中，例如，在南斯拉夫的经济模式中，分权的经济的决策系统、以经济利益为动力的经济的动力系统，也要求有相应的社会主义所有制形式，自治的社会所有制就是这样的社会主义所有制形式。

在我国的经济体制改革中，随着经济的运行机制的改变，随着经济的决策系统、动力系统的改变，社会主义所有制形式也要进行相应的变革。我们不能否定变革社会主义所有制形式的客观需要，更不能否定实际上已经发生、正在发生和将要发生的它们的变革，而应当自觉地去推进这种变革。

二　经济体制改革中我国社会主义所有制形式的变革

对于生产资料所有制，我认为，不应该从法学的概念来理解，从法权关系来把握，即把它看做是法律上财产的归属，而应该从政治经济学的范畴来理解，即把它看做是生产关系的现实形态，即现实的生产关系总和，看做是劳动者同生产资料结合的社会方式。从这种理解出发，社会主义所有制形式就是联合劳动者（或自由人的联合体）同公共生产资料相结合的具体形式。在我国，随着经济体制改革的进行，社会主义所有制形式正在发生深刻的变革。

在农村，我国的集体所有制形式（或者说具体形式的集体所有制）已经发生了而且还将发生深刻的变革。正如前面所说，

① 对国家所有制，我不是从法学的概念来理解的，而是从政治经济学范畴来理解的（参见董辅礽《大转变中的中国经济理论问题》，第51—53页）。

为了适应中央集中决策系统和行政强制的动力系统的需要，在我国，曾实行过“政社合一”的人民公社。这种农村集体所有制形式在很大程度上使各个集体所有制经济单位丧失了独立经营的地位，它们不能自主地按照市场的需要因地制宜地安排生产，从事经营。中央集中的决策和以强制性的行政手段来贯彻决策，往往损害了集体所有制经济及其成员的经济利益，造成农业生产增长缓慢、农民收入提高不快的后果。在农村经济体制改革中，农村的集体所有制形式发生了两个根本性的变化。

第一，实行“政社分离”，使农村集体所有制不再具有变相的国家所有制形式，不再从属于国家的行政组织。集体所有制形式的这种变化给社会主义经济的运行带来了深刻的变化，这些变化是经济体制改革所要求的。在经济决策系统方面，各级行政部门不再能直接地对集体所有制经济单位的活动进行集中的决策，而是由各个集体所有制经济单位，进一步说，由实行承包的农民家庭分散地进行决策，中央决策部门只能对集体所有制经济单位，对农民家庭的决策进行引导、指导和给予影响。在经济的动力系统方面，各级行政部门不需要也不再能用命令、指令、决定等具有强制性的行政手段来推动集体所有制经济单位，推动农民家庭去贯彻集中制定的决策（这里不包括必要的法令、政策等）。各个集体所有制经济单位、各个农民家庭将根据对经济利益的考虑来决定自己的目标和行动。国家对农村经济的发展的计划和指导也将主要借助经济杠杆对经济利益关系进行调节来实现。

第二，实行以家庭为单位的生产责任制，即“包产到户”、“包干到户”。这是农村集体所有制形式的另一深刻变革。就土地、水利设施、道路等生产资料和基础设施仍属集体所有，农民家庭不得买卖而言，实行“包产到户”、“包干到户”后，农村经济的基础部分仍然是集体所有制的；但与此同时，又加入了个体所有制的成分，例如，农民家庭用于改良土壤的投资，农民自行购置的生产资料（耕畜、农具、运输工具等），农民家庭自行建立的基础设施（如水井等）。这样，农民家庭从承包的土地以及森林、水塘、果园等取得的收入中，不仅有相当于过去的劳动报酬的部分，而且有凭借个人所有的生产资料而取得的收入，或者说由于使用了个人所有的生产资料使劳动生产率提高而取得的额外收入。可以说，目前实行“包产到户”特别是“包干到户”的农村经济，在生产资料所有制上是集体所有制和农民的个体所有制的结合的生产资料所有制形式。这是农村集体所有制形式发生的异常深刻的变化。我们不应当否认这种变化。承认这种变化并不会导致人们怀疑农村经济体制改革的正确性，因为实践已经证明，这种变化是一个伟大的创造，对农村生产力的发展起了巨大的促进作用，农村经济保留着社会主义的基础。

在城市，集体所有制形式也在发生变化。这种变化主要是集体所有制企业同它们原有的主管行政机构相分离，将不再由主管行政机构统负盈亏，不再从属于这些机构，从而不再具有地方政权所有制或变相的国家所有制的形式，而成为真正的独立经营、自负盈亏的集体所有制企业。但是，应该说，这种变化还在进行，还没有完成。

那么，在经济体制改革中，我国的全民所有制形式（或者说具体形式的全民所有制）是否也在发生变化呢？如果从法学的概念看，即把生产资料所有制看做是法律上财产的归属问题，那就会得出结论：我国的全民所有制形式没有发生变化，因为生产资料在法律上仍归全民所有，或者说归代表人民的国家所有。但是，如果我们从政治经济学的范畴看，即把生产资料所有制看做是现实的生产关系总和，看做是劳动者同生产资料相结合的社会方式，那就应该承认，社会主义全民所有制形式也在发生深刻的变化。

首先，全民所有制正在改变“政企合一”的形式，这种改变将使全民所有制从联合的劳动者通过国家为中介同公共生产资料的间接结合向直接结合转变迈出重要的一步。“政企分离”后，全民所有制企业将成为独立经营的经济实体，成为相对独立的商品生产者。国家和企业之间的关系将发生根本的变化。企业不再从属于国家行政机构，国家行政机构同企业的关系不再是命令和服从的关系。企业将具有作为相对独立的商品生产者所必须具有的经济决策权，从而使经济决策权不再全部集中于各级行政机构。除了少数必要的情况外，国家不再以命令、指令、决定等强制性手段规定企业的行动，推动全民所有制经济的运行（这里不包括必要的法令、政策等）。这样，全民所有制的国家所有制形式发生了变化。

其次，全民所有制企业作为相对独立的商品生产者，实行自主的经营和自负盈亏以后，在企业职工的利益同企业的利益建立了直接的联系以后，经济利益将成为推动全民所有制企业运动的内在动力，全民所有制企业将把赢利作为自己的目标，通过实现自己的赢利目标来实现社会的共同目标。在这种情况下，在企业这一层次，联合劳动者同公共生产资料的结合具有了现实的经济关系的内容，即成为经济利益的结合，换句话说，经济利益成为结合的纽带。这同原有的全民所有制形式已经有了明显的差别。在原有的经济体制下，企业没有自己的经济利益，劳动者的利益同企业的利益没有直接的联系。当然，在原有的全民所有制形式下，联合劳动者同公共生产资料的结合归根到底也是经济利益的结合，但是这种经济利益的结合是在全社会范围这一高层次上实现的，而不同时是在企业这一层次实现的。同时，全民所有制企业之间，各自作为相对独立的商品生产者，要建立等价交换的关系，这种关系也是具有经济利益内容的现实的生产关系，而在原有的经济体制下企业之间的关系则不是建立在以经济利益关系为内容的等价交换的基础上的。全民所有制经济中的这些现实的生产关系的变化，都是全民所有制形式的变化。

由此可见，经济体制改革必然会引起社会主义所有制形式的变革，这种变革必须同社会主义经济的决策系统和动力系统的变革互相适应。

三　社会主义所有制形式的模式问题

过去的理论认为，社会主义所有制形式有其固定的模式，这就是社会主义所有制有两种具体形式：（1）社会主义全民所有制形式，在整个社会主义历史阶段，全民所有制又只能采取国家所有制形式；（2）社会主义集体所有制形式，在农村，集体所有制只能采取集体农庄、人民公社或农业生产合作社等形式，在这里，同一地域的集体劳动者共同劳动，在整个集体经济范围内进行统一分配。此外，社会主义全民所有制是社会主义所有制的高级形式，集体所有制则是其低级形式，并将过渡为全民所有制，直至建立全社会的单一的全民所有制。关于社会主义所有制形式的模式的这种理论，一直指导着许多社会主义国家的实践。这样的模式固然有其合理性，或者说在一定的历史阶段有其合理性，但是如果把这种模式看做是固定不变的、唯一的模式，那就是不恰当的，对经济体制改革是不利的。且不谈其他社会主义国家的情况，单就我国近几年的情况看，这种模式也已经被突破，而且还将继续被突破。

我国农村实行以家庭为单位的联产承包责任制是对原有的集体所有制形式的突破，不仅是对我国人民公社这种形式的突破，也是对集体农庄、农业生产合作社等形式的突破。当然，随着农业生产力的发展，“包产到户”、“包干到户”也会发生变化。目前在农村已经出现了新的联合形式。但这些联合形式已经不是重新采取农业生产合作社或人民公社这种形式，其中不少是专业性的联合，例如运输组织、拖拉机耕作组织等，而不是按行政区划，按地域、自然村，将本地区、本自然村或几个自然村的居民全部并入一个人民公社或农业生产合作社，等等。人们很关心目前以家庭为单位的农业生产组织的发展前景。由于我国人多地少，每个家庭承包的土地是很有限的（除了地广人稀的地区以外），资金也有限，以家庭为单位组织农业生产是否会限制现代农业技术的运用，从而限制农业生产力的发展？这种情况在一些地区开始发生了，为了适应运用现代农业技术、发展农业生产力的要求，已经开始通过转承包等形式使土地逐步集中。那么，在这样的情况下，以家庭为单位的农业生产组织是否会继续存在下去呢？农村的集体所有制将会出现怎样的形式呢？目前要回答这些问题为时尚早。但农村中一定会出现各种新的，不同于集体农庄的，也不同于人民公社和农业生产合作社的集体所有制形式，则是确定无疑的。从美国和日本等国农业发展的情况看，家庭农场仍然是主要的、有生命力的，即使在地少人多的日本也是这样。在我国，很有可能长期保持以家庭为农业生产的基本组织，当然土地会逐步集中；与此同时，一些农民家庭会共同发展各种合作和联合，例如成立信用合作组织为各农民家庭提供金融、信贷服务；成立供销合作组织为各农民家庭提供农产品的销售、农业生产资料和消费品的供应的服务；成立运输合作组织为各农民家庭提供运输服务；成立农业生产服务合作组织用现代农业手段为各农民家庭提供耕作、灌溉、施肥、病虫害防治、收割、育种等农业生产服务；成立农产品加工合作组织开展农产品的就地加工；等等。这是不同于集体农庄、人民公社和农业生产合作社的集体所有制形式的。在这种集体所有制形式下，农业生产仍以家庭为单位，由各家庭独立经营、自负盈亏，以便继续发挥各个农民家庭在发展农业生产中的积极性，同时，又可以突破家庭农业由于地少人多、资金有限对农业生产的进一步发展所可能产生的限制，发挥社会主义集体所有制的优越性。此外，在一些地方发展起来的农工商联合体、农民合资兴办的企业等也突破了集体农庄、人民公社和农业生产合作社这样的农村集体所有制形式的模式。

无论在我国的农村还是在城市，已经出现并正在发展集资兴办的企业，有些是个人集资兴办的，有些是个人和单位共同集资兴办的，有些是一些单位共同集资兴办的。其中，有些企业个人入股者只凭劳动取得报酬，不按股份分红；有些企业个人入股者既凭劳动取得报酬，又按股份分红；有些企业有一部分个人入股者不参加企业的劳动，但可按股份分红。情况各式各样，很不相同。这些企业都不同程度地具有社会主义集体所有制的性质，其中有些是半社会主义性质的。这里不打算研究这些企业的性质及其发展前景。我只想说明，在这些企业中有不少企业在不同程度上突破了原有的城乡集体所有制形式的模式。个人集资兴办集体所有制企业，入股者可按股份分取红利，对于经济的发展是有作用的，这一点无可置疑。至于由此可能产生怎样的社会后果，引起一些什么社会问题，尚需研究，我曾于1980年在一篇文章中谈论过。[1] 现在看来，在那篇文章中我对问题的有些认识可能仍然是适当的，有些认识（例如对个人入股分红的认识），则可能需要再考虑，但目前我还看不准确。

---

① 董辅礽：《大转变中的中国经济理论问题》，山东人民出版社1981年版。

我国的全民所有制形式也在经历深刻的变化，上面已经简略地提到，这里还想说几点。鉴于以往全民所有制企业经营管理不善的情况，我们在经济体制改革中，正在试验将一部分中小型全民所有制企业在所有制形式上进行一些变革。例如，有些企业转为集体所有制，促进了生产力的发展。这种实践告诉我们，不能简单地凭所有制形式本身来判定某种所有制形式是高级的，某种所有制形式是低级的。应该考虑，在何种情况下什么样的社会主义所有制形式有利于生产力的发展，就采取什么样的社会主义所有制形式。不能简单地说集体所有制向全民所有制过渡是社会主义所有制的“提高”、“前进”，全民所有制转为集体所有制则是社会主义所有制的“降低”、“倒退”，也不能说集体所有制注定要向全民所有制过渡。又如，有些全民所有制企业实行由职工承包经管、租赁给个人或职工集体。从法律上看这些企业的生产资料仍归国家（或全民）所有，所有制没有发生变化，但从生产关系的现实形态看，从劳动者同生产资料的结合的社会方式看，这些实行承包、租赁的企业，在企业与国家之间、企业与职工之间以及职工与职工之间在经济利益关系方面已经发生了巨大的变化，这些变化都是原有的全民所有制形式的巨大变化。再如，有的全民所有制企业试行由职工占有本企业的部分股份、职工除凭劳动取得报酬外，还可以按股份分红。这当然也是原有的全民所有制形式的巨大变化。此外，有些全民所有制企业共同集资兴办一个企业，或者有的全民所有制企业向其他企业（全民的或集体的）投资，投资的全民所有制企业按投资分红，这些情况都使生产关系的现实形态发生了变化，使劳动者同生产资料的结合的社会方式发生了变化，因此都使原有的全民所有制形式发生了变化。对于全民所有制形式的上述变化本身，这里不作评论。但是，这些变化告诉我们，全民所有制形式不会是一成不变的。

我们还看到，目前在我国已经出现了许多社会主义所有制形式，这些所有制形式，我们已经很难简单地用“两种公有制形式”的模式去套，把它们简单地归入全民所有制或集体所有制。例如，原有的全民所有制企业在改革中由职工占有企业的一部分股份，我们已不可能将其归入原有概念的全民所有制或集体所有制之列。又如，全民所有制企业同集体所有制企业合资兴办的企业，我们也不能简单地将其归入原有概念的全民所有制或集体所有制之列。“两种公有制形式”的模式事实上已经被突破，原来那种全民所有制形式和集体所有制形式的模式也已经被突破，现在已经出现了并还将出现许多目前我们还无以名之的社会主义所有制形式。这里想顺便谈一下半社会主义所有制问题。上面谈到的城乡新出现的一些社会主义所有制形式，按照过去对社会主义所有制的分类，不少属于“半社会主义所有制”，因为在这些社会主义所有制企业里，劳动者不仅凭自己的劳动取得报酬，还可以凭自己的资金（股份、生产资料等）取得报酬。我们暂且仍然称之为“半社会主义所有制”。对于这一类社会主义所有制形式的出现，我们应该怎样来理解呢？既然我们已经完成了从私人所有制到社会主义所有制，从“半社会主义的所有制”向“完全的社会主义所有制”的过渡，为什么又要使一部分“完全的社会主义所有制”回到“半社会主义所有制”去呢？这不是历史的倒退么？我想，我们首先应该从各种社会主义所有制形式是否有利于生产力的发展来看待其存在是否合理，因为发展生产力是社会主义的根本任务。同时，我们也需要改变对社会主义的看法，即认为只有“完全的社会主义所有制”才是社会主义的，“半社会主义所有制”就不那样像社会主义的。其实，社会主义社会本来就不应该被看做是纯之又纯的。为了发展生产力，既然可以容许某些个体所有制的存在，甚至某些私人资本主义所有制（如外国投资的独资企业）、某些国家资本主义所有制（如中外合资企业）的存在，为什么不可以容许“半社会主义所有制”的存在呢？其实只要我国的生产资料所有制的主体部分是社会主义的，就可以保证我国的经济沿着社会主义的方向发展。各种形式的社会主义所有制，只要有利于社会生产力的发展，就应该容许其存在和发展。更何况究竟什么样的社会主义所有制形式更有利于社会生产力的发展，还需要实践去证明。

总之，在经济体制改革中，我们不应该回避社会主义所有制形式问题，而应该积极地研究这个问题。现在的问题是理论跟不上实践的发展。人们往往想把实践纳入某种固定不变的理论框框。可以说，如果我们不研究社会主义所有制形式问题，不根据实践的发展去发展关于社会主义所有制的理论，我们就不仅不能自觉地去推进社会主义所有制形式的变革，从而推进经济体制改革，而且不能消除有些好心人对我国经济体制改革的正确性的疑虑（例如，我国的改革是否坚持了社会主义方向等）。在这篇文章里，我没有去涉及我国经济体制改革中的非社会主义所有制问题以及包括社会主义所有制和非社会主义所有制在内的生产资料所有制的结构问题，那是需要专门讨论的。同时，我在这里着重讲的是经济体制对社会主义所有制形式的要求，而没有着重讲社会主义所有制形式对经济体制的要求。这是因为，当前我们需要着重研究的问题是，如何变革社会主义所有制形式以适应和推进经济体制的改革。

经济运行机制的改革和所有制的改革*

我国的经济体制改革，概括地说，包含两个不可分割的内容，即经济运行机制的改革以及所有制的形式和结构的改革。

一 经济运行机制的改革

在经济体制改革中要改革经济的运行机制，这在进行改革的社会主义国家几乎是共同的认识。匈牙利把经济改革称为实行"新的经济机制"，苏联也说要改革经济机制。在我国，改革经济运行机制更是广泛讨论的课题。这是因为在苏联模式的经济体制下，经济的运行机制产生了许多严重的问题。

在这种经济体制中，经济的运行主要是借助于指令性经济计划或者说行政命令的机制。指令性经济计划直接规定着各部门、各地区、各企业的活动以及众多的产品的生产和分配，在我国甚至规定了个人的就业和某些消费品的分配。"计划就是法律"，各种指令性计划指标具有法律的效力，各部门、各地区和各企业

* 原载《经济研究》1988 年第 7 期。

必须遵照执行。为了贯彻集中统一的指令性计划，设置了一整套行政机构，从两个方面交错地管理着经济的运行，即在纵的方面从中央到地方按产业的划分建立了各个部门的管理机构，在横的方面按地区的划分建立了各级地区的管理机构，它们从上到下一级指挥一级，直至企业，而企业则分别隶属于各级行政机构，它们的日常经营活动由所属各级行政机构直接指挥。市场机制被看做是社会主义经济的异己之物受到排斥，如果还允许它起某些作用的话，也被限制于异常狭窄的范围，即指令性计划不能包罗的方面。生产资料一般不进入市场，消费品虽然经过市场进入消费，但它们的生产是由指令性计划规定的，消费者只能在计划规定的限度内作很有限的选择。所以，这里的市场也不是真正意义的市场。货币的作用是消极的，基本上只是计算的筹码。经济刺激的作用是微弱的。这种基本上依靠行政命令来推动和调节经济运行的机制，对于社会主义经济的发展曾起过某些积极的作用，特别是在工业化初期以及苏联的战争时期，在资源严重短缺的情况下，保证了建立和发展重工业或者军事的需要。但是，这种运行机制的严重缺陷随着经济的发展日益暴露出来。在这种经济运行机制下，企业和个人的主动性和创造性受到压抑，经济的运行呆滞，失去了灵活性，效率低下，资源的浪费严重，产品的严重短缺与大量积压并存，人民的需要越来越不能满足，因此，改革经济的运行机制成了客观的要求。

人们从旧经济体制的弊病中认识到，社会主义经济的运行不能排斥市场机制。基于这种认识，在我国提出了社会主义经济是有计划的商品经济的理论构想，试图在新的经济体制中把计划与市场结合起来。

尽管人们大都同意必须改革经济的运行机制，引入市场机制，但对怎样改革，意见却很不相同。大体上可以分为三种模式。

第一，“计划调节为主，市场调节为辅”的模式。整个经济的运行仍基本上由指令性计划调节，市场只起辅助的补充作用，它只在相当不重要的经济活动领域里起调节作用，例如在农民剩余农产品的交换中，在价值很小、品种复杂、在人民生活中不占重要地位的工业消费品的生产和交换中起调节作用。按照这种模式，经济运行机制基本上没有实质的变化，因此原有经济体制的弊端也不可能克服。在我国目前赞成这种模式的人已不多了。

第二，“双轨道运行”的模式。按照这种模式，经济活动被划分为三个部分：（1）指令性计划调节部分，它包括一些最重要的经济活动，例如国家重点建设项目、重要产品的生产和分配等。（2）指导性计划调节部分，主要依靠运用经济杠杆的作用来实现计划。（3）完全由市场调节部分。主要是部分农产品、日用小商品和服务修理行业的劳务活动。其中第一部分将适当缩小，第二部分将适当扩大。第二部分与第三部分的差别在于，在第二部分中市场机制要受到计划的调节和控制。因此，这是一种指令性计划与市场机制共同调节的双轨制的模式。不仅在整个经济活动中如此，而且往往在同一种产品的生产和交换中，在同一种产品的价格形成中都是由双轨道运行机制调节的。

第三，“有调节的（或有计划的）市场运行”模式。指令性计划被取消，有调节的或有计划的市场机制调节着整个经济运行。这种模式，概括地说，就是“国家有计划地调节和控制市场，市场调节和引导企业和个人的活动”。

目前我国正在实行的实际上是双轨道运行的模式。对于这种模式有不同的看法。有些人把这种模式看做是我国经济体制改革的目标模式，指令性计划可以缩小，但不能取消；市场机制应该利用，但只能限于在指令性计划以外的经济领域起作用。他们把指令性计划看做是社会主义经济的本质特征，取消指令性计划就等于否定了社会主义经济。这种看法是缺乏根据的。匈牙利的实践已经证明，指令性计划是可以取消的。当然，不可否认，市场不是万能的，市场并不总能保证资源的最佳配置，市场会造成经济运行中的波动、盲目性，从而会造成资源的某些损失。在市场调节下，也常常会出现企业的利润动机与社会共同目标之间的不一致、不协调等情况。因此，国家对市场进行有计划的调节和控制是必要的。但计划不应该是指令性的，因为指令性计划与市场机制是相排斥的。经济的双轨道运行必定会发生摩擦和各种不协调，造成经济生活的混乱，企业的行为会出现双重性。例如，企业一方面欢迎国家给他们下达指令性生产指标，但这是为了能保证按很低的国家牌价获得各种投入物，获得银行贷款，它们的产品可以有保证地出售给国家而无须承担市场风险等；但另一方面它们又不愿意受指令性计划的约束，希望有自主权，有权按照市场价格销售自己的产品，有权留用更多的利润等。为此，企业一方面设法隐瞒自己的实际生产能力以便使国家下达的指令性生产指标尽可能地低，使它们有能力生产更多的计划外产品并按比国家牌价高得多的市场价格出售，以获得更多的利润；另一方面企业又设法按国家牌价从国家获得尽可能多的有保证的投入物以生产计划外的产品。在双轨道运行机制下，有些钢铁企业甚至宁愿多生产一些质量低劣的产品，因为这些产品国家不收购，企业可以按比向国家出售优质产品高得多的市场价格向市场出售。还有不少问题，例如双重价格引起企业核算混乱、助长投机活动等，这里不多谈。因此，双轨道运行只能是新旧体制交替过程中的一种过渡性现象，不能成为改革的目标模式。双轨道运行的时间越长，引起的摩擦和不协调会越大。我国运行机制的改革应该逐步地由第二种模式过渡到第三种模式。

实行第三种模式，国家应通过确定各种经济参数有计划地调节和控制市场，通过市场给企业以及个人发出不同的信号以引导他们的行动，使企业对利润最大化的追求能够同社会的共同目标相协调，减轻市场运行中经济出现的震荡与波动，减少企业行为的盲目性以及由此而引起的资源损失。自然，在第三种模式下并不排除在必要的情况下运用某些行政的调节手段。

为了使我国经济的运行转移到有调节或有计划的市场机制的轨道上来，需要在三个方面推进改革：

第一，建立和完善市场体系。目前，我国还没有建立市场体系，许多生产要素还没有经过市场来配置，仅有的市场是很不发达、很不完整和很不完善的。建立和完善市场体系绝非短时间所能实现的。这是因为，市场运行的各种机构（如发达的商业网、金融组织、信息组织等）、适应市场运行机制要求的各种体制（如商业体制、价格体制、金融体制、劳动力体制等）以及各种市场规则，需要通过改革去逐步建立。同时，我国社会分工和社会生产力不发达，自给自足的自然经济和半自然经济还占有一定比重，交通通讯落后，也限制了市场体系的建立和完善。目前看来市场体系的建立和完善比预料的要困难得多。例如，我国的价格改革就遇到了很大的困难，多年形成的严重扭曲的相对价格常常给企业以扭曲的信息，造成供给与需求的严重脱节，如果不改革价格，就不能使市场机制正常地调节经济运行。但价格的改革由于涉及各方面的经济利益的调整，异常困难。

第二，在国家调节和控制经济的方式上，由主要采取直接的调节和控制方式转变为主要采取间接的调节和控制方式。这方面的改革目前正在做。但是也遇到了一些困难：（1）国家的行政机构尚未进行相应的改革，那些适应旧经济体制需要而设置的机构还存在，它们还要行使原有的职能，用各种方式直接干预企业的日常经营活动；(2) 国家经济工作人员习惯于按原有的方式工作，不熟悉对经济的间接调节和控制，当经济生活中出现某些混乱（如贷款增加过多）时，就往往退回到运用直接调节和控制的办法；(3) 由于改革是逐渐推进的，旧体制的运行机制还在起作用，它会阻碍国家对经济调节和控制方式的转变。举例来说，近几年，国家计委下达的工业指令性计划产品已由120种减少到60种，在工业产值中的比重已由占40%降到20%左右。但是，实际上各级行政部门和地方机构又一级一级地增加指令性计划指标，以致有些企业的生产和销售几乎100%是由指令性计划规定的，市场机制几乎不起作用。例如，国家给上海市下达的指令性计划指标只占工业产值的18%，但是上海许多部门，特别是冶金、棉纺织和部分机械行业，主要产品几乎100%是指令性计划，甚至连计划外的超产部分都列入指令性计划。① 显然，如果不做到使国家对经济的调节和控制由直接的方式为主转向间接的方式为主，市场机制对经济运行的调节是难以进行的。

第三，把国有企业改革成为按照市场规则行动的市场活动主体，积极参与市场的交易活动。目前的困难是国有企业还不能成为市场活动的主体，它们对市场的变化往往不能作出及时的适当的反应，不积极参加竞争，也往往不能响应国家的间接调节措施。1986年在我国的工业总产值中，国有企业占68.7%。如果国有企业不能成为市场活动的主体，就基本上不会有市场和市场机制对经济运行的调节。

① 见《人民日报》1987年5月14日第2版。

二 所有制的形式和结构的改革

根据匈牙利和我国的改革的经验，改革所有制的形式和结构是不可避免的，是在改革过程中必定会提出来的课题。这一方面是根本改变国有企业本身经营状况不佳的需要，另一方面也是建立和发展市场体系，使市场机制成为社会主义经济的运行机制的需要。

在旧的经济体制下，国有企业的弊病很多，集中表现为经济效率低、经济效果差，不少企业亏损，技术进步缓慢，产品质量低劣，产品多年不变，生产与需要脱节，等等。

为了克服国有企业的种种弊病，按照发展有计划的商品经济的理论构想，人们提出了要把国有企业改革成为自主经营、自负盈亏的商品生产者的任务。也就是说，要把国有企业改革成为具有自主经营权力和独立的经济利益的市场活动的主体以及能对市场信号作出相应反应的市场调节的受体。近几年，我国的改革正是沿着这个方向进行的。例如，扩大企业的自主权；实行把一部分利润留归企业支配使用的办法；加强经济刺激；试行“破产法”促使企业改善经营，减少亏损；引入市场机制，使企业的投入和产出与市场建立联系，推动企业间的竞争；等等。但是，至今国有企业还远远没有成为自主经营、自负盈亏的商品生产者。

就自主经营来说，国有企业的自主经营权虽然有所扩大，但它们至今没有摆脱作为国家行政机构的附属物的地位，国家的各种行政机构仍旧以各种方式干预企业的日常经营活动，中央行政机构下放的权力常常并不能到达企业手里，而被一些中间层次的机构所截留，中央决定留归企业的利润常常被各个部门以各种名义拿走。

就自负盈亏来说，情况更不理想。国有财产至今仍处于无人负责的状态。与改革前不同的是，企业还用各种办法大量给职工发钱和实物。试行的《破产法》对企业的约束力不强，许多企业并不担心国家会让其破产。

企业在不能自主经营、不必自负盈亏的情况下是不可能成为作为市场活动主体和市场调节受体的商品生产者的。

第一，企业不具有充分的自主经营权，就无法自主地按照市场的变化作出自己的决策。特别是那些基本上按国家指令性计划活动的企业，更是如此。

第二，企业不必自负盈亏，就不会积极地竞争，感受不到市场竞争的压力，对市场的变化不能也不必作出灵敏的适当的反应。例如，当某种产品供过于求时企业依旧扩大生产，当贷款利率提高时企业继续争相要求银行贷款等。

在这种情况下，即使国家采取某些间接调节和控制的方式，也往往达不到预期的效果，这也是国家往往不得不重新采取某些直接调节和控制措施的一个原因。例如，国家实行征收奖金税的办法企图阻止滥发奖金，但企业往往不用奖金的名义将大量的金钱和实物发给职工。在上述情况下，自然也妨碍了市场机制对经济运行的调节作用。

由此可见，如果不把国有企业改革成为自主经营、自负盈亏的商品生产者，成为市场活动的主体和市场调节的受体，如果企业不能成为国家得以有效地实行以间接调节和控制为主的微观基础，即使在经济运行机制的改革方面作了许多努力，也难以收到预期的效果。

把国有企业改革成为自主经营、自负盈亏的商品生产者自然还需要继续努力，还可以作各种试验。我国目前正广泛试验在保持国家所有制的条件下实行使所有权与经营权相分离的改革，来克服国有企业的弊病，并促进市场机制发挥作用。具体一点说，就是国家继续保留对企业财产的全部所有权，经营权则通过各种方式交给企业或企业的经营者。沿着这个方向，目前正在国有企业中广泛推行租赁制、各种承包制，希望在进行这类改革后，企业或企业的经营者（承租人、承包人等）按照与国家签订的合同能获得充分的自主经营权，并承担向国家缴纳规定数额的利润或赔偿企业亏损的责任。从试验的情况看，这类改革是有成效的，使国有企业有了更多的自主经营权，对盈亏更加关心了，经济效益普遍提高了，因此对推动国有企业向自主经营、自负盈亏的商品生产者的方向发展是有作用的。但是这类改革也存在许多问题。例如，企业的预算约束还不能达到很强的程度，企业及其经营者固然可以有保障地分享到一部分赢利，但是如果由于各种原因发生了亏损，且亏损的数额较大，企业或企业的经营者无力承担时，还得由国家承担下来，企业或其经营者为了获得更多的利润，在与国家签订租赁或承包合同时总是竭力向国家讨价还价，以便获得更好的承租或承包的条件，甚至在执行合同中采取提高产品价格等办法来增加自己的赢利；而在承租期或承包期里，有些企业往往只顾获取近期的利益而不顾企业的长远发展，企业的“投资饥饿症”和滥发奖金的行为很少改变。此外，当执行合同的各种条件发生变化，投入物的价格上涨时，企业或企业的经营者就会要求修改合同，有时国家行政机构也会随意改变以至撤销与企业或企业经营者签订的合同。因此，采取使所有权与经营权相分离的办法来克服国有企业的各种弊病，推动国有企业成为自主经营、自负盈亏的商品生产者，并使市场机制成为社会主义经济的运行机制是有作用的，应该继续实行，但作用会是有限度的。

国有企业在成为自主经营、自负盈亏的商品生产者中遇到的障碍，固然同改革尚不完善、各种改革还不配套有关系，但也同国家所有制这种公有制形式有关系。

第一，在企业的财产归国家所有的情况下，国家及其行政机构往往以财产所有者的身份干预企业的日常经营活动，使企业很难摆脱作为行政机构附属物的地位，完全自主经营。匈牙利的经验表明，尽管改革已进行了20年，指令性计划从改革一开始就已取消，市场机制已经在起作用，但是，按照匈牙利经济学家科尔奈的说法，国有企业一方面依赖市场，另一方面依旧依赖国家行政机构，而且对后者的依赖是主要的，国家行政机构依旧这样或那样地给企业下达指示、命令，干预企业的日常经营活动，使其按自己的意志行动，而企业及其经营者也往往不能违抗。在中国，应该说国有企业对国家行政机构的依赖更大。

第二，企业的财产归国家所有，决定了企业的预算约束是软的，国家各种行政机构都有权干预企业的活动，但又都不对自己的决策负责，从而也不对企业的盈亏负责，而企业既然不能自主经营，也无法对盈亏负责，如果发生了亏损总会由国家来承担亏损的。国有企业的软预算约束使企业不能也不必作为真正的商品生产者那样行动，它们不积极参加竞争，竞争对它们也没有多大的压力，它们不大关心市场，往往不对市场的变化作出及时的适当的反应。

因此，除了在国有企业中继续按照所有权与经营权相分离的各种办法深入改革以外，还必须探讨所有制的形式和结构的改革。

就所有制形式的改革来说，目前有以下几种改革试验：

第一，将一些小型国家所有制企业改革成为私有制的企业，过去已经改革了一些（主要是一些小型商业、服务业企业）。这些私有的（主要是个体所有）企业受到很强的财产关系的约束，自然会成为自主经营、自负盈亏的商品生产者，它们必定要按照市场的规则行动，参与市场竞争，接受市场调节。

第二，将一些国有企业改革成为集体所有制企业。真正的集体所有制企业是自主经营的，它们的预算约束比国有企业硬，从而必定会成为自主经营、自负盈亏的商品生产者。

但是，上述两种改革办法只能适用于一部分国有企业，主要是一些小型的或者某些中型的国有企业。

第三，将国有企业改革成为股份企业，这些企业的股份可以分别归国家、其他企业以及个人所有。这些股份企业（包括国家控股企业）的财产不全部归国家所有，国家只能作为股东参与企业的重大决策。这样将能使这些企业摆脱作为国家行政机构附属物的地位，自主经营。同时，由于这些企业的财产关系明确，各个股份持有者最终承担着企业盈亏的责任，它们的预算约束有可能接近或达到私人企业预算约束的硬度。因此，这些企业有可能成为市场活动的主体和市场调节的受体，推动市场体系的发展。国有企业改革成为股份企业可能是有希望的试验。

改革所有制的结构，就是要改革以往形成的单一的公有制以及在公有制中国家所有制占绝对优势的那种所有制结构，建立以各种公有制为主导的多种所有制结构。这对于推动国有企业向自主经营、自负盈亏的商品生产者的方向发展，对于促进市场机制发挥对社会主义经济运行的调节作用，也是有意义的。这是因为各种所有制以及各种公有制各有其强点和弱点。例如，公有制经济的目标一般地说易于同社会的共同目标相协调，占主导地位的公有制经济的运行和经营的结果较易实现社会的共同目标，保持社会的公平，防止利益的对抗和贫富的对立，并能保证国民经济沿着社会主义的道路发展。但公有制经济中的国有制经济的软预算约束很难根除，这会不同程度地使其经营效率和经济效果受到损害。个体经济，特别是私营经济，在经济利益的强力刺激和制约下，会积极参与市场的竞争，并接受市场的调节，它们在微观经济范围内往往有较高的经营效率和经济效益，但由于它们的利益难于同社会的共同利益相协调，它们的运行和经营容易损害社会的公平，容易造成收入差距的过分扩大，财产分配的过分不均，因此要求公有制经济占主导地位，对它们的发展加以引导和作必要的控制。我们设想，如果只是在关系国家政治经济命脉的、保证社会公益的或不应以赢利为目标的或自然垄断的领域继续保留国家所有制，而将其余的国有企业或者改革成为集体所有制等公有制，或者改革成为个体经济或私营经济（这主要是指那些小型的国有企业），并在保持多种公有制占主导的条件下发展多种非公有制（个体的、私营的、混合的私有制等），那么就有助于克服在单一公有制以及在公有制中国家所有制占绝对优势的所有制结构下，国家所有制企业的不佳表现给整个经济带来的种种问题。既然各种所有制在利益的结合方式、利益的刺激与约束、经济的运行方式、运行和经营的结果等方面都不尽相同，甚至有很大差别，建立和发展以多种公有制为主导的多种所有制结构，就可以使各种所有制的强点和弱点互相补充，可以较好地解决公平与效率、共同富裕与允许收入有必要的差别、经济运行的计划性与灵活性、社会共同利益与各种个别利益、宏观经济效益与微观经济效益等方面的关系，使它们较好地结合（当然它们之间也会产生种种矛盾和摩擦）。而且在以多种公有制为主导的多种所有制结构下，由于国家所有制的垄断地位被打破，将形成不同所有制的企业之间的竞争关系，那些继续保留的国有企业将在竞争的推动下向成为自主经营、自负盈亏的商品生产者的方向转变，它们也将更主动地参与市场竞争，更多地关注市场的变化，对它们实行使所有权与经营权相分离的各种改革也会取得更好的成效。因此，改革所有制的形式，建立和发展以多种公有制为主导的多种所有制结构，一定会促进市场体系的建立和完善，促进国家对经济调节和控制方式的转变，即以间接的调节和控制为主，而这一切都一定会促进经济运行机制的改革。

总之，经济运行机制的改革与所有制的形式和结构的改革必须结合起来，两者应构成经济体制改革的不可分割的、不可缺少的内容。通过所有制形式和结构的改革将形成经济利益上多元的市场活动的主体和市场调节的受体，这是建立市场关系的前提条件，它们之间的多种交易活动和竞争将促进市场体系的形成和发展。通过运行机制的改革，将形成市场交易活动和竞争的规则和环境；在这种环境中，多种经济活动主体，为了按照市场的规则运行，必须具有独立的经济利益和充分的自主性，为此必须进行所有制形式和结构的改革。

让公有制与市场机制兼容*

一个历史性的课题

我们谈话就从如何使企业成为自主经营、自负盈亏的商品生产者和经营者开始。

董辅礽说，目前我国许多企业，特别是国有企业，经济效率低、效益差，不少企业亏损，技术进步缓慢，产品质量低劣，产品多年不变，生产与需要脱节。产生这些问题的原因，经济学界早有论述，即国有企业不是真正的自主经营、自负盈亏的商品生产者和经营者。

迄今为止，在人类历史上只有建立在私有制基础上的商品经济，私有制与市场机制是完全兼容的。几十年来，人们都否认公有制可以与市场机制兼容，因此，否定社会主义经济是商品经济。经过几十年的实践，人们认识到这一错误理论带来的严重后果。在我国的改革过程中，社会主义经济是有计划的商品经济作

* 本文系记者郭艳春对作者的采访记，原载《经济学周报》1988 年 8 月 28 日。

为一种理论业已被承认。但在社会主义商品经济中处于主要地位的公有制企业，特别是国有制企业，如何成为自主经营、自负盈亏的商品生产者和经营者；也就是如何使公有制企业，特别是国有制企业与市场机制兼容还是个未被解决的重大理论问题和实际问题，这也是一个历史性的课题。经济体制改革正是要解决这个课题。董辅礽认为，这个问题在其他社会主义国家的改革中都碰到过，但都没有解决好，我国的经济体制改革则应该把它解决好。

如何使公有制与市场机制兼容

私有制条件下，每个企业都是独立的主体。财产约束强，利益刺激大，天然地要参与竞争，于是必然形成市场。而公有制企业本身，财产约束不强，产权不清，不担心破产，竞争意识不强，市场就难以形成。董辅礽说，在公有制企业没有改革成真正自主经营、自负盈亏的商品生产者和经营者的情况下，即使我们为企业创造了市场条件，但企业不按照市场信号行动，不对市场信号作出反应，市场机制也不能正常地发挥作用。

如何解决这个矛盾，董辅礽认为，改革所有制形式，建立和发展以多种公有制为主导的多种所有制结构。

那么是否以价格改革为主的建立和发展市场体系的改革就不重要了呢？在改革中，是以所有制改革为主还是以市场改革为主，在理论界的争论一直很激烈。董辅礽认为二者是密不可分的一件事的两面，企业是市场活动的主体，又是市场调节的受体，没有市场就没有企业，没有企业就没有市场；不改革市场，企业就没有外部竞争环境，而企业不改革成为自主经营、自负盈亏的商品生产者和经营者，市场也不能形成。

所有制改革的设想

为此，董辅礽为我们设计了一幅所有制改革的蓝图。

（一）所有制形式的改革

第一，将一些小型国家所有制企业改革成为个体的或私营的企业。

第二，将一些小型的或某些中型的国有企业改革成为集体所有制企业，或其他公有制形式的企业。

第三，将国有企业改革成为股份企业，这些企业的股份可以分别归国家、企业及个人所有。这些股份企业的财产不全部归国家所有，国家只能作为股东参与企业的重大决策。这样将能使这些企业摆脱作为国家行政机构附属物的地位，自主经营。同时，由于这些企业的财产关系明确，各个股份持有者最终承担着企业盈亏的责任，它们的预算约束有可能接近或达到私人企业预算约束的硬度。因此，这些企业可能成为市场活动的主体和市场调节的受体，推动市场体系的发展。

（二）所有制结构的改革

改革以往形成的单一的公有制以及在公有制中国家所有制占绝对优势的所有制结构，建立以各种公有制为主导的多种所有制结构。我们设想，如果只是在关系国家政治经济命脉的、保证社会公益的或不应以赢利为目标的或自然垄断的领域继续保留国家所有制，而将其余的国有企业或者改革成为国家持有不同比例的各种股份企业，或者改革成为集体所有制等公有制，或者改革成为个体经济或私营经济，并在保持多种公有制占主导的条件下发展各种混合所有制以及多种非公有制，那么就有助于克服在公有制中国家所有制占绝对优势的国家所有制企业的不佳表现给整个经济带来的种种问题。由于各种所有制在利益的结合方式、利益的刺激与约束、运行方式、运行和经营的结果等方面都不尽相同，甚至有很大差别。建立和发展以多种公有制为主导的多种所有制结构，就可以使各自的强点强化、弱点弱化，使各种所有制的强点和弱点互相补充，可以较好地解决公平与效率、共同富裕与允许收入有必要的差别、经济运行的计划性与灵活性、社会共同利益与各种个别利益、宏观经济效益与微观经济效益等方面的关系，使它们较好地结合。同时，由于打破了国家所有制的垄断地位，将形成不同所有制企业之间的平等竞争，各种公有制的企业在市场环境中也将按照市场规则行动，到那时就可以使公有制与市场机制兼容。

董辅礽强调指出，经济体制改革是一个相当长的过程，因为我国生产力落后，商品经济很不发达，交通运输、信息传播的条件都很差；全国统一的商品市场、资金市场、劳动力市场、信息市场等要有一段发育生长的过程；旧的体制向新的体制的转换也是一个很长的过程。要看到旧的体制是完整的一套，也很顽强，在旧体制的抵制下，许多新体制在改革中被扭曲变形，成为旧体制可以容纳的东西。可以说，改革中的许多困难和问题是我们过去预料不到的，因此，要有长期战斗的准备。

股份制与社会主义市场经济*

自从邓小平同志南巡讲话以后，人们对市场经济和股份制具不具有社会制度属性，不姓“资”也不姓“社”已经有了越来越多的共识，逐渐明确了我国经济体制改革的目标是建立社会主义市场经济体制，对于推行股份制也有了更为正确的理解。这将给我国经济体制改革以巨大的推动。发展市场经济和推行股份制二者定会相互促进。

市场经济，概括地说，就是由市场配置资源的经济。各个市场活动的主体，通过市场建立彼此之间的经济交往关系，它们按照市场的信息行动，它们以赢利为目的，为了获得更多的赢利而竞争，通过竞争优者胜，劣者败，使资源由效益低的部门流向效益高的部门，从而使稀缺的资源的配置趋于优化。由市场配置资源、调节经济的运行，被各国的经验证明是有效的、灵活的、效率高的。在我国以公有制为主导的社会主义市场经济体制取代指令性计划经济体制，是我国经济体制改革的正确选择。股份制是现代企业制度的一种基本形式，它是市场经济发展的产物。在现

* 原载《经济体制改革》1992 年第 5 期。

代市场经济中没有股份制是不可思议的。因为它在筹集资金、促进要素流动、优化资源配置、推动竞争、传递市场信息等方面都具有不可替代的优点。在我国实行社会主义市场经济体制，也必须以股份制作为企业制度的一种基本形式来改革我国的企业制度，特别是国有企业制度。推行股份制将对我国实行社会主义市场经济体制起重大作用。下面分三个方面来谈。

一 股份制与国有企业的改革

市场经济有其自身的微观基础，这就是以赢利为目标的自主经营、自负盈亏的企业，只有这样的企业才能成为市场活动的主体。因为只有这样的市场主体才能在利益的驱动下去积极地参与市场竞争，才能接受市场优胜劣汰的选择，才能自主地按照市场的信号行动，对市场信号作出应有的反应。在我国要建立市场经济的体制也必须建立市场经济所赖以存在和运作的微观基础，也就是要培育市场活动的主体。个体经济、私营企业、三资企业都必须以市场的存在和发展为自己存在和发展的条件，它们天然地可以成为市场活动的主体。真正的集体所有制企业、合作制企业，也在一定程度上可以成为市场活动的主体。问题在于在我国国民经济中占据主导地位、在数量上占有很大比重的国有企业。它们在指令性计划经济体制下，是附属于政府行政机构的，它们不能自主经营，也不能自负盈亏。如果不作根本改革，它们是不能成为市场活动的主体的。而如果占有如此重要地位的国有企业不能成为市场活动的主体，市场经济体制就失去了其必需的微观基础，也就无从建立和正常运作。怎样把国有企业改革成为市场活动的主体，可以有不同办法，用实行股份制改革国有企业则是一种有效办法。现说明如下：

（一）明确企业的产权

在市场经济中活动的企业、公司无论是哪种类型的，都必须享有独立的财产权利，能以自己的名义从事生产经营活动，并以自己的独立的财产承担经济责任。要做到这一点，这些企业、公司的财产关系应该是异常明晰的，由其财产所有者以其资产承担经济责任（这里不谈有限责任和无限责任的区别）。国有企业则不是这样，名义上国有企业的资产是归国家所有的，但却没有一个机构或个人作为国有资产的所有者或所有者的代表承担经济责任，这种状况使国有企业不能按照市场的规则来运行。例如，以前，国有企业的资产，政府可以在企业之间无偿地调拨，现在虽然很少这样做了，但它们之间可以相互拖欠账款不还，企业也可以拖欠银行的贷款不还，许多企业可以在银行"挂账"。国有企业实行股份制以后，企业的财产关系明晰了，原来的国有资产成为国有股（目前由谁——国有资产管理局或其他机构——作为国有资产的所有者的代表，由谁承担国有股的经济责任尚需解决）、法人股、内部职工股、其他自然人股等。各个股东或股份持有者是企业资产的所有者，他们以其出资承担经济责任，不会出现企业资产无人负责的现象，产权关系明确了，这些企业在市场活动中与其他企业之间的经济交往中所发生的权利与义务的关系也就有了切实的保障。

（二）使企业具有充分的自主经营权

在市场经济中企业必须是有充分的自主经营权，否则它就不能自主地参与市场竞争，不能自主地对市场的信号作出自己的反应。企业享有独立的财产权利，是其具有充分自主经营权的保证，同时，企业具有充分的自主权才能以自己的独立的财产承担经济责任。国有企业不具有充分的自主权，这是实行指令性计划经济体制所决定的。它们必须附属于政府行政机构，一切听命于政府行政机构的指挥，指令性计划才得以贯彻实施，而国家所有制这种公有制形式也使得政府能够直接干预企业的日常生产经营活动。实行股份制将有助于国有企业摆脱附属于政府行政机构的地位，使其能具有充分的自主经营权。因为，在股份制公司中，政府的有关部门（如国有资产管理局或国有资产投资公司）在公司中只是国有股的代表，同其他股东一样，公司的经营方针、发展战略、利润分配、经理任免，按公司的章程和公司法由董事会决定，股东大会也行使自己的权力（可推选和罢免董事等）。经理则负责公司日常经营管理活动。在公司中，各个股东有着共同的权益，在这种企业制度下，如果严格按照公司法和公司的章程办事，政府行政部门是无权直接干预企业的活动的。因为这种干预无法使企业自主经营，按照市场信号行动，而企业不能自主经营，自然也无法承担经营的风险，这将损害公司股份持有者的权益，会受到他们的抵制。当然，毋庸讳言，目前已经实行股份制的有些原来的国有企业还不能充分自主经营，这将在完善股份制过程中来解决。

（三）形成企业的硬的财产约束和预算约束

市场经济中的赢利性企业必须是自负盈亏的。它们必须有硬的财产约束和预算约束，经营不佳就会被市场淘汰，或停业，或被兼并，或破产。这种硬的财产约束和预算约束，不仅激励着企业去竞争，而且也约束着企业，促使其兢兢业业地经营。这样，市场就能有效地运作。传统体制的国有企业是不自负盈亏的，而且在一切听从指令性计划安排和政府行政部门指挥的情况下也不能自负盈亏。不自负盈亏，一方面使企业没有强的利益激励，另一方面使企业没有强的利益约束，而这一切又使其不努力去竞争，去改善经营管理，在这种情况下市场对国有企业也失去了调节作用，企业可以不按市场的信号行动，或者对市场信号没有反应。用股份制改革国有企业将改变这种状况，使其具有硬的财产约束和预算约束。因为股份制企业是以赢利为目标的，股份持有者拥有某些企业的股份也是期望会给他们带来收益的。因此，股份制企业有着强的利益激励机制。同时各股份持有者拥有某企业的股份也同时承担了经营的风险的责任，无论是有限责任公司，还是股份有限公司，投资者都必须以其投资的资产承担责任，因此，股份制企业又有着强的利益的约束，从而有硬的财产约束和预算约束。它们必定是自负盈亏的，自负盈亏使他们时时处处感受到市场竞争的压力，同时又有竞争的动力，那些股票公开上市的股份公司更是每日每时都从股市变化上感到市场的压力，使它们必须努力经营，才能获得发展，不至于遭到市场淘汰。

（四）改善企业的经营管理

实行股份制的企业中那些公开发行股票、股票上市交易的企业财务必须公开，各种公司都必须建立规范的会计和审计制度，向有关部门报送会计报表，会计报表还需经核准登记的会计师事务所或审计事务所验证。在公司内部还有一整套规范的管理机构和管理制度。股份制企业是在市场轨道上运作的，和原有的国有企业在指令性计划轨道运作有根本的不同，市场的竞争推动着股份制企业改善经营管理。股份持有者时刻关心着、监督着企业的经营状况。实行股份制将有助于改变国有企业管理混乱的状况，有助于改变国有企业经济效益低下的状况。一些实行内部职工持股的股份制企业更能增加企业的内部凝聚力。这些按规范的股份制来管理的企业将能作为市场的微观基础并适应市场运行的规则。

二　股份制与市场的发育和完善

要建立市场经济体制必须促进市场的发育和完善，这需要从许多方面入手，例如改革价格体制等。股份制本是市场经济发展的产物，在我国，在改革指令性计划经济体制、建立市场经济体制中，不必等到市场经济有了相当的发展以后再去实行股份制，因为推行股份制也能反过来促进市场的发育和完善，当然也要看到，在市场不发达、不完善的情况下推行股份制有一定难度，使股份制难以规范化。下面分几点来说：

（一）促进要素的流动和统一市场的形成

上面说过，市场的功能在于优化资源的配置，要使市场得以发挥这种功能必须使要素、资源能自由地、顺畅地流动。在指令性计划经济体制中，经济是按部门、按地区来管理的，这使得统一的国民经济形成了以“条条”和“块块”的分割，要素、资源难以跨部门、跨地区地流动，各个部门、各个地区为了自身的便利和利益，都想形成自己的一套不求人的体系，从而造成大量重复建设，引起资源的严重浪费。同时，在指令性计划经济体制下，由于不同所有制经济在管理体制、赢利分配、工资福利等方面的差别，资源的跨所有制的流动也遇到了难以突破的壁垒（例如，集体所有制企业的职工不能改变为全民所有制企业的职工）。近年来，由于实行财政包干，各地方更发展了地方保护主义，利用地方政府的权力阻碍资源的跨地区流动，这样就使全国的统一市场难以建立。而由于要素、资源不能自由流动，统一市场不能建立，市场的优化资源配置的功能就受到了限制。股份制的推行则有助于要素、资源的自由流动，跨地区、跨部门、跨所有制地流动，冲破旧体制设置的各种壁垒，冲破地方保护主义，促进统一市场的形成。因为，实行股份制本来是以入股的方式将分散的、不同经济主体的资金集中起来统一运用的一种企业制度，特别是股票公开发行、股票上市买卖，除了某些特殊的股份（例如国家股）的买卖有特殊限制以外，股票可以在股市上自由流动，部门、地区、所有制的划分已经失去了意义。由于股票价格迅速地变动，股票频繁地买进卖出，要素、资源也灵活地流动，这使得市场灵活地发挥着调节资源配置的功能。

在国有企业实行股份制改造以后，原来令人头疼的国有企业资产存量难以流动问题有了解决的途径，而国有企业资产存量的流动则是产业结构调整的重要环节，也是实现资源配置优化的重要环节。国有企业资产存量的流动不仅指企业间国有资产的流进流出，包括企业间的参股、兼并，企业的破产、停业也是国有企业资产存量流动的方式。在原有体制下，国有企业的资产缺乏流动的机制。在这种情况下，效益好的企业难以获得资源以扩大和改进自己的生产和经营，效益差的企业则不断地耗损着资源。企业间特别是跨行业、跨部门、跨地区、跨所有制的企业间的兼并很难进行。一些长期亏损的企业也不得破产。由于资源、要素流动遇到种种障碍，一些长线部门的资源无法转移到短线部门，产业结构失衡问题长期得不到改变。以上种种障碍国有企业资产存量流动的问题都使得稀缺的资源不能有效利用，大量损失。国有企业实行股份制改革后，有了促使国有资产由效益低的企业向效益高的企业流动的机制，原来长期沉淀得不到有效利用的资源将得到更有效的利用，原来不断损耗着的国有资产将停止或减少损耗。可以说，股份制将有助于把“死”的国有资产变“活”。而国有资产在流动中“活”起来，会对我国市场的培育和完善起重要作用。

（二）促进市场规则的建立

建立一整套市场规则是培育和完善市场的一个重要内容。市场规则越完善，实施得越好，市场越能有效地运作，市场的优化资源配置的功能也越能发挥。在现代的市场经济中，市场的规则很多，规范的公司制度，公司的规范行为规则是市场规则的重要组成部门。推行股份制对促进我国市场规则的建立将起积极的作用。因为，首先，成立各种股份制企业必须符合市场正常运作的要求。公司法就是市场规则的重要组成部分，按照规范的公司法建立的股份公司受到公司法以及其他一些市场规则的约束，也会使自己的行为符合市场的规则。其次，股份公司要能正常地经营要以有一系列严格的市场规则为条件，即公司外部的有规则的市场的条件，例如，必须有证券法、证券交易法、合同法、各种税法、公平交易法、保险法、反垄断法等，还要有一些必要的制度，例如会计审核制度等。这些法的制定和制度的建立就是市场规则的建立，它们保证市场得以有规则、有秩序地运行。

（三）促进尽可能充分、公平的竞争

竞争是市场发挥优化资源配置功能的机制。竞争越充分，越公平，市场越能有效地发挥自己的功能。在指令性计划经济中不存在竞争。改革以来引入了市场机制，有了竞争，但竞争还不充分，还不公平。大量的国有企业未能改革成为市场活动的主体，是竞争远不充分的一个重要原因。它们往往不积极参与竞争，例如在它们处于不利的竞争状况时（如产品滞销），它们不是努力改善经营管理去迎接竞争，而往往是躲避竞争，求助于政府。它们与其他企业的竞争也往往不公平。这种不公平既有对国家企业有利的不公平（如它们容易获得贷款，可以获得一部分有保证

的低价的原材料、能源)，也有对它们不利的不公平（如上缴利税的负担重、缺乏自主权)。对国有企业实行股份制改革将促进市场的竞争更为充分和公平。因为股份制企业是在市场轨道上运行的，它们不管愿意与否每时每刻都处在市场竞争中，那些股票上市的公司更是每天都在经受竞争，它们必须主动地去竞争，才不至于被市场所淘汰。它们的股票价格的涨落一定程度地反映了它们在市场竞争中地位的升降、变化。它们在竞争中也要求公平，否则原来经营良好但处于不利的不公平竞争地位的公司就可能在竞争中失败。例如在股票异地上市时，一些上市公司在上海、深圳就会遇到特区中的公司的所得税率（15%）与内地异地上市的股份公司的所得税率（33%）的税负差异，这使后者在股市中处于不利的不公平竞争地位，股民们会考虑到如把同样多的投资投到后者，由于后者的所有税率高将减少股票投资的所得。这种情况是必须改变的，实行股份制要求改变这种情况，税率的不一致不应该长期保持下去。

（四）推动各种要素市场的发展和完善

在市场经济中除了商品、劳务市场以外，还需要有发达和完善的要素市场，市场才能有效地发挥其功能。对于实行股份制来说，一方面它要求有发达和完善的市场作为条件，市场越发达、完善，股份制也越规范、越发达、越完善，另一方面股份制的推行也会促进市场包括各种要素市场的发展和完善。股票市场是金融市场的一个重要组成部分，股票市场是长期资金市场，属直接金融。直接金融与间接金融属不同的资金融通方式，但二者联系紧密。推行股份制对于金融市场的发展和完善将起巨大作用。我们看到，在推行股份制中，特别是成立了上海、深圳两家证券交易所以后，大量呆滞的资金活跃起来了，直接金融的发展对从事间接金融活动的银行和非银行金融机构以巨大的冲击和压力，迫使其改善经营管理。在市场经济中，货币形态的资金在各种要素市场中占据重要地位，资金的运动推动着其他要素的运动。股份制的推行不仅促进了金融市场——资金市场的发展和完善，也带动了其他要素市场的发展和完善。在股份制的运作中，以资金的配置的优化为媒介，其他要素的配置也会相随优化。

至于股份制的推行将推动第三产业的发展，推动为市场服务的各种机构、基础设施的发展，这也会对市场的发育和发展起重要作用，这里用不着多谈。

三 股份制与政府职能的转换

要建立社会主义市场经济体制，政府的职能必须转移，一方面政府不应取代市场，也不应阻挠市场功能的发挥，阻碍其正常运作；另一方面政府又必须对市场作必要的干预，以纠正和克服市场的失效，要为市场正常、有效的运作制定各种规则，监督其得到遵守，并创造其他条件。原有的政府机构和政府的职能，是适应于指令性计划经济体制而形成的，根本不能适应市场经济体制，但政府机构改革及其职能的转移又非常困难。例如，政企必须分离已经讲了十多年，虽然有一些变化，但至今未解决，就是证明。这一方面有国有企业自身的原因，但也有政府本身方面的原因，而且主要原因在政府方面。政企不分离，国有企业就不能自主经营、自负盈亏，市场的微观基础就不能建立，自然也谈不上市场正常、有效的运作。政府取代市场、阻碍市场发挥功能的方面很多，渗透到经济生活的各个方面。要转换政府职能也得从各个方面入手。政府取代市场、阻碍市场发挥功能的许多行为，集中地表现为对国有企业的经营活动直接控制和干预上。所以，使政企分离又是转变政府职能的最重要的一个环节。要解决这个问题，一方面要使国有企业进入市场的轨道，摆脱指令性计划经济的轨道，另一方面要改革政府机构和转变政府职能。这两个方面要同时动手，相互促进。国有企业实行股份制，是把国有企业推入市场的重要途径，也是从企业方面解决政企分离的重要途径，这反过来又会推动政府自身的改革。因为，实行股份制以后，政府与企业的关系发生了一些根本变化，下面只讲两点：

(1) 股份制在明晰了国有企业的产权关系以后，公司将由股东大会、董事会、监事会、经理分工负责公司的经营管理，政府再想从公司外部继续运用所有权和行政权直接干预公司经济活动就困难了。按常规，政府的有关部门只能以公司国有股的代表参与公司的重大决策和经营，但日常生产经营权仍属于经理。尽管在以国有股为主的公司中，国有股东在重大决策中起着关键的作用，但国有股东也要照顾到其他股东的权益。因此，政府各个部门直接插手企业日常经营活动的情况必须改变。这也将促进政府改革机构、转变职能。需要指出的是，在国有企业已经实行股份制的公司中，国有股东由谁来行使股东代表的权利和义务以及如何行使，尚未得到妥善解决；政府部门也还有干预公司日常工作的事情发生，这是股份制不规范的表现，要在公司制度规范化中来解决。

(2) 国有企业实行股份制后，一般地说，公司的经理应由公司的董事会来任命了，不再由政府来任命了。这对于政企分离有重要意义。在政府任免经理的体制下，经理的命运掌握在政府手里，经理也不得不听从政府的指挥，而政府在任免经理时也往往把经理是否听从指挥作为一项考虑。现行的政府任免体制，使经理往往不是首先对企业的经营状况负责，而是首先对政府负责，经理干得不好，政府可以把他调到另一个企业，尽管给企业留下一大笔债务，经理可以一走了之。实行股份制后，经理是由公司任免的，经理必须对公司的经营状况负责，对股东负责，承担民事责任，必须按董事会的决策行动，必须考虑股东的权益，而且经理自身的流动也受市场的约束，经营失败的经理将失落“身价”，难以找到职位更高、薪俸更多的职务。那些股票公开上市交易的公司的经理，时时刻刻都处在市场的巨大压力之下，时时刻刻都在关注着本公司股票价格的起落，必须以良好的经营成果来获得股民的信任。因此，在股份制公司中经理的行为也不同原有体制下国有企业的经理行为，他们将听从市场的指挥而不是主要听从政府的指挥，将依靠市场而不是依赖政府。这也会促进政企分离，促进政府机构的改革和职能的转变。

当然，也应指出，从目前国有企业已经实行股份制改革的公司来看，还存在不少问题，有的公司的董事会形同虚设，股东大会不开会，甚至有不设董事会的，公司的经理仍由政府任命，重大决策仍由政府决定。这些都要进一步解决。在股份制公司走上规范运作轨道后，情况会有变化。

总之，股份制的推行会促进社会主义市场经济体制的建立，当然，股份制与市场经济体制是彼此制约的、互相促进的，股份制本身的发展和完善也有赖于市场经济体制的发展和完善。为使市场经济体制发展和完善，单靠推行股份制是不够的。还需要有各种条件、各项改革的配合。而且即使股份制本身的发展和完善也要求有各种条件、各项改革的配合，其中自然也包括有关建立市场经济体制各个方面的改革的配合。目前，我国已经成立的各种股份制企业还相当不规范、不完善就说明了这一点。尽管如此，我们仍应积极地推行和完善股份制，这是建立社会主义市场经济体制的需要，会对我国市场经济的发展和完善起积极的作用。

公有制与股份制

在用股份制来改革国有企业时常常有一个“幽灵”样的思想纠缠着一些人：股份制姓公还是姓私？这不是容易回答的问题。要回答它，必须从对“公有制”的理解说起。

一 公有制的两种形式:共同所有制和公众所有制

公有制的英文为 public ownership，public 有公共或共同意思，也有公众的意思，相应地公有制（public ownership）也有两种，即共同（或公共）所有制和公众所有制。

共同所有制是指一个单位（国家、社区、企业、团体等）的财产属这个单位或这个单位的所有成员共同所有，而这个单位的成员并不分别是共有财产中某个具体份额的所有者。这种共同所有制自古就有。原始社会的公有制就是这种共同所有制，在其他社会也有，在当今，各个国家也都有这样的共同所有制。例如，国有企业就是共同所有制企业，国有制是由国家或政府投资建立的，其财产归国家、政府或公民共同所有（地方国有企业的财产则归该地方政府或公民共同所有）。公共图书馆、公园等的财产也是共同所有的。一个社会福利机构设立的社会福利机构如养老院等，是这个社会福利机构所有的。人民公社也是一个共同所有制单位，它们的财产归公社所在社区的成员共同所有，但每个社员又不是这些财产中的某个具体份额的所有者。一个城市的公共汽车公司的财产也是共同所有的，是这个城市政府投资的，为该城市的政府或居民共同所有的。

这种共同所有的财产关系决定了这种所有制的强点和弱点。它的强点是它的活动服从于社会公共的或公众的共同利益，例如城市公共汽车公司服从于城市居民的共同利益，为满足他们的交通需要提供服务。一个公共图书馆则为满足公民的读书、查阅资料等需要服务。一个不以赢利为目的的公园为满足公民的休闲需要提供服务，等等。它的弱点是，正因是共同所有，其财产的约束一般不强，利益的激励也不强，由此又引起其他问题。共同所有制的这种特性决定了，宜于在社会公益部门、关系社会安全的部门以及自然垄断部门等部门中建立和发展共同所有制，而不宜于在竞争性部门建立和发展共同所有制。社会公益部门不以赢利为目的，公共所有制最适合。在自然垄断部门建立和发展共同所有制，是因为其他所有制容易被私人投资者利用自然垄断的条件来获取垄断利润，损害消费者和客户的利益。由于财产约束和利益的激励不强，如果是企业的话，那么共同所有制的企业在效率和效益上往往缺乏良好的表现，难以与其他所有制的企业竞争。所以在赢利性、竞争性部门一般不宜采用共同所有制。

我们过去把共同所有制理解为公有制的唯一形式，从而在那些不适宜于建立和发展共同所有制的竞争性部门也极力去建立和发展共同所有制，结果导致了效率的降低和效益的不佳。以农村来说，一些大型的水利灌溉工程可以采用共同所有制，例如由国家兴办，因为它能服务于农村各社区的利益，也易于协调各社区间的利益，如果采用其他所有制，则很容易服从某个特定的利益集团的利益从而可能损害另一些利益集团的利益，河流的上下游地区之间、各社区之间发生水利纠纷就是一个例子。但是在农业生产中为了发挥农户的积极性，则不宜建立和发展共同所有制。人民公社的失败、集体农庄的失败都说明了这一点，而家庭联产承包责任制之所以取得成功，就在于否定了人民公社的共同所有制，在这种责任制下，土地仍属社区“集体”共有，由农户承包实际上是由农户向社区“集体”租赁，由农户占有和使用，其他农业生产资料则是农户所有的。

在社会主义市场经济中，公共所有制不仅应该存在，而且还应该在特定的领域发展，这是实现社会公平的需要，也是提高社会整体（而非单个企业）的效率的需要，从而也是使社会公平与市场效率得以结合的需要。

除了共同（公共）所有制以外，公有制还有另一种形式，即公众所有制。公众所有制与上述共同所有制有根本的不同，这就是公众所有制单位的财产是这个单位的成员共同所有的集合财产，同时又是属于他们个人所有的财产，而不像共同所有制单位的财产只是该单位的共同财产或其成员的共同财产，并不同时是其成员的个人的财产。我这里提出集合财产的概念，是说，在公众所有制单位中这个单位的财产虽然最终归其成员个人所有，但却又不是他们的个人财产的简单加总，好像一袋土豆只不过是一个个土豆放在一个袋子里那样，而是形成了最终归他们个人所有但又共同所有的财产，这种集合财产不能说其中的哪部分属于谁所有并归其占用。这种以个人所有为基础的集合财产就是公众所有的财产公众所有制中的“公众”是一个范围可大可小的概念。集合财产是由一个单位的成员的个人财产集合而成，为他们所共有，只要这个单位存在，这个单位的成员可以退出，并取得属于他自己的财产份额，但却不能影响其作为集合财产的存在和运转。由于集合财产是由众多的成员以个人财产集合而形成的，它既是个人所有又是共同所有，因此，既不同于私有制又不同于共同所有制，它是公众所有制，是另一种公有制。

公众所有制的出现是人类社会中的财产关系由原始共同所有制到私有制到公众所有的公有制这样一个肯定—否定—否定的否定的发展过程的结果。公众所有制的产生是私有制的否定，但又不是向原始的共同所有制回归。它是私有制的否定，但却又保留了公众个人拥有自己的财产。过去我们只认为共同所有制是公有制，没有公众所有制这个概念，从而也不承认公众所有制也是一种公有制，或者认为它只不过是半公有制（如称社员持股并按股分红和按劳付酬的合作社为半社会主义），从而导致了政策上的失误，例如在农村使初级合作社迅速转入高级合作社接着又转入人民公社，在城市使社员持股分红的手工业合作社迅速向社员没有股份的城市集体所有制“升级过渡”。其实，公众所有制的出现是人类社会在所有制方面的巨大进步。

公众所有制有两种实现形式。

第一，合作所有制。合作社成员加入合作社，投入股份，按股分红，同时又参加劳动（指生产合作社），按劳分配，合作社内，社员大会是最高权力机关，社员权利平等，共同管理，实行一人一票制度，社员入社退社自由，退社退股。这种合作社形式的公众所有制单位有大有小，可大可小，小则数人，大则若干万人甚至跨越国界（例如欧洲的 COOP），规模越大越显示其作为公有制的一种形式的公众化性质。

第二，公众持股的股份制。股份制是一种所有制形式，也是一种企业形式，作为企业形式，它又有有限责任公司和股份有限公司之分。股份制的出现大大推动了所有制由私有制向公众所有制的发展，逐渐成为公众所有制的重要实现形式。股份制中的有限责任公司和股份有限公司在所有制向公众所有制转变中有许多不同，严格地说，由公众持股的股份公司才是真正意义的一种公众所有制公司。股份公司越是成为众多公众持股的股份有限公司，它作为公众所有制的一种实现形式就越是明显。持股的公众可以是个人，也可以是养老基金、共同基金等，养老基金、共同基金是集合财产，也是以公众个人所有为基础的。有些公众持股的股份有限公司，由于股权异常分散，很难说这些公司归谁所有，由谁控制，如果一定要说归谁所有，那只能说是归持股者公众所有。与合作社的公众所有制不同，在股份公司中，股东大会是最高权力机关，实行一股一票制度，在上市公司中公众可以通过买卖股票自由入股和退股，但股份公司的集合财产并不因此而变动。股份公司的法人财产实际是其集合财产的法律形式。

公众所有制作为公有制的一种实现形式也有其强点和弱点。强点是产权明晰、财产约束强、利益激励强。弱点是公众投资于这种公司是为了取得高的回报，因此，公司的利益可能与社会的共同利益不一致。因此，在竞争性行业、以赢利为目的行业，这种公众所有制企业有其特殊的优越性，但在社会公益部门则一般不能采用公众所有制形式，而更宜采用共同所有制形式。

在社会主义市场经济中，在竞争性部门应该大大发展公众持股的股份制形式的公众所有制，合作社所有制在维护作为市场经济中的弱者的消费者和小生产者的利益中也有很好的作用，也应发展。

除了上述公有制形式外，还有二者混合的公有制，即在一个单位的所有制结构中既有共同所有制，又有公众所有制。例如在我国许多上市公司的股权结构中，既有共同所有制（国有股以及法人股中的国有股），又有公众所有制（公众股），而且共同所有制占的比重很大。这种混合的公有制的问题，我们将在下面谈。

二　促进作为公众所有制的一种实现形式的股份制的发展

从历史角度看，股份制的产生和发展适应了社会生产力的发展和生产的社会化对所有制的公众化的要求，股份制为所有制的公众化创造了合适的形式。马克思讲的“重建个人所有制”，按我的理解，它不是共同所有制，也不是以往的私有制，而是以公众的个人所有制为基础的公众所有制。

公众持股的股份制作为公众所有制的一种实现形式，要求有广大的公众成为股份制公司的投资者。但这不是说只能由公众个人直接投资，他们也可以通过公众机构来投资。在一些国家养老基金、共同投资基金之类的公众的机构投资者已经成为主要投资者。养老基金、共同投资基金等本身就是一种公众所有制，它们的财产既是公众个人的财产又是他们的集合财产。这类公众所有制的机构投资者的产生，进一步推动了股份公司的发展，从而也推动了公众所有制的发展。

从我国的情况看，要建立社会主义市场经济，使社会公平与市场效率妥善结合①，需要保留和发展公有制经济，这是无疑的。但如上所述，公有制有不同形式的公有制，它们又各自有自己的强点和弱点。在公有制经济中作为公有制的形式之一的共同所有制的国有企业宜于在以下部门中保留和发展，即为政府调节市场提供物质条件的部门、某些基础产业部门、某些高科技和高风险部门、满足居民某些基本需要的公益部门、自然垄断部门和

① 董辅礽：《从企业功能着眼分类改革国有企业》，《改革》1995年第4期。

某些有关社会安全的部门[1]。在其他部门，特别是竞争性部门，国有企业则应该逐渐退出来，改变为其他所有制的企业，其中重要的一种企业就是作为公众所有制的股份制企业，少数的也可以转变为合作所有制企业。

我国目前在用股份制改革国有企业中，至今绝大多数是改革成为国有股（包括法人股中的国有股）与公众股（包括法人股中归公众所有的股份）相结合的且以国有股占控股地位的股份公司。这在用股份制改革国有企业的初始阶段是可以的。但从已经改革成股份制企业的状况看，这种共同所有制与公众所有制相结合的股份制企业在所有制上仍存在值得研究的问题。

第一，如上所述，共同所有制与公众所有制各自的强点和弱点是不同的，甚至是相反的，它们适宜存在和发展的部门也是不同的。如果股份制企业是属于竞争性部门的企业，那么保留作为共同所有制的国有股并且要求其占控股地位，则不仅会削弱股份制的公众所有制的性质，而且很难使股份制在市场经济中发挥其特有的功能，会障碍其更好地参与市场竞争。我们看到，由于国有股仍占大的比重，绝大多数这种股份制企业的机制并未转变，甚至管理方式仍沿袭原来国有企业的那一套，政企并未真正分开，甚至连企业的领导人（董事长、总经理等）仍是由政府任命的，公众股东不能发挥其作为投资者的应有作用。为了使股份制企业能真正按市场经济的规则运作，这类股份制企业中的国有股应该在今后逐渐转让给公众，使其成为真正的公众所有制企业。

第二，目前股份制企业中，公众股的比重太低，应通过国有股的转让而逐渐提高。应改变公众股基本上由公众个人直接投资

---

① 董辅礽：《从企业功能着眼分类改革国有企业》，《改革》1995 年第 4 期。

的情况。应该发展养老基金、共同基金等，更多地由这类机构投资者拥有股份公司的股份，以减少公众个人持股的比重，这不仅可以吸引不熟悉股份投资、不愿或不能自己参与股份投资的公众通过共同基金来参与股份投资，从而提高股份制企业的所有制的公众性，而且也可以减轻股票市场的投机性和波动性。同时在公众持股比重很高的情况下，由于公众股分散，公众股东无力参与公司的重大决策，从而容易产生公司受内部人控制的问题，如果由多个养老基金、共同基金等持股，它们就有能力参与决策，将可减少内部人控制的问题。

第三，目前的法人股是由企业的法人持有的，这些企业法人大多数是国有企业法人。竞争性部门国有企业所持有的这类法人股也应通过其向公众转让而使其所投资的企业更具公众所有制的性质。

第四，为了促进用股份制来改革国有企业，应该在发展现有的两个证券交易所的同时，建立和发展一两个准全国性的证券交易所、若干个区域性的证券交易中心以及更多的场外交易点。这样就可以有更多的国有企业改革为股份制企业，使更多的公众参与股份制企业的投资。

顺便提到，除了发展股份制企业以外，还应该建立和发展社员入股的真正意义的合作制企业。现有的集体所有制企业是共同所有制企业，并不是公众所有制企业。它们往往存在着与作为同样是公共所有制的国有企业相类似的问题，如需保留其公有制的性质，它们或者可以改革成为公众持股的股份制企业，或者可以改革成为合作制企业。

上面我只是就用股份制来改革国有企业谈了一点意见。这不是说国有制的改革只有实行股份制一种办法，也不是说，在社会主义市场经济中只能发展公有制，包括其中的公众所有制。国有企业的改革途径有多种（例如，有些国有企业可以转让给外国投资者，或者转变成非国有企业），除了公有制以外非公有制也应该发展。但这已超过本文的主题，这里不谈，何况我已在别的文章中多次谈到了。

国有企业改革论

社会主义市场经济与国有企业改革*

国有企业改革是我国目前面临的一个重大的理论问题和现实问题，现在我想就社会主义市场经济和国有企业改革问题谈一些自己的看法。

一　为什么要实行社会主义市场经济

在20世纪20—30年代，西方经济学界就计划经济能否实现资源优化配置问题进行了一场大争论。1920年，著名经济学家密塞斯提出计划经济不可能有经济计算，不能实现资源配置优化，其理由一是在计划经济里没有私有制，二是没有市场。他认为在计划经济条件下，由于没有市场，就没有资本货物的价格，不可能按市场的均衡价格来配置资源，因而也就不能实现资源配置的优化。到了30年代著名经济学家哈耶克和罗宾斯进一步研讨这一问题，他们认为计划经济从理论上可以实现资源配置的优

---

* 本文由黄瑞玲根据作者于1997年6月10日在江苏省委党校所作报告的录音整理而成，原载《唯实》1997年3—4期。

化，但实际上做不到。他们认为计划经济条件下，虽然没有市场，但可以运用试错法（即试验一错误的办法）来模拟市场，确定一个价格，并按此配置资源，发现某种资源供不应求时，则调整价格，调整不行再调整，不断地试验错误，最后能找到一个市场均衡价格，然后按市场均衡价格来配置资源，以实现资源的优化配置。但是这在实践中行不通，因为决定市场均衡价格的因素太多，有几百万个变量，要列出几百万个方程，然后再去解方程，当解出后，情况已经发生了很大变化，因此计划经济下资源配置的优化在理论上可行但实际上是行不通的。到了 1936 年，波兰著名经济学家兰格提出计划经济条件下资源的优化配置不仅在理论上可行，而且在实践中也同样可行。他认为中央计划起着市场的作用，可以通过试错法模拟市场，来提高或降低价格，找到均衡价格，按均衡价格配置资源，资源配置就可以优化。但到 1962 年，兰格写了一篇文章《计算机与市场》，认为现在有了计算机，不管多大数量的变量，输入计算机便可迅速求解，所以计算机在某种程度上可以代替市场，但他又反过来说，计算机实际上又不能代替市场，因为经济过程太复杂，最强大的计算机也无法解它们，计算出来的预测数必须靠市场的实际运行来证实。由此兰格得出一个结论：计算机不能代替市场，市场也不能代替计算机。

从计划经济几十年的实践来看，没有市场确实不能实现资源配置优化。事实证明，所有进行经济体制改革的国家，最后都走到一条路上，即抛弃计划经济，实行市场经济。我国实行的社会主义市场经济，与原苏东国家实行的市场经济同时抛弃社会主义的目标不同，但有一点相同即大家都认识到了计划经济不能实现资源的优化配置，要实现资源优化配置必须转向市场经济。

二 何谓社会主义经济

我们过去认为社会主义经济是公有制经济，公有制经济就是社会主义经济。这种说法有一定道理，因为没有公有制就不能称其为社会主义经济，但能不能说社会主义经济就是公有制经济呢？显然不能，我国经过几十年的实践已经认识到必须实行市场经济，而在单一公有制经济的前提下，是没有市场的，也不可能有市场经济。因为只有不同所有者之间相互交换它们的劳动和产品，才能形成市场，才有市场竞争，而在单一公有制条件下是不可能有市场和市场经济的。这一点斯大林的《苏联社会主义经济问题》一书中已经论证过，斯大林提出全民所有制内部是没有商品生产和商品交换的。这一观点是完全正确的，因为国有企业的所有者主体是一个，即国家，这样就不会有真正的交换，也就没有市场。他认为在两种公有制之间有商品交换。其实，集体所有制经济很弱，且要向全民所有制过渡，所以，即使有两种公有制，也不可能形成真正的市场，也不可能形成真正的市场经济。

公有制经济是社会主义经济的一个主要组成部分，但公有制经济并不等同于社会主义经济。社会主义经济是一种以多种公有制为主导的多种所有制的混合经济。如果只有公有制，不可能形成社会主义市场经济；但没有公有制，当然也就不是社会主义经济了。所以，以公有制为主导的多种所有制混合经济才是社会主义经济，非公有制经济也是社会主义经济不可分割的组成部分。

为什么我们要实行市场经济，而不实行计划经济？有人认为是由于我国现在的生产力落后，我国还处于社会主义初级阶段，所以要实行市场经济，那么按这个理论推下去，逻辑上必然会得出这样一个结论，即当我国的生产力发达了，越过了初级阶段，则要重新回到计划经济去。因此有人提出计划经济不是不好，而是我们实行得太早了，也就是说市场经济只是我们在社会主义初级阶段必须采取的一种经济运行方式，越过这个阶段，我们就要重新实行计划经济了。我觉得这是一个非常大的理论问题，如果用生产力落后及初级阶段来论证多种所有制的必要，那么在越过初级阶段后，非公有制经济就要取消了，我们又将回到单一的公有制经济中去，相应地市场经济就会退出历史舞台，并重新回到计划经济中去。这种论证是不对的。随着社会的发展，社会分工越来越复杂、越来越细，国与国之间的经济关系越来越紧密，因此市场经济只会越来越发展，不可能再实行计划经济，计划经济更不可能实现资源的优化配置。

因此我认为，我国实行以公有制为主导的多种所有制的混合经济，应该从我们必须实行市场经济，而且是社会主义市场经济这个角度来考虑和论证。然而有些同志并不是从这个角度提出问题的，而是从生产力的多层次性的角度提出的，认为多层次的生产力决定多种所有制经济，我们有很现代的生产力，所以要有公有制，我们有很落后的生产力，所以要有个体经济和私营经济。我在 1987 年 7 月 13 日的一篇文章中就批评过这种论证。从整个人类历史发展的长期趋势来看，确实是生产力决定生产关系。但我们应该看到，生产力与生产关系并不存在一种机械的对应关系，同样一种生产力可以有不同的生产关系，同样一种生产关系也可以容纳不同的生产力，比如个体经济也可以容纳现代化的生产力，计算机网络的发展已经使得有些人可以在家里工作了。而如果按多层次生产力来论证我们需要多种生产关系的话，那么随着生产力的现代化，个体经济和私营经济将退出历史舞台，我们又重新回到单一的公有制经济，从而又回到计划经济，这显然是不现实的。因此我认为，我们必须从实行市场经济，而且是社会主义市场经济角度来提出和论证这种混合经济，而不应从生产力的多层次性角度来论证。

有的同志认为公有制经济是社会主义经济，这种论断不全面，把非公有制经济看成是外在于社会主义经济的有益补充则更是错误的。1985 年以来，我一直认为非公有制经济也是社会主义经济的有机组成部分，倘若把社会主义经济比喻成一盆“八宝饭”，公有制经济好比八宝饭中的糯米，是其主要部分，而个体经济、私营经济则好比八宝饭中的红枣、莲子等。如果只有糯米而没有红枣、莲子等则只是一盆糯米饭，而不是八宝饭。公有制经济是社会主义经济的主导部分，但是，公有制经济并不等同于社会主义经济；同样，其他各种各样的非公有制经济，也不能等同于社会主义经济。只有多种公有制经济、多种非公有制经济组合在一起，并以多种公有制为主导，这样的经济才是社会主义经济。可见，非公有制经济并不是社会主义经济的有益补充，而是其有机组成部分。

三　何谓社会主义市场经济

那么，究竟什么是社会主义市场经济呢？按我自己的理解，“社会主义市场经济 = 社会公平 + 市场效率”。我们之所以要摒弃计划经济，实行市场经济，是由于市场经济的高效率，它能通过竞争实现资源配置优化。但是市场经济也有失败的地方，最大的失败就是不能实现社会公平。因为在市场竞争前提下，财富占有必定会分化，竞争的结果必然会使一部分人积聚的财富越来越多，另一部分人没有财富或财富很少，因此出现社会不公平。所以实行市场经济的国家都遇到这么一个问题，即在保障市场效率的前提下如何实现社会公平的问题。我国是社会主义国家，而从社会主义理论或思潮产生开始，一直到现在，我们不难发现社会主义最本质的东西就是实现社会公平，也就是邓小平同志提出的“共同富裕”。因此社会主义市场经济是社会公平和市场效率的结合，是一种公平与效率有机结合的经济。

四 国有企业改革问题

国有企业改革经历了近二十年，从 1978 年 10 月开始，最早在四川省选了六个企业作为扩大企业自主权的试点。改革经历了好多个阶段，试验了好几种办法，从扩大企业自主权，到经济责任制，确定利润上缴总额，然后到一步利改税、二步利改税，再到承包制、转换经营机制，最后当我们确定社会主义市场经济目标之后又提出建立现代企业制度。国有企业改革大体可分为两个阶段：第一个阶段是从改革开始到 1992 年邓小平南巡讲话前，第二个阶段是南巡讲话以后。

在第一阶段国有企业改革的目标是不清楚的，在这一阶段由于对经济体制改革的目标不明确，尚停留在计划与市场的激烈争论中，因此对为什么要保留和发展国有企业或者说要国有企业干什么以及怎样改革国有企业没有一个明确的目标。当时提出扩大企业自主权、增强国有企业活力，事实上在不同的经济体制下国有企业的自主权及活力是完全不一样的。计划经济下国有企业的自主权是保证完成或超额完成计划所需要的一种自主权；而市场经济下国有企业的自主权则是作为市场竞争主体所需的各种自主权，包括决定产品生产和产品销售权、产品定价权、用人权、进出口权等，没有这些权力企业不可能成为市场竞争主体，也就不能按市场经济的规则参与市场竞争；计划经济下的企业活力是为完成或超额完成计划指标企业所需要的活力；市场经济下的企业的活力说到底就是企业的竞争力。所以在这一阶段由于国有企业改革的目标不明确，虽然改革有一些进展，但路子走得很弯曲，国有企业丧失了很多时间。尽管如此，在双重经济体制下，国有企业的日子还可以过下去，其原因一是由于整个经济没有向市场经济转变，许多国有企业仍有一部分原材料是政府供给的，有一部分资金是政府下拨的或指定贷给的，有些产品还是国家统购包销的，基本上还在计划经济轨道上运行，国家仍在计划经济条件下给国有企业以各种优惠，所以国有企业日子勉强可以过下去。二是那时个体经济、私营经济虽有一些发展，但还构不成对国有企业的威胁，国有企业还有它自己的领域，如基础产业部门，乡镇企业、个体经济基本未涉入。三是外资企业虽然已进来，但大部分是劳动密集型产业，规模小、技术不够先进，因此国有企业还能与之相抗衡。可见在第一阶段，国有企业虽有困难，但仍可坚持下去。

第二阶段是在我国确定了建立社会主义市场经济体制的改革目标以后，国有企业遇到了巨大困难。其一，由于指令性计划大多数取消了，国有企业除少数企业外国家不再供应原材料，产品也不统购包销，1983 年开始“拨改贷”后财政也没什么投入了，劳动就业国家也不包了，国有企业在向市场经济转变中面临了很大的困难。其二，由于乡镇企业、“三资”企业发展已成气候，有的非常强大，特别是沿海地区，它并不比国有企业落后，具有产品好、机制灵活等优势，国有企业竞争不过。同时，外资企业取得了很大发展，特别是近几年跨国公司大举进入我国，它们具有资金雄厚、技术先进、产品质量好、营销策略先进等优势，国有企业难以与之抗衡。其三是国有企业改革滞后了，尽管以前做了很多改革，也取得了很大成绩，但国有企业改革仍基本没上路，还是走一步看一步。其四，还有各种各样历史积累的包袱，如技术落后、资产负债率高、利息负担重、离退休、医疗保险、冗员多等问题。其五是国有企业还有大量非经营性资产（占国有企业固定资产总额约15%），如学校、医院、幼儿园等，这些非经营性资产是不赢利的，它不能给国有企业带来赢利，相反还要付出很多资金去维持其运作。总之，由于上述种种原因，加之1993年以来的紧缩政策影响，国有企业改革陷入了困境。

那么，到底应如何推进国有企业改革呢？改革国有企业首先需回答，在社会主义市场经济条件下我们要国有企业干什么？国有企业应发挥什么功能？这是推进国有企业改革面临的一个根本性问题，这一问题不解决，就不明确应按什么方向来改革，如果说国有企业因为是国有企业所以要保留要发展，这未免过于简单了。我觉得首先要解决从社会主义市场经济的要求出发为什么要保留国有企业以及国有企业应发挥什么功能。解决这个问题是改革国有企业的前提。

既然社会主义经济是以公有制为主导的多种所有制经济，社会主义市场经济等于社会公平加市场效率，那么在社会主义市场经济条件下国有企业的改革也应促使社会公平与市场效率的结合。如前所述，单一的公有制经济不会形成社会主义市场经济，从而不可能有高的市场效率，但如果市场经济都是非公有制经济，那么社会公平也难以实现。我们保留国有经济并不是要它去发挥以前的功能，由于计划经济即将不存在了，所以国有经济能保证完成或超额完成计划任务的功能也将不复存在；以前财政收入主要靠国有企业提供，现在这个功能也应有变化，应由整个国民经济的发展来保证财政收入（现在国有企业占财政收入比重百分之六十多，将来会进一步下降）；就业也不能仅靠国有经济，而要靠发展多种所有制经济来保证；职工的社会保障要靠建立社会保障制度来保证，而不能完全由国有企业自己来承担。

社会主义市场经济条件下，国有企业应在以下六个方面发挥功能：（1）为政府调节市场提供物质的条件。由于社会主义市场经济与其他市场经济一样，必定会由于市场竞争带来各种市场失败，如社会不公、环境破坏、经济失衡等问题，政府必须去干预和调节市场运行，但政府调节市场，纠正市场失败，需要有物质条件，因此必须要有一些国有企业或国家控股企业为政府调节市场提供物质条件。如国有政策性银行、国有物资储备企业。（2）为了使国民经济得以持久、协调地发展，必须建立和发展各种基础产业和基础设施。这些产业和设施往往需要大量投入，或在短期内难以回收，甚至会有亏损。如果非国有经济无力投入或不愿投入，国家必须投入，建立一些国有企业或国家控股企业，如国道、铁路干线等。建立这些国有企业的着眼点不在于其本身能带来多大赢利而在于能提高国民经济的整体效率。（3）有一些高科技产业，它在建设初期往往风险很大，投入很大，如果非国有企业无力去做或不愿去做，为使国民经济取得长足的发展，必须建立一些国有企业或国家控股企业，以促进高科技、高风险行业的发展。（4）某些关系国家和社会安全的产业，或涉及国民经济命脉的产业，也宜由国有企业来经营，如造币、印钞、武器生产、保密通讯等。（5）为维护市场的公平竞争，保护消费者的利益，一些自然垄断企业如城市中的供热、供气、电力等企业也宜于保持国有或国家控股，以免被私人掌握后，利用其自然垄断地位从价格和服务上损害消费者的利益。（6）为满足人民的基本需要，调节收入分配，促进社会公平，国家必须投资举办一些以公益为目标的非营利企业。例如城市公共交通、廉租住房企业等。国有企业如果能在上述各方面很好地发挥功能，国有企业的主导作用就实现了，就有助于促进社会公平与市场效率的结合。

因此，国有企业不在于数量多，而在于其是否能发挥这种主导作用。我们没有必要要求国有经济必须在国民经济的各种部门在数量上占优势，或者像有些人所主张的那样，给国有经济和非国有经济规定一个数量比例，因为这个比例不仅没有必要，而且也无实际操作的可能。

由上可见，国有经济既要为保证社会公平，同时要为提高国民经济整体效率提供物质条件。国有企业改革应从其社会主义市场经济的要求出发，从国有企业的功能出发，在上述六个方面的领域要保留国有企业或国家控股企业。至于竞争性的部门对于国有企业来说则不是其发挥长处所在，而非国有企业由于其财产约束力比国有企业强，利益的激励比国有企业强，它们的效率往往比国有企业高，应主要在竞争性部门发展，这有助于提高市场效率。因此我认为，应在上述六个领域保留国有企业或国家控股企业，而在其他领域国有企业可逐步退出。在退出中，国有企业的资产可以转让出去，收回的国有资产可用于重点发展需保留的国有企业或国家控股企业，用于建立社会保障制度。这样国有企业不仅可以生存而且能得到发展。总之，国有经济要有所不为才能有所为，如果这个方向清楚了，国有企业改革就可以找到路子了。因此，首先要划分哪些部门的国有企业要保留和发展，哪些部门的国有企业应该退出，其次才是考虑需保留和发展的国有企业应如何改革，应退出的国有企业应如何改革以便退出。需要保留和发展的国有企业可以通过各种方式来改革，包括实行股份制。需要退出的国有企业可以停办、破产、被兼并、转让等。那些应该退出的国有企业如已改革为上市的股份公司，其中的国有股可逐步转让出去，用于发展其他应保留的国有企业。实际上，要维持这么多国有企业，财政负担不起，靠银行也很困难，都靠股票市场也不可能，最好的办法是该保留发展的保留发展，该退出的退出。有些可以先改造为股份公司，然后退出，把国有股权转让出去。在竞争性部门中的现有国有企业原则上应退出，目前能办好的可以办下去，办不好的退出来，这不是国有资产流失，而是国有资产的形态转换。提出“抓大放小”方针使国有企业改革前进了一大步，但“抓大放小”不是很确切，因为国有企业哪些应保留发展，哪些应退出，不应按国有企业的规模的大小来决定，有的小企业如果属于以上六类的也不能放，如公共汽车公司；有些大企业如不属于这六类的也可以放。所以不应以大和小来划分什么国有企业要搞活，什么国有企业可放掉，而应从国有企业发挥的功能出发，从社会主义市场经济改革的目标和要求来考虑。

发挥国有企业的功能是国有企业改革的出发点*

发挥国有企业在社会主义市场经济中的特有功能是国有企业改革的出发点。这是因为，第一，在社会主义市场经济中国有企业具有与其在计划经济中根本不同的功能；第二，在社会主义市场经济中国有企业具有与非国有企业根本不同的功能。不了解这两点，如何改革国有企业就难以确定。无论在计划经济中还是在市场经济中，建立和发展国有企业都是因为要使国有企业发挥其特有的甚至不可替代的功能。

在计划经济中，国有企业是计划经济赖以建立和运行的基础。因为只有国有企业能够按照国家下达的指令性计划指标行动，从而保证指令性计划的实施。非国有企业是不能按照或难以完全按照国家下达的指令性计划指标行动的。因此，在计划经济中国有企业的功能在于完成和超额完成国家的计划。同时，因为国有企业是国家所有的，所以，国有企业的全部资源可以由国家通过指令性计划来统一配置。国家对非国有企业的资源却不能这

---

* 原载《中国社会科学院研究生院学报》1998 年第 2 期。

样配置。正因为这样，国有企业是计划经济赖以建立和运行的基础，在国民经济中国有企业涵盖的面越广，其所占的比重越大，指令性计划在配置资源中的作用也越大。

在社会主义市场经济中情况完全不同。如果国有企业涵盖面很广，比重很大，市场经济就不能建立，更无法运行。因为国有企业之间不能形成市场关系，从国有经济内部不可能发展出市场经济。但是，在社会主义市场经济中国有企业有其特有的、不可替代的或难以替代的功能。我把社会主义市场经济理解为社会公平与市场效率的结合。国有企业在实现社会公平与市场效率的结合中的功能，主要不在于国有企业比非国有企业有更高的效率，可能情况相反，而在于国有企业可以为政府调节市场经济的运行提供物质条件，可以保证政府的经济政策的实施；可以保障居民的某些基本需要和提供某些社会福利，促进社会的公平；可以加强基础设施和促进高科技的发展，以提高国民经济的整体效率；可以维护社会和国家的安全；等等。为了发挥国有企业的这些功能，对国有经济应该进行战略性重组，国有企业应该从其不具有特有功能的领域退出来，而让非国有企业在这些领域中发展，这样就可以加强另一些领域中的国有企业，在这些领域中它们具有特有的功能。大体上，国有企业应该从竞争性领域退出来，竞争性领域更适合非国有企业发展，因为后者更适应市场的竞争环境，一般地说比国有企业有更高的效率；而国有企业则应在公益性领域和自然垄断领域中发展，在这些领域中非国有企业是不会或不宜存在和发展的。当然，在一些领域国有企业和非国有企业都可以存在和发展，如基础设施和高科技领域，那就要看谁更有条件发展并更好地发展了。对国有企业在社会主义市场经济中的功能了解清楚了，国有企业的改革方向和国有经济的战略性改组的方向也就容易确定了。

宏观层次与微观层次的国有企业改革

国有企业的改革应分为两个层次来考虑和进行：(1) 宏观的层次，这就是党的十五大提出的对国有经济的布局进行战略性调整，确定在哪些部门国有企业需要继续保留和发展，在哪些部门国有企业需要退出，而在国有企业需要保留和发展的部门中，在哪些部门国有企业需要保持垄断或控制的地位，而在哪些部门国有企业无需保持垄断或控制地位；(2) 微观的层次，这就是使那些应该从国民经济中退出的国有企业有序地退出，使那些应该在一些部门让出垄断和控制地位的国有企业有序地让出，对那些应该保留和发展的国有企业按不同类别（如公益性、政策性、垄断性，国有独资、国有控股等）进行改革；对那些需要先发展然后退出的国有企业，在其退出前也进行改革。宏观层次的改革是微观层次的改革的前提，二者应结合进行。

一　国有企业改革的宏观层次目标与微观层次目标

为什么要改革国有企业以及怎样改革国有企业，取决于怎样确定改革国有企业的目标。国有企业改革目标的问题是至今仍有分歧、有待解决的问题，而且，在宏观层次上和在微观层次上国有企业改革的目标是不同的。究竟是既从宏观层次上改革国有经济又从微观层次上改革国有企业，还是仅仅从微观层次上改革国有企业，这是国有企业改革的两种不同的思路，其结果也是不同的。

改革以来，对国有企业的改革长时间没有跳出仅仅从微观层次上着眼国有企业的改革，也就是，针对国有企业本身存在的问题考虑如何把国有企业改革成运行良好的国有企业。不可否认，国有企业本身存在许多严重问题，例如，政企不分、产权不清、责权不明、管理不善、机制不灵、技术落后、冗员众多、效率低下，效益不高、亏损面大等。以往对国有企业实行的种种改革，例如，扩大企业自主权、利改税、实行承包制、转换企业经营机制、建立现代企业制度以及其他种种改革，都是针对国有企业本身存在的问题而实施的。如果不就这些改革的每一项是否恰当做出评价，那么，应该说在微观层次上，针对国有企业存在的问题进行改革是必要的。但是，在从微观层次上进行国有企业改革时，忽略了首先要从宏观层次上，即从国民经济整体上考虑国有企业的改革，亦即对国有经济的布局进行战略性的调整。在确定了建立社会主义市场经济体制作为经济体制改革目标以后，国有企业改革的目标首先必须服从建立社会主义市场经济体制的目标，而国有企业的微观层次的改革目标又必须服从其宏观层次的改革目标。

从宏观层次上考虑国有企业的改革，其改革的目标应该是，按照社会主义市场经济的要求，从国有企业的功能出发，给国有企业以正确的定位，对国有经济的布局进行战略性调整。具体地说，其改革的目标是：第一，为了建立社会主义市场经济体制；第二，为了使非国有经济与国有经济在公平的基础上共同发展；

第三，为了从整体上提高国民经济的整体效益；第四，为了从整体上发挥国有经济特有的、难以为非国有经济特别是非公有经济替代的功能。

这里先就宏观层次上国有企业改革的这些目标谈一谈。

第一，改革国有企业是为了建立社会主义市场经济。社会主义市场经济作为市场经济必须建立在与其相适应的、能与其兼容的微观基础之上，这种微观基础与计划经济赖以建立的微观基础是根本不同的。国有企业与计划经济是天然兼容的，可以说没有国有企业就没有计划经济。那么国有企业是否能与市场经济兼容呢？这是一个不可回避的问题。人们会说，没有经过改革的、计划经济中形成的那种国有企业是不能与市场经济兼容的，如果按照市场经济对其微观基础的要求对国有企业进行改革；那么它们是可以与市场经济兼容的。这是从微观层次来谈的。但是，这个问题首先必须从宏观层次来考察，它首先要回答，在宏观层次上国有经济能否与市场经济兼容的问题。

市场经济是在市场交换逐渐发展的过程中形成和发展起来的。市场交换有两个前提，即存在社会分工和不同所有者。市场交换是在社会分工的基础上商品通过交换在不同所有者之间的所有权转移；不同的所有者是建立市场交换关系的必要条件，因为只有在不同的所有者之间的交换才会发生所有权的转移。在国有经济内部各个国有企业的所有者都是国家。因此在国有经济内部各个国有企业之间可能有某种交换的形式，但不存在真正意义的市场交换，因为不存在所有权的转移。正因为这样，国家作为国有企业的所有者有权力对国有企业的资源在它们之间进行调配，即使要记账，那也只是为了核算的需要。这种情况在改革已经经过 20 年后依然如此。例如，国家可以要一个赢利的国有企业去“兼并”另一家亏损的国有企业，即使这样做会给赢利的国有企业带来经济上的巨大损失，甚至使赢利的国有企业也被拖成亏损企业，为什么可以这样呢？因为都是国有企业，所有者都是国家。这里的“兼并”并不是市场交换意义上的“兼并”，实际上只不过是国有企业间的组织上的合并。国家可以要几个国有企业合并，也可以让它们分开。又如，国有企业可以赖国有银行的账，长期拖着不还，最后甚至一笔勾销。国家也可以要求国有银行给发不出工资的国有企业发放安定团结贷款。为什么可以这样呢？因为国有企业和国有银行的所有者都是国家，国有企业与国有银行间并不存在不同所有者间的真正意义的市场关系。由此可见，在单一的国有经济的基础上，或者在国民经济中国有经济占较大比重的基础上，是无法建立或全面建立市场经济体制的，即使部分地建立了市场经济体制，它也是难以正常运行的。因此，为了建立社会主义市场经济体制，必须首先从宏观层次上对国民经济的所有制结构进行改革，其中又首先要对国有经济在国民经济中的布局进行战略性调整，以形成社会主义市场经济体制得以建立和正常运行的微观基础。社会主义市场经济的所有制结构不能是国有经济占绝对优势比重的结构，而只能是国有经济为主导的多种所有制的混合经济结构。在这种微观基础上才可能形成真正意义的市场关系和真正意义的市场竞争。不首先从宏观层次上对国有经济进行战略性重组，只着眼于从微观层次上对一个个国有企业为了使它们继续作为国有企业而存在所进行的改革，并不能解决使国有经济与市场经济兼容的问题。

第二，改革国有企业是为了使非国有经济特别是非公有经济得以与国有经济在公平的基础上共同发展。在社会主义市场经济中，不能没有国有经济，也不能没有非国有经济，特别是非公有经济。这是为了实现公平与效率的结合。非公有经济之所以是社会主义市场经济的重要组成部分，是因为它与市场经济是天然兼容的，它们互为存在和发展的前提和条件。可以说没有非公有经济就没有市场经济。改革开放以来，非公有经济有了长足的发展，彼此相适应，市场经济也在逐渐形成和发展。但是，至今非公有经济与国有经济之间还未形成在公平的基础上共同发展的局面。非公有经济的发展仍受到各种障碍。其中一个障碍是国有经济仍控制着或垄断着许多它不需要控制或垄断的国民经济部门，使得非公有经济难以或不能进入。这些部门例如有金融（商业银行、证券公司、保险公司等）、电信、石油开采、航空等，进出口贸易也只是在几个月前才开始对非公有经济开放。有些部门连外国企业都可以进入，而我国的非公有企业却不能进入。这种不公平的环境不仅不能使非公有经济与国有经济共同发展，而且也不利于社会主义市场经济体制的建立和发展。要改变这种局面，就必须从宏观层次上对国有经济进行改革，使国有经济退出一些部门允许非国有经济进入那些无需由国有经济控制或垄断的部门，并在各个方面去除对非公有经济的歧视。

第三，改革国有企业是为了提高国民经济的整体效益。当人们仅从微观层次上考虑国有企业的改革时，人们着重于通过改革改变国有企业效益低下的状况，以提高各个国有企业的效益。这自然是必要的、不可忽视的。但是这并不能解决国有经济整体效益不高的问题，也并不能提高国民经济的整体效益。因为国有企业有不同的类别，有些国有企业（如公益性的、政策性的、保障国家和社会安全的国有企业）不以赢利为目的，不应要求其取得好的效益，而有些国有企业（如竞争性部门中的国有企业）一般地说其效益不及非国有企业特别是非公有企业。因此，如果从宏观层次上考虑国有经济的改革，就不是着眼于如何提高一个个国有企业的效益，而在于通过改革使国有经济在提高国民经济的整体效益上发挥其作用。实际上，正如在后面要谈到的，我们需要保留和发展国有企业，主要不在于这些需要保留和发展的国有企业本身能带来多大的效益，而在于它们能提高国民经济的整体效益。

第四，改革国有企业是为了从整体上发挥国有经济特有的、难以为非国有经济特别是非公有经济替代的功能。后面我们要谈到，在社会主义市场经济中，国有企业与非国有企业特别是非公有企业具有不同的功能。当人们仅仅从微观层次考虑国有企业的改革时，往往要求国有企业都能赢利，认为这样才能为国家财政收入提供可靠的保障，才能促进国民经济的发展。如果像后面所说的那样让国有企业从竞争性部门退出来，主要在公益性、政策性和关系国家和社会安全的部门保留和发展，那岂不是会削弱国有经济在国民经济中的地位和作用？把不赚钱甚至亏损的事甩给国有企业，这对国有经济岂不是不公平？又如何保障国家的财政收入？如何促进国民经济的发展？这种意见是不恰当的。之所以要对国有经济做出战略性调整，让国有企业退出竞争性部门，让其在公益性、政策性、保障国家和社会安全等部门保留和发展，正是为了用其所长，避其所短，并使其在与非国有经济的共同发展中互相补充，共同促进国民经济的发展，使社会主义市场经济所追求的公平与效率相结合的目标得以实现。在竞争性部门中非公有经济发展了，国家的财政收入自然也有了保障。在对国有经济的布局进行战略性调整后，国有经济在其能够发挥特有功能的部门得到加强，居民和社会的公共利益得到增进。政府调节经济的政策得到实施，国家和社会的安全得到保障，国民经济的整体效益得到提高，国有经济在国民经济中的地位和作用究竟是加强了还是削弱了，不是很清楚吗？反过来，如果不首先从宏观层次上对国有经济进行改革，而只着眼于其微观层次上的问题，让国有企业继续在其不适宜存在和发展的竞争性部门存在和发展，从而出现大面积的亏损，同时让国有经济在不应由其控制或垄断的部门继续控制或垄断，使得非国有经济特别是非公有经济不能进入，不能在公平的基础上与国有经济共同发展，这对国民经济的发展难道有利吗？

微观层次的改革目标概括地说在于：第一，解决国有企业历史遗留的沉重负担，如债务问题、资本金不足问题、非经营性事业问题、离退休职工和在职职工的社会保障问题、冗员问题等。国有企业无论是退出还是保留和发展都必须解决这些问题。第二，使那些应该退出的国有企业有序地退出。第三，使那些应该保留和发展的国有企业得以更好地发展，发挥其特有的、难以为非国有企业替代的功能。

迄今国有企业改革未取得应有的成功，其中一个重要原因是，未首先从宏观的层次上对国有经济的布局进行战略性调整，而在微观层次上却又要求所有国有企业都按竞争性企业的模式进行改革。

二　从宏观层次上对国有经济的布局进行战略性调整

国有经济原来的布局是在计划经济体制下形成的。这种布局的特点是：（1）在国民经济中国有经济占有绝对的比重；（2）在各个行业（农业除外）中，国有经济都占有很大的比重，甚至居绝对垄断或控制的地位；（3）国有企业都采取国家独资的形式。这种布局也是计划经济要求的，因为计划经济是一种由指令性计划对社会资源进行集中统一配置的经济。只有国有企业所占有的资源及其产品可以由指令性计划集中统一地配置，也只有国有企业能够全面地接受指令性计划的安排并保证其实施。因此，只有国有企业最能符合计划经济的要求从而构成其微观基础。也正因为如此，计划经济要求国有经济的比重越大越好，在国民经济的各个部门中涵盖的面越广越好，国有企业采取国有独资的形式最便于指令性计划的贯彻实施。由于传统的理论认为社会主义经济就是计划经济，因此，计划经济中国有经济的这种布局在人们的头脑中形成了一种看法，即以为在社会主义经济中国有经济的这种布局是不能改变的，否则就会改变社会主义经济的性质。

现在人们已经认识到，计划经济不能优化资源的配置，应该建立社会主义市场经济体制。既然如此，在由计划经济向社会主义市场经济转变中，国有经济的上述布局也应从战略上进行调整，以便使社会主义市场经济体制得以建立并能正常运行。

改革开放以来，随着经济市场化和非国有经济的发展，国有经济在国民经济中的布局已经发生了不小的变化，但由于上述思想观念的影响以及缺乏对社会主义市场经济赖以建立和运行的微观基础的研究，国有经济的布局还未作根本的调整，从而还不能适应社会主义市场经济的要求，以致在国民经济加速向市场经济转变中国有企业遇到了巨大的困难；同时也障碍了社会主义市场经济的建立。为了建立和发展社会主义市场经济为什么必须对国有经济的布局进行战略性调整？这是因为：

第一，国家所有的产权制度使得国有企业的财产约束不像非国有企业尤其是非公有企业那样强，政企难以彻底分开，难以做到真正的自主经营和自负盈亏。换句话说，国有经济与市场经济的兼容性不及非国有经济，后者与市场经济是天然兼容的，而且是彼此互为存在和发展的前提。国家所有的产权制度决定了国有企业更适合在公益性、政策性、自然垄断性以及关系国家和社会安全的部门存在和发展，在这些部门中国有企业能够发挥其特有的、难以为非国有企业替代的功能；而在竞争性部门，国有企业往往不及非国有企业特别是非公有企业那样具有市场竞争力。在加快向市场经济转变中，由于国有经济的布局未作战略性的调整，没有及时从竞争性的部门退出来，再加上从计划经济中继承下来的种种沉重的历史负担，使得许多国有企业特别是竞争性部门中的国有企业遇到了巨大困难。

第二，国有企业的产权制度虽然使其在与市场经济的兼容上有其不足；但这种产权制度也使得国有企业具有其特有的、难以为非国有企业特别是非公有企业替代的功能。概括地说，国有企业具有满足居民的一些基本需要和社会的一些共同需要的公益性的功能，具有保证政府调控经济的政策得以实施的政策性功能，具有维护国家和社会安全的功能，具有保障国民经济协调发展和提高国民经济整体效益的功能，等等。这些功能对社会主义市场经济的建立和发展都是不可缺少的。由于对国有经济的布局未进行战略性的调整，那些能发挥这些功能的国有企业未得到加强和发展，国有企业的这些特有的、难以为非国有企业特别是非公有企业替代的功能没有得到更好的发挥，甚至受到削弱。

第三，由于对国有经济的布局必须根据社会主义市场经济的要求进行战略性调整缺乏应有的认识，事实上人们仍想尽力保持国有经济在计划经济中的那种布局，想让国有经济继续在国民经济中保持高的比重，使国有经济继续涵盖许多国民经济部门，并维护国有经济在一些部门中无需保持的绝对垄断地位或控制地位。这种情况不仅使国有经济陷入了困境，而且也障碍了非国有经济特别是非公有经济的正常发展，一些部门至今仍设置有不许它们进入的壁垒。这些又都障碍了竞争性市场的形成，并使市场效率难以提高。

第四，由于国有经济的布局未按社会主义市场经济的要求进行战略性调整，又使得本应推进的、建立社会主义市场经济所要求的一些改革（如专业银行的商业化改革、社会保障制度的建立等）难以顺利进行。

综上所述，从宏观层次上对国有经济的布局进行战略性的调整已刻不容缓。这不仅是使国有经济摆脱困境的需要，而且更是建立和发展社会主义市场经济体制的需要。

在对国有经济的布局进行战略性调整时，要按社会主义市场经济的要求，从国有经济在社会主义市场经济中的功能出发，给国有经济以正确的定位，即确定在哪些部门需要保留和发展国有经济，其中又需要确定在哪些部门国有经济必须占垄断地位或控制地位，在哪些部门国有经济虽要保留和发展但不必也不应占垄断地位或控制地位，而在其余的部门，国有经济应该退出。这样的战略性调整，不仅使国有经济能更好地发挥在社会主义市场经济中特有的、难以替代的功能，而且也使非国有经济能更好地发挥其特有的、难以替代的功能。只有对国有经济布局进行战略性调整，才能使国有经济从根本上摆脱困境，使社会主义市场经济有效地运行。

根据上述分析，具体地说，国有经济应在下述一些部门保留和发展：(1) 满足居民的某些基本需要和社会共同需要的公益性部门。这些部门中的国有企业不以赢利为目的，如城市的公共交通企业、某些非赢利性的环保设施等。(2) 实施政府政策的政策性部门，这些部门中的国有企业也不以赢利为目的，而在于保证政府的政策的实施，如政策性银行等。(3) 保障社会和国家安全的部门，这些部门中的国有企业的首要任务是保障社会和国家的安全，即使能赢利，也必须以完成这一任务为前提，如武器制造企业、造币企业等。(4) 某些自然垄断部门的企业，如铁路、电力等。(5) 某些基础设施部门的企业，如港口、高速公路等。(6) 某些高科技部门的企业，如信息产业企业等。

在上述第 (1) 和第 (2) 个部门中，只有国有企业能成为这些部门的企业。而在第 (3) 个部门中，国有企业应占垄断地位。在第 (4) 个部门中，有些部门（如铁路）国有企业可以占垄断地位，也可以建一些只需国家控股或参股的企业，在有些部门（如高速公路）国有企业不必垄断，可以建一些国家控股或参股企业，也允许建立非国有企业。在第 (5)、(6) 个部门，只要非国有经济包括非公有经济有能力且愿意在这两个部门发展，应允许并鼓励其发展，如果它们的实力不足或不愿意在这两个部门发展，为了使国民经济协调发展，为了提高国民经济的整体效益，必须兴建一些国家独资的、国家控股或国家参股而不控股的企业，国家没有必要垄断。

上述六个部门以外的部门基本上属于竞争性部门（其实高科技部门也是竞争性的部门），在竞争性部门国有经济原则上应该退出来，让非国有经济去发展。这样，国有经济与非国有经济就能相互补充，相得益彰，各自发挥自己的优势和特点，社会主义市场经济就能有效地运行和快速地发展，并使社会公平和市场效率得以较好结合。

上面所描绘的对国有经济的布局进行的战略性调整是很粗的，只是提出了调整的原则，需要按部门具体地作出调整和设计。同时，国有经济和非国有经济在各个部门中的划分，也并非是一成不变的，起初，需要保留和发展的国有企业会多一些，其中国家控股的企业也会多一些。以后，随着市场经济的发展，随着市场的运行和监督更加规范，会有更多的国有经济从一些部门退出来。

三 从微观层次上按类别对国有企业进行改革

在从宏观层次上对国有经济的布局进行了战略性调整后，就需要进一步解决那些应该退出的国有企业如何退出，那些应该保留和发展的国有企业如何保留和发展的问题。这都需要从微观层次上对国有企业进行改革。除了一些共同性的改革外，如上所述，国有企业有不同的类别，对国有企业还应按不同的类别进行不同的改革。

无论是应该退出还是应该保留和发展的国有企业在它们退出前或退出时以及为了保留和发展，都必须解决一些共同存在的问题（大多是计划经济遗留下来的问题），主要是拖欠银行的呆账、逾期贷款和拖欠其他企业的债务需要归还，全部职工（指破产企业或关闭的企业）或多余职工需要安置，离退休人员和职工的社会保障需要落实，那些需要保留和发展的国有企业的资本金需要充实，非经营性的事业需要剥离，等等。如果这些问题不解决，那些应该退出的国有企业就难以退出，例如，即使有非国有企业愿意收购那些应该退出的国有企业，它们也会面临这些国有企业的沉重债务负担和职工负担望而却步，而那些应该保留和发展的国有企业也会因为背着这些沉重的包袱而难以生存和发展。要解决这些问题最困难的是所需的资金从哪里来？靠财政来解决不可能，让银行冲销企业的全部呆账坏账也很困难，1996年以来银行每年提取的呆账准备金也只是杯水车薪。这些资金又从何而来？看来只能从国有经济本身找出路。出路何在？在于从退出的国有企业在转让国有资产中去筹集，有一部分要从证券市场去筹集。应该看到，虽然国有企业的亏损额和亏损面相当大，但多年积累起来的国有资产（包括有形资产和无形资产，特别是有形资产中的土地）仍是一笔不小的数目。在对国有经济的布局进行战略性调整中，通过国有企业的逐渐退出可以获得相当大的国有资产的转让收入。这笔收入不能乱花，应该用于建立国有企业改革发展基金，这项基金专门用做国有企业的退出、保留和发展所需的上述资金。

那些应该退出的国有企业不可能同时退出，应根据企业的不同情况区分为三类：立即退出；先保留并创造条件逐渐退出；先发展再逐渐退出。

立即退出的又可分为两类。一类是一些已经应该破产的企业以及虽然还不到不能偿还到期债务的程度但已经难以继续存在下去的企业。这些企业应该通过破产或出售而退出，越早退出国有资产的损失越小，至少还可能从它们所占用的土地资产的经营权的转让中获得收入用于解决退出中所需的某些资金（如安置职工、偿还部分债务等）。另一类是那些经营状况良好但无需保留的企业，应趁其目前的经营仍然良好，尽早通过出售等途径退出，这样可以从转让国有资产中获得多的收入，不能因为目前它们的经营状况良好而舍不得退出，那样可能失去时机。这就是“靓女先嫁”的道理。

先保留并创造条件逐渐退出的企业是指这样一些企业：它们的经营属于勉强可以维持的状况，或者有点微利，或者不盈不亏，或者有些亏损，它们本应立即退出，但由于各种原因无法立即退出，它们可以先保留，继续经营，在保留期间要对这些企业进行改革同时解决其历史遗留问题，努力改善其经营，为其创造更好的退出条件，在能够退出时逐渐地退出。

先发展再逐渐退出的企业是这样一些企业：其目前的经营状况良好，但由于各种原因（例如企业的规模太大、内部结构复杂等）一时难以退出。这些企业可以让它们先发展，同时解决其各种历史遗留问题，并对其进行各种必要的改革（如改组为国家控股的股份有限公司，并成为上市公司），然后再使其逐渐退出。目前一些经营良好、属于竞争性部门并已改组成为国家控股的上市公司以及可以改组为上市公司的国有企业就属这类企业。这些企业经过改革和发展，在逐步退出时可以从国有资产的增值中获得更多的转让收入。

国有企业的退出应是有序的退出，而不是无序的溃退。只有从战略的高度对国有经济的布局进行切实认真的调整，才能使那些应该退出的国有企业有序地退出。退出的途径多种多样，例如，破产，转让，被收购兼并，先改组为有限责任公司或股份有限公司成为所有者主体多元化的混合所有制企业，然后通过多种途径转让国有股权，等等。将一些先发展后退出的国有企业改组为上市公司，然后再通过转让国有股权退出，这是有条件这样退出的国有企业最好的退出途径。也可以通过国有股存量发行的方式退出。这样做，一方面可以先将国有企业改组为所有者主体多元化的股份公司，按照现代企业制度的模式对企业进行改革，另一方面可以先从证券市场募集资金，充实企业的资本金，降低资产负债率，用于技术改造和企业的发展，解决各种历史负担问题。同时，证券市场更为这些国有企业的有序退出提供了条件，这就是：（1）实物形态的国有资产采取证券的形式使得它们成为可以分割并方便流通的资产，可以通过在证券市场对国有股权的转让、收购和兼并而退出；（2）在证券市场中国有股权可以获得市场的公正评估而转让，从而避免国有资产的各种流失，不仅如此，国家还可从中获得大量的溢价收入；（3）有些国有企业的资产规模很庞大，很少有非国有企业能买得起，国有资产的证券化则可使愿意购买者依其能力购买任意的部分。可见，发展证券市场对改革国有企业有着重要的作用。

除去应退出的国有企业外，需要保留和发展的国有企业更需要通过改革使其不仅能够继续存在而且获得发展，以发挥其特有的、非国有企业难以替代的功能。上面提到有六类国有企业需要保留和发展。这些企业的性质和功能都有差别，因此，应对它们按照不同类别、运用不同方式进行改革。

那些公益性、政策性以及关系国家和社会安全的国有企业，只能办成国家独资的企业，有些可按照《公司法》中对国有独资有限责任公司的规定进行改革。这类国有企业应通过改革实行科学的管理，降低经营成本，为公众，为其他企业，为国家提供优良的服务和产品，支持政府政策的实施，不应要求它们自负盈亏，但它们应努力不发生亏损，如果不是因经营不善而发生亏损，政府应给以补贴。为使这类国有企业发挥其特有的功能应加强政府和职工的监督。

那些自然垄断的国有企业一般地也应是国家独资的公司，有一些可以是国家控股的有限责任公司，也应参照《公司法》的有关规定进行改革。这类国有企业应通过改革建立现代企业制度，实行科学的管理，要求它们不仅自负盈亏，而且要向国家多缴税收和利润，为用户和消费者提高优良的服务和产品，政府作为所有者应加强对它们的监督，包括对其产品和服务的价格及质量的监督，防止其利用自然垄断地位损害用户和消费者的利益，特别是防止发生“内部人控制”，防止经营者对超额利润的挥霍和侵占。

至于在基础设施部门和高科技部门仍需保留和发展的国有企业，除有些可以是国家独资的公司外，更多的应是国家控股的公司。它们应按照现代企业制度模式来建立和运作。对这些企业应要求做到自负盈亏，即使不是由于经营上的原因，某些基础设施和高科技国有企业也可能发生亏损或者在发展的前期发生亏损，在这种情况下，从保持国民经济协调发展和从提高国民经济整体效益考虑，国家应给以补贴。这类国有企业原则上应在能获得赢利时或者在国家投资收回后通过国有股权的转让而退出，让民间去办。国家在转让国有股权中获得的收入应继续用以支持基础设施建设和高科技产业的发展。

那些需要先发展后退出的国有企业，应该尽可能改组为有限责任公司或股份有限责任公司，按照《公司法》的规定进行改革，建立现代企业制度。这些企业在改组为有限责任公司或股份有限公司之初，由于国有股往往占控股地位，这会使其难以按照现代公司的规范运作，难以解决政企不分问题，难以建立有效的法人治理结构，容易保留国有企业的种种通病。这是需要注意解决的。这些毛病的最终解决在于国有股权的逐渐退出。在国有企业改革中已经积累的经验都可以继续运用。

总之，我们应分别从宏观层次上和微观层次上考虑和推进国有企业的改革。只有把二者结合起来，并以宏观层次的改革作为微观层次的改革的前提，国有企业的改革才能取得成功。

国有资产管理体制的改革

国有资产管理是改革的重点。我们有十万多亿国有资产，经营性的有八万多亿。我们每年的 GDP 也就是八万多亿。我在第八届全国人大财经委工作的时候与其他两个人负责经济上的立法，我们制定了十几个法律，其中有关于国有资产管理的法律。九届过去了，现在是十届了，关于国有资产的法律仍没有出来，原因是对国有资产管理大家有看法。首先应清楚有几类国有资产。有三类：一是经营性的；二是行政性的，包括政府机构和各种事业性单位；三是资源性的。这三类性质不一样，管理方法也不一样。我建议应再加一类，将行政性国有资产分成两类，其中一类是公益性的国有资产，可以是有收入的，但不是赢利性的。国有资产管理体制始终没有解决好。

中共十六大有突破，上一届政府设立了国有资产管理局，将其定位于二级机构，附属于财政部，是一副部级机构。这一机构做了很多工作，但让它管理有些力不从心，因为国有资产太庞大，但它摸清了国有资产家底。上一届政府进行机构改革时将国有资产管理局撤销了，许多地方也将这一机构撤销了，上海及深圳没有撤，这中间也有恢复的，但中央的撤了。那么国有资产应由谁管理？我2001年、2002年在政协做财经委副主任时负责的一个课题就是关于国有资产管理体制的，我们召集了有关部门进行调查，也到各地进行了调研。从管人来看，先是由中央组织部管，以后由中央工委管理。这是党管干部，首先考虑的是其政治态度，是不是与党中央一致，政治上是不是强，不首先考虑其经营能力。管人的机构不承担责任，即使将企业办得不好，中央企业工委也不承担责任，中央企业工委还派监事，一是到企业查账，二是考察领导干部。他们参加各种会，但不发言，根据审计企业财务情况和考察领导干部情况写出报告，交给监事会，监事会不看报告，不表示任何态度，将报告交给国务院，有的报告有时间看，有的不看。监事会实际是起到威慑作用。财政部也管，财政部的企业司、统计司也管，一个人是管统计，一人是管国有资产，由于人手少管不过来。行政性资产没有管理，中央部门有国管局管国有资产，实际上是管理办公楼、高级干部的住宅。财政部没有专人管理国有资产。国有资产转让必须报财政部，财政部批了才能转让，否则不能转让。管事的是国家经贸委、计委、还有外经贸部，管理国有企业的技术改造、破产指标、管计划、重大投资，因此形成了“五龙治水”，大家都管，大家都不管，一件事由许多部门管。进出口许可证有些是国家计委管，有些是由经贸委管，这种体制是没有效率的。因此党的十六大提出了国有资产管理体制的改革，提出了建立国资委，国有资产有三级管理体制：国务院中央一级、省及直辖市级、地市级。

第二个提出了分级所有，这是一个很大的进步。中央和地方分别代表出资人行使出资人职责，享受出资人权利。国有资产的形成非常复杂，有些企业是中央投资的，有些是地方投资的，有些是中央和地方两级共同投资的，有些是中央投资的转让给地方，有些是地方投资的上交给中央。现在提出了中央一级的属于中央，地方的属于地方，虽然没有提分级所有，但实际是分级所有，就是说国家仍保留了某些权力，调动了地方政府管理国有企业的积极性，也使中央可以调用地方国有资产。以前地方管理企业权力不清楚，现在明确了，除了少数企业由中央所有，其他的由地方所有，这样责、权、利就清楚了，地方的积极性就高了。

第三个是国有资产经营上有三个层次：一是国有资产监督管理委员会；二是国有资产经营公司；三是国有企业。即国有资产分三级，中央分三层，地方分三层，这中间也有二层。国有资产管理委员会对一些重要的国有资产实行委托经营办法，将企业委托给管理层经营，其他企业由国有资产经营公司将国家独资的、控股的、参股的进行经营，这样做的结果是管人、管事、管资产统一了。现在国有资产管理委员会没有列入部类，没有作为国务院的组成部门，是国务院下属的一个部门，这种管理体制是一种进步，没有了“五龙治水”的情况，但如何运作现在还不清楚。首先，国有资产管理委员会有些地方有，深圳有，上海有。就深圳来说，国有资产管理的每个部门派一成员组成国有资产管理的一个机构，但不是常设机构，这样的机构不是我们要的国有资产管理委员会的模式。深圳有国有资产办公室，是国资委的办事机构，处理日常事务。现在的问题是国有资产监督管理委员会到底如何管理资产？有些人说首要的问题是如何将国有资产增值保值，我觉得不对。有些国有企业需要卖掉，对于这些企业来说不存在保值增值问题。那些要卖掉的国有企业，不存在增值保值的问题，存在的是如何卖掉、如何安置职工、保持社会稳定的问题。因为有些国有企业是公益性的，它的任务不在于增值，而在于提供公共产品，笼统地提国有资产保值增值是不对的。再一个，管人管事管资产如何统一。管人管事管资产如何统一？统一到哪一层？是不是统一到中央国有资产管理委员会？中央所有企业是不是统一到国有资产监督管理委员会，地方政府所有企业是不是也统一到国有资产管理委员会？若是这样，组织部门绝对不干，这个权绝对不放。将来干部的任职是任命还是提名，任命到哪一层？因为任命的话出现了这样的问题，人家是公司，企业有董事会、股东大会，你任命董事会人家同不同意，他们对管理层要投票，不是上面说了就算，上面要是说了算，那董事会就成了虚设，如果是那样就不符合《公司法》。我的意见是由企业选举管理层，送到上面作资格审查，看你基本条件是不是够了，基本条件够了，你们自己决定。即便国有企业干部由国有资产管理委员任命，党管干部这原则不能动摇，以后还是要碰到这样的问题，将来管干部的还是党，管资产、管事应由国有资产管理委员会管，什么事可以管什么事不可以管，这并不清楚。因为管事还有其他部门，你都将事管了，其他部门干什么？商业部在管对外贸易，关键是看你怎样管。管技术、管政策。而且国有资产管理委员管理的都是经营性资产，没有涉及到行政性资产和资本性资产。第二个问题是第二个层次的问题，资产经营公司到底怎样运作。我做过调查，资产经营公司最难办了，因为是控股公司，下面的企业都归它管，可是它有某些行政性职能。像上海资产经营公司是将一些局撤销后成立的。深圳将国有企业分类，大致相似的形成了国有资产管理公司，经营国有资产。国有资产管理公司干什么？经营国有资产。如某一国有资产不行，将其卖掉，再买好的企业，或将两个企业合并。但我们国有资产管理公司不仅经营国有资产，而且还干政府应该干的事，还任命干部，批准基本建设，甚至还收费，有人将这种经营公司称为国有企业的又一个“婆婆”，因此一些大型企业非常反对这样办。

市场经济论

论 市 场*

在我国确定以建立社会主义市场经济体制作为经济体制改革的目标以后，研究市场问题已成为人们的迫切要求。

市场已经在人类历史上存在和运行了很长的时间了，市场不是哪个人发明的，但却是人类的一项伟大的创造。有了市场，人们就有了最便利的交换彼此的劳动及其成果的途径；有了市场，人们更找到了能促使资源配置优化的机制。市场是人类创造的，可是人类却创造不出一种比市场更精巧、更有效、能够替代市场来合理配置资源的办法和工具。

人们曾试图以指令性计划替代市场来配置资源，但没有成功。自从发明了电子计算机，人们认为，计算机可以替代市场，指令性计划借助于计算机就可以做到资源配置的优化。只要能在全国建立起计算机的网络，中央计划部门就可以迅速地收集、传输和处理庞大的信息，并以此制定计划，下达指令，从而使指令性计划能合理地配置资源，避免市场的盲目性所带来的资源损

---

* 本书系作者为杨再平《市场论》一书所作的序。该书于 1997 年由经济科学出版社出版。

失。但指令性计划、计算机都不能替代市场。虽然计算机是功能巨大的工具，但是，即使将来建成了信息高速公路，指令性计划借助计算机也不能取代市场。实行过指令性计划经济的国家纷纷摒弃指令性计划经济转向市场经济就证明了这一点。

很有意思，关于指令性计划能否取代市场来合理配置资源的问题，曾有过一场激烈的论战，这场论战，最后由实践作了结论。

早在 1920 年，奥地利经济学家密塞斯（Ludwig von Mises）发表了一篇论文：《社会主义共和国中的经济计算》，他认为，在计划经济中不可能有经济计算，因而也不能解决资源的合理配置问题。这是因为，在计划经济中不存在生产资料私有制，而且不存在交换资本货物的市场，没有市场就没有资本货物的价格，而没有资本货物的价格也就在资本货物领域得不到“选择指数”，无法进行经济计算，使合理配置资源失去依据，从而无从在不同的方案之间作出合理的选择。

奥地利经济学家哈耶克（Friedrich August von Hayek）和英国经济学家罗宾斯（Lionel Robbins）的看法有所不同。他们认为，在计划经济中，经济计算和合理配置资源在理论上是可能的，但在实践上是不可能的。按照他们的看法，市场的功能是提供一种试错（try - error）法来分配资源的方法，而计划经济恰恰缺少这种功能。哈耶克认为，在产生那种恰恰是中央计划当局在它有希望能够实现一个成功的和有效的社会资源配置以前所必须占有的知识方面，市场过程本身起着至关重要的作用。而在计划经济中，想通过模拟市场和颁布非市场“价格”来为企业家们提供指导，是无视市场价格已经表达了吸取现存分散知识的企业家的发现过程的结果。罗宾斯认为，关于经济计算，在纸面上可以设想用一系列数学计算来求解，但实际上行不通，因为要在几百万个预计数据的基础上列出几百万个方程，而统计数据又要根据更多百万个方程来计算，当解出这些方程时，它们所根据的信息已经过时了，需要重新计算。因此，在没有市场的情况下，无法建立经济的均衡。

波兰经济学家兰格（Oskar Lange）对市场的看法前后有巨大变化。1936 年他发表了《社会主义经济理论》的著名论文，参与这场论战，为计划经济辩护。他认为，计划经济可以解决资源的合理配置问题。用计划代替市场的功能是很可能的和可行的。市场是用试错法建立经济均衡的，在计划经济中不存在资本货物和生产资源的市场，但中央计划可起着市场的作用，它可以模拟市场，不必求解几十万个或几百万个方程，只需利用试错法，根据经济关系的变化来提高或降低价格，就可以确定供求相当的均衡价格，使每种产品的供求平衡，按照这种均衡价就可以做到合理资源配置。他甚至认为，在计划经济中试错法会比在竞争市场中工作得好得多，因为中央计划局对整个经济体系中正在发生什么事情的知识比任何私人企业家能够有的知识宽广得多，从而比竞争市场可以用短得多的一系列相继的试验求得正确的均衡价格。第二次世界大战后，兰格在波兰政府中担任过经济委员会主席等职，经过实践，他对市场的问题渐渐有了与以前不同的看法。1967 年他发表了《计算机与市场》的文章，认为市场与计算机各有优缺点。

兰格晚年的经济思想曾被人称为市场社会主义，他对市场的看法比其在 1936 年时的看法有了许多变化，但他尚未达到应该摒弃计划经济、实行市场经济这一步。在 60 年代的环境下，他也不可能提出这样的见解。但是，尽管如此，他当时对市场的看法在社会主义国家的经济学家中却是超前的。其实，电子计算机不能取代市场，不在于它的运算速度的快慢，而在于它无法模拟参与市场活动的千百万市场主体以其各自的利害判断而采取的行为，在于它不存在市场的极其灵敏的反馈机制，这种反馈机制是参与市场活动的千百万个市场主体在权衡利害中对市场价格的变动所作出的行为的调整。市场的运行是以各个市场主体的趋利避害的动机和行为为动力和基础的。指令性计划和计算机的运算必须以获得充分的准确的信息为基础，而这都是无法做到的。这首先不是技术问题，而是经济利益问题。因为经济信息涉及到各市场主体的利益以及以此为基础所作出的反应。例如，谁都知道，我们无法利用计算机去准确预测股价的变化。因为，我们无法知道谁在股市上按什么价位卖出多少股票，谁将在股市上按什么价位买进多少股票，这是股民们根据自己对利益的追求、对股价走势的判断而独自作出的，他们自然不会预先知道，更不会预先告诉别人他们将如何行动。同样，我们也无法知道，在股价起落的瞬息间他们会作出怎样的反应，怎样调整其行为。左右这一切的是各市场主体的利益动机，而这是计算机无法准确计算的。市场中的均衡价，不是计算出来的，而是通过供求关系的不断变化自然形成的，而且又是不断变动的。这就是说，市场均衡价是在趋利避害的各市场主体的彼此竞争中资源不断由效益低的部门向效益高的部门、由供过于求的部门向供不应求的部门流动中形成的，它是资源配置达到优化的结果，而非其开始。资源配置的优化是一个不断进行的过程。在计划经济中，借助于计算机即使可以计算出均衡价，并据此来配置资源，但这种均衡价不过是一种死的价格，反映的是过去的状况，而不是一种动态的价格，不是反映变动中的供求关系。何况在不存在市场的计划经济中，价格只不过是一种计算用的筹码，而不是调节供求、调节经济运行的杠杆，各个企业由于没有趋利避害的动机，没有竞争，它们对价格的变化就不会作出相应的反应，而没有这种反应，价格就不能起到引导资源流动使其达到优化配置的作用。在这种情况下，计算出来的均衡价，作为一种死的价格，即使据此来配置资源，也只能是在以往的条件下的优化，而不是动态中的优化。事实上，由于没有市场，没有趋利避害的市场主体，试图用模拟市场的试错法来计算均衡价也是做不到的。因为，这里像自动化装置中那样的伺服机构没有反馈机制，不存在试验—错误—纠正后再试验—再错误以达到供求均衡的客观过程。实践已表明，计划不能替代市场，计算机也不能替代市场。

在计划经济国家，曾有一些改革先驱经济学家认识到市场不可能被指令性计划所取代，但他们试图把市场引进计划经济中，建立一种计划（指令性计划）与市场相结合的体制，以发挥计划与市场各自的长处，克服彼此的短处，达到互补。但是，计划经济国家的改革进程未能证明这种模式是可行的。因为，计划经济与市场经济是两种根本对立、彼此不能相容的经济体制，它们的微观基础、运行机制、资源配置的方式、信息的传递与处理等都是完全不同的，在计划经济中不可能“内置”市场机制。这不是说，计划经济一无长处、市场经济一无短处，而是说，如果要把二者结合起来，统一的经济是无法运作的，不仅不能把二者的长处结合起来，相反，会使二者的短处更加严重，在我国由计划经济向市场经济转变过程中出现的经济的双轨制运行所引起的各种严重问题已经表明了这一点。

正因为如此，一些计划经济国家摒弃了建立计划与市场结合的体制，先后摒弃了计划经济，转向市场经济。但这也不是一种容易的事。要实现这种转变，需要解决许多问题。首先必须弄清楚我们要达到的目标究竟是什么？我们虽然已经确定了以建立社会主义市场经济体制为目标，但就“社会主义市场经济”这一概念来说，尚需继续深入研究。虽然对市场和市场经济的看法，已经与改革前甚至改革初期有了根本的不同，但认识也有待进一步深化，实际上在理论上、在人们的认识中还有不少有待澄清和解决的问题。应该承认，传统理论中对市场和市场经济的偏见、误解至今仍是有影响的，以至人们自觉地或不自觉地想用计划经济的眼光来看待市场和市场经济。

举一个例子来说，市场的运行究竟是有序的还是无序的？按照传统的理论，计划经济是自觉地有计划按比例地发展的，而市场经济的运行则是自发的无政府状态的，因此是无序的。人们往往把市场和市场经济看做杂乱无章的，计划经济情况如何，这里不谈。其实市场和市场经济的运行既是有序的又是无序的，市场的无序有两种，一种无序正是市场经济的正常秩序，是市场得以发挥其优化资源配置的功能的必要条件。这就是各市场主体作为独立的利益主体，独立自主地参与市场的活动，彼此竞争，自由进入和退出市场，价格自由波动，要素自由流动，因此，表现为无序。但是，没有这种无序性也就没有市场的功能了，而且也没有真正的市场了。另一种无序则是影响妨碍市场发挥其功能的无序，也即破坏市场正常秩序的无序，如欺诈、不信守合同等。同时，市场又是有序的，这就是，市场和市场经济的运行和发展是有规律的。如价格的涨落中有供求规律在起作用，市场的运作是有规则的，大家都得遵守，同时是以法治为基础的，不仅有自律，而且有他律。如果抱着传统的理论不放，或者用计划经济的眼光看待市场经济，那就不可能对市场和市场经济有正确的了解，就会自觉或不自觉地想把市场和市场经济的运行纳入计划经济运行的轨道。这当然是做不到的，硬要这样做，只能扼杀市场和市场经济。

当然，市场不是万能的，我们不能要求市场去承担本不属于市场固有功能的功能，同时，市场也会有失败（失灵、失效）。

其中，有些是其自身运行的发展必定会引致的，有些则是其自身的性质或外部的条件导致的。例如破坏环境等，这没有什么奇怪，不能因此而否定市场，或者把它关在笼子里，只让其在笼子中活动。然而关在笼子里的动物，失去了自然界中“物竞天择”的竞争环境，就会失去其在竞争中求生存的本性，关在笼子里的市场，没有了竞争机制，就会失去其本性，失去其促使资源配置优化的功能。其实，市场所不具有的一些功能（如实现社会的公平分配），可由其他手段（如税收去解决市场的失败）、办法去纠正。政府在纠正市场失败中应起特殊的作用。但政府干预市场，也必须以市场的运作为基础，顺应市场的规律和规则，正如治水要顺应水的运动规律和规则一样。否则，非但会妨碍市场发挥其功能，而且会导致干预的失败或者付出高昂的代价。如果说市场不是万能的，那么政府更不是万能的，政府的行为同样会失败，而且只有以市场的运作为基础，顺应市场的规律和规则，政府的干预才是恰当的、有效的。

应该承认，在与市场和市场经济相违几十年以后，我们对市场和市场经济是相当陌生的。市场是什么？它是怎样构造的？它是如何运作的？它的功能如何？它有哪些缺陷？会有什么失败？如何去管理它？等等。这些问题对市场经济国家来说，或许算不了什么，因为，西方经济学对市场和市场经济的研究已经有相当长的时间了。西方经济学实际上可以称为市场经济学。它对市场和市场经济的研究已经达到相当精致的程度。但人们对市场和市场经济的研究仍在变化和深化。西方经济学各种流派的演变及其争论本身也反映了人们对市场和市场经济的认识的变化与深化。对我们来说，自然不需要从头起步去认识和研究市场和市场经济，可以借鉴西方经济学中已有的研究成果。但是，对我们面临的问题来说，仍有许多连西方经济学也未曾研究或未曾很好研究的问题。例如，如何从计划经济顺利地过渡到市场经济？在由计划经济向市场经济转变的过程中、在双重体制并存的条件下，市场运行中的多种问题，什么是社会主义市场经济？公有制（特别是国有制）如何与市场经济兼容？在公有制为主体的情况下，市场和市场经济会发生怎样的变异？在社会主义政治体制下政府如何管理市场？等等。这些问题是我们面临的问题，必须由我们自己来回答。

杨再平同志的《市场论》，是适应我国建立社会主义市场经济体制的需要而写的，是当前我国研究市场和市场经济的一项可喜的成果。这本书对市场的各个方面作了相当充实的论述，吸收了西方经济研究的成果，同时也研究了我国的具体情况，对上述问题不同程度地作了回答。他研究市场和市场经济并不是从这本书开始的，以往他研究政府的经济行为，研究企业，这都是从不同侧面研究市场和市场经济的。由于他对西方经济学有扎实的根底，又在西方国家作过实地的考察和进修，也由于他多年参与经济体制改革的一些实践活动，他写的这本《市场论》深入浅出，有理论见解，也有实际资料，有论述，也有分析，有对他人的成果介绍，也有自己的独立见解。读了这本书，人们对市场和市场经济的各个方面可以有较为全面和深入的了解。不仅对经济和经济学涉猎不深的读者可从中得到启发与教益，而且对于在经济学方面已有一定修养，甚至专业的经济工作者以及经济学的教师和研究人员也可以从中得到启迪与收获。由于他有丰富的教学经验，很会讲解，这本书也像他讲课那样，娓娓道来，循序渐进，逻辑严密，说理透彻，引人入胜。

我喜欢读这本书，相信许多读者也会喜欢读这本书。

论市场和社会主义市场经济*

一　市场的功能及其实现的机制

任何社会都面临着资源的稀缺性问题。在特定的时间和特定的技术条件下，社会拥有的可以现实地利用的资源总是有限的，如何把这些有限的或稀缺的资源利用好，使其配置适当，是任何社会都必须解决的问题。为此，就要对稀缺的资源的配置进行调节。第一，使各种资源得到最有效的利用，减少以至避免各种浪费和损失；第二，使各种资源的配置形成的供给的比例能适应社会需求的比例，从而也避免由于它们之间的不相适应而导致的浪费和损失。概括起来说，必须通过对稀缺资源的配置的调节实现资源配置的优化。在社会分工深化的社会里，资源配置的调节已经远远超出了各个经济单位的范围而成为一种极其复杂的社

* 原载日山编《著名学者论社会主义市场经济》，人民出版社 1992 年版。本文有些部分写于 1991 年 2 月 23 日，曾以《中国的市场问题》为题发表于《九十年代中国经济发展与改革探索（3）》，经济科学出版社 1991 年版。

会过程，甚至远远超越了一国的范围，而与国际范围的经济调节相交错。

在市场经济中，稀缺资源的配置主要是由市场机制来进行的。市场的功能在于，通过市场上商品、劳务、要素的需求和供给的变化决定它们的价格，从而使价格反映资源的稀缺性，进而由于价格的变动引导着资源在各产业部门之间的流动，这种流动是由经济效益低的部门流向经济效益高的部门，从供给过剩的部门流向供给不足的部门，从而达到资源利用的节约及其在各部门的配置适应社会需求的变化，也就是说，达到资源配置的优化。这自然是简单地从抽象的理论来说的，实际生活远比它复杂得多，而且市场的调节也并不总能达到资源配置优化的境地。

那么，市场又是怎样发挥和实现这种功能的呢？其中的机制是怎样的呢？

市场之所以能发挥这样的功能，在于各个市场活动的主体受到利益的激励和约束。它们对自身的经济利益的考虑和关切是市场发挥这种功能的契机。这些市场活动的主体各自都是独立的利益的主体，他们按照市场供求决定的价格在市场上进行交易活动，而市场上商品和劳务的价格的涨落、高低，又决定、调节着他们的经济利益，出于对经济利益的考虑，或者说，在经济利益的激励和约束下，他们不得不根据市场价格的变动调节自己的生产和经营，即一方面他们必须改进技术，提高劳动生产率，降低成本，另一方面必须将生产要素由亏损的或获利少的部门转入获利的或获利多的部门。这样，就促使了资源利用的节约和供给结构与需求结构的适应，从而达到资源配置的优化。

市场之所以能发挥这样的功能，还在于竞争。市场竞争越完全、越充分，市场的这种功能的发挥也越有效。竞争是市场的一种选择，起着择优汰劣的作用。在由竞争所形成的市场价格下，那些商品或劳务的成本低、质量好的市场活动主体将获得更多的收益，从而获得发展；而那些商品或劳务的成本高、质量差的市场活动主体则获利少甚至亏损，从而难以发展甚至破产。正是竞争推动着资源配置的优化。当然，市场竞争的前提在于各个市场活动的主体必须是独立的经济利益的主体，只有这样，在利益的激励和约束下，他们才必须竞争并主动地竞争，同时，还在于没有垄断，因为垄断会导致价格的扭曲，使其不能反映资源的稀缺性，并障碍竞争的公平性。虽然在现实生活中市场竞争是不完全、不充分的，但应尽可能地使竞争更完全、更充分。这样，市场才能更有效地实现其优化资源配置的功能。

对于市场在社会主义经济运行和发展中的功能，人们的认识经历了巨大的变化。众所周知，按照以往的社会主义经济理论，在社会主义经济中商品和货币以及与此相联系的市场将退出历史舞台。人们认为，社会主义经济中的调节将变得异常简单，可以不借助于市场而实现资源配置的优化。这种理论是基于下述的考虑：

首先，在社会主义经济中，生产资料的公有制代替了生产资料的私有制，而且将形成单一的全社会的公有制——全民所有制。在这种单一的公有制下，社会及其代表——国家——可以把社会的资源全部集中于自己的手中，按照统一的计划进行配置，以实现社会确定的目标，保证资源使用的节约并保证经济发展的比例性，使社会供给与社会需求相适应，从而可以避免市场调节的自发性和盲目性，以及由此而导致的资源的浪费和损失。

其次，全社会统一的社会主义公有制形成了全社会统一的共同的经济利益，这种统一的共同的利益的形成，不仅保证社会及其代表——国家——可以按照全社会的统一的共同的利益来配置资源，而且也避免了私有制经济中各个利益主体各自从自身利益出发引起的竞争，竞争会导致资源的浪费和损失。

基于以上的论断，在社会主义经济中，各个经济单位并不具有自身的独立的利益，因此他们之间也不需要通过商品货币关系来交换各自的商品和劳务。全社会将像一个大工厂，甚至像一架大机器那样，在统一的指令性计划的支配下运转，各个经济单位犹如工厂中的一个个车间，或者一架机器中的零件，在统一的经济计划中运作，或者作为机器整体的一个组成部分而运转。在这里，市场已经不再起作用，不再有调节经济、优化资源配置的作用。因为，经济利益已不再对各个经济单位具有激励和约束的作用，同时这里也不存在各经济单位间在各自的经济利益的激励和约束下开展的竞争。

但是，上述理论在几十年的社会主义经济发展中并未得到证实。这是因为，且不说在社会主义经济中由于各种原因（这里不谈）不可能形成单一的全社会的公有制，而且实际上即使在全民所有制经济中各个经济单位之间除了经济利益上的共同性以外，也还存在经济利益的差别性。如果否定这些经济单位应该具有各自的独立的经济利益，从而否认经济利益在他们的生产和经营活动中的激励和约束的作用，便会使它们无须关注自身的经济利益，从而导致资源的巨大的浪费和损失。同时，竞争固然会由于引起盲目性和自发性以及技术封锁等原因造成资源的浪费和损失，但否定竞争则会产生停滞，进而造成资源的更大浪费和损失。几十年的社会主义实践表明，社会主义经济的调节绝不像管理一个工厂、操作一架机器那样简单。国民经济按照全国统一的指令性计划来运转，并不能保证经济按比例地协调地发展，也不能保证资源配置的优化。且不说其他，单就信息收集和处理来说，就不是简单的事。众所周知，可靠的计划必须建立在准确、充分的信息的基础上，而且由于经济情况瞬息万变，信息的收集、传输和处理还要求迅速、及时。但在高度集中的经济体制下，这是难以做到的。往往由于利益的关系，中央计划部门不能获得准确的信息。例如，在丰收之年，各地上报的粮食产量往往偏高，在歉收之年，则相反。而且在没有市场的情况下，计划的决策缺乏迅速的反馈，更不能在实行中由各个单位自行纠正计划的失误和偏离实际，由于在这种体制下决策权在最上层，必须由最上层来纠正决策的失误，等到信息层层传输到最上层，决策部门着手纠正并层层下达时，损失已经不可挽回。所以，人们说，“计划的失误是最大的失误”，这是不无道理的。有人曾经设想，运用现代的计算技术可以解决全国统一的指令性计划在信息收集和处理方面遇到的困难，但这是一种不切实际的设想。单就价格的决定而言，至今没有一台高速运算的电子计算机能够及时地解开众多变量决定的价格的方程，等其解开时，情况早已变化了。

正是从社会主义的实践中，人们认识到，社会主义经济的运行必须有市场的调节，市场在社会主义经济中依旧要通过供给与需求的变化决定商品和劳务的价格，使价格反映资源的稀缺性，进而通过价格的变动引导资源在各产业部门间的流动，从而达到资源配置的优化。

二　市场的“社会制度属性”问题

但是，传统的社会主义理论仍然禁锢着一些人的头脑，人们在承认在社会主义经济中必须发挥市场在配置资源中的功能时，常常为市场的“社会制度属性”问题所困惑。

从历史的起源看，市场起源于私有制社会，而在资本主义经济中达到了最发达的形态，人们称之为市场经济。由此，人们很自然地把市场与资本主义联系在一起，把市场看做是资本主义经济的本质特征，认为市场姓“资”，市场经济即资本主义经济。在历史上，社会主义经济制度作为资本主义经济制度的对立物而产生，经济计划（指令性计划）也作为市场的对立物而出现于公有制的社会主义经济。因此，人们又把计划（指令性计划）、指令性计划经济同社会主义联系在一起，并把它们看做是社会主义经济的本质特征，即计划姓“社”，社会主义经济是指令性计划经济。但是，这种认识毕竟太古旧了，实践早已表明了其不正确性。由于市场会出现各种失效（后面将要谈到），资本主义国家的政府早已对经济实行各种干预，甚至有些国家还编制了各种经济计划，以指导、引导、调节经济的发展。当然，需要指出，资本主义国家编制的这些计划不是指令性计划，因为正如后面将要谈到的，它与市场机制是相互排斥的。指令性计划作为配置资源的手段和方式，在以私有制为基础的资本主义的市场经济中是不能用的（在法西斯国家，例如希特勒时期的德国，曾实行过统制经济，它同指令性计划经济仍有很大不同）。在社会主义经济中它尽管用了几十年，也起过一些作用，但正如前面曾指出的，它往往不能优化资源的配置，反而造成资源的巨大浪费，应被市场所取代。指令性计划本身并不具有姓“社”还是姓“资”的属性，但它却不是资本主义和社会主义都可以用的那种计划。人们说的计划姓“社”不姓“资”，指的正是这种指令性计划。这种看法的错误，不在于看到在资本主义的市场经济中不能实施指令性计划（其实在社会主义的市场经济中也如此），而在于赋予指令性计划以姓“社”的社会制度属性，从而认为指令性计划是社会主义经济的本质特征，社会主义经济必须实行指令性计划，取消指令性计划就是否定社会主义经济，并使其蜕变为资本主义经济。这种看法还内含着一种意思，即作为指令性计划的对立物的市场也有社会制度属性，即姓“资”，它只能是资本主义经济的调节者，如果用市场取代指令性计划来配置资源，就会使社会主义经济蜕变为资本主义经济。在社会主义经济的发展中，人们已经逐渐认识到，不能排斥商品生产和商品交换（即不能排斥市场），但传统的理论毕竟根深蒂固。囿于“计划姓社、市场姓资”这种理论，人们认为，在社会主义经济中，不允许用市场取代指令性计划，不能实行市场经济，市场可以利用甚至应该利用，但只能限制在指令性计划不能或不宜包容的有限的领域内，起一种“辅助”或“补充”的作用，否则，以市场取代指令性计划作为资源配置的手段和方式，就是实行“市场社会主义”，实际上就是实行资本主义。因此，在勃涅日列夫时期就曾大批“市场社会主义”。在我国也一再批判“市场经济”，并一再提出计划姓“社”不姓“资”，市场姓“资”不姓“社”的各种论断。直至最近，邓小平同志南巡讲话以后，这个问题才大体上解决了，人们懂得了，计划和市场是配置资源的不同手段或方式，其本身没有社会制度属性，社会主义可以利用市场，资本主义也可以利用计划（非指令性计划）。

这里，我们只是说“大体上解决了”，因为，并不能说，人们都认识清楚了。

例如，人们至今不提劳动力是商品，用含义完全不同的“劳务市场”去代替“劳动力市场”，以表明劳动力不是商品。殊不知劳动力在使用中生产的作为商品的“劳务”（如理发、运输、商业等部门提供的劳务）与作为商品的“劳动力”是不同的市场交易对象。当前，也不提银行、铁路等国有企业（实际上应为银行、铁路等国有企业的资产）是商品，不提土地、矿山等资源是商品，这同样是不恰当的。试问，如果劳动力、土地、矿产和国有企业的资产等这些要素、资源不是商品，市场如何运作？如何能起到优化资源配置的作用？各种要素、资源如何能借助市场而有效地结合起来？这样，哪里还有什么市场经济？可见，一到某些具体问题上，在有些人的头脑里，市场不姓“社”也不姓“资”的问题，还没有真正解决。这些要素、资源是不是商品，绝不是一个提法的问题，而是关系到如何使其配置优化的问题。拿土地来说，如果承认土地是商品，它就可以在市场流动，就要界定其产权，明确所有者，确定土地所有权与土地使用权的关系，由市场确定土地的价格，确定土地收益的分配关系，等等。由于不承认土地是商品，这些问题至今是模糊不清的，由此造成土地资源的浪费和土地收益分配的不当是相当严重的。又如，如果国有企业的资产不是商品，无论是其存量资产还是其增量资产就不能借助市场而流动，国有企业的资产配置如何优化？国有企业的产业结构如何调整？国有企业又如何能实行股份制、租赁制？部分国有企业的资产又如何能出售？

三　市场的失效和对市场的干预

这自然不是说，市场是万能的，在市场调节下，总能实现资源配置的优化。从市场经济国家的情况来看，市场的失效是不时发生的。

市场失效的情况及其发生的原因甚多，这里主要指出几点。

第一，市场中的垄断。在垄断的情况下，单一的卖主可以对他销售的商品和劳务的价格实行绝对的控制，从而可以通过提高价格高于边际成本和限制产量的办法来获取额外的利润。垄断还阻碍技术进步。因此垄断的存在会约束市场的功能的实现，障碍资源配置的优化。而在市场的运作中，形形色色的垄断是常常发生的。

第二，是市场造成的外部不经济或者称为不利的外溢因素。

在市场条件下，各个单位的费用和社会费用之间，从而各个单位的得益和社会的得益之间，往往是不一致的。而且在得益上往往是前者大于后者，从而引起外部的不经济，或者说不利的外溢因素。最明显的例子就是，一个厂家为了节约自己的费用而将污染物（污气、污水、固体废弃物、噪音等）排放出去，使得其他厂家或社会付出额外的费用甚至更大的费用，蒙受损失而得不到相应的补偿。当然，市场中的活动也会带来有利的外溢因素。例如，一个厂家对工人的培训，在工人调换到其他厂家工作时会使后者得益。市场造成的外部不经济，自然会障碍资源配置的优化。

第三，市场不能有效地提供公共产品和劳务。有一类产品和劳务，是由社会共同消费的，不可能由个别厂商按照市场的交易规则来提供，即它无力迫使社会作为一个整体支付它所提供的这类产品和劳务，也无力迫使任何个人不支付它就不能消费这些产品和劳务。例如，国防、公安、路灯等，就是这类公共产品和劳务。但是，这类公共产品和劳务又是社会必需的、不可缺少的。

第四，市场不能使公共财产资源得到有效的使用。例如，一个湖泊，大家都去捕捞鱼虾，谁都想多获利而多捕捞，就会发生过度捕捞。同时，谁都不愿在湖内为保护和增加资源而投入，因为没有谁会为此而支付给他，他的投入的效果反而为众人所共享。在这种情况下，湖泊的鱼虾资源就会遭到破坏，甚至枯竭。

第五，市场不能解决收入不公平的问题。市场机制的作用会造成一些人很富有，而另一些人连基本需求都无法保障。

此外，也还有一些市场失效的情况。如自然垄断等。

由于市场会失效，所以必须由政府进行一些必要的干预，以纠正市场所可能带来的各种问题，弥补其不足。政府的干预主要在于以下几方面：

（1）制定各种市场运作的法规，制止垄断，维护公平竞争，保护消费者的权益，保护环境，防止公害；

（2）为公众提供必要的公共产品和劳务，举办公共事业，实施必要的社会福利；

（3）实施税收、劳动等政策，调节收入分配，保持收入的公平分配，保护劳动者的权益；

（4）实施财政、货币政策和产业政策，保持经济稳定、协调的增长和发展。

在一些国家，政府的干预还更多些。

由于市场在资源配置中有其优点，但在一些方面会失效，而计划（指令性计划）在资源配置中有其优点，但会带来许多严重问题，因此，人们长时间地讨论如何使计划与市场妥善地结合起来的问题。在一些社会主义国家的经济体制改革中，人们提出了各种结合的理论模式和改革方案，希望既保持各自的优点，又去掉各自的缺点。对此我想简单地讨论一下这个问题。

需要指出，在当初提出计划和市场相结合时，这里说的计划指的就是“指令性计划”，所谓“指导性计划”那已经不是人们原来所说的要与“市场”结合的那种“计划”。因此，早先提出的“计划与市场相结合”，说的就是“指令性计划与市场相结合”，由于二者是根本不同的配置资源的机制，彼此是排斥的，硬要将二者结合在一起，它们的结合只能是“板块式”的结合。曾经讲得很多的“计划经济为主、市场调节为辅”，就是这种板块式的结合。这种结合在党的十二大的政治报告中讲得很明确：“我国在公有制基础上实行计划经济，有计划的生产和流通，是我国经济的主体，同时，允许对于部分产品的生产和流通不作计划，由市场来调节，也就是说，根据不同时期的具体情况，由国家统一计划划分一定的范围，由价值规律自发地起调节作用。这一部分是有计划生产和流通的补充，是从属的、次要的，但又是必需的有益的。”这种“板块式”结合正如后面要谈到的，只能引起经济生活严重混乱。有些人不赞成这种“板块”结合，这是对的，但却主张二者的“渗透结合”、“胶体结合”，使二者各自渗透于对方，达到水乳交融。但这也不过是做做文章而已，实际上行不通。因为，计划（指令性计划）调节和市场调节，是完全不同的经济运行机制，二者的运行轨道是根本不同的。指令性计划调节，实施调节者是政府，其微观基础只能是作为政府附属物的“工厂”（不是真正意义的“企业”），调节的机制是实行集中的指令性计划，实施调节的手段是行政服从，调节所需的信息的获取和传输主要是纵向的，信息的载体是指令性计划、指标、指令、命令之类。市场调节中调节的实施者是市场，其微观基础是作为市场活动主体的自主经营、自负盈亏的企业，调节的机制是竞争，实施调节的手段是利益的激励与约束，调节所需的信息的获取和传输主要是横向的，信息的载体主要是价格（广义的价格，包括商品和劳务的价格、工资、地租、利率、汇率等），这两种调节不可能结合，更不可能“有机地结合”、“渗透式结合”、“胶体式结合”。硬要把二者“板块式”地结合在一起，就会引发“交通”问题，即如一部分车靠左走，另一部分车靠右走会造成交通混乱。也许有人会说，如果把指令性计划改革成指导性计划，不就可以同市场结合了吗？但是，这里说的“计划”已不是原来人们说的计划，这种计划与市场的结合，已不是原来提出来的“计划与市场的结合”了。在“指导性计划与市场的结合”上，显然，只有一个经济的运行轨道，一个资源的配置者，这就是市场，调节的主体、微观基础、调节的手段和机制、信息的获取、传输和载体都是市场经济中的那一类，而不是指令性计划经济中的那一类。所谓指导性计划调节本来就是以市场为基础的，通过市场的中介、借助于市场对经济运行的干预，以补充市场之不足，纠正市场在一些方面的失效，它不是限制、替代甚至排斥市场，相反，离开了市场，指导性计划就失去了意义和作用。如果说，指导性计划与市场也是一种结合并能“有机地结合”，那已经不是原来意义的“计划与市场”的结合，这种结合既不是指令性计划与市场的板块结合，也不是什么“你中有我，我中有你”的“渗透结合”或“胶体结合”，而是以市场调节为基础，在充分发挥市场调节的功能的基础上，对市场的运作进行有计划的引导和必要的干预，弥补和克服市场机制之不足以及由此产生的市场的失效。这种结合将有助于更好地实现资源配置的优化，使经济能稳定、协调地发展，并使公平与效率得以较好地结合。

四　在社会主义市场经济中如何使市场得以正常、有效地运作

要有市场自然要有在市场交易的客体（消费品、劳务、生产要素等），在一个发达的现代市场中可以作为市场交易的客体而进入市场的东西几乎是无所不包的。除了市场交易的客体以外，市场的运作还必须有能够参与市场交易的市场主体，这些主体能够独立自主地参与市场的活动，并能接受市场的调节，对市场的信号作出相应的反应。显然，如果没有这样的市场活动的主体，市场也不可能形成和正常运作。

要使市场得以正常地运作还必须有相应的市场运作的条件。这些条件最重要的有：

第一，市场运作的各种规则，它们保证市场活动的主体得以自由地进入或退出市场；市场交易的客体、各种要素，得以自由

地流动；保证市场交易和竞争能够公平，交易各方的正当权益得到保障。

第二，健全的价格制度，除了在必要的情况下极少数商品的价格要由政府干预以外，价格应能由市场的供求所决定，反映资源的稀缺性。这里所说的价格，不仅是商品和劳务的价格，而且包括其他各种要素的价格（利率、汇率、租金、工资等）。这样的价格能够给出正确的信息，正确引导资源的配置，从而促使其优化。

第三，要有市场运作所必需的信息网络、交通运输网络等基础设施。

第四，为市场运作服务的各种组织，如金融机构、商业机构、劳动力就业服务机构、信息服务机构、储运机构、技术交易机构、市场管理机构等。

市场运作的这些条件越充分、越完善，市场的功能就发挥得越充分、越有效。

上面只是从“市场一般”而言的。无论是在资本主义市场经济中还是在社会主义市场经济中市场都必须具备这些条件才能正常、有效地运作。社会主义市场经济与资本主义市场经济作为市场经济，二者并无本质区别。但社会主义市场经济与资本主义市场经济，又是有本质区别的。概括地说，区别有二：

第一，所有制基础不同。资本主义市场经济是以私有制为基础的，而社会主义市场经济则是以公有制为基础的。

第二，收入的分配不同。在资本主义市场经济中，来自财产所有的收入是构成收入的重要组成部分，一般地说，收入差距较大。当然，有些资本主义国家为了缩小收入的差距，实行了某些具有社会主义性质的政策（有些人称之为福利国家政策），例如征收累进个人所得税、税率很高的遗产税等，不过财产收入在那里仍是造成人们收入差距的一个重要因素。在我国社会主义市场经济中，来自财产所有的收入在人们收入中的比重在加大，但不应构成收入的重要组成部分，应力求实现收入的公平分配，避免由于财产所有的差距造成人们收入差距的悬殊。

那么，不同于资本主义市场经济的这两点区别对社会主义市场经济中的市场会引起什么变异呢？是否会影响市场正常、有效地运作呢？如何才能使社会主义市场经济中的市场能正常、有效地运作呢？这是需要深入研究的重要理论问题和实际问题。下面谈一点我的初步看法。

第一，关于所有制的基础问题。在资本主义市场经济中，它的所有制基础是私有制，这种所有制基础是同市场经济完全兼容的。因为，以私有制为基础，各个市场活动主体都是独立的利益主体，它们有着很强的利益的激励与约束，它们之间只能通过市场建立经济联系，它们各自为了自身的利益必须展开竞争，因此，市场能够发挥调节并优化资源配置的功能。这些都不需多说。那么，在以公有制为基础的社会主义市场经济中，这种所有制基础同市场能否兼容呢？以及如何使其兼容呢？对这个问题，多年前我曾发表过一些看法①，这里不详述。就严格意义的、传统的社会主义国家所有制来说，这种公有制形式同市场是不能兼容的。因为，在这种公有制形式下，国有企业不是独立的利益主体，它们既不自主经营，更不自负盈亏。因此，在国有制企业之间不能形成真正意义的商品货币关系，市场不能成为国营经济内部的资源配置的调节者。我在1979年写的一篇文章中就指出，斯大林认为，在全民所有制（国家所有制）内部，生产资料不是商品，而只具有商品的外壳，这个看法并不错。错在他把国家所有制看做是全民所有制的唯一实现形式，从而认为生产资料不

① 《让公有制与市场机制兼容》，《经济学周报》1988年8月28日。

能成为商品①。斯大林承认，两种所有制（全民所有制和集体所有制）之间存在商品货币关系，这即承认市场的作用。但他又认为，集体所有制应尽快向全民所有制过渡，即尽快建立单一的全民所有制的所有制结构，那时商品货币关系就退出了历史舞台，市场也自然不存在了。今天，我们已经认识到，在社会主义经济中排斥市场是不行的，认识到要建立和发展社会主义市场经济。那么如何使市场能在公有制基础上正常、有效地运作呢？

首先，必须改革国家所有制这种公有制的实现形式，代之以其他公有制形式。传统的社会主义国家所有制企业不能成为市场活动的主体，从而与市场是不能兼容的。在这种所有制下，国家是独一无二的国有资产的所有者，同时又是国有资产的经营者，国有企业不是独立的利益主体，既不能自主经营，也不能和不必自负盈亏，它们没有利益的激励也没有利益的约束，因此，它们不能也不必参与竞争，从而不是也不可能是市场的主体。举足轻重的国有企业不能成为市场的主体，市场如何能正常、有效地运作？改革以来，我们一再强调要发展社会主义商品经济，想尽各种办法作各种改革，要让国有企业成为社会主义商品生产者和经营者，从扩大企业自主权，到实行经济责任制，再到实行利改税，直到实行承包责任制，都没有解决这个难题，原因固然很多，其中最重要的就是传统的国家所有制这种公有制形式与市场不能兼容。这一切改革固然必要，但都无法使国有企业像市场中的活动主体那样，在利益的驱动和约束下充分地自主经营，必须自负盈亏。蒋学模同志在改革之初曾写文章批评我的改革国家所有制的论点，他说：国营企业岂能自负盈亏？就国营企业不能自负盈亏这一点来说，他是对的，可谓一针见血。我和他的分歧不

① 董辅礽：《大转变中的中国经济理论问题》，山东人民出版社 1981 年版。

在于此，而在于，他认为，不应该要求国营企业自负盈亏，所以不能改革国家所有制，而我则主张，原有的国营企业必须自负盈亏，而要使这些企业自负盈亏就必须改革国家所有制这种公有制的实现形式。这个争论已经过去十几年了，但我们在讨论社会主义市场经济问题时，仍然避不开改革国家所有制问题。这里自然不可能展开谈。但我必须指出，在某些自然垄断部门、以社会公益为目标的部门、某些经济命脉部门、某些基础设施部门以及不能赢利的部门等，可以保留一些国家所有制企业，其余的绝大多数国家所有制企业都必须逐步地进行所有制改革。当我在1978年9月（文章发表于《经济研究》1979年第1期）最早提出改革国家所有制（同时也提出了改革人民公社所有制）时，还不明确如何去改，在十几年的改革中已经出现了一些有效的改革国家所有制的方式，例如，实行以公有法人股为主的股份制、租赁制（最近还出现了国有企业租赁给外国公司）、引入外资进行“嫁接”、一些中小型国有企业出售改为民营（包括改为集体所有制）、私营，等等。这些改革国家所有制的办法，都是为了使原有的国有企业的产权明确、成为独立的利益主体，形成强有力的利益的激励机制和约束机制，能够自主经营、自负盈亏，也就是成为市场的主体，使他们积极地参与市场的竞争，接受市场择优汰劣的选择。这样，市场才能正常、有效地运作。否则，社会主义市场经济是不能形成和发展的。

其次，改革所有制的结构。我在以往的文章中多次提出，要发展以多种公有制为主导的多种所有制结构，这是发展社会主义商品经济（市场经济）的需要①。我曾指出，个体经济、私营经

① 《谈以多种公有制为主导的多种所有制结构问题》，《世界经济导报》1987年7月13日。

济、各种“三资”企业等非公有制经济的存在和发展，天然地是与市场相联系和兼容的，并且是以市场的存在和发展为条件的（在自然经济中的自给自足的个体经济例外）。允许它们的存在和发展，对于社会主义市场经济中市场的发育、完善以及正常和有效地运作，是必要的。多种公私混合所有制经济、非国有制的各种公有制经济（例如真正意义的合作所有制、集体所有制经济），也是不同程度地与市场兼容的。股份制经济本是市场经济发展的产物，多种类型的股份制经济（包括公有法人股为主的股份制经济）自然也是与市场兼容的。因此，发展包括多种公有制形式在内的多种所有制结构，正是发展社会主义市场经济的条件和客观要求。在这种所有制结构下，在社会主义市场经济的环境中需要保留的国有制经济（它本身也要作改革）也将在某种程度上按照市场规则运作，即使它们不能完全地纳入市场运行的轨道，也不会严重地障碍市场正常、有效地运作。那么，社会主义市场经济的公有制基础又如何体现呢？我主张“以多种公有制为主导”，是指在社会主义市场经济中多种公有制经济应占主导地位、起主导作用。所谓以多种公有制为主导就是说，不能以国有制这一种公有制为主导，公有制可以有多种多样的形式，例如合作社所有制、集体所有制、公有法人股股份制、多种混合的公有制等都是。只要在一些自然垄断部门、一些以社会公益为目标的部门、某些基础设施部门、某些不能赢利或难以赢利但对国民经济有重要意义的部门以及某些经济命脉部门等为各种公有制经济所掌握或基本掌握，公有制经济就占据了主导地位，在国民经济中就能起主导作用，并保持国民经济的社会主义性质。所谓多种公有制起主导作用，主要的是指，它们可以为政府的宏观调节提供必要的物质基础，使政府有足够的力量指导、引导、调节市场的运作，纠正市场可能发生的失效，补充市场之不足，使市场得以更有效地优化资源的配置，使国民经济得以更为稳定和协调地发展。同时，使社会收入能够公平分配。因此，社会主义市场经济的所有制基础，更确切地说，应该是“以多种公有制为主导的多种所有制结构”。在这种所有制基础上，社会主义市场经济是能够建立和发展的，市场也是能够正常、有效地运作的。

第二，关于收入分配问题。如前所述，市场的运作是以竞争为前提的，而竞争又是以强的利益的激励和约束为基础的，或者说是由利益驱动的。在资本主义市场经济中，它的所有制基础是私有制，财产所有的差别是造成人们收入差距的一个重要因素，市场竞争的结果会导致人们财产占有的差别扩大，从而使人们的收入差距扩大，而这反过来又驱动着市场竞争。因此，在资本主义市场活动中市场是能够正常、有效地运作的。那么在社会主义市场经济中情况又如何呢？实现收入的公平分配，这是社会主义的基本要求，建立公有制的一个重要目的也是为了实现收入的公平分配。平均主义不是社会主义，更与市场机制不相容，这无须多说。那么，收入的公平分配是否会障碍市场的正常、有效地运作呢？如何才能既保持公平分配又使市场得以正常、有效地运作呢？这是一个相当困难的理论问题和实际问题。我只谈两点意见。

首先，关于社会主义市场经济中来自财产所有的收入问题。既然要发展多种所有制，包括多种非公有制，既然反对平均主义，允许人们的收入有差别，那就要允许各种财产带来的收入（存款利息、多种证券收入、房屋出租收入、经营多种实业的收入、遗产收入等）。允许财产带来的收入以及由此引起的收入的差别，对市场的正常、有效地运作是必要的。例如，如果不允许人们在股票投资中获取股息、红利以及股票交易中获取赢利，怎么可能有股票市场呢？股票市场又如何能起到配置资源的作用呢？但是，市场运作的结果，确实又会引起人们在财产所有上的差距以及差距的扩大，从而导致人们收入差距的扩大。从市场的正常、有效地运作来说，这是不能避免的，甚至是必要的。但是，我们又必须使收入分配保持公平，不使来自财产的收入构成人们收入的一个重要因素，不使财产所有的巨大差距造成人们收入的巨大差距。这是一个很难处理的问题。可行的办法不是去限制人们将收入用于投资，而是加强对来自财产的收入的再分配，一方面征收累进税，另一方面用税收等办法鼓励将财产收入再投资于产业而不是用于个人消费，以缩小人们生活水平上的差距。

其次，保持收入的必要的差距问题。不允许收入有差距，就不能推动竞争，市场也就难以正常、有效地运作。但在社会主义市场经济中又不应使收入差距过大，以实现收入的公平分配。这是公平与效率的问题，很难处理得当。在西方一些国家，也遇到了这个问题。有些国家只讲效率，导致收入差距悬殊。有些国家实施福利国家政策，福利过多，照顾了收入分配的公平问题却又牺牲了效率，产生了“英国病”、“瑞典病”。在社会主义市场经济中，我们同样会遇到这个难题。但是，作为社会主义国家，我们又必须将这个问题解决好。我认为，只要我们能保证人们正常的基本需要逐步得到满足，并使人们的生活逐步得到提高，即逐渐达到“共同富裕”，在这个前提下，应该允许收入差距的存在。而且，在经济由不发达走向发达的历史时期，在从平均主义的传统经济体制向市场经济体制转变的阶段，以及在市场的发展和完善的过程中，人们的收入的差距必定会扩大，这不仅是允许的，而且是有利于社会主义市场经济的形成和发展的，有利于市场的发展和完善的，有利于国民经济的发展的。我曾在一篇文章中指出，这是经济由不发达走向发达所必须付出的代价[1]。当然，即使在这个时期、这个阶段、这个过程中也应注意调节收入分配。我想，这是符合邓小平同志提出的允许一部分人先富起来以达到共同富裕的政策的。为了发展社会主义市场经济，为了使市场得以正常、有效地运作，在公平与效率的问题上，应该在有利于提高效率的前提下，逐步实现收入的公平分配。收入的公平分配的实现，是一个较长的过程，只有在效率逐步提高、经济日益发展的基础上才能逐步做到。而要提高效率，必须使市场得以正常、有效地运作，促使资源配置的优化。如果收入分配的结果障碍了市场功能的发挥，就是牺牲了效率，是不可取的。同时，还应当看到，实现收入的公平分配，并非市场本身固有的功能，相反，导致收入差距扩大，是市场失效的一个表现。我们不能因为市场的运作会导致收入差距扩大而去限制市场的运作，而是应该在促使市场正常、有效运作、促使市场发展完善的前提下，采取其他措施（如税收）来调节收入分配，逐步使收入分配达到公平，以弥补市场之不足，“削足适履”从来是不可取的。

总之，如果处理好上面所说的两个问题，社会主义市场经济是能够发展的，在社会主义市场经济中市场也是能够正常、有效地运作的。

五　我国市场的现状

经过十多年的改革，在我国，市场已有相当的发展。就生产方面来说，除去农业部门自身消费的部分（生产的消费和生活的消费）以外，农业生产基本上已由市场的供求来决定。在工

① 董辅礽：《经济发展战略研究》，经济科学出版社 1988 年版。

业生产方面，国家计划委员会下达的工业生产指令性计划的产品品种已由 1984 年的 120 多种缩减为 1988 年的 65 种，国务院各专业部门下达的工业生产指令性计划产品品种从 1984 年的 1900 多种减少到 1988 年的 380 种。各省、自治区、直辖市以及计划单列省辖市下达的指令性计划产品也大幅度减少。中央和省级实施的工业生产指令性计划的产品产值占工业产值的平均比重，已从 1984 年的 80% 以上下降到 1988 年的 16.2%。这就是说，其余部分的生产或者是直接由市场供求决定的（占 40.9%），或者是以国家参照市场供求状况制定的指导性计划为指导的（占 42.9%）[①]。就产品的销售来说，非国有企业的产品销售基本上是以市场为媒介进行的（但农产品中的合同订购部分实际上具有国家指令性收购的性质，因为国家下达的合同订购指标是必须完成的），国有企业的产品大约已有 40% 由企业自销，由中央各部门作为指令性计划分配的生产资料由 1979 年的 316 种减少为 45 种，生产资料已不同比例地进入市场交换，消费资料则大部分已经由市场交换。在价格方面，农副产品收购总额中已有 52% 由市场决定，协议价和指导性价格大约占 23%，它们在颇大程度上也受市场供求的决定，国家定价的约占 25%。生产资料中由市场供求定价的约占 40%，国家定价的约占 60%。消费品零售额中，市场定价的部分占 45%，指导性价格约占 25%，国家定价占 30%。此外，资金市场已有所发展，建立了多种金融机构（银行的、非银行的），直接和间接融通资金的活动逐渐发展。证券交易所、外汇调剂中心开始建立。上海、深圳等地已

---

① 国家计委体改法规司课题组：《我国工业生产计划管理现状调查》，《改革》1990 年第 5 期，第 34 页。当然，实际上市场调节的部分没有这样大，因为，有些指导性的产品计划实际上成为指令性的产品生产计划，还有各级政府层层增加的指令性产品计划的产量等情况。

有少数股票上市。劳动力市场开始形成，除了无组织的劳动力市场以外，有组织的劳动力市场也开始形成，各地成立了职业介绍所、人才交流中心、劳动服务公司等。技术市场也开始形成，技术应作为商品进到市场交易已开始为人们所认识，一些地方成立了技术交易所、技术开发公司、技术咨询公司。信息市场也有了开端，信息商品的交易量正在扩大，各种信息公司、咨询公司开始建立。此外，资产市场也开始建立，如有少数城市（如武汉）建立了企业市场，推动企业的兼并和买卖，房地产市场也在一些城市开始出现。

尽管我国市场的发展还是初步的，市场还很不完善，但是市场的初步发展，已经对我国经济的发展起着重要的作用。最显著的是我国消费品的生产和供给越来越丰富。在市场的作用下，消费品的供给数量越来越多，除极少数基本必需品外，定量配给已经取消，人们已无须花许多时间去排队，消费品的花色品种越来越多样化，质量也有明显改进，更新换代加快。在市场的作用下，技术进步加快，从国外引进和自行开发的技术大量增加，使我国的经济面貌一新，越来越多的产品的质量接近或达到世界水平，具有国际竞争的能力，从而加速了出口的增加和出口结构的变化。市场已经成为我国经济运行和发展的重要力量，在资源配置的优化中起着越来越重要的作用。从 1988 年第四季度开始的对经济的治理整顿，更显示了市场的这种力量和作用。在治理整顿中，政府也运用了一些行政手段，例如对价格的严格管制（某些价格变动的审批、物价大检查等）、某些短缺商品恢复配给供应和实行专营、对社会集团消费实行严格的审批制度、强化对投资的行政控制（如强化投资的审批制度）等。但在我国的市场已有所发展的情况下，已经不可能单凭或主要凭借行政力量、行政手段来实现治理整顿的目标，而必须主要运用经济杠杆，借助市场力量来达到。从 1988 年第四季度起，政府实行保值储蓄、提高利率、控制信贷规模、压缩预算中的行政事业费开支、增加税收（如新征 10% 的预算调节基金）和调整税率、发行债券等紧缩的金融措施和财政措施，收到了意想不到的效果。在短时间内，市场状况发生了明显变化，社会总需求超过社会总供给的差距迅速缩小以至接近平衡。价格由上涨迅猛到逐渐减缓，进而趋于稳定。商品则由严重供不应求转入部分供过于求，进而出现销售困难。以后市场的“疲软”，使得大量企业开工不足，甚至停产，产品库存大量增加，资金周转困难，生产下滑。顺应市场的这种急剧变化，从 1989 年第四季度起，特别是 1990 年 2 月以来，政府逐步放松紧缩的力度，例如增加贷款、降低利率、增加投资、放松对社会集团消费的控制等。这些措施逐渐地在市场中反映出来，社会需求增加，生产渐渐启动，由下滑转入回升，市场销售也缓缓上升。尽管正如后面还将谈到的，市场的调节作用还不够强而有力，但已经相当显著，发挥市场对经济的调节作用，结合使用一些必要的行政手段，比单纯运用行政手段来调节经济，往往可收到事半而功倍的效果。

尽管经过十多年的改革，我国的市场已初步形成并有所发展，已经起着日益明显的作用，但我国的市场的发展还是初步的，还颇不完善，具有不成熟性。这种情况在最近的治理整顿中表现得相当明显。下面想着重指出几点。

第一，市场的覆盖面不宽。目前我国的市场交易的客体还颇为有限。我国的市场，主要是消费品市场，生产资料还有相当一部分没有进入市场、通过市场的媒介进行交换。农产品中还有大约 40% 没有纳入商品交换，而在一些发达的市场经济国家，农民消费的面包、肉食、蔬菜等几乎都是从市场购买的，农民用的种子也是由专门生产和经营的种子公司售与的。在我国，农民消费的农产品大多靠自己生产、自己加工，大部分种子由自己从生产的产品中留用。我国的资金市场还很不发达，技术市场、信息市场也处于萌芽状态。国营部门在实行合同工制后，这部分劳动力转入市场调剂，但占的比重还有限，而且合同工制在实行中在不少国营企业已变得与固定工制没有大的区别。国有企业中多余的劳动力也很难经由市场而流动。

第二，市场在不同领域的调节作用有很大差异。这首先表现在，在不同的所有制领域中市场的调节作用有很大差异。在非国有制经济领域，特别是非公有制经济领域，市场的调节作用异常显著。这些非公有制的经济部门的存在和发展与市场的变化有紧密的联系和依存关系。这在治理整顿中看得格外清楚。当经济紧缩时，它们比国有经济更早地感到气候“转寒”，纷纷缩减生产，甚至停业、停产。当时，国有企业还不大感受到气候的这种变化，许多企业还在加足马力。大多数国有企业到 1989 年年中以后才感到市场不景气，还有一些国有企业感到市场疲软更晚。而当从 1989 年第四季度起政府开始增加资金投放时，特别是从 1990 年 2 月起放松紧缩力度后，非国有企业迅速活跃起来，加快了它们的生产和销售，以至在 1990 年它们的增长速度大大快于国有部门。国有企业则大多行动缓慢，而当它们感到市场已开始启动时，不少企业却不顾市场启动缓慢的状况，只顾生产，不问销售，以至一边生产，一边积压，使得产成品库存急剧增加。在非国有经济领域，市场在调节资源配置、调整产业结构方面的功能很显著。随着紧缩政策的实施和市场不景气，一大批非国有企业被迫调整，1989 年全国关停的各类乡镇企业达 19.6 万家左右。1990 年继续减少 18.6 万家。其中大量是受投资收缩影响的建筑企业、建材工业企业以及与此有关联的产业部门的企业，还有市场紧缩后产品销售困难的制造业企业以及不少经济效益差、资金短缺的企业。不少非国有企业根据市场的变化迅速调整了自己的生产，不少遭到淘汰。这是资源配置的优化过程，也起了调整产业结构的作用。由于国有企业受行政的干预多，还不能自负盈亏，市场对国有经济部门的资源配置的优化、产业结构的调整，虽然也有一些作用，但远不及对非国有经济部门那样巨大和显著。由于市场不景气，虽然有不少国有企业停产或半停产，在小范围进行着企业的兼并和重组，但却没有一个国有企业关闭或破产，企业的资产存量基本上没有进行跨部门的流动，致使在国有经济部门资产存量结构的变化很小，产业结构的调整进展甚微。那些生产能力过剩、技术落后、产品质量低劣、经济效益差甚至亏损严重的国有企业没有被淘汰、改组、转产。在治理整顿中，国有企业面临市场销售困难，本应从技术更新中寻找摆脱困境的出路，但市场对它们的压力不大，它们自身也缺乏技术改造的内在动力和能力。

在不同产品的生产和销售方面，市场的调节作用也有明显差异。在消费品的生产和销售方面，市场的调节作用已相当明显，而在生产资料的生产和销售方面，由于指令性计划控制较强，市场的调节作用明显地弱。

第三，各地区的市场发育有极大的不平衡性。少数沿海地区，例如珠江三角洲、长江三角洲等地区，市场已有相当大的发展，而且已经开始具有现代化市场的某些特征。在少数内陆地区如武汉等地，市场的发育程度也较高。但大多数地区的市场还是初级的、早期形态的。在那些经济落后的地区则或者还没有形成市场，或者只有原始的或古老的市场（如墟市）。例如，在海南省的五指山黎族聚居的地区，人们还不懂得商品交易。在治理整顿中，各地区市场发育程度的差异表现得格外明显。在东部、南部沿海地区，例如，山东、江苏、广东、福建一带，市场的调节作用较强，这些地区的经济显示出较大的适应性和灵活性。当实行紧缩政策后，它们的经济在市场作用下，受到很大冲击，同时迅速作了相应调整，在市场启动中，又迅速回升。而在一些地区，特别是全民所有制比重大、重工业比重大的地区，例如，辽宁、吉林、黑龙江等地，市场对经济的调节作用较弱，经济的调整很慢，很难适应市场的巨大变化，以致遇到巨大困难。

第四，市场的半径短①，狭小的具有封闭性的地区市场占有主导地位，国内的统一市场还未形成。这固然同运输业和信息业的不发达有很大关系。往往是某些产品在一些地区大量过剩，销售困难，而在另一些地区则供不应求。例如，水果、生猪、蔬菜等由于运输困难而发生这种情况，造成大量损失。统一市场未形成也同经济体制有关。在现有的财政包干的体制下，各地区出于本地区的利益的考虑，常常实行地区保护主义，封锁和割裂市场，以保护本地区的生产。例如禁止本地区所生产的原材料（如棉花、烟叶等）销往外地，以保障本地区企业的需要，阻止外地商品进入本地区市场，禁止本地区企业从外地购进或在外地加工本地区能够生产或加工的产品（不顾本地区产品的成本高、质量低），限制资金、人才流入外地，等等。同时，按产业部门划分的行政管理体制也障碍了要素的部门间流动，例如，各部门为了自己的便利和利益，在所属企业中重复地兴建铸造、锻压、电镀等车间，阻止企业跨部门的兼并和改组。在治理整顿中，由于市场销售困难，各地区、各部门的保护主义进一步加剧，使得本未形成的统一市场更加割裂，障碍了竞争、资源的流动，从而

---

① 这里不包括某些仅宜或仅能在当地或近距离市场销售的商品。这些商品的市场半径必定是短的，它们的市场是有地区性的。但随着现代运输工具和其他技术（如保鲜技术）的发展，其中有些商品的市场半径也加长了。

障碍了市场功能的发挥。

第五，市场交易的信用化、票据化的程度很低。商品交易主要是现货交易，期货交易仅在个别地区准备试行（如郑州准备实行小麦期货交易）。

第六，市场的组织化程度很低，市场的规则还未全面建立，很不完善，市场正常运作所必需的各种服务机构还未普遍建立，或者还不健全。上述市场的地区割裂和封锁也是市场缺乏规则的表现。在治理整顿中破坏市场运作的正常规则的情况有所加剧。例如，破坏契约关系已习以为常。市场中的交换关系，本是一种契约关系，契约维系着市场交换中各方的权利、义务和利益，遵守契约是市场得以正常运作的基本规则，不遵守契约，不讲商业信用，各方的权益就得不到保障，市场就不能运作，会陷入混乱。在治理整顿中，各种债权债务关系遭到严重破坏，“三角债”的形成正是市场缺乏规则的表现。不仅生产企业间可以相互拖欠债款、生产企业与商业企业间可以相互拖欠债款，而且生产企业、商业企业可以拖欠银行的贷款和利息，逾期不还，而银行也可以用拖延支付等办法占用生产企业、商业企业的货款和存款。一些企业甚至用拖延支付货款的办法来获利，即占用被欠企业的资金并让其承担利息。一些资不抵债的国有企业可以向银行借钱发工资，银行难以拒绝。在市场活动中，违反契约关系的事本是经常发生的，但要受到法律的制裁。在我国，法律对此往往无能为力，而且极少诉诸法律。企业难以抵制各种摊派也表明市场缺乏规则，或者虽有规则（如《全民所有制工业企业法》中明确规定企业有权拒绝摊派），但难以实行。市场缺乏规则还表现在其他许多方面。

第七，国内市场与国际市场的联系很不紧密。这一方面同我国的货币（人民币）不是可自由兑换的货币以及我国国内市场的价格与国际市场的价格缺乏直接的联系有很大关系，加上人民币官方汇率脱离实际的市场汇率，这造成国内价格与国际市场价格相距甚远。例如原油的国内市场价远低于国际市场价，而石油加工品的价格则相反。另一方面，这也与我国实行的关税和非关税保护、国家垄断的外贸体制有很大关系。这种状况不仅阻碍对外贸易的发展，而且由于国内市场价格的扭曲阻碍资源配置的优化，因为在这种情况下，使得比较利益的表现失真。同时，国内市场与国际市场的联系不紧密，也往往阻碍我国企业进入国际市场，在国际市场竞争的压力下改进技术、降低成本，提高产品质量并及时适应国际市场的变化。

第八，市场赖以起作用的机制，例如竞争机制、价格机制等，很不完善。关于价格机制问题将在下面专门谈一谈。如前所述，竞争机制是市场赖以起作用的重要机制。要使市场能正常地运作并发挥其功能必须开展尽可能完全、充分的竞争，这种竞争还应是公平的竞争。完全的竞争是一种理论上的理想状态，在实际生活中是不可能达到的，它要求有为数足够多的买者和卖者，他们对商品和劳务、价格等市场情况有充分的了解，出售的商品和劳务是相同的，卖主可以自由地进入市场，任何人都不能对价格和销售具有重大影响；生产要素在各行业间有充分的流动性。事实上，竞争是不完全的。在我国的市场，竞争的不完全性更加突出。在一些部门中，少数大型企业的商品和劳务在市场中占有很大的份额，其他企业难以进入，要素流动受到许多限制。竞争的不公平性也很突出。人们经常提到国有企业在与非国有企业的竞争中处于不利和不公平地位，例如，国有企业的自主权小，对国家承担的责任重（税利负担和社会负担重、要完成指令性计划等），受到的控制多（如政府对价格的管制、财务开支方面的控制）。非国有企业常常运用一些不正当的手段甚至违法的手段与国有企业竞争（例如，行贿、制造假冒商品等）。但国有企业也在一些方面具有比非国有企业有利的竞争地位，例如容易获得银行贷款，亏损企业可得到国家财政补贴，可得到低价的有较多保证的能源、原材料、设备、外汇、出口许可证以及人才等资源。同时，即使在国有企业之间也往往有不公平的竞争，例如，给某些大中型企业以优先的贷款、地方政府采取措施保护本地区所属的企业。不论哪种不公平竞争都会阻碍市场功能的有效发挥，使资源的配置难以优化。

第九，公有企业特别是其中的国有企业，还不能作为市场活动的主体和市场调节的受体，参与市场的活动。这是我国市场在形成、发展和完善中的一个重要问题，下面也将着重地谈一谈。

以上情况表明，虽然改革以来，我国的市场有了很大的发展，但还具有不成熟性，有待进一步发展和完善。

六　加快改革和经济发展，促进我国市场的发展和完善，建立社会主义市场经济的新体制

造成我国市场不发达、不完善或者说不成熟的原因有二。

第一，是体制方面的原因。如前所述，我国原有的经济体制是排斥市场机制的。这种经济体制使我国在解放前某些地区已经有相当发展的商品经济和市场萎缩了。我们从上海、天津、武汉等城市的市场变迁可以清楚地看到。例如，上海原来是远东的金融中心和商业中心，以后已不具备这样的地位，以致现在我们还得从头去建立和发展上海的金融市场，使其逐渐成为亚洲重要的金融中心。改革以来，市场虽有很大发展，但排斥市场机制的旧体制仍在不小的程度上起着作用，成为障碍市场进一步发展和完善的体制上的重要原因。当前我国正处于新旧经济体制并存、交

替的阶段，新旧体制之间经常发生摩擦，使市场难以正常运作。例如在宏观经济方面，虽然如上所述，国家计划已有相当一部分由指令性计划改为指导性计划，或者交由市场调节，但指令性计划毕竟还保留了重要的一部分。这部分涉及一些重要产品和劳务的生产和流通，一些重要的产品的进口和出口、一些重要工程项目的投资和建设、一些重要经济活动的安排（如财政收支的安排、工资总额和新增职工人数的确定、投资和信贷的规模和结构的确定等），自然其中有些计划和安排是必要的，有助于克服市场的失效，但其余部分则对市场的作用是一种限制，而且由于它们涉及的是一些重要产品和劳务、一些重要的工程项目以及一些重要的经济活动，它们对市场运行和发展的影响，比它们在有关方面所占的数量比重要大得多。指令性计划在制定和执行中固然要考虑市场的状况和运行的规律，但它在运行机制上毕竟与市场不同。由于其运行的机制不同，在指令性计划、指导性计划和市场调节并行的状况下，不能不影响市场功能的发挥。例如，市场对按指令性计划配置的那部分资源不能直接地调节，有无指令性计划任务以及指令性计划在企业生产经营活动中所占的比例不同，会对企业的经营方式、赢利状况带来不同的影响。在同时具有指令性计划、指导性计划和市场调节部分的企业往往在其生产经营活动中按照利益的状况决定其活动，如果指令性计划分配的原材料价格低，它们就设法从指令性计划分配中得到更多，如果市场销售产品的价格高于国家收购的价格，它们就设法更多地在市场销售。这些都会影响市场对资源配置的调节，首先是使这种调节和市场的选择失去了客观的准绳，如企业的赢利状况，一些企业赢利多可能并不一定是由于经营得好，一些企业亏损也不一定是由于经营不好。又如，在微观方面，国有企业虽然已经有了一些自主权，但仍不同程度地受到行政的干预，它们虽然有了赢利的动机，但仍不具有硬的预算约束。正如我们在后面要谈到的，国有企业虽然已不同程度地参与市场活动，但还未能完全地作为市场活动的主体按照市场的指挥行动。再如，新旧体制的并存也使市场调节赖以起作用的一些机制，特别是价格机制不能正常地发挥作用。因此，要培育、发展和完善市场，必须进一步推进经济体制改革，进一步去除阻碍市场正常发挥其功能的制度方面的原因。

第二，是生产力方面的原因。市场的发展和完善本是社会生产力的发展、社会分工的深化，使自然经济逐渐瓦解，从而商品经济逐渐发展，以及商品经济在其自身的基础上的进一步发展和完善的自然演变的历史过程。在我国，市场的不发达、不完善，固然有体制方面的原因，但同时也有生产力方面的原因。在我国广大的农村地区，在那些经济落后的地区，市场的不发达受生产力落后、社会分工不发达的制约很大。例如，农业中大约40%的农产品没有进入市场，主要是由社会生产力、社会分工不发达所决定的。绝大多数农户自己生产自己消费的粮食、蔬菜、禽蛋、烟叶等，就是社会生产力落后、社会分工不发达的表现。还有前面提到的，市场半径短，全国统一市场未能形成，除了体制上的原因造成的市场的割裂以外，同交通运输的落后，通讯的落后，为市场运作服务的行业、机构的不发达也有很大关系。

鉴于上面的分析，要促进我国市场的发展和完善也必须从两个方面入手。

第一个方面是推进经济体制改革，建立有助于市场正常运作的经济体制，在这种经济体制下，自然不是对市场的运作完全放任不管，而应对市场的运作实行必要的干预和引导，以弥补市场的不足，纠正市场的失效。这种改革要从三个方面入手：

第一，进一步改革高度集中的排斥市场机制的指令性计划体制，建立适应市场正常运作并对市场运作进行必要干预和引导的宏观调控的体制。除了在特定条件下必不可少的少量指令性计划以外，计划应是指导性的。政府对经济的调控应以间接的调控为主，即主要不是借助于指令、命令等对经济活动进行直接的干预，而是主要借助于各种经济杠杆（例如，利率、汇率、税收、信贷、货币发行、存款准备金率、再贴现率、公开买卖有价证券、国债的发行等）进行间接的干预，也即运用这些经济杠杆，对市场的运作进行调节；以市场为中介调节和引导经济活动。同时纠正市场的失效，弥补其不足。

第二，建立和制定市场正常运作的各种体制、机制和规则。例如，由市场供求决定价格的体制，商品和要素的自由流动的体制，企业能够自由进入和退出市场的体制，公平竞争机制，风险机制，公司法、票据法、合同法、反垄断法、破产法、专利法、商标法、银行法、消费者权益保护法、失业救济法等。其中有些在我国的市场运作中已经建立和制定了，但需要进一步完善。有些则还没有建立和制定。这里想着重谈谈价格体制问题。

市场的正常运作和其功能的有效发挥，有赖于价格机制的完善。除了极少数商品和劳务要由政府干预和控制以外，必须建立在公平的尽可能充分的竞争中由市场供求决定价格的价格体制。这种价格应能反映资源的稀缺性，应能为商品和劳务的生产者和消费者提供正确信息，使生产者在按照边际成本等于价格的条件确定自己的生产的产品和产量中，得以优化要素的投入和使用，使消费者得以正确地调节自己的需求，对自己的收入的使用作出正确的选择（包括对替代品的选择）。

在我国，改革以来，如上所述，已有相当大部分的消费品和不少生产资料的价格由市场的供求所决定，这对市场的形成和发展有很大作用。但价格体制还有待进一步改革。这是因为，还有小部分消费品（如城市居民按定额配给口粮、油等）的价格没有放开，有小部分消费品的价格还受到政府较严格的控制，或者规定了最高限价，有部分国家收购的农产品（如合同定购部分）价格也由政府确定，还有相当一部分生产资料的价格没有放开。其他一些要素的价格（利率、汇率、工资、土地的价格和租金等）大多也没有放开。同时，在价格改革过程中形成了价格的“双轨制”甚至多轨制，即一种商品和劳务既有政府的定价又有市场价，甚至还有议价和介于政府定价与市场价之间的各种价格，或者一类商品和劳务由国家定价，另一类商品和劳务则由市场定价。此外，由于长期实行政府定价和稳定价格的政策，改革以来形成的价格“双轨制”以及市场的不发达、不完善（包括竞争的很不完全、不充分）等原因造成不同商品和劳务的价格之间的比价（相对价格）以及不同质量和品种的同一商品和劳务之间的价格之间的比价扭曲，不能反映其生产成本和供求状况。价格体制方面存在的这些问题阻碍着市场的发展和完善及其功能的发挥，造成经济生活中的各种摩擦、资源的浪费和损失。例如，有些商品，国家收购的质量要求高，但价格低，而在市场上质量低的这种商品其价格反而高，企业宁可生产质量低的商品以便可以按高的价格在市场出售，以获更多的利润。又如由于存在“双轨”价格，一些企业和个人利用双轨价格之间的巨大价差进行投机，获取暴利。再如，由于相对价格的扭曲造成市场信息的扭曲，使得一些产品（如煤炭等）的生产因价格过低、亏损严重而难以发展，另一些产品（如彩电等）因价格过高、赢利巨大而过分发展。因此，为了进一步发展和完善市场，改革价格体制是重要的甚至关键的一环。这是毫无疑问的。但是也必须指出，改革了价格体制，具体地说，除极少数商品和劳务外，其余的商品和劳务的价格（包括各种要素的价格）都放开；改变了价格的“双轨制”，并双轨为市场供求定价一轨；由市场供求调节各种商品和劳务之间的相对价格，纠正了其扭曲，仍只是发展和完善市场的一个环节，单单或主要靠这一方面的改革还不能培育出发达和完善的市场。例如，近来更趋严重的地区间、部门间阻碍要素流动的壁垒和阻隔就必须破除，否则即使放开价格，在要素不能自由流动的情况下，市场的调节作用、优化资源配置的功能也不能有效发挥。又如，长期实行的传统的经济发展战略形成了畸形的产业结构和消费结构，放开价格，在市场的作用下无疑有助于其调整，但这要经历相当长的过程，在这个过程中在其他许多因素的约束（如资源的约束等）下，放开价格必须与其他措施（如政府制定产业政策、投资政策、税收政策）相配合才能对产业结构、消费结构的调整有效地发挥作用，否则会在众多产品短缺的情况下，由于资源的约束不能立即解决而导致市场秩序的混乱。

第三，把公有制企业特别是国有企业改革成为市场正常运作的微观基础。这就是把公有制企业，特别是国有企业改革成自主经营、自负盈亏的商品生产者和经营者，或者说市场活动的主体和市场调节的受体。市场是企业活动的舞台，没有市场，企业不可能作为市场活动的主体来活动，也不可能作为市场调节的受体按照市场的信号来活动。反过来，市场是在各个市场活动的主体的交易活动中运作的，企业是最重要的市场活动的主体，没有能够作为市场活动主体并按照市场信号行动的企业也不会有市场。因此要发展和完善市场，必须使企业成为市场活动的主体和市场调节的受体，但是，原有体制中的国有企业不能成为市场正常运作的这种微观基础。这是我国在改革过程中，发展和完善市场所必须解决的一个重要问题，也是一个特别困难的问题，其困难的程度至少不亚于价格体制的改革。由于国有企业在我国经济中占有相当大的比重，居于举足轻重的地位，它们的状况对我国市场的发展和完善至关重要。

作为在市场环境中活动的国有企业首先必须是自主经营的，具有作为市场活动主体和市场调节受体的充分的自主经营权。只有这样，它们才能按照市场的规则自主地参与市场的活动，按照市场的信号作出相应的经营的决策和反应。例如，它们应该有经济计划权，有权自主地按照市场、自己的生产能力和要素供给的情况决定自己的计划并调整自己的计划；当市场的行情发生变化时有权自主地调整自己产品的品种、数量和结构；它们应该有权选购自己所需的生产资料；有权自主地销售自己的产品；它们有权自主地参与市场价格的决定；有权自主地运用和支配自己的资金和其他生产要素；有权自主地决定工资和人事；等等。这些自主经营权都是国有企业作为市场活动的主体和市场调节的受体所必不可少的前提。否则，企业就不能按照市场的规则和信号行动，而且也不会有真正的市场。例如，在高度集中的指令性计划体制下，国有企业的生产和销售、生产要素的供给、产品的价格等都由集中的指令性计划决定，企业无权决策。这样就不会有能按照市场调节行动的企业，也就不会有市场的调节。经过十多年的改革，国有企业已经有了一些自主权，这是市场能逐渐形成和发展的一个重要条件。但国有企业还不具有作为市场活动主体和市场调节受体的必须具有的充分的自主权，其中许多权利虽然在《全民所有制工业企业法》中已有规定，但还有待落实。政府部门对企业的各种控制和干预仍不少，特别是受指令性计划管理多的一些大中型企业更是如此。此外，国有企业留用的利润太少也限制了其自主经营权的运用。

作为在市场环境中活动的国有企业，还必须是自负盈亏的。只有自负盈亏的企业才能成为独立的利益主体，一方面具有利益的激励机制，另一方面具有利益的约束机制。国有企业必须具有这两方面的利益机制，才能按照市场的规则行动。因为企业只有具有利益的激励机制，才能在利益的激励下积极地主动地参与市场竞争，努力改进技术、降低成本、提高产品质量、开发新产品，作好对消费者、用户的服务，按照市场的变化作出灵敏的、恰当的反应，及时地调整自己的生产和经营。同时，企业只有具有利益的约束机制，才能感受到市场竞争的压力，在这种压力下兢兢业业地改善经营，主动地接受市场的调节，市场竞争的优胜劣汰机制才能起作用。如果国有企业不自负盈亏，像改革前那样，由国家统负盈亏，赢利全部或绝大部分上缴国家，企业亏损都由国家补贴，企业就不能成为独立的利益主体，就没有利益的激励机制和利益的约束机制，从而也不能成为市场活动的主体和市场调节的受体，也就不会有真正的市场，市场的调节作用、优化资源配置的功能也不能实现。改革十多年来，在使国有企业向自负盈亏转变方面已经作了一系列改革，国有企业已经可以按照经营的好坏留用一部分利润了，企业可以用留利来发展生产、改进技术、奖励职工、举办福利了，因此，不仅企业有了自己的利益，而且企业的利益与企业职工的利益也有了联系。这对于企业转向市场、改善自己的经营管理、促进市场的发展和完善都起了积极的作用。但是，国有企业还没有达到自负盈亏。承包经营责任制也还未能使国有企业自负盈亏。这一方面表现为，企业的盈亏以及留用赢利的多少往往并不取决于自身的经营管理的状况和市场的状况，而往往取决于政府给予的政策和干预的情况。例如，国家决定的企业的产品和劳务的价格的高低、国家规定的企业产品中可按市场较高价格自销的比重大小、企业获得国家按低价供给的生产资料的多少和保证程度、国家银行对企业的贷款的多少和利率是否优惠、国家下达的各项指令性计划在企业有关计划中所占的比重大小及其对企业赢利的影响、企业与国家在确定利润承包指标中的讨价还价能力、国家对企业留利征税的税金和有关部门的摊派的多少等。另一方面表现为，企业并不承担亏损的责任，即使发生亏损甚至长期亏损也会得到国家的帮助（财政补贴、银行贷款、减免贷款和利息、延期归还银行贷款等），企业不必承担市场的经营风险。在这种情况下，企业的利益激励机制是微弱的，利益的约束机制更未真正形成，不仅企业自身没有利益的自我约束（滥发奖金、实物是其表现之一），市场对企业也未形成利益的约束机制，突出地表现在市场无力淘汰那些资不抵债、难以甚至无法挽救的企业，《企业破产法》实施以来，没有多少国有企业因经营不善、无力偿还到期债务而遭淘汰的，市场既然不能汰劣，自然也谈不上择优，自然也谈不上优化资源的配置。

总之，国有企业不能充分地自主经营，不能真正地自负盈亏，使我国的市场难以发展和完善，不能正常地运作并有效地发挥自己的功能。市场赖以起作用的机制（例如竞争机制等）和杠杆（如价格、利率等）也难以发挥应有的作用，市场的正常规则也难以建立和遵守。例如，利率这个杠杆在西方市场经济中对于调节资金的供求以至整个经济的运行是非常灵敏而有效的。利率变动哪怕只有 0.25 个百分点，在市场和整个经济生活中都会引起明显的反应。但是，在我国，它却没有这样显著的作用。在最近的治理整顿中，政府提高利率紧缩银根，固然起了作用，但有不少企业却不顾利息负担加重，只要能借到钱就借，连亏损的、停产的、产品严重积压的企业也借，它们不担心亏损增加、负债加重，指望政府会给予帮助。前面说过的，企业间巨额“三角债”的形成和难以清结，就是市场没有规则的突出表现。市场的契约关系和信用遭到破坏而又得不到应有的制裁，以致有些企业即使有偿还债务的能力也有意拖欠不还，以便从中获利。从目前的状况看，我国的国有企业，对政府的依赖和受政府的控制和干预已减弱不小，对市场的依赖和受市场的调节已加强不小，但由于旧体制与新体制仍在过渡之中，形成了新旧体制并存的局面，在这种状况下，也形成了企业对政府和市场的双重依赖，企业受政府和市场的双重控制和约束。这种状况造成企业的行为也是双重的，具有新旧两种体制的特征，这也是我国市场在运作中经常发生混乱的重要原因。如何改革国有企业，这里不能多谈，现行的国有企业的所有制形式不适应于市场的发展和完善，在国有企业中推行股份制是一种有效的改革。

当然，上面所说的通过经济体制改革促进我国市场发展和完善的三个方面，即改革宏观调控体制、培育市场和改革国有企业，是不可分割的，它们之间必须相互配合，任何单一方面的改革都难以奏效。

促进我国市场的发展和完善还必须从另一个方面入手，这就是促进社会生产力的发展和社会分工的深化。要发展和完善市场，进一步改革经济体制以去除阻碍市场经济发展的制度方面的因素固然重要，但如果社会生产力和社会分工没有巨大发展，在我国市场经济的发展仍会受到社会生产力和社会分工不发达的制约。而且经济体制改革能推进到什么程度也要受到社会生产力发展水平的制约。就社会生产力的状况而言，以农业来说，我国每一农业劳动者生产的粮食，1983 年为 1.1 吨，美国为 82.6 吨，加拿大为 88.4 吨。1986 年我国每一农业劳动者提供的商品产品很少，粮食仅 367.8 公斤、棉花仅 12 公斤、食用植物油仅 13.6 公斤、鲜蛋仅 6.6 公斤[①]。这样低的生产率决定了农业劳动者可

① 董辅礽：《经济发展战略研究》，经济科学出版社 1988 年版，第 110—111 页。

用于商品交换的农产品是相当有限的。以社会分工的状况来说，1984 年农业、工业和建筑业（工业中包括采矿、制造、自来水、煤气和电力）与劳务（包括商业、运输、通讯、金融、保险、社团组织和政府机构等）的就业结构，我国为 69%、17% 和 14%，美国为 4%、28% 和 68%，日本为 9%、35% 和 56%[①]。在我国，农业劳动力所占比重很大，其他非农业部门劳动力所占比重很小，特别是劳务部门（或称为第三产业）劳动力所占比重异常小。而劳务部门中的许多行业是同市场的运作相关联的，它们的不发达，就业的比重很低，决定着我国市场的不发达和不完善。因此，在我国，要促进市场的发展和完善，建立统一的现代化市场有待于社会生产力和社会分工的巨大发展和深化。这不是改革所可取代的。当然，经济体制改革大大有助于社会生产力的发展和社会分工的深化。

从经济体制改革与发展社会生产力和社会分工这两个方面来看，特别从后一方面来看，我国市场的发展和完善，建立统一的现代化市场，还需要经历相当长的过程，不能期待在短时间能够达到。但是，我们仍然必须努力去培育市场，加快其发展和完善，特别是要进一步改革经济体制以促进市场的发展和完善。我们仍有许多现在就可以做而未能做或未能做好的事需要我们努力去做。

正如前面所指出的，我们目前正处于新旧经济体制并存的阶段，既然我们的改革目标是实行社会主义市场经济，我们就必须改变这种双重体制并存的状况，促使指令性计划经济体制向市场经济体制的转变。这种转变的方式有两种：一种是“一揽子”的转变或者说采用“休克疗法”，在我国曾有人主张的“一步到

① 董辅礽：《经济发展战略研究》，经济科学出版社 1988 年版，第 109 页。

位”的改革，也属于这种转变的方式；另一种是“渐进式”的转变，即逐步地实现这种转变。我国的改革属于后一种，这两种转变方式孰优孰劣，国外的经济学家争论甚多，各执一词。第一种转变方式尚无成功的先例。采用这种方式在一段时间内社会震动巨大，人们经受的痛苦也很大。当然这种转变方式“尚无成功的先例”并不等于说一定不能成功，实际上，“一揽子”改革也不完全都是“一揽子”地进行的。俄罗斯实行“休克疗法”，在放开价格之初也有若干商品（如基本食品、石油等）未放开价格，因为得考虑社会的承受能力，否则阵痛过大，会导致改革失败。我国的渐进式改革，已经取得了不小成功，为国际社会看好，某些原本赞扬“一揽子”改革的国外学者转而赞扬“渐进式”改革。例如，不久前我见到布鲁斯教授，他就改变了原来主张“一揽子”改革的看法。“渐进式”改革已经取得了不小的成功，但也有其自身的困难，还不能说不会遇到挫折。我国的改革已经进行了13年，形成了指令性计划经济体制与市场经济体制的双重体制并存的局面。这是“渐进式”改革中由旧体制向新体制转变必经的一个阶段。有些人把双重体制并存看做是“计划与市场的有机结合”、“计划经济与市场调节相结合”的目标模式，这是不对的。这里不存在什么“有机的结合”，如果说有什么结合，也是一种“板块结合”。如前所述，指令性计划体制与市场经济体制，是根本不同的体制，二者的这种结合和同时运作，产生了种种摩擦和矛盾，给经济生活带来了严重混乱，使许多改革措施难以切实实施，甚至发生变形。试图用以打破平均主义分配的奖金制变成了平均主义分配，就是一个例子。这是实行“渐进式改革”所不能不付出的代价，因此“渐进式改革”是可行的，但不能长时间“渐进”下去，拖的时间越久，付出的代价也越大，许多问题解决起来会更棘手。可见，即使从这个意义来看，邓小平同志提出加快改革开放的意见也是很有意义的。在他的讲话以后，改革的方向更加明确了，这就是要建立社会主义市场经济的体制，我们不必再被“计划经济为主，市场调节为辅”、“计划经济与市场调节相结合”等主张所束缚、所困扰，而以形成和发展社会主义市场经济为目标。这种市场经济自然不是没有政府干预的市场经济，这在当今的市场经济中是不存在的。为了克服市场的失效等问题，我们要建立和发展的市场经济应该是有指导的，或有调节的市场经济。这种指导或调节是政府有目的地实施的，因此也可称为有计划的市场经济，自然，这里的“有计划”的“计划”，不是指令性计划。虽然在某些极有限的范围内，在特定的条件下可能还要保留某些指令性计划，但从国民经济总体上看，经济运行的调节者、资源的配置者是市场，而非指令性计划。在改革的现阶段，我们的任务是加快双重体制向单一的有指导的或有调节的市场经济体制转变。在解决了市场既不姓“资”也不姓“社”、指令性计划不可能与市场结合、双重体制并存不是改革的目标模式以后，我们已经去除了理论上、意识形态上的障碍，有可能在目标明确的情况下加快这种转变，去建立社会主义的有指导的或有调节的市场经济体制。

建立社会主义市场经济体制问题*

一　为什么摒弃计划经济，选择市场经济

至今，以往实行指令性计划经济的社会主义国家，除朝鲜和古巴外，都摒弃了计划经济，选择了市场经济。中国是其中之一。这是历史的选择，实践的选择。作出这种选择，极其不易，在中国更经历了曲折的过程。

指令性计划经济是作为市场经济的对立物而建立的。在以往的马列主义的经济理论中曾提出过计划经济的许多优越性，与市场经济的许多不治之症相对立。但是前苏联和东欧各国以及中国几十年的实践，却未能证明这样的理论。虽然不能说计划经济一无是处，但人们越来越清楚地认识到，与市场经济相比计划经济往往不能取得优化资源配置的结果，相反会造成资源的巨大浪费。这是由于：

第一，在计划经济中，社会的资源是由政府集中地配置的，

* 原载董辅礽：《论社会主义市场经济》，湖北人民出版社 1998 年版。

政府将社会的资源集中起来，通过制定集中统一的指令性计划，并将其按部门按地区加以分解，一直下达到基层执行单位，由后者实施，从而实现计划规定的对资源的配置。政府之所以能做到这一点。靠的是行政命令和行政服从的机制，而各级单位必须将自己拥有的各种资源集中到政府，直至中央政府，并按计划下达的指标行动，计划具有行政命令的效力，各执行单位无权修改，更无权拒绝执行。这样的经济体制一方面使企业没有任何自主权，一切听计划、听政府主管部门的命令行事，从而缺乏主动性、创造性，不关心改进技术，改进和更新产品，不关心产品是否适合需要；另一方面使企业没有盈亏责任，而且也无法承担盈亏责任，赢利了，利润全部上缴财政（甚至在一段时间里，基本折旧基金也全部上缴财政，作为财政的收入），亏损了，由财政补贴。这使得企业不关心成本的降低、劳动生产率的提高，同时，企业也没有能力研究更新技术、开发新产品。

第二，在指令性计划经济体制下，基本上不存在市场，也不存在市场竞争，不存在利益的激励机制和约束机制，无论是对企业还是对企业的职工都没有市场竞争的压力，他们也缺乏在竞争中求发展的动力。从而使企业和职工安于现状，形成企业吃国家的“大锅饭”，职工吃企业的“大锅饭”的情况。

第三，在指令性计划经济体制下，由政府集中地配置资源，从理论上说，政府可以从全社会的利益出发，根据经济与社会发展的需要和资源的供给有意识地配置资源，保证技术的进步、产业结构的优化、经济和社会各个方面的协调的发展、产品的供需平衡，从而避免市场经济的盲目性以及由此造成资源的巨大浪费。但这只是理论上的推导，实际上难以甚至不可能做到，相反政府编制的计划经常失误，且发生严重失误。这里有种种原因：

（1）政府并不总能从全社会的利益来考虑资源的合理配置。

政府的各个部门、各个地区都希望能够获得多一些资源，以加快本部门、本地区的发展。这使得计划制定部门不得不采取妥协、调和的办法，使各方面都得到照顾。

（2）计划的制定者即使没有自身的利益考虑，也会有其偏好和判断，从而很难保证计划的合理性。各个部门、各个地区为了获得更多的资源往往设法疏通计划的制定者、经济工作的决策者。一些政府的高层决策人士常常越出计划，批准一些部门和地区的要求，如批准它们增加一个国家投资项目。因此，计划的控制力实际是有限的。几乎每年固定资产投资的计划数都被超过，就说明了这一点。

（3）计划的制定要切实可行，必须以充分的真实的信息为基础。信息不充分、失真，会导致严重损失。但是，信息的搜集、传输和处理的问题不只是技术问题，它还涉及各方面的利益。由于利益的原因，往往使计划制定部门很难掌握充分的真实的信息。而以不充分、不真实的信息为基础制定计划则会给经济造成严重损失。中国 1958 年“大跃进”的严重失败，就是一例。至今，各地上报给国家统计局的工业总产值数额约有百分之三十左右是虚假的，国家统计局要剔除。

（4）在指令性计划经济体制中，没有市场经济中存在的灵敏的信息反馈的机制。由于经济的决策权在政府，而且主要在中央政府，如果计划出现失误，企业、各地区政府无权及时纠正，计划制定部门不能及时获得信息的反馈，必须从下而上逐级报告、请示，经上面的决策部门研究、决定纠正后再逐级下达纠正，即使上面的决策部门能作出正确的纠正的决定，仅仅由于从发现失误到纠正失误的时滞就能造成巨大的损失。

因此，指令性计划经济体制表现出运行呆滞、效率低下、资源浪费、缺乏创新、产品单调、供给短缺等弊端。

当然，指令性计划经济体制，在某些情况下，也会有良好的表现，如在某段时间内，经济的增长速度相当快，在某些方面可以取得突出的成就。但那是以投入大量资源为代价，甚至以资源的巨大浪费和牺牲其他方面（如发展轻工业、提高人民生活水平）为代价的。而且这是有特定条件的，即当资源比较宽裕时，经济社会的发展目标比较单一（如苏联卫国战争时期，一切为了战胜德国法西斯）或者将大量资源集中于某个目标（如优先发展重工业）时，以及在对外封闭、与国际市场缺少联系、追求经济的自给自足的情况下，可以有良好表现。但这种经济体制根本不能适应人民需求的增长和变化、科学技术突飞猛进以及国际间经济联系的日益密切。由于粗放式的高速发展遇到资源短缺的约束而难以为继，技术进步缓慢，人民的基本需求得不到满足，其生活水平与市场经济国家差距日益扩大，指令性计划经济体制的弊端就暴露得越来越明显了，以至绝大多数实行计划经济的国家最终不得不实行改革，摒弃指令性计划经济体制，建立市场经济体制。

二　中国选择市场经济体制的曲折过程

在中国，选择建立市场经济体制作为改革的目标，经历了曲折的过程，其间充满了斗争。

中国从 1979 年起实行改革，从那时起已开始逐渐引入市场机制，但直到 1992 年邓小平先生发表南巡讲话以后，并在 1993 年中共中央通过了《关于建立社会主义市场经济体制若干问题的决定》时，才最终确立了以建立社会主义市场经济体制作为改革的目标。在此之前，中国经济体制改革的目标始终是不确定的，而且一直想维护指令性计划经济，希望建立一种把计划经济与市场经济结合在一起的两种体制并存的体制，以便能取二者之长，补二者之短，而且在相当长的时间里主张“计划经济为主，市场调节为辅”，反对否定计划经济，反对实行市场经济的意见占上风。人们在对计划与市场问题的认识上的变化，反映在中国共产党通过的一些有关改革的决定上。

1981 年，中共中央第十一届六中全会通过的《中共中央关于建国以来党的若干历史问题的决议》提出：“必须在公有制基础上实行计划经济，同时发挥市场调节的辅助作用。”当时，我就不赞成“市场调节为辅”的意见。当然比起以往完全否定市场的作用，这是一个进步。

1982 年，在中共的第十二次代表大会上也提出：“我国在公有制基础上实行计划经济。有计划的生产和流通，是我国国民经济的主体。同时，允许对于部分产品和流通不做计划，由市场来调节。”不过，在此会议上已提出计划管理可采用不同形式，除指令性计划外，还有指导性计划，要运用经济杠杆引导企业实现计划。这也是前进。

1984 年，在中共十二届三中全会上提出了“社会主义经济是有计划的商品经济”的概念，并把它作为改革的目标。《决定》指出：“实行计划经济不等于指令性计划为主”，必须“逐步适当缩小指令性计划的范围，逐步适当扩大指导性计划的范围”。比起以往的认识，这个《决定》有了很大的前进。但仍未能摒弃计划经济和肯定市场经济，仍未摆脱建立一种两种体制并存的体制的企图。《决定》仍坚持说：“我国实行的是计划经济”，“而不是那种完全由市场调节的市场经济”，市场调节“在国民经济中起辅助的但不可缺少的作用”，并把劳动力、土地、矿山、银行、铁路等重要的要素、资源排除在商品之外、市场调节之外。《决定》把对经济活动的调节分为指令性计划、指导性计划和完全由市场调节三部分。由于在《决定》中尚未根本摆脱“计划经济为主，市场调节为辅”的影响，在《决定》公布后，人们的理解立即出现了严重对立，有人认为“有计划的商品经济”就是计划经济，但应利用商品货币形式；另一些人认为，社会主义经济就是商品经济，但受政府的有计划指导和调节。

1987 年，中共第十三次代表大会上提出了“国家调节市场，市场引导企业”的经济运行模式，并指出“以指令性计划为主的直接管理方式不能适应社会主义商品经济发展的要求”，“不能把计划调节和指令性计划等同起来”。这已很接近于有政府干预的市场经济，但是仍未能把建立市场经济作为目标。

在 1989 年的政治风波以后，情况出现逆转，这个模式被否定了，强调社会主义经济就是计划经济，批判市场经济的声音又加大了，提出了“计划经济与市场调节”相结合的模式，也就是企图在计划经济的框架内引入市场机制，大体上又回到“计划经济为主，市场调节为辅”的模式上去了。这样一直到 1992 年邓小平南巡讲话中肯定了“社会主义也要有市场”、“市场经济不等于资本主义”之后，中国才最后确立了把建立社会主义市场经济作为改革的目标。

经历上述曲折过程的原因甚多：

第一，在以往的马列主义理论中，一直认为计划经济是社会主义经济固有的特征，而市场经济则是资本主义经济固有的特征。这种理论从历史的角度看并不错。因为，资本主义经济是建立在私有制基础上的，而市场经济正是在私有制基础上产生和发展起来的，资本主义经济作为市场经济是以私有制为基础的。社会主义经济则是建立在公有制基础上的，而公有制正是实行指令性计划经济的基础。人们为了维护社会主义，自然要维护计划经济，反对市场经济。

第二，在以往的马列主义理论中，认为计划经济作为市场经济的对立物，具有对市场经济的无比优越性，这种优越性同时也就是社会主义经济的优越性，因此，人们认为，必须坚持计划经济，以发挥社会主义经济的优越性。

在实践中，如上所述，无可否认计划经济曾经在特定条件下，在前苏联、中国都取得过卓越的成就，而市场经济确实也发生了种种严重的社会经济问题（如严重的经济危机、失业、通货膨胀、贫富差距大、生产的无政府状态、造成巨大损失等）。

这样，尽管人们也看到了计划经济的某些弊端，但认为那只是管理不当造成的，只需改进计划的管理，让市场调节作为补充，其不足之处即可解决，中国不能实行市场经济，否则就会实行资本主义。

市场经济确实也并非十全十美，市场失灵（Market Failures）经常发生。但是，人们在实践中逐渐积累了克服市场失灵、减弱其不良后果的经验，通过政府的适当干预有助于做到这一点。何况，市场经济中的经济波动、失业、通货膨胀、资源的损失等不少弊端，在计划经济中同样存在，有些甚至更严重，只不过有些采取了隐蔽的形态或者不同于市场经济中的表现形式。虽然贫富差距大的问题不存在，但却有着收入分配中的平均主义和吃“大锅饭”而引起的缺乏激励的问题。市场经济虽是在私有制基础上发生和发展的，但并不能说，只有在资本主义经济中才能实行市场经济，在社会主义经济中不能实行市场经济，正如计划经济中用制定经济计划来调节经济的经验也或多或少地被市场经济国家所利用。从实行计划经济和实行市场经济国家经济的发展状况来看，应该承认，市场经济在优化资源配置上，比计划经济有更佳的表现。实行计划经济的国家，在经济经历了粗放发展

（extensive development）阶段必须转入集约发展（intensive development）阶段时，经济发展速度大大放慢、技术停滞、劳动生产率低、经济效益差、人民生活水平低、商品匮乏等问题就暴露出来了。这些问题，归根结底是计划经济体制造成的，不摒弃它，只靠改进管理是不可能解决的。因此，只有选择市场经济。至于希望将计划经济与市场经济二者结合起来，建立一种两种体制并存的双重体制，从中国改革以来十多年经验看，那也是不可能实现的。因为这两种体制在运行机制、微观基础、政府的干预上都是根本不同的，甚至是彼此对立的。两种体制并存引起了二者的激烈摩擦，扭曲了企业的行为，引起了市场的混乱，造成了资源的严重损失。我曾经研究过 769 个国有企业的资料，发现在双重体制下，企业的行为也是双重的[①]。例如，在企业生产的产品中有一部分是由指令性计划下达的，需按计划价格由政府统一分配，另一部分是由企业根据市场情况自行安排生产的，由企业按市场价格在市场销售。在一般情况下，计划价大大低于市场价，这样，企业就不愿将产品多一些交给政府统一分配，而愿意多一些拿到市场销售。但有时也有相反的情况，如 1990 年前后，市场萧条，有些产品的市场价格反而低于计划价，这时企业就要求政府多收购。由于一些产品存在着多种价格，在计划价与市场价之间存在巨大差额，前者低，后者高，有些公司、有些人就千方百计从政府弄到按计划价分配的产品，然后按市场价出售，获取暴利。不仅如此，在双重体制下，还会出现两种体制都不能有效调节的“真空地带”，引起经济生活混乱。例如，国有部门用各种预算外资金、自筹资金进行的投资，就是这样的“真空地带”，我曾估计这部分投资约占社会固定资产投资的三分之一。

---

① 董辅礽等主编：《中国国有企业制度变革研究》，人民出版社 1995 年版。

由于中国的改革采取的是“渐进式改革”的方式，在由计划经济向市场经济渐进转变的阶段必定会出现两种体制并存的情况。但这与把建立计划经济与市场经济并存的双重体制作为改革的目标是不同的。但无论是由于前者的原因，还是后者的原因形成的两种体制并存，经济都不能有效运行。希望既发挥两种体制各自的长处，去掉其各自的短处，以便把二者的长处结合起来，其结果是这两种体制各自都不能有效运行，不仅二者的长处不能发挥，而且二者的短处更加加剧。因此，要么实行计划经济，要么实行市场经济，而实行计划经济是没有出路的，唯一的出路是实行市场经济。目前，已经形成的两种体制并存的局面必须尽快结束，也就是说，计划经济必须加快转变为市场经济。

三　什么是社会主义市场经济

中国在改革中迟迟未能摒弃计划经济、选择市场经济，其最大的障碍来自意识形态，即认为，计划经济和市场经济都具有社会属性，前者是社会主义性质的，后者是资本主义性质的，而中国又必须坚持社会主义制度。邓小平在南巡讲话中指出：“改革开放迈不开步子，不敢闯，说来说去就是怕资本主义的东西多了，走了资本主义道路。要害是姓‘资’还是姓‘社’的问题。”他提出：“计划经济不等于社会主义，资本主义也有计划，市场经济不等于资本主义，社会主义也有市场。计划和市场都是经济手段。”他的谈话，解除了意识形态上的障碍。

但是，为什么中国又提出社会主义市场经济，并把它作为改革的目标呢？岂不是说，市场经济仍有社会属性么？如果不是这样，那么，什么是社会主义市场经济呢？

在中国，人们都是从所有制方面来解释的，即社会主义市场经济是在公有制为主体的基础上的市场经济，而资本主义市场经济则是以私有制为基础的市场经济。这样来理解社会主义市场经济自有其道理。但以公有制为基础的市场经济，在理论上和实践上都有难题要解决，这就是公有制与市场经济能否兼容以及如何兼容的问题。

谁都知道，市场是在商品交换中形成和发展起来的，而商品原本是私人劳动的生产物。马克思说："只有各自独立而不互相依赖的私人劳动的生产物，才相互当作商品来对待。"① 以后，斯大林将其拓宽为"两种公有制之间"也存在商品交换。显然，至少在单一的公有制（如国家所有制）经济内部是不可能有真正意义的商品交换、市场经济的。那么，"以公有制为主体"的市场经济将是怎样一种状况呢？何谓主体？未见有明确的解释。一般都认为，那是公有经济在国民经济中占绝对大的比重。但是，改革以来，由于中国非公有经济的发展远远快于公有经济，公有经济占国民经济中的比重日益降低。在工业总产值中公有经济所占比重，1979 年为 99.99%，1990 年为 90.2%，1993 年为 81.5%，在社会零售商品总额中，各年相应为 97.1%、71.3% 和 66%。有些人曾经担心，这样下去，公有经济的主体地位就会丧失，因此，想给非公有经济确定一个最高比重，不许其超过，但这是不可能的。公有经济的比重还会逐步降低。

但是，恰恰是改革以来非公有经济的迅速发展及其在国民经济中的比重日益增加，促进了中国市场的发展，中国经济的市场化从国民经济的不同部门的情况也可以看到这一点。非公有经济越发达的部门（为商业、饮食业、服装业、水产业等），一般地说，市场越发达；相反，公有制经济占比重越大的部门（如重

① 马克思：《资本论》第 1 卷，人民出版社 1950 年版，第 15 页。

工业等），市场越不发达。这不仅是因为指令性计划在公有经济中仍起着作用，而且还因为，公有经济，尤其是国有经济转入市场轨道有许多困难。如何使公有制与市场经济相适应还有待探索。

我很赞成把建立社会主义市场经济作为改革的目标。但我对社会主义市场经济有另外的理解。把社会主义市场经济理解为在公有制为主体的基础上的市场经济，显然是把公有经济等同于社会主义经济。社会主义经济自然离不开公有制，但公有经济并不就是社会主义经济。当今世界上许多国家，包括资本主义最发达的美国也有公有经济。社会主义最本质的东西是实现社会公平，公有经济有助于实现社会公平，而市场经济则能实现高的效率。因此，我认为，社会主义市场经济＝社会公平＋市场效率，它是社会公平与市场效率的结合。我们之所以要实现社会主义市场经济，是因为市场经济就其本性而言虽然能产生高的效率，却会导致财产占有的严重不公平、收入分配的严重不公平、贫富悬殊。而这又会导致社会矛盾激化、社会动荡，甚至产生严重的社会冲突。因此，在实行市场经济时，必须注意解决社会公平问题，使社会公平与市场效率二者能实现结合。这当然是很难做到的，但却又是必须努力去做的。有人问我：不是也有一些国家在努力追求使社会公平与市场效率相结合么？那么这些国家是否也在实行社会主义市场经济呢？我回答：如果这些国家做到了社会公平与市场效率的结合，当然它们的经济也可称为社会主义市场经济。

四　中国建立社会主义市场经济的难点

中国自确定将建立社会主义市场经济作为改革的目标以来，由于改革的方向明确，朝这个目标迈进的各项改革也加快了。但是，困难还很多。这里只就其中最困难之处谈一谈。

第一，关于非公有经济的性质及其发展问题。

如前所述，非公有经济在中国市场经济的形成和发展中起了重要作用。没有非公有经济，现在就只有公有经济，要在中国发展市场经济是不可思议的。这是因为，非公有经济与市场经济是天然地兼容的，非公有经济（除自给自足的非公有经济外）的存在和发展必须以市场的存在和发展为条件。因此，在中国，要发展市场经济，必须改革所有制结构，即除公有经济以外，还必须发展各种非公有经济。这是在改革初期就已经着手在做的。这就是为什么中国长期不把市场经济作为改革目标，而市场经济却在发展的一个主要原因。

但是，受以往理论的束缚，人们一直把非公有经济看做是外在于社会主义经济的，或者对社会主义经济来说，是一种异己的力量。改革以来仍然是这样看的，至多不过认为这是公有经济的“有益的补充”。人们说：为什么在当前要发展非公有经济？因为中国经济、中国的公有经济还不发达，因此，要发展非公有经济作为补充。言外之意是，将来中国经济发达了，非公有经济就可以不要了。如果真是这样，那么，到那时市场经济岂不也寿终正寝了？难怪有人说：不是指令性计划经济不好，而是实行得太早了，中国经济落后，还不具备全面实行计划经济的条件。

上述看法如不纠正会成为中国市场经济发展的障碍。因为，非公有经济的所有者们担心有朝一日会像猪一样，养肥了就被宰掉，因此，有些人不愿做长期投资，怕把企业办大了，自己成资本家，有些人把资金转到国外，有些人“今朝有酒今朝醉”，挥霍无度。事实上，政府对私人企业的发展仍有许多限制，如国家银行很少给私人企业贷款，不许私人投资办银行，等等。这种看法同把社会主义市场经济理解为在公有制为主体的基础上的市场经济是有关系的。

我不赞成这种看法。我写过《非公有制经济与社会主义市场经济》等文章来论述这个问题。我指出，社会主义经济好像一盆八宝饭，八宝饭由糯米、红枣、莲子等组成，糯米是主要成分，没有糯米不成其为八宝饭，但糯米本身并不就是八宝饭，同样，红枣、莲子等本身不是八宝饭，但没有红枣、莲子等也不成其为八宝饭。社会主义经济应该是一种混合经济，其中既有公有经济，也有非公有经济，公有经济（其中主要是国有经济）是主导成分（何谓主导，后面会谈到）。它们各自都并不等于是社会主义经济，非公有经济不是外在于社会主义经济的，而是其不可缺少的组成部分。这种混合经济正是社会主义市场经济所要求的。市场经济并不是像以往的理论所说的，只存在于一定历史阶段，日后将被计划经济所取代。在当今世界，经济已达到如此发达的水平，各国间的经济联系已如此密切，中国的经济中没有市场，不实行市场经济简直是不可思议的。而要发展市场经济，没有非公有经济也是不可思议的。

第二，国有企业的改革问题。

在改革以前，国有企业在中国的经济中，除农业以外，占相当高的比重，1978 年，在工业总产值中占 77.6%，在社会商品零售总额中占 54.6%。其实，在中国的集体企业中也有一部分属于地方国有性质的企业。如果加上它们，国有企业的比重还要大。国有企业占如此大的比重是实行指令性计划经济所要求的。因为，只有国有企业的资源可以由政府集中配置，只有国有企业可以无条件执行指令性计划下达的指标。正因为如此，要努力使集体经济尽早过渡到国有经济。在农村实行“政社合一”的人民公社，使人民公社同时是基层政权，这就便于政府能直接向人民公社下达各种指令和计划指标。在城市，曾把大量集体企业

“提高”为国有企业。

为适应市场经济的运作，国有企业如何改革？这是一个难题。国有企业改革已进行多年，采用过多种办法，至今没有根本解决这个难题。在前苏联和东欧国家，已经放弃了社会主义，用实行私有化的办法解决这个难题。在中国，要建立社会主义市场经济，自然不能用这个办法。

对国有企业的改革，许多人都遵循了一个简单的逻辑：国有企业是公有经济的最重要组成部分，公有经济就是社会主义经济，因此，国有企业只能加强，不能削弱。按照这个逻辑，只有小型的国有企业可以租赁、出售，大中型国有企业的财产不能出售，它们只能在保留国有制或至少国有部分控股的条件下进行改革。但这样的改革至今未收到预期的效果，国有企业特别是其中的大中型国有企业越来越困难。1994 年 7 月末，亏损的国有企业占国有企业的 44.6%，其中亏损的国有商业企业更占 50% 以上，国有企业实现的利润比 1994 年 7 月末下降 25.4%，亏损总额上升 21.2%，这里还不包括账面上赢利实际上亏损的国有企业，这部分企业约占国有企业的三分之一。造成这种状况的原因自然很多，但其中的重要原因是，国有企业无法适应市场经济，无力同非国有企业竞争，进一步说，就是国家所有制难以与市场经济兼容。

我认为，应该从国有企业的功能出发，考虑国有企业的改革。也就是在社会主义市场经济中，我们要国有企业发挥什么功能？它们能发挥什么功能？中共中央《关于建立社会主义市场经济体制若干问题的决定》提出，国有企业应起主导作用。那么，何谓主导作用？

我认为，国有企业在社会主义市场经济中应具如下功能：

（1）为政府调节和干预市场提供必要的物质条件，为此需要有一些国有企业，如国有银行、国有物资储备系统；

（2）为使国民经济得以持久、协调发展，需要建立和发展各种基础产业、基础设施、高新技术产业，由于这些部门投资大，投资回收慢，甚至长期亏损，投资的风险大，如果民间无力投资，或无兴趣投资，或不敢投资，应在这些领域建立一些国有企业，如铁路、矿业、大型水利工程、航天企业等；

（3）为满足人民的基本需要，调节收入分配，促使社会公平，必须由国家举办一些以公益为目标的非赢利企业，如城市公共交通企业、廉价住房企业等；

（4）一些自然垄断企业，如邮政、城市供热、供气等企业，宜为国有或国家控股；

（5）某些关系国家和社会安全的企业，应由国家经营，如造币、印钞、武器生产等；

（6）在必要时，为维护市场公平竞争，保护消费者利益，保障市场供给，稳定价格，可在竞争性领域保留少量骨干的国有企业或国家控股企业。

只要在上述方面国有企业能很好发挥作用，国有企业的主导作用就实现了。没有必要去追求国有企业的数量及其在国民经济中所占的比重。除上述领域外，国有企业应从竞争性领域逐渐退出来，让非国有企业去发展、经营。因为，从国有企业性质来说，从事竞争性行业的业务非其所长，而在上述领域，国有企业则可以发挥其难以替代的作用。

因此，不应从国有企业的规模大小来考虑进行怎样的改革，而应该从国有企业的功能出发来考虑怎样改革国有企业。那些不属于上述领域的国有企业应该通过各种途径逐渐转为非国有。自然，那些应该保留的国有企业仍应改革。

第三，政府职能的转变和机构改革问题。

中国现行的政府的职能和机构是适应指令性计划经济体制的需要而建立的。它的特点是：（1）权力很大，管了许多在市场经济中应由企业、社会公众、市场管的事，这许许多多的事或者要由政府去做，或者必须得到政府的批准才能做。市场配置资源功能由政府承担。（2）由于这个原因，政府机构异常庞大，人员众多。由此，官僚主义很严重，办一件事要经许多政府部门批准，办事效率很低。（3）政府按部门、按地区设立，机构重叠，争权、扯皮的事很多，彼此难以协调，更增加了办事的困难。因政府依靠其行政权力来管理经济，指挥经济活动，一级服从一级，形成了权力的金字塔，企业处于塔底，附属于政府。各级对上级政府的服从，实际变成对上级政府官员的服从，特别是高层政府官员的服从。官员特别是高级官员的权力很大。这样，政府配置资源，事实上是官员特别是高级官员的个人偏好、决策决定着资源的配置。

这样的政府职能和机构完全不能适应市场经济的要求，甚至成为建立市场经济体制和市场得以有效运作的严重障碍。这也使企业无法独立自主，无法摆脱对政府的依附和依赖，从而难以转入市场的轨道运作。举例来说，那些有国家股份的上市公司的总经理人选仍由政府决定，公司的董事会无权选择。所有企业固定资产的投资要报各级政府审批，否则不允许建设。政府职能不能变，机构不改革，也使统一的、公平竞争的市场难以建立。政府的各个部门、各个地区都不愿意削弱自己的权力，都要保护本部门、本地区的利益，这样就加剧了部门保护主义、地区保护主义，形成市场壁垒，阻碍要素跨地区、跨部门的合理流动。此外，政府还经常对市场活动进行不必要、不恰当的干预，因为，政府及其官员习惯于在计划经济中使用的行政命令的办法来办事。例如，银行的贷款总额要由政府规定并分配到各级专业银行，有一部分贷款更直接由中央政府指定直接贷给一些企业和建设工程。不仅如此，由于政府的职能没有转变，在转向市场经济中各个政府部门都利用自己的权力办了各种公司以谋利，这些公司借助政府的权力垄断市场，进行不公平竞争，更有甚者，有些官员利用权力谋取个人私利，使得贪污、腐败迅速蔓延。

为了建立市场经济体制，政府的职能必须转变，政府的机构必须改革。由于政府的改革进展很慢，已经阻碍了市场经济体制的建立。政府改革的困难在于：（1）各个政府部门不愿意放弃已有的权力，特别是在权力可以获得经济利益的情况下。（2）多余的政府人员离开政府后如何安置？许多政府工作人员都不愿放弃在政府中享有的权利和特殊利益。（3）市场经济尚在建立过程中，很不完善，政府也担心政府改革会引起经济生活的混乱。（4）政府的改革还涉及政治体制改革问题（例如党与政府的分离问题）。

第四，市场的建立与完善问题。

中国市场的不发达和不完善与经济的不发达有关（如交通、通讯、市场等不发达），但这还不是很困难的问题，可以逐步地解决。更困难的是市场的发展和完善与经济体制各个方面的改革进程密切有关，除市场本身的问题以外，困难来自于两个方面。（1）建立市场的微观基础的困难，即非公有经济比重太小，特别是缺少规模较大的非公有企业，即使没有政策方面的限制，它们的发展也还要经历资本积累的过程。另外，国有企业占的比重很大，而它们尚未转入市场经济轨道，尚不能成为市场经济的微观基础的一部分。（2）政府的职能和机构改革进度缓慢。这点已在上面谈到了。

就市场本身的问题来说，目前的主要困难是，市场规则的建立很困难。因为，在计划经济中，几乎没有法律，人们没有遵守法律的习惯，几乎都按官员的决定办。近几年，为适应发展市场经济的需要，各种法律正在加快制定，但是即使已经实施的法律，执行得也很不好。不仅企业和社会公众不认真遵守，而且一些政府和官员也不认真遵守。例如，中国制定了《反不正当竞争法》等法律禁止制造和销售假冒商标的商品，但有些地方出于增加税收和就业等考虑，保护和鼓励本地的企业制造和销售假冒商标的商品，阻止外地的执法部门前去查处。又如，中国已实施《经济合同法》多年，近两年政府实行紧缩政策，企业遇到资金短缺的困难，经济合同如同废纸，企业借了钱不还，买了货不付款，相互拖欠的债务链已达七千多亿元人民币，使市场的信用遭到严重破坏。有些企业即使有钱也不还债，以便占用其他企业的资金，并由对方支付利息。在这种情况下，一些企业不敢出售产品，担心货款收不回来。不仅企业间可以相互拖欠、不还债，企业欠银行的贷款本金和利息也拖着不还。而且有些政府也如此。由于财政困难，它们用各种办法占用银行的钱不还。市场没有规则，或者有规则不遵守，使得诈骗等犯罪活动日益猖獗。在这种情况下，市场如何能有效地发挥其优化资源配置的功能？至少在市场建立和发展中其他方面的困难，如银行体制改革、商业的改革、证券市场管理等，也不可忽视，但只要上面的问题得到解决，倒并不是很困难的。

第五，在由计划经济向市场经济转变过程中，由于计划经济体制正在瓦解，市场经济体制尚在建立，它们都不能有效地调节经济的运行，加上计划经济时期积累了大量问题（如企业冗员很多、大量农业剩余劳动力、价格关系扭曲、国有资产无人负责、大量的退休人员、没有社会保障制度等），各种社会问题引发出来了，而且日益严重，例如失业、贪污腐败、通货膨胀、价格迅猛上涨、人们之间的收入差距迅速扩大、地区经济发展水平差距扩大、各种犯罪急剧增加、社会秩序混乱等。这些社会问题引起了人们的不满，特别是低收入者、诚实的劳动者和经营者的不满。这也给建立社会主义市场经济体制带来许多困难。

指出上述各种困难并不是对中国建立社会主义市场经济体制悲观。事实上，从 1994 年以来，中国建立社会主义市场经济体制的进程在加快。银行体制改革、财政体制改革、税收体制改革、外汇管理改革等都取得了较大进展。但是，中国的经济改革还有很长的路要走，困难很多，有许多理论问题要研究，许多实际问题要解决。

社会主义市场经济与公平和效率的妥善结合*

实行社会主义市场经济需要解决公平与效率的妥善结合问题。

市场经济是以竞争为其有效运作的内在机制的，在竞争中优者胜、劣者汰，促使效率提高，资源配置优化。而竞争又是由人们对获取更多收益的追求而驱动的。为此，必须允许人们在收入上有差距，否则就不会有竞争，从而不会有市场的有效运作，不会有资源配置的优化，不会有效率的提高。但是，市场竞争中的优胜劣汰又会导致人们在财产占有上、在收入上的差距的扩大。而我们实行的是社会主义市场经济体制，社会主义要求实现收入的公平分配，达到共同富裕。因此，社会主义市场经济中公平和效率问题就成为一个很困难而又必须妥善解决的问题。

如何解决这个困难问题，自然要在实践中探索。我想，要解决好这个问题，应该考虑以下几点：

（1）公平分配不能牺牲效率。必须以有利于效率的提高为

* 原载《文汇报》1992 年 11 月 5 日。

前提，而且也只有在效率提高的基础上才可能实现公平分配。即使在实行了一些社会主义政策的西方市场经济国家也有过这样的教训。在那里，曾经实行了“从摇篮到坟墓”的广泛的福利措施，由此削弱了竞争，牺牲了效率，产生了“英国病”、“瑞典病”。我们在发展社会主义市场经济时，必须引以为戒。从我们自己的教训来看，差距过小的平均主义分配，不仅阻碍了效率的提高，而且鼓励了懒汉，恰恰是最不公平的。

（2）实现公平分配要经历一个较长的过程，只有在效率逐步提高、经济日益发展的基础上，才有可能逐步达成。可以想见，在我们否定了平均主义分配，扬弃了指令性计划经济体制、实行市场经济体制的一定阶段，在经济由不发达走向发达的阶段，人们收入差距的扩大，甚至比较大程度的扩大是不可避免的。这可以被看做是我们必须为经济发展而付出的代价。只有当经济发达了，人们的收入差距才会逐渐缩小。美国经济学家库茨涅茨的实证研究揭示了收入差距变化的这种倒U字形曲线。邓小平同志提出，允许一部分地区、一部分人先富起来，达到共同富裕，正符合收入差距变化的这种规律。

（3）自然这并不是说，在实行社会主义市场经济体制的一定阶段，在经济由不发达走向发达的阶段，可以不注意解决收入的公平分配问题。何况在收入差距扩大中还会有一些是由不正当和不正常的因素造成的。在这个阶段，要解决的公平分配问题，主要是要使人们的基本需要得到保障，并使人们的生活在经济发展的过程中逐步提高。在这个前提下，即使人们的收入差距扩大了，人们还是可以接受的。邓小平同志提出，第一步解决人们的温饱问题，第二步使人们的生活达到小康水平，正是我们在这个阶段上要实现的公平分配的目标。在建立社会主义市场经济体制中，建立和发展各种社会保障制度，也是实现公平分配的必要条件。当然，这些社会保障制度只能随着经济的发展而发展，以便既有助于公平的分配，又有助于效率的提高。

在社会主义市场经济体制中，是有条件使公平与效率妥善结合的，除了政府可以利用的各种调节手段（例如税收）以外，作为社会主义市场经济的基础的以公有制为主导的所有制结构，就是实现二者妥善结合的重要保证和手段。可以说，社会主义市场经济体制就是使公平与效率得以妥善结合的经济体制。

向市场经济体制过渡中可能出现的问题*

在明确了我国经济体制改革的目标是建立社会主义市场经济体制后，如何由当前并存的双重体制过渡到单一的市场经济体制，就成为一个很值得研究的问题。这种转变应力求做到较有秩序，较少摩擦，较少社会震荡。

之所以要研究这个问题，是因为在这个过渡中容易产生各种混乱，产生各种摩擦，引发各种社会震荡。近来，这种种问题已有所显露，这里，简略地谈一点初步的看法。

政府行为中出现的几种偏向

先从政府谈起。在向市场经济体制过渡中，政府的职能必须作相应的转变，在指令性计划经济体制下，政府是资源配置的主体，对经济的发展和运行进行无所不包的直接干预。在过渡到市场经济体制后，市场将成为资源配置的主体，政府既不应该也不

---

* 原载《现代中国经济》1992 年第 4 期。

可能对经济的发展和运行作那种无所不包的直接干预，而只应并只能依靠市场，以市场为中介对经济的发展和运行作某些必要的间接的引导、调节和干预，以纠正市场的失效，促使经济更为平稳和协调地发展。在向市场经济过渡的过程中，从目前来看，政府的行为很容易发生以下几种情况：

1. 不愿意放权，继续控制企业经营和干预市场正常运作。

一种是有些政府机构不愿意放权，力图继续控制企业并直接干预企业的生产经营活动，继续阻碍和干预市场的正常发展和运作（如阻碍要素的流动等），从而使市场难以发展和有效地发挥其优化资源配置的功能。近来，已有越来越多的人认为，在转向市场经济方面，转变政府职能是关键，这种看法有一定道理。

2. “大官忙组阁，中官忙找窝，小官不干活”，在市场尚未健全的情况下，出现经济调节的真空，引起经济生活的混乱。

一种是有些政府机构在转向市场经济中将发生巨大变化，有的将被撤销，有的将被减缩，有的将并入其他机构，有的将改为经营实体，这些机构的人员会人心浮动，纷纷考虑个人出路，以致工作停顿。这样，在市场尚在形成、远未完善的情况下，就会在某些方面出现经济调节的真空，从而引起经济生活的某些混乱。目前，在有些地方已经出现了政府机构中“大官忙组阁，中官忙找窝，小官不干活”的情况。

3. 缺乏在市场经济条件下工作的经验，该做的不做，不该做的做了，失误增多。

一种是政府在转换职能时不知如何在市场经济条件下发挥应有的作用。目前，一些政府机构有茫茫然的感觉。同时，在向市场经济过渡中，由于缺乏在市场经济条件下工作的经验，政府的活动很容易发生失误，不仅把不该做的做了，该做的不做，而且有些该做的事做得不对。

4. 官商雨后春笋般冒出，形成不公平竞争，阻碍市场正常发育，将会引发社会震荡。

还有一个值得注意的问题是：随着政府职能的转换和政府机构的改变，如何安置大批游离出来的政府工作人员？这个问题如果解决不好，将直接影响政府职能的转变和政府机构的改革，同时会造成社会震荡，甚至可能造成向市场经济过渡中的混乱。为了解决这些政府工作人员的出路，目前的做法是，由政府支持、帮助他们创办实业，在这些实业有了自立的基础后，这些政府工作人员再与政府脱钩，因此，近来，政府办的公司真如雨后春笋般大批大批由地里冒出来。要看到这种做法有很大的风险。因为这些实业是政府办的，在脱钩前，就可能利用政府机构的权力，使自己处于有利的竞争地位，使市场经济在发展过程中难以形成公平竞争。没有公平竞争，市场就难以发挥优化资源配置的功能。同时，容易滋生某些政府工作人员的腐化，这也会障碍市场经济的正常发展和运作。

国有企业向市场经济过渡而引发的社会震荡

再说国有企业。把为数众多的国有企业改革成为市场活动的主体，是向市场经济过渡的必要条件。可以毫不夸张地说，建立社会主义市场经济体制的时间的早晚，在颇大程度上取决于国有企业进入市场轨道、成为市场经济微观基础的进程的快慢。在向市场经济过渡的过程中，国有企业方面也会引起一些混乱、摩擦和社会震荡。下面谈几种情况：

1. 企业被淘汰（停业、被兼并、破产）而引发的社会震荡。

必定有一些国有企业由于技术严重落后、管理严重混乱、产品没有竞争力，而在向市场经济过渡中，除了被淘汰（停业、被兼并、破产）以外，别无出路。虽然以优化资源配置来看这是合理的，但必定会给一些职工带来痛苦，给银行等债权人带来损失，同时也会引起社会的震荡。

2. 企业排出冗员，造成大量失业，引发社会震荡。

也会有不少企业必须排出大量的冗员，才能转入市场轨道，否则就不会有竞争力，而可能在进入市场后被市场淘汰。例如，北京有一个大的集团公司，由于人员过多，使得其劳动生产率远低于乡镇企业（后者要高 5—6 倍），同时使本企业职工的收入难以提高，技术人员和技术工人纷纷外流。可以说，排出大量冗员是提高其市场竞争力的主要途径。但是，冗员的出路何在？这是在向市场经济过渡中，国有企业遇到的十分棘手的问题。此外，大量的离退休职工也成为国有企业转入市场轨道的异常沉重的包袱。这些问题解决不好，可能会拖住国有企业，使其无法成为市场活动的主体，或者会引起大量失业，造成社会震荡，无论哪种情况的出现都会障碍向市场经济过渡。

3. 企业在发育未全的市场中进退两难。

在向市场经济过渡中，国有企业面临来自两方面的实际困难，一方面市场尚在发展和完善中，企业在生产经营中的某些困难不能在市场上得到解决，在此以前如果遇到这些困难，企业可以求助于政府，但是，随着政府职能的转变，其权力也逐渐转移，很可能爱莫能助了，这就会使一些国有企业陷于困境，使其在转入市场轨道后进退两难。

市场不完善而造成的摩擦、混乱和社会震荡

1. 市场中漏洞给钻营者以可乘之机，发财致富之穴，造成贫富悬殊，引起公愤。

最后谈一下市场。在向市场经济过渡中，必定要经历市场由不完善到完善的过程，在这个过程中，政府的职能也在转变，尚未建立政府对市场的有效管理，因此，市场中的漏洞会很多，会有人利用正当的或不正当的以至非法的手段，钻这些漏洞，发财致富，造成收入差距不合理地扩大，引起人们心理的不平衡。

2. 市场竞争和约束机制不健全所引起的经济生活的混乱和经济发展的失控、失衡。

在向市场经济体制过渡中，市场不完善的表现之一，在于市场的竞争机制尚不健全。这就是说，市场未能形成强的激励机制和约束机制。在向市场经济体制过渡过程中，国有企业的自我约束机制也尚待形成，而原来来自政府的行政约束随着政府职能的转变也在减弱。在这种情况下，很容易引起经济生活的混乱。例如，近来发生的各地大办经济开发区所造成的土地管理混乱和土地资源特别是耕地的严重浪费和流失。再如，大量重复建设、盲目建设再一次发生，使得产业结构将出现新的失衡。又如，环境保护也出现了失控现象。此外，投资总量过多的情况再度发生，如不能有效控制将引发新一轮的经济过热和通货膨胀，等等。

尽力缩小向市场经济过渡中的社会震荡，坚定建立市场经济体制的决心

我认为，看到这些问题是必要的。一方面可使我们及早地采取一些措施，尽可能减少在向市场经济体制过渡中所可能发生的种种混乱、摩擦和社会震荡，使过渡更加有秩序、更加顺当和平稳，同时在发生了这些问题后，能及时地去解决。另一方面，可

使我们有一种思想准备，看到从并存的双重体制过渡到单一的市场经济体制会遇到各种困难，可能发生一些混乱、摩擦和社会震荡，不至于在出现这些情况后，动摇我们建立社会主义市场经济体制的决心。

市场经济的有序和无序*

在我国，对市场经济曾有过许多指责，其中之一就是指责市场的“自发性和生产无政府状态”，也就是指责市场经济是无序的、混乱的，并以此与计划经济的“有计划、按比例”相对比，从而认为计划经济具有无比的优越性。这也是在改革的前一阶段，一些人反对实行市场经济、坚持要实行计划经济的重要理论依据之一。现在，我国的经济体制正在向实行市场经济转变，以取代计划经济，但上述理论的影响仍未消除，一些人常常用计划经济下的秩序来对照市场经济中的秩序，处处都看不顺眼，从而认为计划经济是有序的，市场经济是无序的，并自觉或不自觉地试图用计划经济中的秩序来替代市场经济中的秩序。例如，用行政办法控制价格来取代市场供求决定价格的自由波动。实际上，市场经济既无序又有序，它的无序和有序完全不同于计划经济的无序和有序。

总的说来，市场经济是有序的，但它也有无序的一面，对它的无序和有序要作具体分析。市场经济中的无序有两类：一类是

---

* 原载《新长征》1995 年第 4 期。

与发挥市场的功能相联系，另一类则是阻碍市场发挥其功能的。

以往的理论指责市场经济的自发性和生产无政府状态指的就是第一类无序，即与发挥市场的功能相联系的无序。市场的功能在于媒介商品和服务的流通，连接商品和服务的供给和需求，引导资源和要素的流动，通过竞争促使资源配置的优化。市场的这种功能要能够发挥，有几个条件：（1）各参与市场活动的主体应是独立的利益的主体，它们从自己的利益考虑应能独立自主地作出决策，参与市场的活动；（2）市场主体应能自由地进入和退出市场，资源和要素应能自由地流动；（3）市场的竞争应是尽可能充分的、公平的。这些条件的实现就表现为通常指责的市场的自发性和无政府状态。这就是各市场主体自主地行动，而不是按照统一的计划行动；资源和要素自由地活动而不是按照统一的计划分配；市场主体相互竞争，而不是彼此无争；在市场中，商品时而供不应求，时而供过于求；价格时高时低，同一种商品的价格此高彼低；一些企业破产了，一些企业发展了；工人时而就业，时而失业；等等。凡此种种都表现为市场是无序的。但是，市场经济的这种无序恰恰是市场经济的正常秩序，是市场赖以发挥其固有功能的条件。试想，如果没有各市场主体为获取利润而自主地行动，怎么会有市场竞争？没有市场竞争，怎么会有优胜劣汰？没有优胜劣汰，市场如何能优化资源的配置？如果没有市场价格的起伏，市场何以引导资源的要素的流动？怎么会有市场的竞争和优胜劣汰？

在计划经济中，一切经济活动都由统一计划来安排，企业没有利益的考虑，没有自主的行动，没有价格随供求变化的波动，没有竞争，没有优胜劣汰，看来一切都是有序的，但经济失去了活力，技术停滞，效益低下，资源浪费严重，计划经济中的无序实则很严重。例如，国有企业可长期拖欠银行的贷款不还。同计划经济中的无序相反，市场的这种无序不仅是市场发挥其功能的条件，而且，在这类无序中也是有序的，这就是在市场的无序的自发的运行中有其固有的规律。例如在价格的涨落中有着供求规律在起作用，在企业的兴衰中有竞争规律在起作用。“必然性通过无数的偶然性为自己开辟道路”，偶然性表现为无序，必然性就是客观规律。市场经济的这类无序表现为偶然性，它是与市场经济的固有规律相联系的，而市场的功能则是由这些规律所决定的。

同时，尽管在市场经济各个市场主体自主决策，独立行动，彼此竞争，表现为市场的无序，但市场的运作、各市场主体的行动、市场竞争要求有规则，这些规则是在市场经济的发展中逐渐形成和完善的。例如，在市场活动中要讲信用，签了合同要履行，借了钱要还；做生意要诚实，不能欺诈；竞争要公平，不能有不正当竞争；要维护消费者的权益；不得侵害他人的知识产权；等等。这些规则是市场得以正常运作，发挥其功能所需要的，也就是维护上述正常秩序所不可缺少的。这些规则有些是约定俗成的，不成文的，有些是成文的。这也是市场经济的有序。市场经济越是发达和完善，各种市场规则也越健全和完善，也就是说，市场越是有序。

但是，这些规则并不总能为各方面所严格遵守，破坏规则的事是经常发生的。例如，假冒他人的商标，几家大商店共同联手操纵市场价格，借钱不还、逃之夭夭，等等。市场规则遭到破坏是市场活动中障碍市场发挥其功能的一类无序，因为，这类无序侵害了他人的权益，破坏了公平的竞争秩序，其结果会造成资源的损失和配置的恶化。

为了维护市场的正常秩序和规则，防止和制止破坏市场正常秩序和规则的行为发生，在市场经济中，一方面要靠各市场主体的自律，另一方面要靠他律，其中包括法制，即制定和实施法律、法规，强制地约束各市场主体（以及政府）的行为，使其遵守市场规则。法律的制定和实施，也是市场经济的有序，市场活动越是发达和完善，法制越是健全，市场也越有序。健全的法制，是市场得以有效地发挥其固有功能的必要条件，也是市场经济发达、完善的标志。

当然，即使在健全的法制下，违反法律的情况也是经常发生的。这也是市场经济中的无序，这种无序会破坏市场运作的正常秩序和规则，自然也是阻碍市场发挥其功能的。因此，在市场经济中，必须严格地执法和司法，使市场的正常秩序、市场的规则能够受到法律的维护和保障。

综上所述，市场经济既有无序的一面，也有有序的一面，无序中有有序，有序中有无序，但总的说来，是有序的，而且市场经济越发达、越完善，市场越有序。市场经济的无序和有序，完全不同于计划经济中的无序和有序，不能用计划经济的眼光来看待市场经济中的无序和有序。

我国正处在由计划经济向市场经济的转变时期。在这个转变时期，计划经济还未完全退出经济生活，市场经济还在形成之中，远不发达和完善，市场的正常秩序和规则还在建立中，市场经济的许多法律尚待制定，已经制定的有关法律在实施中还存在许多有法不依，执法不严的情况。因此经济生活中的混乱现象比较严重。但是把这些混乱现象都归咎于实行市场经济显然是不对的，面对当前经济秩序的混乱情况，只能进一步推进由计划经济向市场经济的转向，发展和完善市场，建立市场经济的正常秩序和规则，加快市场经济的法制建设。

中国经济转变时期政府与市场的关系*

只有在市场经济中才存在政府与市场的关系问题，因为在计划经济中基本上没有市场。中国自改革以来，在经济活动中引入了市场，于是就出现了政府与市场的关系问题。中国正处在由计划经济向市场经济转变的时期，这是一个特殊的时期，政府与市场的关系问题也具有其特殊性。

中国的改革可分为两个大的阶段：（1）改革目标未确定的阶段，大体上是 1979—1992 年；（2）改革目标确定为建立社会主义市场经济体制的阶段，即 1993 年以来。在这两个阶段，政府与市场的关系问题有所不同。

在第一个阶段，由于改革的目标尚未确定，政府与市场的关系应该是怎样的关系也是不确定的。在这个阶段，人们正在对计划经济进行反思，开始感到排斥市场对经济的发展不利，提出了发挥市场的作用的问题。这时讨论得最多的问题是计划和市场的关系问题。这个问题和政府与市场的关系问题是紧密地联系在一

---

* 本文系作者为参加 1999 年 3 月由中国社会科学院经济研究所与日本立命馆大学共同举办的中国与日本：政府与市场的关系研讨会而作。

起的。因为计划与市场的关系问题就是由谁（计划还是市场）来配置资源的问题，而由计划来配置资源实际上就是由政府来配置资源。因此，如何对待计划和市场的关系，也就是如何对待政府与市场的关系问题。由于在这个时期许多人对计划经济和市场经济都还缺乏深刻的认识，人们一方面已经开始认识到必须引入市场、发挥市场的作用，但是又担心导致资本主义，另一方面已经开始认识到计划经济的缺陷，但又把计划经济与社会主义联系在一起，担心动摇了计划经济会否定了社会主义。于是人们想把计划与市场结合起来。而在如何结合上又有不同的意见。在一段时间内，占主导的意见是，社会主义经济就是计划经济，从国民经济的整体而言，必须坚持实行计划经济，只能对部分不重要的产品的生产和流通不作计划，让市场来调节，作为计划的补充，也就是只让市场起补充的、辅助的作用。另外一种意见则比这种意见进了一步，想把计划与市场结合起来，建立一种双轨道运行的经济，以便取二者之长、去二者之短。虽然在1987年召开的中共第十三次代表大会的决议中提出了“国家调节市场，市场引导企业”的模式，它已经相当接近于建立市场经济的体制，但在1989年的政治风波后，又倒退到坚持计划经济，只让市场经济起辅助的、补充的作用的模式，即“计划经济为主，市场调节为辅”。

在这段时间，政府与市场的关系可以从以下几方面来谈：

第一，由于受到以往的理论的束缚，在这段时间内，对市场的看法仍存在着偏见，只想让市场在资源配置中起补充的、辅助的作用。政府仍基本上直接管理着整个国民经济，限制市场作用的范围和市场的发展，以维护计划经济制度，虽然计划管理的范围在缩小。这时，政府已允许非公有制经济存在和发展，但既然限制市场的发展，也必定要限制非公有制经济的发展，因为非公有制经济的发展必定会伴随市场经济的发展。政府不许非公有制经济进入一些领域（如对外贸易、金融、通讯、航空、铁路运输等）。在微观经济方面，政府控制着许多重要的商品的生产和流通，管制着大量商品和服务的价格，管制着外汇和汇率，管制着利率。这样也就限制了市场调节的范围。在宏观经济方面，整个国民经济仍在指令性计划或者说在政府的控制下运行，政府控制着基本建设的规模和项目，控制着银行贷款的规模和项目，控制着对外贸易，等等。不过，在这个阶段，既然允许市场在某些方面起调节作用，市场自身就必定会发展，会突破对它的限制，同样，既然允许非公有制经济存在，它也会突破对它的限制，与市场一起发展。因此，市场调节的范围逐渐扩大，而指令性计划调节的范围则逐渐缩小。这样，政府直接管理经济的范围也在缩小。根据国家计委的一项调查，中央和省级实施的工业指令性计划的产品产值占工业总产值的平均比重，1984 年占 80% 以上，1988 年降到 16.2%，指导性计划的产品产值所占比重，1988 年占 42.9%，市场调节部分占 40.9%[①]，实际上指令性计划在全部工业总产值中的比重比这项调查要高，因为省和省以下的政府也给所属企业下达指令性生产计划，而且有一部分指导性生产计划实际上变成了指令性计划，各级政府更层层增加指令性计划产品的数量。根据我们的抽样调查，在国有企业中政府指令性计划的产品产值占企业总产值的比重，1984 年为 63.5%，1989 年为 56.36%[②]。根据我们的同一个调查，在样本企业的产品量中按指令性计划销售和企业自行在市场销售的比例，1980 年为 74.9% 和 25.1%，1989 年为 49.9% 和 50.1%[③]。而在样本企业

① 《我国工业生产计划管理现状调查》，《改革》1990 年第 5 期。

② 董辅礽等：《中国国有企业制度变革研究》，人民出版社 1995 年版，第 286 页。

③ 同上书，第 292 页。

的购买和销售活动中，1989 年投入品按计划价交易的占 57%，产出品按计划价交易的占 31%[①]。但由于政府已经在计划经济中习惯于无所不管，所以即使是已经让市场发挥作用的领域，如果政府认为需要，也可以让市场再退出来。例如，有些商品的价格已经不由政府管制了，而由市场来调节了，但当这种商品的价格迅速上涨时，政府会重新把它管制起来。在发生通货膨胀时，政府甚至会下达各级政府控制价格指数上涨的指标，为了完成指标，各级政府就会严格管制商品和服务的价格的上涨，如需上涨必须得到政府的批准。在这个阶段，由于市场的调节范围是不稳定的，受到改革中各派力量之间斗争的情况以及经济运行状况的变化的影响，市场调节的范围时而扩大，时而缩小，政府对经济、对市场的直接干预的范围也处于不稳定的状态。虽然，总的说来，指令性计划调节的范围在缩小，市场调节的范围在扩大，政府的控制和直接干预经济的范围也在缩小，但并没有因指令性计划调节的范围的缩小而相应地缩小，在指令性计划已经退出的领域，政府也往往对市场进行严格的管制和控制。

第二，随着计划经济调节的范围的缩小和市场调节的范围的扩大，政府对经济、对市场的管理的方式也在发生变化。在这段时期，政府开始在管理经济中运用三种办法，一些重要的产品的生产和销售仍实行指令性计划调节的办法，对次要一些的产品的生产和销售则实行指导性计划，由政府下达指导性指标，供企业参考，企业可以改变，另一些更次要的产品的生产和销售则完全由企业根据市场的情况自行安排，政府不加干预。相应地，也将价格分为三类，即指令性价格、指导性价格和市场价格，按照这三类价格，政府分别采取不同的管理办法，指导性价格由政府规

① 董辅礽等：《中国国有企业制度变革研究》，人民出版社 1995 年版，第 224 页。

定，同时规定允许企业围绕指导性价格自行上下调节的幅度，例如20%。在其他方面政府的管理也采取类似的办法。但指导性计划、指导性价格这类参考性指标并没有发挥多大作用，因此，实际上经济活动是在两个轨道上（即指令性计划轨道和市场的轨道）运行的。在指令性计划调节的范围内，政府可以用行政命令的方式直接管理经济，而在市场作用的范围内，政府一般地只能用间接的方式管理经济。政府开始运用市场经济中调节经济的办法，即在市场作用的范围内间接地调节经济活动。例如，政府已不再向农民下达一些农作物的播种面积、产量等指标，而运用调节农产品价格（如粮食收购价格）的办法来引导农民的生产活动。对国有企业来说，出于产业、企业的规模和地位的不同，有些企业（如石油开采企业等）基本上仍由政府通过指令性计划来管理，有些企业（如纺织企业）则渐渐地基本上按市场的变化来安排自己的生产和经营，而更多的企业则一方面接受政府的指令性计划调节，另一方面接受市场调节，即允许企业在完成指令性计划之外，根据市场的情况再生产一部分产品，企业除了按指令性计划出售产品外，还可以自行在市场上销售一部分产品。但即使是已经没有接受指令性计划指标的国有企业，政府对它们的干预还是很多的，它们的自主权受到种种限制，有些自主权只是名义上给了企业，实际上企业无法行使。政府下放了一些权力，但下放的权力往往被下级政府所截留，未下放到企业。由于“政企分离”难以实现，企业也难以按照市场的变化来经营，而市场也就难以正常运行。

第三，在这个阶段，政府对市场的运行是很不熟悉的，常常用计划经济的眼光来看待市场的活动，把正当的市场行为看做是不正当的甚至是犯罪的行为，也常常用计划经济中的办法来管理市场的活动。在改革的初期曾把长途贩运、正当的投机活动等作为经济犯罪加以禁止和严厉制裁，这是受计划经济的影响，因为在计划经济中商品的流通都是由政府通过计划来安排的，不允许私人贩卖商品以谋利，否则就会破坏商品流通计划的实施，因此必须禁止和制裁。甚至在市场经济发展最早、最快的浙江省温州市，也有一些人由于从事商业活动而被关入监狱。那里的政府受到的政治压力是很大的，政府的干部一批一批地被更换，他们被认为是走资本主义道路，所以那里的政府也会作出一些不利于市场发展的事。在这个阶段，各级政府还常常把计划经济中的办法用于管理市场，认为这是政府对市场的必要的干预。例如，许多地方采取了保护本地市场的措施，不许本地的资源流向外地，不许外地的商品进入本地。湖南省曾在道路上设置武装岗哨，禁止湖南的大米、猪肉等农产品流入广东省，以便制止湖南省农产品的涨价，避免降低本省居民的生活水平，殊不知，这样反而压抑了湖南省农民收入的增长，也压抑了湖南省农产品的生产的增长。所以，在这个阶段，市场的发展受到政府的不正当的干扰是很大的。市场被行政区划所割裂，不能形成统一的市场。在正规的市场难以甚至不许发展的情况下，非正规的、灰色的、黑色的市场在偷偷地发展，市场的力量顽强地要冲破行政的压制和封锁。

第四，在这个阶段，一个特殊的现象是，各个政府部门办了许多公司。在这里，政府自己不是作为球赛的裁判而是作为球员参加踢球了。这大约发生在20世纪80年代的中期，在市场已经开始发展的时候。其实也不仅是政府办公司，军队、学校、团体等都办公司，这似乎反映出政府对市场的看法有了一些改变。但政府办公司恰恰扭曲了政府与市场的关系，严重地阻碍了市场的正常发展。政府办公司起初是由于政府的经费不足，想弄点预算外收入，以补充预算内资金的不足，当时中央也曾号召各单位“创收”，随后，“创收”成为政府各机构支付各种额外开支（如请客送礼）和发奖金的来源。政府办公司的弊病很大。它破坏了市场的公平竞争，造成了国有资产的流失，助长了腐败，也妨碍了政府的正常工作。80年代末，曾对政府办公司进行过一次清理，但因为触及各个部门的利益，阻力很大，收效甚微，最后不了了之。政府反而办了更多的公司，并一发而不可收拾。

总的来说，在这个阶段，政府与市场的关系问题刚刚产生，政府左右着市场的发展，一方面政府想发展市场，另一方面只想让其在有限的范围内存在和发展，以补充计划经济之不足，不允许其超越范围，动摇和威胁计划经济。甚至把主张实行市场经济的意见批判为“资产阶级自由化”、“否定计划经济”，而否定计划经济就是否定社会主义，那是很严重的政治“帽子”。尽管政府的力量使市场的发展受到严重阻碍，市场被割裂、扭曲，但是，一旦允许市场存在和发展，市场就不受政府的约束而不断扩张，蚕食计划经济的领域，动摇其基础。

第二个阶段是在确定建立社会主义市场经济体制后开始的。在1989年发生的政治风波以后，关于计划和市场的争论朝向维护计划经济的方向逆转，重新强调坚持计划经济，批判市场经济。看来，改革要倒退了。但是，经历了十多年的改革，市场已经有了相当大发展，非公有制经济有了相当大的发展，市场已经深入到社会生活的各个领域，市场经济已经从各个方面显现出能比计划经济更好地配置社会资源，在市场的顽强进攻中，计划经济节节败退。如果硬要维护计划经济的体制，让市场缩小甚至退出，把改革拉向后退，只能造成经济的严重混乱和倒退，人们也不愿再过计划经济中那样的生活。而对这种形势，邓小平到南方视察，发表了一系列讲话，终于把局势扭转过来。1993年，正式确定以社会主义市场经济体制取代计划经济体制，从而把政府与市场的关系推进到一个新的阶段。

在这个阶段，政府与市场的关系大体如下：

第一，政府成为建立社会主义市场经济体制的组织者和推动者，政府制定建立社会主义市场经济的蓝图，主动地推进经济市场化的发展，为市场的发展扫除各种障碍，推进各项改革。由于实行双轨制的努力已被否定，政府的责任在于，如何使计划经济体制能顺利地过渡到市场经济体制。在政府的努力下，经济市场化的进程大大加快。不久前，中央计划部门管理的指令性计划产品只剩下 12 种，主要是资源短缺的能源、原材料、国防用品。政府只控制少数农产品的价格（如粮食的收购价格等）和少数工业品的价格（如石油原油的价格），由市场决定价格的商品在社会商品零售总额中已占 95% 以上，在工业品出厂价格中，按市场价格销售的已占生产资料的 96% 以上，在农产品收购总额中已占 85% 以上。在外贸方面，已经取消了进出口总额的指令性计划。目前，只有作为资金价格的利率和少数商品和服务价格还有待放开。在推进市场化的改革中，政府面临的最大困难是改革国有企业。政府已经看到，如果为数巨大的国有企业不能适应市场经济，市场经济体制是难以全面建立的。但国有企业如何改革，仍存在分歧。政府（主要是中央政府）担心出售国有企业会导致私有化，地方政府则已经难以承受国有企业的沉重负担，想尽快通过出售国有企业卸去负担。这主要涉及大量的小企业。中央政府决心要在三年（从 1998 年起）左右时间内使大多数国有大中型企业摆脱困境。在发展市场经济中，金融的重要性突出出来了。如果没有健全的金融体系，完善的市场经济体制是建立不起来的。政府面临的另一个难题是国家独资的专业银行和大量的国有非银行金融机构存在的问题。这些计划经济的国家专业银行在转向市场经济的商业银行中，困难重重。最大的困难是它们的主要客户——国有企业——的经营状况不佳，无力甚至不愿归还到期借款和支付利息，从而使得这些银行的不良贷款的比重相当高，不仅存在巨大风险，而且难以转入商业银行的轨道。许多非银行金融机构经营不善，债务负担沉重，其中有些实际上已经破产或濒临破产。政府正致力于整顿、化解和防范银行和非银行金融机构的风险。除此以外，为建立市场经济体制，政府正努力建立社会保障体系，在当前这也是迫切的任务。由于没有与市场经济相适应的社会保障体系，已经给国有企业的改革带来了困难：为承担职工的种种社会福利，企业的财务已难以承受，但它们又难以将多余的职工精简出去。失业的职工更遇到了巨大困难。总之，为建立市场经济体制，政府承担着艰巨的任务，面临着巨大困难。这是在由计划经济向市场经济转变时期，政府与市场的关系中的一个特殊方面。

第二，在市场经济中，政府要管理市场以至整个国民经济，但政府只能依据法律来管理。在向市场经济转变阶段，政府（这里的政府，除行政部门外，还包括立法和司法部门）必须致力于建立市场经济的法律体系，并执行这些法律，监督法律的实施。对市场经济国家来说，为维护市场的公平、公正、公开的秩序，立法和执法本是政府的工作。但对处于转变时期的中国政府来说，这是一项特别繁重的任务。因为，所有涉及经济的法律都要从头制定。政府要制定法律，实施法律，法律不仅约束各市场主体，也约束政府自己。对政府来说，这是很大的转变。在计划经济中，政府的权力至高无上，政府不仅是社会资源的配置者，决定和指挥一切社会经济活动，政府的权力甚至扩展到居民个人及其家庭的工作和生活（如就业分配、商品的配给）。这是最典型的“人治”，政府及其官员有权决定一切。建立市场经济体制要求实行法治，因为只有实行法治，才能维护各市场主体的合法权益，维护市场的正常秩序。因此政府只能依法治国，政府及其官员自身也要受到法律的约束，而不能超越于法律之上。对已经习惯于“人治”的政府及其官员来说，要适应这种转变很不容易。他们有时不按照法律的规定干预市场和市场主体的活动，或“有法不依”，或“执法不严”，甚至有些官员公然藐视法律，置法律于不顾，“执法犯法”。中国的市场存在许多混乱。发生混乱和混乱难以治理的原因固然很多，但政府及其官员的这些问题是一个原因。例如，制造假冒商品的问题难以解决，就与一些地方政府的保护或打击不力有关。不仅如此，在一些地方，有些政府部门或官员自己就从事各种违法活动，如走私等。同上个阶段相比，由于市场的力量进一步加强，一些政府对市场的分割和对本地市场的保护虽然还多少存在，但已经不大有效了。

第三，在这个阶段，由于加快了由计划经济向市场经济转变，市场经济迅速发展起来，政府对经济、对市场的调节也逐渐地由直接的调节为主转向以间接的调节为主，例如在经济过热时利用提高利率、收缩信贷的手段放慢经济的增长，而在出现经济下滑时采用增加基础货币、降低利率、增加贷款等手段刺激经济的增长。从 1996 年 5 月以来就六次降低了利率。但是，由于市场经济体制还在建立中，还不能有效运行，同时也由于政府还不熟悉在市场经济条件下调节经济，政府在利用市场经济的手段调节经济的同时，有时也运用计划经济中控制经济的手段，例如用行政命令的办法控制投资的规模和项目等。

第四，如上所述，在上个阶段后期，制止政府办公司未获成功，到了本阶段，政府办公司更变本加厉，甚至连公安、法院等机构也办公司。这些政府办的公司利用政府的权力和方便使自己在市场竞争中处于有利的地位，甚至垄断的地位。例如，主管城市交通的公安部门要求汽车装安全带，但规定必须由它办的公司安装安全带，才能取得它的认可。政府办公司扭曲了市场，造成了市场中的不公平竞争，导致了官员的腐败，已经不能再继续下去。1998年，中央政府终于要求这些公司一律于年底前与政府、军队脱钩。这是重要的决定。不如此，规范的市场经济体制无法建立，市场也不能发挥其优化资源配置的功能。

第五，在决定建立市场经济体制后，政府的职能必须有根本的转变。政府不再是计划经济中的资源配置者，政府也不再是微观经济活动的决策者，政府更不能是居民个人及其家庭的活动的决策者。在市场经济中，政府的作用主要是为市场以及整个国民经济的运行和发展创造必要的条件，维护市场的公平竞争，纠正市场的失败，对国民经济进行必要的调节，以保持国民经济的增长、价格的稳定、充分就业、国际收支平衡。政府的职能的转变又要求政府机构的改革。原有的庞大重叠的政府机构是适应于计划经济运行的需要而设置的，在转向市场经济后，它们不仅成为社会的沉重负担，而且更成为市场经济有效运行的严重障碍。不说其他，仅仅是原有政府中存在的官僚主义、文牍主义就会使市场经济的效率丧失殆尽。还需要指出，在转向市场经济中，政府的职能和机构不进行彻底的转变和改革，政府及其官员的权力就会转化为获取金钱的权力，成为滋生贪污腐败的温床。事实上，任何部门、任何个人，只要他拥有一点权力，这种权力就可以成为能换取金钱的砝码。甚至连一个小小的办事员、秘书都具有可以换取金钱的权力。因为他们虽然无权决定某一件事，但如果不通过他们，就无法使需要获得批准的事项到达有权决定者之手。转变政府职能、改革政府机构，已经成为能否建立市场经济体制的关键。转变政府职能和改革政府机构，是很困难的。改革以来，政府机构改革已经进行过多次，都未获成功。每一次改革，合并了一些机构，精简了一些机构，撤销了一些机构，但是由于政府的职能没有根本转变，还在管许多应由市场管、非政府的自律组织管、企业管、居民个人管的事，这样，合并后的机构形式上合并了，实际上合并前的机构仍按原样在活动，精简了的机构慢慢地又膨胀起来，撤销了机构以后又改头换面复活了。问题何在呢？在于对市场经济中政府的职能没有界定清楚，即政府应该做什么，不应该做什么，没有界定清楚。还在于政府已有的权力，谁都不愿放弃，而且都要扩大。同时，也由于市场经济体制尚在建立过程中，由于市场不发达、不完善，许多应由市场解决的问题还难以在市场中解决，还得找政府解决。1998 年开始了新的一轮政府机构改革，中央政府的机构大大减少，政府的人员大大减少。1999 年将要对省和省以下的政府机构进行改革。希望这次改革能够获得成功。

目前中国虽然还处于由计划经济体制向市场经济体制转变的时期，但为了确定政府与市场是怎样的一种关系，现在就需要考虑中国将建立怎样一种模式的市场经济。因为在不同模式的市场经济中，政府与市场的关系是有不小的差别的。例如，政府与市场的关系在美国的自由市场经济模式中就与日本的政府主导型的市场经济模式中有大的差别。在欧洲，法国与德国也有差别。那么中国将采用哪种或接近于哪种模式的市场经济呢？在中国还未作深入的研究。这次政府机构改革中也未提出这个问题。可是，弄清这个问题却是政府机构改革的前提，因为只有确定了要建立怎样模式的市场经济，形成怎样的政府与市场的关系，才知道应该怎样改革政府机构，以建立与这种模式相适应的政府机构。从已经进行的政府机构改革的方案看，似乎是按照政府主导的市场经济模式在建立政府与市场的关系，或者说，类似日本或韩国的那种政府与市场的关系。在日本的经济进入长期衰退后，特别是在发生亚洲金融风暴后，国际上对日本和韩国的市场经济模式有许多讨论。中国也有些议论。有些人认为日本和韩国在经济中发生的问题与政府对经济、对企业、对市场的过多干预有关系。是否如此呢？在中国的市场经济中政府与市场的关系又将如何呢？这是尚待认真研究的问题。

在计划经济向市场经济转换完成以前，在市场经济体制全面建立以前，需要政府对经济有较多的干预，这是必定的。因为，这时市场还不能有效运作，市场的规则尚待建立，国有企业还不能适应市场经济，政府不对经济、对企业、对市场多加管理，可能会发生管理的真空，出现经济生活的严重混乱。但政府干预经济、干预企业、干预市场也会造成另外的问题。因为，首先，这时政府仍习惯于用管理计划经济的办法来管理经济、管理企业、管理市场，如下达指标、下达命令或运用其他行政手段等。这对于市场的培育和发展不利。对于企业适应市场的运行也不利。其次，在计划经济中政府官员养成了一种政府无所不会、无所不能的观念，以这种观念管理市场经济就可能发生失误。在市场经济中企业做出错误决策，如果企业自己不加以纠正，市场会强迫其加以纠正。而在向市场经济转变中，由于市场的力量还不强，而政府官员又很自信，政府的错误决策就较难纠正。从中国的政治体制来推测，即使在全面建立了市场经济体制以后，政府对经济、对企业、对市场的干预也会是相当强的，也就是会是一种政府主导型的市场经济模式，而不会是自由的市场经济模式。政府主导型的市场经济有长处也有短处，如何吸取日本和韩国的经验，扬其长处，避其短处，就是重要的研究课题。从各国的情况看，政府与市场的关系都在发生变化。里根和布什奉行自由主义经济理论，反对任何工业政策，认为工业政策就是想用国家来代替市场，进行一场一开始就注定要失败的尝试，即要筛选出未来的胜利者和失败者。但实际上他们都在推行隐蔽的工业政策。而克林顿则推行公开的工业政策，要求国家在经济方面起积极的甚至核心的作用，把重新夺回美国在技术和工业的领先权作为国家的首要任务[①]。日本似乎也有变化，政府对经济、对企业、对市场的控制有所放松，日本的市场正扩大对国外的开放，减少了政府的干预。

在市场经济中，各种非政府的自律组织对约束成员的行为、维护成员的利益、调解经济活动中的纠纷、维护市场的竞争秩序等能起到政府起不到或难以起到的作用。这些自律组织处于政府与企业之间、政府与市场之间。有了一批真正能起作用的非政府的自律组织，政府就可在许多方面不介入或不直接介入市场的活动，避免政府的介入带来的各种问题。从现在的情况看，在中国的政治体制下，民间的各种自律组织（如商会、证券业协会、消费者协会等）较难发展，即使建立了，也很难真正发挥其自律的作用，而往往是附属于政府，或者不过是政府的相应机构的另一块招牌。因为这样更便于政府介入市场活动，干预市场活动。但市场经济的性质及其运行特点决定了，在微观领域，政府不宜直接介入市场活动，而应该超越市场，由各市场主体进行自主管理，让各种自律组织去进行自律管理，使这些组织不致成为准政府组织或变相的政府组织。政府应主要在宏观领域对经济、对市场进行必要的管理。

在市场经济中，要解决好政府与市场的关系，最重要的是处理好政府与企业的关系，真正使政府与企业分离，使企业真正独立自主、自负盈亏。这里说的企业主要是国有企业。政府与企业分离了，企业就能真正作为市场的主体参与市场的活动，而政府也就难以不恰当地干预市场了。如何使政府与企业相分离，还是有待解决的问题。

---

① 参见［德］赛康德博士《争夺世界技术经济霸权之战》第十二章，中国铁道出版社1998年版。

资本市场论

证券市场是学习市场经济的大学校*

证券市场是我国广大干部群众、政府官员和企业家学习市场经济的大学校。证券市场是现代市场经济最重要的组成部分，人们可以通过它学习现代市场经济的许多知识。我近几年多次去深、沪两地，感到那儿的人们通过这几年的股市实践，对市场经济的知识学得很快。

股市发展越健康，人们对市场经济的了解就越正确；反之，股市发展得不规范，就有可能使人们对市场经济产生片面的理解。现在社会上对于证券市场的一些责怪，实质上就是对市场经济的责怪；对股市信心的动摇，也就是对市场经济的信心产生动摇。从这个意义上说，爱护股市也就是爱护市场经济。

现在政府的政策对股市影响很大，而我们有些政策的出台又缺乏长远和周密的考虑。证券管理部门的主要职责，就是应该把握宏观经济的走势，研究经济发展的情况，制定相应的政策，以保持政策的稳定性。但现在证券主管部门的工作缺乏统筹考虑。如关于1994年新股发行规模，在春节前宣布了55亿元的盘子，

* 原载《中国证券报》1994年3月7日。

春节后又宣布将视市场情况推迟。对这相隔不到三个星期的两次表态，市场反应都很强烈，骤跌骤升，这既反映了政策对于股市的影响，也反映了我们的工作缺乏对市场的研究和统一的考虑。再如，1993 年 12 月中旬有关送配股的规定，由于事先未作任何宣传，事后的解释工作也很少，造成股市一天暴跌 150 点。这些都反映了我们管理中的问题。

现在我国证券市场上诸如股票、国债、基金等几种金融工具，以及股份制改造、股份公司上市审批、证券经营机构管理等环节都是由不同部门分开管理的，这种状况现在看来很不合理。各种金融工具之间是沟通的，投入证券市场的资金在各种金融工具间是流动的，互相之间影响很大，但这种体制使我国的各种金融工具之间不能统筹考虑，很难形成统一的金融市场。

目前市场各个层面对二级市场扩容过快议论很多，我已在《中国证券报》上发表了我的看法，这里再补充一点。从静态看，股市供大于求，价格会跌；求大于供，价格会涨。但从动态看，供需是可以互相创造的。现在人们都把 55 亿元市场扩容作为重大利空消息，但若人气旺盛时，对于我国居民存款加手持现金近 2 万亿元的资金量来说，55 亿元也并不可怕。所以，现在最为关键的是要保护人气。人气重聚，股市才会走出低迷。

不仅仅是融资*

我国证券市场的建立已有十年，取得了不小的成就。虽然与那些发达市场经济国家的证券市场相比，仍不过像一个刚会走路的幼儿，走起来跌跌撞撞，存在许许多多问题，但是，已经很少有人对它的建立和发展持怀疑甚至否定的态度了。随着市场经济体制的建立以及证券市场本身的发展和完善，它的各种功能正逐渐展现。人们首先看到的是它的融资的功能，目前已有1060多家公司发行了1100多只股票，融资5900多亿元，股票的市价总值已相当于国内生产总值的一半。但是，对我国的证券市场已发挥的功能，不能仅仅用融资多少来衡量，还应看到其他功能。例如，优化资源配置的功能，在证券市场上，上市公司的业绩的优劣从股价的高低变化和资金的流向中渐渐分明了，公司间的收购兼并也开始了。当然这种功能还不强，甚至有扭曲。此外，在由计划经济转向市场经济的时期，它还发挥着一些特殊的功能。实际上，它成了人们学习市场经济的伟大学校。

---

* 原载《中国证券报》2000年12月30日。

试问，在建立证券市场前，有多少人懂得市场经济、懂得资本市场是怎样运作的？许多人连股票和债券都分不清。可是，短短十年，已经有五千几百万股民投资股票，人们不仅懂得了资本市场是怎么一回事，而且懂得了市场经济中许许多多的事，什么股份公司、公司治理结构、参股控股啊，什么投资选择啊，什么资本运作啊，等等。人们学得这样快，懂得这样多，那是办几百所大学也难以做到的。在证券市场这所大学里，人们不仅学到了市场经济的知识，而且改变了计划经济中形成的观念，树立了与市场经济相适应的观念。例如，人们的财富观念转变了，不再把财富仅仅看作是一堆物、一包钱，懂得了物要盘活，钱要流动，盘活了，流动了，就能生出更多的财富，证券市场能把物盘活，让钱流动，让钱去生钱。还有，各种各样的无形资产也是财富。又如，人们有了抓机遇的观念，市场经济、证券市场充满了机遇，能不能致富，要看会不会抓住机遇，这不仅是碰运气，更要看自己有没有本事。计划经济中不关注机遇，只讲“等、靠、要”。再如，人们有了风险意识，市场经济、证券市场有风险，投资股票、办公司、就业都有风险，人们要自己承担风险。计划经济中不会有风险意识，凡事由政府兜着。此外，人们也有了“要关心国家大事”的观念，不用官员絮叨，人们自己就懂得股市连着国家大事甚至世界大事，不关心不成。人们从证券市场学到的东西还有很多很多。我们在谈论证券市场的成就时，不能无视其融资功能以外的功能。

我国证券市场的发展刚刚起步，它的各种功能也才刚刚展现。毋庸置疑，在新的世纪里，我国证券市场将会获得更大的发展，会逐步健全和完善，其功能也将越来越显著。

发挥证券市场的优化资源配置功能*

——在'98四川·西昌中国股份制理论与实践研讨会上的讲演

今天我讲一个题目，“发挥证券市场的优化资源配置功能”。加强中国证券市场优化资源配置功能，从证券市场的发展历史来看，首先是融资，股份公司的出现，它的目的是融资，而它的优化资源配置的功能是逐步地显示出来的，证券市场具有一些其他市场不可替代的功能。由于企业的资产实行股份制后都证券化了，企业资产采取证券形式参与市场流通，因此证券是可以分割的、可以流动的。它具有比实物资产和货币资产更强的流动性。由于信息流通比较迅速，而且在一个比较成熟的证券市场上，股票价格能够反映公司的业绩状况，所以证券市场股价的变动可以引导资源的流向。资产流动性很强，更容易通过股票的买卖来实现企业的收购和兼并，促使资源的配置和优化，证券市场越是完善便越是发展，它的功能不仅是融资，还要起到资源优化配置的作用。中国的证券市场时间比较短，开始有相当大的自发性，1992年小平同志南方讲话提

* 原载《凉山经济》1998年第2期。

出“坚决试”，在这之前不少人持怀疑态度，到了党的十四届三中全会，特别是党的十五大后才摘掉试点的帽子，把证券市场视为解决国有企业困难的途径之一，使国有企业在证券市场上得到融资。因此在证券市场融资功能和优化资源配置的功能上，更重要的是融资功能。

第一，证券市场优化资源配置功能没有充分的发挥。

究其原因：一是证券市场发展初期有很大的自发性，至今不少的人还只希望上市公司通过证券市场筹集资金，解决国有企业的困难。二是上市公司结构不合理，一般不给非国有企业上市指标，中国社会科学院一位负责同志曾经讲过不让非国有企业上市的看法，当时引起极大反响，从已上市的公司来看，国家控股的占 70%，这样的股权结构，不利于发挥证券市场优化资源配置功能。三是公司股权结构不尽合理，上市公司的股份中，国家股、法人股占 50%，相当多的法人股是国家股，这就限制了证券市场的流通，有的人认为国有资产参与流动会造成国有资产流失，在证券市场上仅有 30% 的非国有股份可以流动，很难起到控制作用。四是《公司法》规定，在证券市场收购 5% 的股份要申报公告，一公告，股票价位上涨，收购成本非常大，股份流动非常困难。我建议对《公司法》进行修改，将收购 5% 的股份改为 10% 或更多一点。

第二，要加强中国证券市场优化资源配置功能。

首先是建立制度，制定政策、法规，来规范证券市场，以利于优化资源的配置功能的发挥。要从转变观念入手，解决对证券市场功能的认识。二是对国有企业和非国有企业要一视同仁，不能有亲有疏！有的人说不让民营企业、私营企业改制上市，这是不对的。至今没有一个国家的证券市场规定了什么所有制企业能上市，什么所有制企业不能上市。1997 年我在《上海证券报》

上发表了题为“公有制与股份制”的文章，明确提出公有制的两种实现形式。最近洪虎讲股份制是重要的一种公有制形式，这比某些文件中的提法准确得多，提得很好。我讲的公有制有两种形式：一种是共同所有制，是指一个单位的财产是这个单位全体成员共同所有，每个成员并不具体占有共同所有的财产的某一具体份额，它不是共同所有财产的具体所有者。如原始公社是共同所有制，国家所有制是共同所有制，人民公社是共同所有制。另一种公有形式则是指公众所有制形式，它与共同所有制不同，它是指这个单位的财产是这个单位的成员的公共财产或共同所有的财产，同时这个单位的每个成员又是这个共同财产某一份额的实际所有者或占有者。如合作社所有制就是这种所有制的最典型的代表，因为每个社员按规定缴纳股金，也就成为某一部分份额的所有者，它只能叫合作制。

股份合作制的提法是不妥的，是一种误会，没有股份合作制这种企业组织形式，几年前我就批判过这种提法。要么叫股份制？要么叫合作制？这是两种不同性质的企业组织形式，不能混为一谈的。没有既是资本联合又是股份合作的这种组织形式。这里讲的合作制具有以下特点：（1）它不是以赢利为目的而是重在为社员利益服务；（2）按规定缴纳股金；（3）是进出自由、入股退股自愿；（4）实行一人一票制；（5）采取民主管理。而股份制则不同，它的主要特点：（1）以赢利为目标；（2）实行一股一票制；（3）不是民主管理，实行股东大会管理。具体不多讲了，这里面非常复杂，涉及很多理论问题。

我讲的意思是不要把两者混淆起来，不伦不类，而是说清你到底是实行股份制还是合作制。如果一股一票制，就是股份制，如果一人一票制，就是合作制，不能既是一人一票又一股一票，还叫什么制？怎么管理？

我国搞股份合作制较早的温州地区，现在都不搞了。1997年10月我又到了温州，搞了股份合作制的单位普遍要求摘掉股份合作制的帽子，恢复原来民营企业的面目，说把他们搞乱了，把财务搞乱了。

股份制是公有制的一种形式，它是对私有制的一种扬弃。股民把自己的钱投到股份公司，就成了公司的财产，由股东大会去管理，你只有收益的自主权，只有在股东大会上去投票发表意见，或在股市上转让你的股票，实行“用脚去投票”。把私营企业改造成股份公司，然后使它上市哪点不好呢？认为非公有制企业不能上市，这种认识和做法是不对的。

第三，让国有股、法人股流动或进行流通的问题。

国有股、法人股并不一定都要上市，协议转让也是流通的一种形式。如果不让国有股、法人股流动，证券市场优化资源配置的功能就不能发挥。这里有个非常重要的问题，就是我们到底要国有企业干什么？我们为什么不让国有股权上市？不让国有股流动，说穿了，国有企业是公有制企业，它一上市参与流动，怕国家不能控股，从而改变国有企业的性质。任何所有制都是一种手段，国有企业在计划经济条件下和市场经济条件下，它的功能是完全不同的。首先在社会主义计划经济条件下，国有企业是计划经济的微观基础。国有企业在计划经济条件下的功能就是在宏观计划的指导下不折不扣地完成和超额完成国家下达的计划。国有企业数量越多、涵盖面越广，计划经济便越有效、越能发挥它的作用，国有企业在计划经济条件下是非常重要的，可以说没有国有企业就没有计划经济。在市场经济条件下国有企业的功能完全不同了，这不是因为它是国有企业就得保留它、发展它，首先要研究它具有什么功能。因为国有企业具有非国有企业不可替代的特殊功能，它不同于计划经济时期。这里又涉及什么是社会主义、什么是社会主义市场经济这个问题，报纸上天天在讲，我看就是没有讲清楚，有的人说，社会主义市场经济，是社会主义性质的市场经济，既然有社会主义市场经济，就应当有资本主义市场经济；又有的人提出公有制基础上的市场经济和非公有制基础上的市场经济。争来争去，又涉及姓“社”、姓“资”上去了，又涉及了意识形态的争论，那就不对了。

公有制基础上是不能有市场经济的。我讲的公有制不是公共所有制和公众所有制，而是国家所有制。企业属国家所有能有市场经济吗？公有制是不会有市场经济的，如过去把一个干部由这个企业调到那个企业，把一台设备由这个厂调到那个厂，上面开个调令，写个调拨单就办妥了；如江苏石化集团的成立，上面一个命令，江苏的几个企业就联合起来组成石化集团。只有非公有制才能有市场经济，人、财、物都要进入市场，等价交换，体现公平原则，这叫天然兼容。同一个所有者不可能有市场经济。什么是社会主义？讲来讲去搞不清楚，因此要学习、要研究。小平同志讲社会主义的本质就是实现共同富裕，也就是整个社会要讲公平、讲效率。我把它概括成一个公式：什么是社会主义市场经济呢？社会主义市场经济 = 社会公平 + 市场效率。我到国外去讲，很多外国人不懂，问我这个问题，开始他们搞不懂，后来我一讲他们也懂了。社会主义市场经济是中国的发明，这有什么不好呢？社会主义市场经济不只是中国专利，别的国家可以学。我们发明，其他国家也走这条路，哪点不好呢？

那么在社会主义市场经济条件下，国有企业有哪些非国有企业不可替代的特殊功能呢？归纳起来有以下几点：

第一，为政府调节市场提供物质条件。如政府性银行，它执行政府的特殊政策，是一般商业银行不可替代的，需要国有的政策性银行才能承担和完成。又如物资储备企业，执行国家政策，进行粮食储备等。

第二，实现社会公平，满足人民共同需要，兴办公益性事业。如城市的公交运输、公共汽车，不应以赢利为目的，它的任务主要是为城市居民提供安全良好的服务，这是非国有企业不愿干的，国有企业亏本也要办。

第三，为了保障、维护国家和社会的安全而进行的各项工程。如航天工业、国家军火的生产和货币的制造，西方国家是私有的，我们国家由国家安排国有企业完成，根据需要发射卫星。你不能说不能赚钱，就不发射，为了执行任务，亏本也要办。

第四，为了维护消费者利益，还要兴办一些资源垄断企业、高科技产业等。

具体来讲，在社会主义市场经济条件下，以下六个部门的国有企业，因具有非国有企业不可替代的特殊功能，不仅允许存在，而且根据需要，要给予支持和发展。

这六个部门主要是指：一是为政府调节市场提供物质条件的部门；二是举办社会公益事业，满足公共需要的部门；三是保障国家和社会安全的部门；四是维护公共利益的资源垄断行业部门；五是高投入、高风险的高科技产业部门，这个部门虽然投入多、风险大，但成功后的回报丰厚；六是需要国家投资的基础产业部门。

我们要把国有企业改造成股份制企业，成为上市公司，最后退出来。在具体做法上，有的可以先改制后上市、有的是不上市就退出，如小企业未经改制就拍卖、有的上市再发展。不管是先上后退，还是不上先退，目的都是为了退出来。上市是为了融资，退出是把国有股转让出去，将资金向别的部门投入，把整个国民经济盘活。

几点建议：为了加强中国证券市场优化资源配置功能，建议国家不要干预或少去干预股市的活动，国家本来就不应该去干预股市，一干预就会造成人为地扭曲了市场。股市变动能反映国家金融活动状况，股票价位变动能反映上市公司经营业绩状况，不能用计划去安排，应反映市场的竞争性。

还有一点是不要禁止国有企业、上市公司炒股，根据是什么？如果害怕炒股所得装进私人腰包，你可以采取加强审计监督来卡它嘛！

另外提出不许场外交易这就更加荒唐。全国除深圳、上海两家证交所外，其他证交所可以实行柜台交易，全国联网，使股市交易活跃起来，在活动中加强立法，增强监督力度。

中国证券市场的发展及其问题*

中国是否应该建立和发展证券市场曾有争论。在确定建立社会主义市场经济体制的改革目标以后，证券市场作为市场经济的组成部分获得了迅速的发展。但与国民经济的总规模、与国民经济的发展对证券市场的要求相比，证券市场的规模仍相当小，还应有大的发展。中国证券市场还处在发展的初期，受各种条件的决定，其结构具有许多特点，在证券的品种结构、上市公司的产业结构和地区结构、投资者结构、上市公司的规模结构、上市公司的股份结构等方面，都具有不发达、不完善的特点，它们都给证券市场的发展和运行带来了种种影响。中国证券市场的发展与国有企业的改革和发展紧紧地联系在一起，承担了为国有企业改革和发展服务的繁重任务。从实际情况看，通过把国有企业改组为上市公司，证券市场为公司筹集资金的目标实现得较好，而在建立现代企业制度的目标方面则实现得不大好。这与这些公司的股份结构中国有股占控股地位有很大关系，它使得许多公司不

---

* 1998 年 4 月 7 日为亚洲开发援助项目《2020 年的中国》第 2 期所作。原载计划与发展委员会政策法规司编：《奔向 2020》，中国物价出版社 1998 年版。

能建立股份公司的治理结构，或者建立后形同虚设。证券市场在优化资源配置中的作用因此也未能较好发挥。这表现在上市公司的业绩上。虽然总的说来上市公司的业绩好于非上市公司，但上市公司的业绩在逐年下降。近来，为了使国有企业摆脱困境，加快了国有企业改组为上市公司的步伐，这造成许多企业的上市仅仅是为了从证券市场筹集资金，不注意企业的改革和改造。上市公司的质量下降，甚至为了上市筹集资金，有些企业在改组为上市公司中弄虚作假。展望2020年，那时社会主义市场经济体制不仅已经建立，而且将较为完善，相应地，中国的证券市场也会有巨大发展，将较为完善并能有效运行。虽然到2020年还有相当长的时间，但目前就应该根据实际存在的问题逐步加以解决，以便增强证券市场的竞争，提高其效率，发挥其优化资源配置的作用。

一　中国证券市场发展的概况

中国证券市场是经济体制改革的产物，特别是发展市场经济的产物。

1990年12月19日上海证券交易所开业，有8家公司的股票上市交易，1991年4月3日深圳证券交易所试营业，1991年7月3日正式运作，有5家公司的股票上市交易，由此拉开了中国证券市场的帷幕。但是，在一段时期里，对中国应不应该发展证券市场有很大争论。有些人强烈反对，认为这是引入资本主义制度。针对这种争论，1992年邓小平先生在南巡讲话中说："证券、股市，这些东西究竟好不好，有没有危险，是不是资本主义独有的东西，社会主义能不能用？允许看，但要坚决试。看对了，搞一两年对了，放开；错了，纠正，关了就是了。关，也可以快关，也可以慢关，也可以留一点尾巴。怕什么，坚持这种态度就不要紧，就不会犯大错误。总之，社会主义要赢得与资本主义相比较的优势，就必须大胆吸收和借鉴人类社会创造的一切文明成果，吸收和借鉴当今世界各国包括资本主义发达国家的一切反映现代社会化生产规律的先进经营方式、管理方法。”“允许看”，是对那些持怀疑态度或反对者说的；“坚决试”，是对支持者说的。他把证券市场看做是人类社会创造的文明成果、反映现代化生产规律的先进的经营方式。他的讲话极大地激励了证券市场的迅速发展。1992 年 10 月成立了国务院证券委员会和中国证券监督管理委员会。但是，仍有一些人持怀疑态度，特别是在此过程中证券市场发生了一些问题，有些人更加强了反对态度，并把它称为“泡沫经济”，认为它只能鼓励人们投机（在中国，长时间里“投机”一词是一个贬义词，甚至被视为犯罪）。因此，证券市场一直戴着“试点”的帽子，未取得长期存在和发展的地位。

但是，在邓小平讲话以后，既然中国决定把建立社会主义市场经济体制作为改革的目标，那么，作为市场经济的重要组成部分的证券市场是必定要发展的，而不是可有可无的。而且，随着整个经济迅速向市场经济转变，面临市场中越来越激烈的竞争，缺乏竞争力的国有企业的经营越来越困难。从前，国有企业出现了亏损，可以由政府的财政予以补贴，以后，财政的赤字越来越大，已经无力承担巨额补贴，只得把这个负担转给国有专业银行，国有专业银行几乎承担着国有企业对全部资金的需要，与此同时国有企业也背上了对银行的沉重债务，不仅要归还借款本金，而且要归还利息。国有企业的亏损越来越严重。它们拖欠银行的到期债务形成了银行的大量不良贷款，银行面临着巨大的风险。国有企业无路可走。人们想到，把国有企业改组为股份公司并发行股票，不仅可以推动国有企业的改革，把它们改组成为现代的公司，而且可以从证券市场上筹集资金，解决它们的资金困难。正是在这种背景下，一些人看到了证券市场的直接融资的作用。随后，中共十五大的《报告》中指出，“股份制是现代企业的一种资本组织形式，有利于所有权和经营权的分离，有利于提高企业和资本的运作效率，资本主义可以用，社会主义也可以用”，在国有企业的改革中，“要采取多种方式，包括直接融资，充实企业资本金”。从此，证券市场不再是“试点”，不再是可有可无的了，而是必须存在和发展的了。

虽然，中国证券市场的发展经历了一些波折，但发展还是相当快的。到 1998 年年底，上海和深圳共上市各种证券 1011 只，在各种证券中，股票 931 只（其中 A 股 825 只，B 股 106 只），基金 29 只，国债 31 只，金融债、企业债、可转债 8 只，其他证券 12 只（见表 1）。上市公司 851 家（见表 2），股票发行总股本 2345. 36 亿股，市价总值 19505. 65 亿元（见表 3）。各类证券年成交金额 46300. 77 亿元，其中股票 23544. 25 亿元，国债 21600. 79 亿元，基金 1016. 89 亿元。1991 年股票市价总值 109. 19 亿元，占国内生产总值的 0. 5%，1997 年股票市价总值占国内生产总值的比重已上升到 23. 44%，1998 年这一比重则为 24. 52%；1992 年股票成交金额 681. 24 亿元，1998 年比 1992 年增长 34. 6 倍。但是，中国的证券市场仍处于发展的初期，与国民经济的总规模相比，其规模仍相当小，更远不及证券市场发达的国家和地区。1994 年股票市价总值占国民生产总值的比率，美国为 71. 1%，日本为 70. 3%，香港为 450%[①]。发行证券作为直接融资的渠道在中国的资金流量中占的比重仍很小，其中股票的比重更微不足道。1995 年在金融资产的总流量中间接融资占

① 参见《上海证券报》1996 年 4 月 14 日。

71.5%，国际资本占24.1%，储备资产变动占5.6%，直接融资仅占7.0%，其中国债占3.0%，企业债占2.8%，股票占0.1%，其他占1.1%，股票的比重很小；而在企业的金融负债结构中贷款占63%，从国外借入占30.9%，其他占14.1%，发行证券仅占1.8%，其中债券占-0.7%，股票占0.1%，其他占2.4%，股票的比重也是微不足道的（见表4）。中国的证券市场还有相当大的发展空间。

表1　上海、深圳上市证券数（截至1998年12月31日）　单位：只

类别 市场	股票		基金	国债	金融债、企业债、可转债	其他
	A股	B股				
上海	425	52	19	15	5	12
深圳	400	54	10	16	3	—
合计	825	106	29	31	8	12

数据来源：《上证统计月报》、《深圳证券交易所市场统计》。

表2　历年上市公司数　单位：家

年份	1990	1991	1992	1993	1994	1995	1996	1997	1998
上海	8	8	29	106	171	188	293	383	438
深圳	2	6	24	77	120	135	237	362	413
合计	10	14	53	183	291	323	530	745	851

资料来源：《1998年中国证券期货统计年鉴》（证监会编）。

表3　1998年年末股票发行与市价情况

	总发行股本（亿股）	总流通股本（亿股）	市价总值（亿元）	流通市值（亿元）
上海	1280.35	379.73	10625.92	2947.46
深圳	1065.01	361.21	8879.73	2798.15
合计	2345.36	740.94	19505.65	5745.61

数据来源：《上证统计月报》、《深圳证券交易所市场统计》。

表 4　我国融资渠道的变化

	1987 年		1989 年		1990 年		1992 年		1993 年		1994 年		1995 年	
	绝对数	构成	绝对数	构成	绝对数	构成	绝对数	构成	绝对数	构成	绝对数	构成	绝对数	构成
金融资金总流量	6062.5	100	6074.1	100	10029.4	100	18638.0	100	21111.8	100	33027.6	100	33483.9	100
间接融资流量	4381.6	72.3	4313.8	71.0	7516.7	75.0	12821.7	68.8	15580.7	73.8	22375.6	67.7	23957.1	71.5
通货	236.1	3.9	210.0	3.5	300.4	3.0	1162.0	6.2	1528.7	7.2	1424.0	4.3	596.7	1.8
存款	1992.2	32.9	1857.6	30.6	3476.3	34.7	5964.6	32.0	6478.4	30.7	11776.9	35.7	13414.0	40.1
贷款	2153.3	35.5	2246.2	37.0	3740.0	37.3	5695.1	30.6	7573.6	35.9	9174.7	27.8	9996.4	29.0
直接融资流量	247.9	4.1	352.4	5.8	364.3	3.6	1766.3	9.4	987.8	4.7	1751.6	5.3	2336.6	7.0
国债							334.8	1.8	276.7	1.3	745.7	2.3	1013.9	3.0
企业债							481.9	2.5	163.1	0.8	821.0	2.5	936.2	2.8
股票							249.6	1.3	198.0	0.9	49.6	0.2	22.7	0.1
其他							700.0	3.8	350.0	1.7	135.3	0.4	363.8	1.1
国际资本流动	1263.1	20.8	1251.5	20.6	1793.7	17.9	3347.2	18.0	4505.0	21.3	7838.0	23.7	8079.3	24.1
长期资本	705.7	11.6	535.1	8.8	991.6	9.9	334.6	1.8	281.7	1.3	441.3	1.3	239.0	0.7
短期资本	557.4	9.2	716.3	11.8	802.1	8.0	3012.6	16.1	4223.4	20.0	7396.7	22.4	7840.3	23.4
储备资产变动	180.6	3.0	-23.1	-0.4	533.0	5.3	-117.0	-0.6	101.8	0.5	2631.0	8.0	1877.4	5.6

资料来源：中国人民银行资料。

二　中国证券市场的结构

中国证券市场的结构存在以下一些特点：

第一，在各类证券中，国债、基金、金融债和企业债等的数量很少，如截至1998年底，它们各自只有31只、29只和8只，国债品种少，大多为1—3年期债券，不利于政府进行公开市场业务的操作。基金不仅数量少，而且每只基金的规模也很小（除了最近发行的5只新基金的规模为20亿元以外，以前的老基金每只大约只有几千万元），因此，基金的发展很弱，在证券市场中未起到应有的作用。企业债券发行很少，与企业的经营状况差有很大关系，有些企业债券到期后企业无力支付，认购者往往找承销的银行要求兑付，这使得企业债券的信用下降。为了进一步发挥证券市场的作用，需要改变证券的结构，应增加各类基金，增加每只基金的规模。国债的品种应增加，更多发行3个月、6个月、9个月的短期债券以及10年以上的长期债券。

第二，在上市公司的产业分布结构中，1998年年底工业类518家，商业类86家，金融类3家，地产类27家，公用类57家，综合类134家（见表5）。这种分类自然不大准确，因为许多上市公司都不是从事单一的业务，而往往是多角经营的。工业类的公司居多是合理的，但金融类上市公司太少，则并不合适。这虽然与中国的金融业不发达有关，但更与对金融企业改组为上市公司的控制太严有很大关系，因为担心金融企业发行股票后，如果经营不善会带来广泛影响。事实上，金融企业改组为上市公司对于促进金融业的发展和国民经济的发展会有很大作用。深圳发展银行的骄人业绩使得其股票不仅价格高升，而且成为深圳证券市场的龙头股，对深圳的股票市场、对深圳经济的发展都起着巨大的影响。为了加快基础设施的建设，应该有更多的公用类企业成为上市公司。中国证券管理部门曾公布过重点支持发展的上市公司的产业类别，但实施的情况不甚理想，例如农业企业成为上市公司的就极少。

表 5　1998 年底 A 股上市公司行业分布结构表　单位：家

	上海	深圳	合计
工业类	249	269	518
商业类	49	37	86
金融类	—	3	3
地产类	9	18	27
公用事业类	34	23	57
综合类	84	50	134
合计	425	400	825

资料来源：《中国证券报》、《深圳证券交易所市场统计》。

第三，1998 年年底，在上市公司的地区分布中，华东 277 家，中南 209 家，华北 122 家，西南 96 家，东北 92 家，西北 55 家(见表 6)。这种地区分布与两个交易所位于上海和深圳有很大关系。在交易所建立的初期，上海和深圳利用其便利条件使本地的企业大量上市。当时，内地的政府部门（除四川等少数地区外）还不大了解发行股票对发展本地经济的意义，对本地企业发行股票没有热情。此外，这种地区分布也与企业的状况有一些关系，华东和中南（主要是广东一带）的企业的经营状况较好，符合上市条件的企业较多。以后，各地认识到企业上市可以筹集到大量资金，有助于本地经济的发展，都纷纷想让更多的本地企业上市。

证券主管部门采取分配上市指标的办法，上市指标成为一种极稀缺又极珍贵的资源，各个地区、各个部门竞相争取。在指标分配中，证券主管部门照顾了经济不发达的地区，如新疆、西藏等。实际上，分配上市公司指标已成为政府分配稀缺的资金的一种重要手段。这种计划分配上市指标的办法受到一些人的批评，这种办法也确实不符合证券市场的平等竞争的规则，需要改变。但在中国的现实情况下，运用这种计划分配的办法，对于加快中西部地区的发展，缩小东部地区与中西部地区间发展水平的差距仍有一定作用，否则大量的资金会通过证券市场从中西部流向经济发达的东部地区。在废除计划分配上市指标的办法后，如何使那些不发达地区能从证券市场上吸纳资金，还有待探索。此外，也应当看到，在中西部地区，也有一些好的具有发展潜力的企业，它们经过改造可以达到上市的条件。四川长虹集团的股票已成为上海证券市场领头的股票，就是证明。为了加快中西部地区的发展，应该有更多的中西部地区的企业成为上市公司。

表 6　　1998 年底上市公司地区分布一览表

地区	上海		深圳	
	家数	%	家数	%
东北	47	11	45	11
华北	81	18	41	10
西北	26	6	29	7
西南	46	11	50	12
中南	35	8	174	42
华东	203	46	74	18
总计	438	100	413	100

资料来源：《中国证券报》1999 年 1 月 1 日。

第四，再看看证券市场中的投资者结构。根据上海证券交易所的统计，1997 年 6 月底上海证券市场中，A 股开户投资者持股的比例为：个人占 94%，机构占 5%，自营占 1%。这就是说，在证券市场中流通的股票基本上为个人所直接持有，机构投资者持有的比重很小。这种投资者结构与发达的证券市场中的情况很不相同。个人投资者的比例，1989 年英国为 18%，1990 年日本为 22.6%。不仅如此，根据《中国证券报》发表的资料，1997 年，在个人投资者中，月收入不足 500 元者占 31.1%（其中 200 元以下者占 9.8%），500 元—1000 元者占 38.4%，1000 元—2000 元者占 19.4%，2000 元—4000 元者占 5.9%，4000 元以上者占 5.1%（以上合计为 99.9%，少 0.1 个百分点）。这就是说，月收入低于 1000 元的低收入者占 69.5%。在个人投资者中下岗人员占 6.5%，离退休人员占 12.6%。而且下岗人员和离退休人员的比重上升得最快，前者 1993 年仅占 1.2%，后者 1993—1996 年占 6%—8%，目前，二者已占 19.1%。此外，在证券市场炒股者中，50 岁以上者占 22.6%，其比例还在上升，1996 年以前只占 13%—15% 左右。个人投资者投入股市的资金的数量分布是：5000 元以下者占 5.2%，5000 元—10000 元者占 11.4%，1 万元—5 万元者占 34.8%，5 万元—10 万元者占 20.7%，10 万元—30 万元者占 17%，30 万元—50 万元者占 6%，50 万元—100 万元者占 2.9%，100 万元—300 万元者占 1.2%，300 万元以上者占 0.7%。这就是说，占 72.1% 的个人投资者属于 10 万元以下的小额投资者①。证券市场投资者的这种结构对中国证券市场的运行带来深刻的影响。

① 何柱峰：《我看’97 证券市场系列报道》，《中国证券报》1998 年 3 月 31 日、4 月 1 日。

一是由于证券市场的投资者主要是个人投资者，而且是收入低、资金量小的投资者，甚至不少人是失业下岗的职工，他们参与股票买卖的目的是急于摆脱生活的困难，想迅速赚点钱，他们不想也无力作长期投资，这就决定了中国的证券市场具有很强的投机性，而投资性则很弱。其反映是中国股票的换手率很高，如1997年上海市场的换手率为326%，深圳为466%，而其他国家和地区股市换手率一般只有百分之几十，纽约股市1997年的换手率为66%，伦敦为44%，东京为33%，香港地区为91%。

二是由于同样的原因，这些个人投资者承受风险的力量很弱，他们的心态不平稳，股市的稍微大一点的波动都会引起他们过分的反应，或者急于购入，或者急于抛售，从而引起市场较大的震荡。1993年2月16日上证综合指数为1558.95点，1994年7月25日为325.92点，相差4.78倍。仅以1997年来说，上证综合指数的最高点为5月12日的1568.999点，最低点为1月6日的913.841点，在短短的4个月时间内上升了71.7%。

三是这些个人投资者对证券市场的了解差，掌握的信息少，很容易被各种谣言和传闻所误导，被一些大投资者所操纵。在股市上亏损的投资者往往是那些小的个人投资者。

为了改变这种状况，中国的证券市场亟须培育机构投资者，特别是发展投资基金，使那些小的个人投资者通过投资基金投资于证券市场，这不仅可以减少他们的投资风险，而且有助于证券市场的稳定发展，增加其投资性，减弱其投机性。

第五，中国上市公司的平均资产规模过小，在1997年以前逐年下降，1995年的平均总资产为13.26亿元，平均净资产为6.05亿元，1996年相应为11.97亿元和5.54亿元。这是证券管理部门实行计划分配股票发行额度的办法造成的。由于许多企业要求成为上市公司，在分配到的股票发行额度内，各个地区、各个部门为了让更多的企业上市，上市的公司的资产规模越来越小，有些上市公司只有5000万元净资产。由于资产太少，这些上市公司不易发展和经营，而且容易被大的投机者所操纵，容易引发股市的波动。1997年证券管理部门改变了计划分配的办法，即不是分配股票发行的数额，而是分配新上市公司的数量。这样，为了能从股票发行中获得更多的资金，各个地区和部门，在分配到的上市公司数量内，尽量让大公司上市，于是上市公司的平均资产规模加大了。但是，又产生了新的问题。这就是，为了能通过企业上市从证券市场筹集更多的资金，各个地区和部门又往往采取各种办法把上市公司人为地做大，有时把几个企业简单地拼凑在一起，组建一个上市公司。这些公司的资产规模虽然大了，但由于是拼凑起来的，公司内部存在许多问题，难以正常经营。

第六，中国证券市场的建立和发展有其特殊的环境，这就是：经济体制还处在由计划经济向市场经济转变的时期，对是否建立和发展证券市场曾有争论，国有企业在国民经济中占有重要地位，国有企业的经营状况不佳，对国有企业的改革有不同的意见，等等。在这种特殊的环境下，中国证券市场的建立和发展也会有许多特别的地方，上市公司的股份结构的设置就是其中的一点。从组建上市公司的最初起，主管部门就强调让国有企业上市，而在上市公司的股份结构中，强调国有股必须占控股地位。同时，为保持国有股的控股地位，担心国有资产“流失”，还不允许国有股流通。在股份中还设置了法人股，其中有属于发起人的法人股和募集的法人股，这些法人股大多是国有企业投入的，因此大多也是国有股，也不许流通（只有少数法人股在STAQ系统和NET系统流通）。此外，还设置了内部职工股，实际上是给职工的一种福利，上市三年内也不许流通。这样，如果不考虑B股的情况，在公司上市后三年内能在证券市场流通的只是向公众募集的那部分股份。如1998年在上海证券交易所新上市的公司的股份结构中，国家拥有股份占59.4%，境内发起法人持有股份占7.39%，内部职工股占3.02%，境内上市人民币普通股占20.34%，境内上市外资股占1.87%；在深圳证券交易所新上市的公司的股份结构中，国家拥有股份占34.71%，境内发起法人持有股份占34.65%，内部职工股占3.61%，境内上市人民币普通股占22.1%，境内上市外资股占1.51%（见表7）。根据证监会的资料，1998年全国上市公司的总股份中可流通的股份（包括A股、B股、H股）仅占34.11%。这种股份结构产生了一些问题。

表7　1998年新上市公司股份结构表

	上海		深圳	
	数量（亿股）	%	数量（亿股）	%
一、尚未流通股份				
1. 发起人股份	122.55	67.51	94.59	69.74
其中：国家拥有股份	107.82	59.40	47.08	34.71
境内法人持有股份	13.41	7.39	47.00	34.65
外资法人持有股份	1.32	0.73	0.51	0.38
2. 募集法人股	4.62	2.55	4.21	3.04
3. 内部职工股	5.49	3.02	4.90	3.61
4. 其他	0.04	0.02	0.00	0.00
尚未流通股份合计	132.70	73.10	103.62	76.39
二、已流通股份				
1. 境内上市人民币普通股	36.93	20.34	29.97	22.10
2. 境内上市外资股	3.40	1.87	2.05	1.51
3. 境外上市外资股	8.50	4.68	0.00	0.00
已流通股份合计	48.83	26.90	32.02	23.61
三、股份总数	181.53	100.00	135.64	100.00

资料来源：中国证监会资料。

首先，能够在证券市场流通的股份只占一小部分，其余大部分不能流通，从而不能在流通中进行重组，这就大大限制了证券市场在优化资源配置中的作用。在证券市场进行收购和兼并只是最近才多起来，而且大多限于对没有国有股或很少国有股的一些小公司的收购和兼并。对那些大的、国有股占控股地位或国有股和法人股的比重较大的公司是无法进行收购和兼并的。

其次，不许流通的国有股和法人股是以账面净资产按股票的票面价格（每股 1 元）计入上市公司的股份的，它们中新投入的资本也是如此。而个人流通股则是其他投资者（主要是个人投资者）按股票发行时的溢价或上市后的市价购买的，其价格几倍于股票的票面价格，因此，出现了同股而不同价，这些投资者在购买股票时就已经吃了亏。这是不公平的。

再次，保持国有股在众多上市公司中的控股地位实际上是困难的，而且会使国家付出巨大代价。以上海的证券市场为例，在上市公司的股份结构中国有股的比重几乎逐年下降，1990 年为 66.8%，1996 年为 45.2%，1998 年为 39.96%。这是因为，在上市公司配股时，国家没有钱购买配给的股份或者没有优良的资产置换配给的股份，只得放弃配股的权利，或者以转配股的方式以低价卖出配给的股份，这使得国家失去了配股所能够获得的利益，国有股的比重迅速下降。

最后，要求原来的国有企业在改组为上市公司后国有股都要保持控股地位，还给这些公司和证券市场带来其他问题，我们将在下面谈到这一问题。

三 证券市场与国有企业改革

中国证券市场的发展有一个特殊情况，这就是它与国有企业紧密地联系在一起，这给中国的证券市场带来了一些特点和问题。

对市场经济国家来说，证券市场主要有两个功能：企业融资和优化资源配置。而对中国的证券市场来说，还有另一个功能，这就是为改革国有企业服务。这是因为，在转向市场经济中国有企业遇到了巨大困难。

首先，国有企业的资产是国家所有的，这就使得政府与企业很难分离，各个政府机构作为国有资产的代表都可以干预企业的活动。企业的负责人由政府任命，更使得企业必须听从政府的指挥，从而使得国有企业没有充分的自主权。而没有充分的自主权，国有企业是不能成为市场的主体的。这不仅会阻碍市场经济的形成和发展，而且会使国有企业无法适应市场经济的运行。

其次，国有企业的财产归国家所有，但实际上处于无人负责的状态，至今国有企业未能自负盈亏。国有企业大量亏损，亏损企业占全部国有企业的40%以上，1996、1997年的上半年甚至出现了亏损总额超过利润总额的净亏损。在政府财政无力补偿企业的亏损后，企业就把沉重的债务转嫁给国有银行，在银行中形成巨额的不良债务。国有企业还有大约三分之一的冗员和众多的退休职工，大约百分之十五的非经营性资产，这些都构成企业的沉重负担。

再次，国有企业的财务状况恶化。据中国经济改革研究基金会鲁利玲的一项研究，1996年年底，国有企业的资产负债率为60.79%，不良债务占25%，国有企业对银行的不良贷款占银行不良资产的77.8%。国有企业的高负债率的形成，一方面是长期亏损的结果，另一方面是由于实行“拨改贷”（财政拨款改为银行贷款）后，财政不再向国有企业注入资本金，企业所需的资金，由企业从银行借入。

最后，国有企业的技术和产品落后，没有市场竞争力，由于资金短缺，又无力更新技术，开发新产品。

为了改变国有企业的这种状况，人们主张把一些大中型国有企业改组为股份有限公司并发行股票，希望通过这样的改革，达到以下目的：

第一，在改组为股份公司后，企业的财产主体多元化了，国家只是其中一个股东，在股份公司中建立股东大会、董事会、监事会、经理的治理结构，从而可以实行“政企分开”，避免政府对企业的干预，同时改进经营管理，并使企业得以成为市场的主体，按照市场的规则行动。

第二，在改组为股份公司并发行股票后，企业可以从资本市场筹集大量资金，从而可以降低资产负债率，减轻企业的债务负担，并可用于扩大企业规模，改进技术，开发新产品，提高企业的市场竞争力，解决冗员等各种历史遗留问题。

第三，国有企业改组为上市公司后，广大的投资者将时时刻刻监督公司的状况，从而推动公司的经营管理。

从上述认识出发，中国发展证券市场的目的是很明确的，也就是为改革和发展国有企业服务。这表现在：

首先，把发行股票作为解决国有企业困难的途径。因此，上市公司绝大多数是由国有企业改组而成的。到1996年年底，在上市公司中，由政府和国有企业绝对控股的公司占70%（不包括国家参股和相对控股的上市公司），保守估计，这些企业通过发行新股和配股所募集的资金达1120亿元。如果加上国有股相对控股的公司，募集的资金实际超过这个数目①。1997年发行股票又筹集资金1325亿元，相当于前六年筹集的资金的总和，其中

① 上海证券交易所发展研究中心编：《国企改革与证券市场》，1997年7月。

绝大多数注入到了原国有企业。到 1997 年年底，政府确定的 512 家重点企业中已有 186 家成为上市公司，100 家现代企业制度试点企业中已有 40 家成为上市公司，120 家试点企业集团中已有 59 家成为上市公司。通过发行股票筹集资本金，使改组后的上市公司的资产负债比率平均比同类国有企业的资产负债比率降低 20 个百分点以上（见证券监管部门的资料）。从上述情况看，为国有企业筹集资金的目标正在逐步实现。但是也应当看到，如果只是着眼于为国有企业筹集资金，解决它们的资金困难，中国的证券市场将面临巨大风险，甚至最终会堵塞国有企业改组为上市公司的路。因为，越来越多的事实表明，为了解决国有企业的困难，一些地方和部门不负责任地将一些效益不佳的国有企业通过“包装”（实为伪装）的办法上市，甚至要求一家国有企业必须先收购兼并另一家亏损的国有企业才能成为上市公司。因此，近来一些新上市的公司的质量下降，正在失去投资者的信任。有的上市公司在上市后的半年内就出现亏损，只能用它在发行股票时欺骗投资者来解释。近来，股价的下跌多少反映了投资者的不信任感。

其次，通过把国有企业改组为上市公司以建立现代企业制度，解决国有企业的一些制度性问题（如“政企不分”），这个目标的实现远不如筹集资金的目标的实现那样顺利。除了一部分国有企业在成为上市公司后，在企业制度、管理方式等方面有较大改革以外，许多上市公司与改组前并无多大区别。有些公司的管理层在公司上市后不在改革上下工夫是重要的原因。但更重要的是，这些上市公司依旧为国家控股，在有些公司的股份结构中国有股占 70% 以上。在这样的公司中股东大会、董事会、监事会极易形同虚设，完全由“国有股东”说了算，而国有股东的代表大多就是公司的负责人，他们往往既是总经理又是董事长，公司的一切都由他决定，与改组前没有根本变化。既然国有股占控股地位甚至绝对控股地位，那么，公司的负责人，特别是董事长、总经理就必定要由政府任命，他们自然要听命于政府，因此，政府仍会以各种方式干预公司的活动。正因为如此，这些上市公司仍被看做国有企业，继续保留着国有企业的一些管理体制，这些体制与股份公司的管理体制发生激烈的摩擦，例如，通常说的“老三会”（企业的党委会、管理委员会、职工代表大会）与“新三会”（股东大会、董事会、监事会）之间的摩擦。

如前所述，证券市场的一个重要功能是优化资源的配置。在证券市场上，企业的资产采取了股票、股权的形式，它们具有很强的流动性。在发达的成熟的证券市场中，信息集中而透明，在众多的投资者的参与下，股票指数的变动基本上反映着宏观经济的走势，各只股票的价格的变动也基本上反映着各个公司的业绩变化及其未来的发展前景，股票价格的变动引导着资源向业绩好、有良好发展前景的公司流动。在证券市场中，通过股票的买卖，进行着公司间的收购和兼并。这些都促进着资源配置的优化。但中国的证券市场在优化资源配置中的作用尚不显著。这同中国证券市场的结构有很大关系。

首先，在证券市场中，绝大多数上市公司是原来的国有企业改组而成的，它们继续由国家控股，由非国有企业改组而成的上市公司极少。这样的上市公司的结构使得在证券市场中难以开展充分的公平的竞争。

其次，如前所述，由于在许多上市公司的股份结构中国有股、法人股（大多也是国有股）占相当大的比重，而且它们不能流通，这使得其他公司无法控股这些公司，收购和兼并这些公司。虽然近来允许少量国有股、法人股通过协议转让，但事先必须获得有关部门的批准。这就大大地限制了证券市场发挥其优化资源配置的作用。那些由国家控股的公司特别是大公司则感受不到来自证券市场的压力，也正是这个原因，使它们对进行改革与改进管理并不迫切。

由此可见，把发展证券市场仅仅作为国有企业筹集资金、帮助它们走出困境的办法，并基本上只让国有企业成为上市公司，以及要求这些企业在改组为上市公司后国家继续控股，不仅扭曲了证券市场的功能，而且也难以达到改革国有企业的目的。

四　上市公司的业绩

上市公司的业绩关系到证券市场的发展。总体上说，上市公司的业绩应该优于非上市公司，因为，上市公司应该是经过严格挑选的，符合上市公司的条件的（例如，在上市前必须连续3年赢利等），在改组时一般都将不良资产和非经营性资产剥离出去，同时这些公司上市后还可以筹集到大量资金用于公司的发展与改造，它们的负债率也远低于非上市公司。实际上，从总体上看，上市公司的业绩也比非上市公司要好。1993年上市的51家公司的劳动生产率在上市后四年平均比它们上市前两年平均的劳动生产率高1.55倍。1996年国家控股的上市公司每百元销售实现利润为9.05元，相当于未改组为上市公司的国有企业每百元销售实现利润的5.69倍，销售利润率前者为9.7%，相当于国有大中型企业销售利润率的5倍，净资产收益率前者为9%，后者为1.5%，前者也高出5倍。据上海证券交易所的资料，1996年年底在上海和深圳两个交易所挂牌的530家上市公司中的国有资产总值为1380亿元，比1990年这些公司上市前增长了851%。有些国有企业成为上市公司后的变化更为突出。例如，1992年，也即上市前，上海石油化工公司的总资产为115亿元，销售收入为36.6亿元，负债率为75.41%，权益比率为24.59%；该公司上市后，通过两次发行A股和三次发行H股，1996年总资产达190亿元，销售收入达122亿元，负债率降到34.21%，权益比率提高到65.79%[①]。长虹集团、深圳发展银行等上市公司也都有良好的业绩。

但是，也应指出，由于许多国有企业对改组成为上市公司只注重于从证券市场上筹集资金，不注重进行企业的制度改革和管理的改进，特别是近年来，为了让更多的国有企业从证券市场筹集资金，并要求以收购和兼并亏损企业作为获得上市指标的条件，上市公司的质量下降，甚至出现为获得上市指标而制造虚假报告的情况。从统计资料看，上市公司的财务状况在逐年下降。从1992年到1998年，净资产收益率由14.28%下降到7.97%，每股净资产由2.56元下降到2.50元，每股收益由0.37元下降到0.199元。再从1998年上市公司的经营业绩来看，1998年年底以前上市的815家（扣除不含A股的上市公司和1999年新上市的公司）A股上市公司中净利润亏损的共有76家，亏损面为9.33%，高于1997年5.15%的水平。76家亏损公司的平均每股亏损为0.342元，每股亏损在1.00元以上的有10家，亏损额在亿元以上的公司有30家，其中有6家公司的亏损额超过5亿元。可见，上市公司的业绩在下降，这固然同实施长达四年多的紧缩政策有关系，但也是由于一些上市公司的投资决策失误、管理不善，而这又同在改组为上市公司后没有在改革企业的体制和改进管理中做出努力有密切关系。有些企业在上市后完全不按招股说明书中对投资者的许诺进行投资和发展，甚至有些上市公司在筹集到大量资金后长时间不知如何使用，有些公司则把筹集的资金

① 上海证券交易所发展研究中心编：《国企改革与证券市场》，1997年7月。

大部分用于归还贷款。

在分析上市公司的业绩中，还有一个情况值得注意，这就是国有股在上市公司中所占比重对业绩的影响问题。据重庆市证券主管部门对重庆市22家上市公司的资料的分析，国有股份的比重与公司的综合业绩呈负相关，相关系数为-0.007894，虽然负相关度很低，还不能说，国有股所占的比重越大，公司的业绩越差。由于统计的样本不多，还难以从中得出这样的结论，但有一点似乎可以肯定，即在国有企业改组为上市公司后，国有股的比重越大，公司会越多地保留国有企业的许多痼疾，越难以按照现代企业制度进行彻底的改革，越难以与政府相分离，而广大的其他投资者也越难以对公司的决策和管理施加影响。

五 2020年中国证券市场展望

展望2020年中国证券市场的状况不容易，因为不确定的因素很多。只能勾画一个很粗的轮廓。

第一，到2020年，社会主义市场经济体制不仅已经建立，而且将较为完善，能够较有效地运行。作为市场经济的组成部分的证券市场也将较为完善，并能较有效地运行。这表现在：

（1）全国证券市场的体系将已建立，除了上海和深圳两个证券交易所以外，还将建立一些地区性的证券交易中心和更多的场外交易点。目前的两个证券交易所不能适应证券市场发展的需要。因为，股份公司越来越多，但符合两个证券交易所的股票上市条件的公司毕竟是少数。在1996年底股份公司已有9600家，而至今股票上市的公司却只有八百多家。股份公司的股权是必须流动的，那些不能到两个证券交易所上市的公司的股权必须能在正规的、规范的交易场所流动，否则就会出现非规范的甚至地下的交易。所以除两个证券交易所外，还必须建立一些地区性的证券交易中心和一些场外交易点。在计算机网络迅速发展的现在，证券交易的网络将在中国建立，但在这个网络中分层次的证券市场体系仍是需要的。

（2）证券市场中的品种将会越来越多，以适应不同投资者对不同投资的需要。与此相适应，与证券有关的金融衍生工具，如股票指数期货、国债期货等也将发展，以便为投资于证券市场者提供规避风险的工具。与此相适应，控制期货市场风险的问题也更加重要。

（3）随着中国经济与国际经济的融合，中国的证券市场也将与国际市场融合。除了继续在中国香港、纽约等地发行 H 股、N 股等以外，中国的公司将在其他国家的证券市场发行股票，中国政府和公司也将在国外发行更多的债券。中国证券市场向国际资本开放是不可避免的，但将根据监督控制的能力，采取逐步推进的办法，例如，首先建立中外合资的投资基金，将国际资本有限度、有控制地引入中国的 A 股市场；然后允许中国居民用外汇买卖 B 股；在资本项目人民币成为可兑换的货币后，实行 B 股市场与 A 股市场的融合，投入 B 股市场的国际资本也就进入了中国的 A 股市场，同时中国的证券市场也就向国际资本开放了。在中国的证券市场与国际市场进一步融合以前，深圳的证券市场与香港的证券市场会以某种方式相沟通。

（4）随着投资基金的发展，机构投资者将逐渐成为中国证券市场的主要投资者。目前中国实行各个金融业分业经营的政策。实行这种政策在金融业发展的初期是必要的，但是也会阻碍金融业的进一步发展，同时会阻碍证券市场的发展。例如，《保险法》规定，保险业的资金只能投资于国债或存入银行，不许投资于股票和基金，而国债和银行存款的利率已相当低，这使得保险业很难发展，同时也使证券市场失去了许多资金。对社会保险基金的政策也是如此。到2020年，随着中国金融业的发展和完善以及对金融业的管理的完善，这种政策将会改变。保险公司、社会保险基金等将进入股票市场，成为重要的投资者。商业银行的资金可否进入或者按怎样的条件进入，尚待探讨。但从国际上金融业发展的趋势看，各金融业间的业务的交叉越来越多，为了与外资银行的竞争，将来可能会允许中国的商业银行有条件地参与股票的投资。

（5）在上市公司的结构中，将有越来越多的非国有企业特别是民营企业成为上市公司，有更多的金融企业成为上市公司，在上市公司中国家控股的公司的比重将越来越小，而国有股和法人股将进入流通，在此情况下，证券市场中的收购兼并活动将加强，竞争会更激烈，从而证券市场的优化资源配置的功能也会加强。

（6）中国证券市场的监督管理在积累经验后，将更加制度化、规范化、科学化。目前，主要运用政府的行政手段管理证券市场的办法将越来越弱化。除政府部门按照市场运行的规则、依靠法律进行监督管理以外，证券市场中的各种机构和组织（如证券交易所、证券业协会等）以及为证券市场服务的各种中介机构将加强自律管理的作用。证券交易的计算机网络化给证券市场的监督管理带来新的问题，应及早研究。

第二，由于对发展证券市场的必要性的认识已基本解决，在走向2020年的过程中，中国的证券市场的发展将是迅速的。这里作一个粗略的预计。1997年全社会固定资产投资为25300亿元，从现在到2020年，如果中国经济的年平均增长率为6%—7%，那么固定资产的年平均增长率应保持10%左右，照此推算，到2020年固定资产投资将达58190亿元。参照一些市场经济国家直接融资的比重的情况（20 世纪 80 年代末韩国占 28%、印尼和印度占 30%，美国 70 年代约占 50% 以上，80 年代占 50% 以下），预计到 2020 年中国直接融资的比重可能占投资的 30%，如果是这样，直接融资的资金将达 17457 亿元，如果在直接融资中，发行股票与发行企业债券的比例为 1∶2，那么发行股票将可筹集资金 5819 亿元，发行企业债券将可筹集资金 11638 亿元。1997 年居民的银行储蓄为 46279.8 亿元，如果居民的收入年平均增长 6%，居民的储蓄率不变，那么 2020 年居民储蓄可达 63866 亿元，直接融资的资金约占居民储蓄的 27%，其中用于购买股票占 9%，购买企业债券占 18%。从目前居民愿意将更多的钱投入证券市场的趋势看，达到这个比重是可能的。

六　几点初步结论

中国证券市场建立和发展的时间虽然很短，但发展的速度是相当快的，在推进中国的经济体制由计划经济向市场经济转变、推进国有企业改革、促进经济发展等方面都起了巨大的作用。中国的证券市场目前还不发达、不成熟，但有广阔的发展前景。到 2020 年中国的证券市场将比较发达和完善。目前，从中国经济发展的需要和条件来说，应该在规范的基础上积极促进其发展和完善。为减轻证券市场的波动，增强其投资性，减弱其投机性，应该增加规范的机构投资者的比重，减少个人投资者的比重。上市公司的规模应该增大，但不应为此而把一些企业拼凑在一起。必须注意上市公司的质量。国有企业改组为上市公司不能只着眼于筹集资金，更应着力于企业体制的改革和经营管理的改善。

为增强证券市场的优化资源配置的作用，必须加强证券市场公平有序的竞争。应该减少国家控股的上市公司所占的比重，允许非公有制企业一视同仁地按照上市公司的条件上市。更多的非公有制企业改组为上市公司，将会加强证券市场竞争，从而也会促进国家控股的上市公司的体制改革与经营管理的改善。

在上市的公司中，原则上，国有股没有必要在属于竞争性行业的公司中占控股地位，在竞争性行业的上市公司中的国有股应采取多种方式逐渐转让出去。这样做可以将转让的收入用于发展和改造必须保留的一些国有企业或国家控股的企业，主要是公益性的企业、为政府调节经济提供物质条件的企业、某些基础设施和高科技企业、关系国家和社会安全的企业以及自然垄断企业。同时，这样做还可以提高上市公司的效率。

对证券市场的监督管理应主要运用市场经济的办法。目前过多运用行政手段的情况应加以改变，例如由证券主管部门计划分配上市公司指标的办法，就应逐步改变为按照上市公司的条件由证券交易所选择上市公司，而上市公司的条件则可根据市场经济发展的情况来确定。

需要从各个方面增强证券市场的竞争，提高证券市场的效率，发挥证券市场优化资源配置的作用。

展望 2020 年中国的证券市场，其发展前景是良好的。为使中国的证券市场更好地发展，必须研究当前中国证券市场的各种问题并予以解决。上面谈到的问题仅是其中很少的几个问题。

证券市场要为投资者的利益服务*

去年（1997 年），我还在全国人大财经委工作，为修改《证券法》（草案），我们请香港证监会的一些专家来北京讨论。他们提出了一些有益的意见。在讨论中，有一个意见引起我很大的注意。这就是，《证券法》要维护投资者特别是小投资者的利益。这个意见对我们规范和管理证券市场非常重要。

证券市场（以下只涉及股票市场）作为资本市场，有以下一些当事者：投资者——他们在证券市场投资，参与股票的买卖，其中有机构投资者（如投资基金等），有个人投资者，其中绝大多数是资本量小的个人投资者；上市公司——它们在证券市场发行股票以筹集资金，并从事资本经营；各种中介机构（如证券公司等）——对投资者和上市公司从事各种中介服务，如经纪、结算、会计、信用评级、法律服务等；证券交易所——它提供从事证券买卖的场所和设施，提供促进股票交易的服务，管理证券的发行和交易；证券主管部门——管理和监督证券市场的正常运行。在这些当事者中，最主要的是投资者和上市公司，正

---

* 1998 年 9 月 16 日于日本京都市，原载《中国证券期货周刊》1996 年 11 月 10 日。

是他们在进行股票的发行和交易。

证券市场究竟为谁服务？这关系到设立和发展证券市场的宗旨。设立证券市场的宗旨在于为发行股票的公司开辟直接融资的渠道，从另一个角度看，则是为投资者开辟投资于公司的渠道，同时为公司的产权和投资者的股权开辟流通的场所，因为股份公司的股权是不能退的，而只能转让，必须有流通的场所。公司发行股票和投资者认购股票形成股票的一级市场，股票的转让、买卖形成股票的二级市场。证券市场的优化资源配置的功能是在股票的发行和交易中实现的。证券中介机构、证券交易所、证券主管部门，都是为了便利、规范证券的发行和交易而设立的，它们都是从不同方面为上市公司和投资者服务的。证券中介机构的职能是为上市公司和投资者提供各种服务，这是清楚的。证券交易所、证券主管部门也是为上市公司和投资者提供服务的，对此，人们则并不总是清楚的。证券交易所和证券主管部门都行使对证券市场的管理职能，于是形成了它们与证券市场中的上市公司和投资者（还有中介机构）之间的管理和被管理的关系，这种关系往往模糊了它们之间本质上的服务与被服务的关系，而成为领导和服从的关系。实际上管理也是一种服务。管理的本意在于制定合适的规则并监督这些规则的遵行。而这些规则的制定则在于维护股票的发行和交易得以公开、公正、公平地进行，其目的在于维护股票发行和交易中各方的正当利益，管理实际上就是为此而提供的服务。形式上，管理者与被管理者是一种领导和服从的关系，但服从应该是服从规则，管理者也应服从规则，规则不仅约束被管理者，也同样约束管理者。正如足球赛中的裁判员，他们是为球赛能够正常进行服务的，参赛双方的球队和球员服从裁判是服从足球比赛必须遵守的规则，尽管裁判员在执法中会有执法宽严的伸缩性，但他自己只能按照既定的规则来裁判，也就是说，他自己也要受规则的约束。虽然对裁判员的误判，在球赛现场，球队和球员必须服从，但裁判员如果一再误判，损害了球赛，他自己也要受到制裁。如果对证券市场中管理者和被管理者之间关系不理解为服务与被服务的关系，扭曲为领导和服从的关系，那就会导致证券市场管理中的随意性，或者将这种关系颠倒为被服务与服务的关系。

证券市场究竟是为上市公司的利益服务还是为投资者服务，或者同时为二者服务，也有明确的必要。一家企业改组为股份公司，在证券市场发行股票且股票上市，这是为了使公司得以从股票市场上融资，从而得以更快更好地发展，从这个角度看，可以说，证券市场为上市公司的利益服务。因此，在这个意义上，也可以说，证券市场为国有企业改革服务，因为国有企业改组为股份公司，发行股票，有助于解决国有企业因国家独资带来的种种问题，实现产权多元化，明晰产权，增加资本金，降低负债率，促进企业的技术改造和发展，只是不能过分强调这一点，以免导致排斥非国有企业改组上市。与此同时，也必须指出，对上市公司来说，并没有公司的利益与投资者的利益并存的利益关系，也就是说，并不存在投资者利益之外的公司的利益，投资者的利益就是公司的利益，公司的利益都是投资者的利益。证券市场说到底就是为投资者的利益服务。证券中介机构也只有在为投资者的利益服务的前提下获取自己的利益。离开了为投资者利益服务，证券市场就脱离了正确的方向。因为，上市公司的所有者是各个投资者，他们是公司的老板，公司的一切行为都是以增进投资者的利益（或减少其利益的损失）为宗旨的，虽然这里有短期利益和长期利益的差别。如果在投资者的利益之外再图什么公司的利益，那必定会损害投资者的利益。这种情况在我国的证券市场中是存在的。例如，有些企业在改组为股份公司中弄虚作假，以骗取股民购买其股票，抬高其股价；有些上市公司公布虚假的公司业绩；有些公司一味配股而不分红；等等。这些都是违背了证券市场的宗旨，把公司的利益作为独立的存在，与投资者的利益相对立，其结果只能导致证券市场失去投资者的信任和支持。如果不恰当地强调证券市场为国有企业改革服务也会导致同样的结果。

在为投资者的利益服务中，突出为小投资者服务是有道理的。对大小投资者似乎一视同仁才算公正、公平，但实际上大小投资者处在不平等的地位，证券市场如不强调为小投资者的利益服务，只能导致不公正、不公平。例如，上市公司的股东大会和董事会很自然地会偏向于大股东的利益而忽视甚至损害小股东的利益，即使小股东的股权总和起来超过大股东的股权，由于小股东是分散的，往往不参加或无力参加股东大会，他们也无法违抗大股东作出有利于他们自己的决定，而在董事会中更难有自己的代表作为董事参与公司的重大决策，在证券交易中，无论是资金的数量还是信息的掌握等方面，小投资者都不能与大投资者（包括机构投资者）相匹敌，而常常被他们所左右。在证券市场中，小投资者在人数上总是占多数，强调维护小投资者利益，实际上是防止大投资者操纵股市，误导小投资者，所以这正是维护证券市场的公开、公正、公平交易的需要。

可见，应该明确认定，证券市场的宗旨是维护投资者特别是小投资者的利益，在有关证券市场的各种法律、法规中应该明确地予以体现。

对我国期货市场的几点反思*

对我国的期货市场的状况，我已经有一段时期没有关注了，因为我感到，在可以预想到的一段时期内，我国的期货市场将会是相当沉寂的，既不会有大的发展，也不会兴起多少波澜。今天只能对它作几点反思。

我国的期货市场已经诞生八年多了。它是在我国的计划经济正在走向衰落，但尚未宣告其将寿终正寝，而市场经济正在成长，但尚未宣告其将代替计划经济之际产生的。那时，许多人甚至对在我国建立证券市场尚存怀疑甚至反对，又岂能接纳期货市场？有人说，我国的期货市场是个早产儿，从这个意义说，也可以把它看做是个早产儿。但从我国的市场经济已经萌生，我国的经济正与国际经济逐渐融合来看，它的诞生又是意料之中的。即使说它是早产儿，只要加以特殊呵护，它不仅可以存活，而且能茁壮成长。问题不在于它是否早产，而在于它是否是适应市场经济发展的要求"应运而生"。实际上，在有些人的眼中，期货市场本是市场经济生下的"怪胎"，如果说它在我国生出来了，那也不是什

---

* 1999 年 5 月 5 日于福建东山市，原载《中国证券期货》1999 年 6 月 25 日。

么早产儿，而是产下的怪胎，怪胎应该扔弃，岂能呵护！

把期货市场看做是市场经济生下的“怪胎”，并不令人奇怪，因为1992年前还有人把市场经济看做是万恶之源。现在可能没有多少人这样看待市场经济了，但有些人对期货市场的成见并未根本消除。

人们对期货市场具有成见，与我国和国际的期货市场中发生过一些大的事件是有关系的，它给人们的印象简直像一个赌场，一瞬间可以使一家老牌银行倒台，也可以使人成为豪富。期货市场充满如此巨大的风险，而它的功能套期保值和发现价格在我国却难以令人看到。这样的一个市场自然即使不加以取缔，也不应让其发展。这是从上述认识中必定会得出的结论。

期货市场确实有巨大风险，但它的产生和功能之一恰恰在于能规避市场风险，套期保值就是为了规避价值波动带来的风险。但套期保值者在规避风险时，必须有人来承接这种风险，这就要有投机者的参与。有期货市场必定要有投机，而期货市场中“以小搏大”的保证金的杠杆效应，更使期货市场的风险大为放大。但从我国的期货市场看，更大的风险来自于期货运行的不规范。这种不规范在初创的期货市场中是难以避免的，这是可以通过立法、制定运行规则、加强管理来解决的，并不是不可解决的。市场经济永远会有风险，在全球经济的一体化中，市场经济的风险更加大了。市场有风险，人们也可采取各种措施来防范风险。防范风险并不是说可以完全消除风险，而是说可以缩小风险，减轻风险对市场参与者造成的损失。防范风险是要付出代价的，特别是如果防范风险的措施过强，例如提高保证金比率，就会增加交易成本，降低市场的流动性和活跃性，从而影响市场的发展。为此，必须处理好防范与发展、规范与发展的关系。期货市场需要在防范和规范的基础上发展，而且也只有在防范和规范的基础上才能健康地发展。同时，防范和规范也应有助于发展，而且也只有发展才能为更好地防范和规范创造条件。

至于说到期货市场的风险，如前所述，期货市场本是为防止现货市场的价格风险而创造出来的，而它自己又会产生新的风险。这在市场经济下并不是不可思议的。其实市场经济中总是这样的。市场经济产生了风险，有了风险就会创造规避风险的工具，而规避风险的工具产生后又会产生新的风险，于是又创造出规避新的风险的新工具。例如，在企业的经营中会遇到种种灾害带来的风险，于是人们创造出商业保险中的灾害保险，但商业保险公司在经营商业保险时又会遇到风险，于是或者实行分保险，或者建立再保险公司，为商业公司的保险业务保险。又如，人们把钱存到银行比把钱放在家里更安全，避免了被盗、火灾等风险，还会有利息收入，但存款也会遇到银行倒闭的风险，因此又创造出存款保险等工具。可见，在市场经济中，随着市场的发展，会产生各种风险，同时又为规避风险创造出规避风险的工具，而规避风险的工具出现又会产生新的风险，于是又创造出新的规避风险的工具，如此等等，这本是市场创新、金融创新的过程。期货合约作为衍生工具就是为此而创造出来的。

那么，不要期货市场是不是就不会有风险了呢？不是这样。如果没有期货市场和各种衍生工具，市场价格波动的风险又如何规避呢？例如，石油使用者不进行套期保值如何规避石油市场价格的大幅度涨落给他们造成的风险呢？如果不对外汇进行套期保值，如何防止外汇汇率变动带来的风险呢？因此，必须用市场的创新、金融的创新去化解市场经济中产生的各种风险，消极地躲风险是躲不过去的。

还应看到，我国期货市场出过不少问题，表现出“赌性”很强，这与我国的期货交易合约的品种有很大关系。一些本来很有希望的大品种（如线材、食糖、菜籽油、红小豆、粳米、煤炭、国债等）停止或暂停交易了，剩下的大多是红小豆、绿豆、胶合板这样一些无关国民经济大局的小品种，它们的交易很容易被一些大户所操纵，出现价格的剧烈波动、逼仓等的问题。其实，即使这些小品种的运行不出大问题，对国民经济的作用也是不大的。如果仅凭几个期货小品种来判断期货市场的功能是难以得出对期货市场的功能的正确认识的。如果认真看看铝、钢等国际期货品种在我国的交易情况，我们就不会得出对期货市场的不恰当的认识了。因为这是国际大品种，在我国就没有出大的问题，而且在期货市场功能方面表现得也较好。

对我国发展期货市场问题，必须着眼于全球经济的一体化，着眼于我国进入 WTO 后面临的经济形势。由于全球经济一体化的进程在加快和我国不久将可能加入 WTO，我国经济与国际经济的联系将更加密切。国际市场商品价格的变动、汇率的变动、利率的变动、股市的变动等，定将越来越大地影响我国的经济，加大我国市场的风险。为了规避国际市场变动所可能带来的风险，我们必须发展我国的期货市场，参与国际的期货市场。想绕开走是绕不开的。有一些商品，我国或者是生产大国，或者是消费大国，我国应能在价格上影响国际市场，而不只是受国际市场价格的影响。还要看到，我国虽然还是一个经济上的发展中国家，但我国的经济总量已经居于世界靠前的位置，我国的期货市场发展了，我们才能适应全球经济一体化和加入 WTO 后的国际经济形势，发挥我国经济的影响。目前，新加坡正大力发展期货市场，推出了新的金融期货合约（如香港恒生指数期货），要与香港争夺国际金融中心的地位；韩国最近建立了自己的期货市场，推出了几个金融期货合约，我们岂能无动于衷？

最近，全国期货交易所的调整已接近完成，我们是否应该在认真研究的基础上推出几个重要的大品种的期货合约呢？这些品种，包括线材、白糖、粳米、国债、上证股票指数等。只要合约设计得好，市场管理得好，早日出台《期货交易法》，我国的期货市场一定会良好运行的，它的功能也一定会正常发挥的。我们应对我国期货市场的过去和现状进行反思，从反思中得出积极的结论。

基金靠什么吸引投资者*

1998 年，我国证券市场先后推出了开元、金泰、兴华三个基金，它们是按《证券投资基金管理暂行办法》组建的，与以往的一些基金相比，它们更为规范、实力更强。它们的组建不仅标志着我国基金业步入了一个新的发展阶段，而且也标志着我国证券市场又向前迈出了一大步。

发展投资基金是发展我国证券市场的客观要求。从我国的证券市场正式建立至今已有七八年时间，发展是迅速的。作为一个新兴的市场，我国的证券市场在其发展的初期，犹如一个刚学步的幼儿，难免跌跌撞撞，发生各种各样的问题。它只有在发展中才能逐步走上健康发展之路，也正如幼儿只有在站立迈步中才能学会走路一样。证券市场建立之初，许多人连什么是股票都不清楚，往往把它与债券相混同，发行股票还要干部带头。后来，股票市场发展起来，一些最早"冒险"入市者发了财，于是众多的人又以为买股票就会发财，纷纷成为股民，目前全国股民已达 3300 万人之多。根据上海证券交易所的资料，公众股民在我国

---

* 原载《经济参考报》1998 年 6 月 27 日。

证券市场的投资者中约占94%，其余的6%中，机构投资者5%，自营者占1%。而在占94%的公众投资者中，绝大部分是资本很少的小股民。根据一项调查，月收入低于1000元者占69.5%[①]，而且在公众股民中离退休职工、下岗职工又占相当大的比重，根据一项调查，他们分别占12.6%和6.5%[②]。这种投资者结构决定了我国的证券市场具有很强的波动性和很强的投机性，而投资性则不足。因为，那些资本很少的股民，特别是许多离退休职工、下岗职工的抗风险能力很弱，他们经受不住亏损；他们没有能力从事中长期投资，只希望从短期的股票买卖中赚点钱；由于资本少，他们无力通过组合投资来分散风险；他们往往缺乏从事股票投资的专业知识；他们没有能力掌握充分的信息作为投资的依据，往往容易听信传言甚至谣言，容易跟风，一有风吹草动，他们或者争相购进，或者恐慌卖出。而且成千上万人整天泡在股市上，在时间上也是很大的损失，一些上班的职工盯着股价跳动，难以专心工作；而一些政府的工作人员则由于禁令却不能参与股票投资。

基于上述种种原因，我国还需发展规范的有实力的投资基金，使众多的股民不是自己整天泡在股市上买卖股票，而是通过投资基金去买卖股票。规范的证券投资基金有严格的管理，有众多的有经验的专家（即所谓“专家理财”），有较充分的市场信息，采取组合投资的办法进行证券投资。因此，运作良好的证券投资基金具有较小的投资风险，能给投资者较稳定的回报。正因为这样，在证券市场发达的国家，投资基金是证券市场的主要投资者，它们的行为规范成为证券市场健康发展的重要力量。我国的证券市

① 何柱峰：《我看’97证券市场系列报道》，《中国证券报》3月31日。

② 同上。

场非常需要有越来越多的规范的投资基金进入证券市场。

在发展新的投资基金之初，人们也很担心我国的股民“认不认”它。因为，在我国信托关系很不发达，人们有了钱，往往愿意自己来管理、自己来运用，让别人来管理、别人来运用颇不放心，而契约型的投资基金形成的就是一种信托关系。

但是，我国的证券市场毕竟已经建立七八年了，从1992年10月设立第一只投资基金——淄博乡镇企业投资基金至今也有近七年的时间了，在三只新基金建立前，已有75只基金和47只基金受益券在运行，虽然它们都是在《证券投资基金管理暂行办法》公布前建立的，难免有不合规范之处，但通过它们，公众股民对投资基金已有一些认识。因此，这三只新的投资基金发行时，受到了广大股民的欢迎。当然，证券管理部门为新投资基金的发行和挂牌上市提供的各种便利和倾斜政策也起了一些作用（如无股票账户的投资者可单独开设基金账户在网上申购基金、基金的发行对象只限于自然人等）。

新基金的发行成功预示了我国基金业会有良好的发展前景，今后定会建立越来越多的不同种类的基金。

三只新投资基金迈出了成功的第一步，受到投资者的欢迎，是可喜的。但并不等于说今后每只投资基金都一定会运作得好。如何吸引更多的投资者投资于投资基金，这是摆在投资基金面前的严肃问题，特别是将来投资基金越来越多，它们之间会形成激烈的竞争，如何能吸引更多的投资者投资于自己这只基金，更是摆在每只投资基金面前的严肃问题。

投资基金能吸引广大的投资者，并成为我国证券市场的主要投资者，它必须有科学的管理、良好的运作，并能给投资者以较高的稳定的回报。为此，投资基金必须有健全的机构，有一批高素质的、有丰富投资经验的、有很强敬业精神的理财专家，同时还要有良好的硬件设备。除此之外，对于契约型的投资基金来说，基金的托管部门（银行）能对投资基金的资金进行有效的监督管理也是很重要的。将来投资基金多起来了，它们的业绩就会拉开，只有那些业绩好、能给投资者以更多的、更稳定的回报的投资基金，才能吸引更多的投资者。

需要指出，三只新投资基金的发行和上市成功与证券监管各部门给予的优惠政策有一些关系。其中一项优惠政策就是它们享有新发行股票的定向配售权。虽然规定它们认购新股的数量不超过新股发行量的 20%、每只基金可申请配售量不超过新股发行量的 5%、每只投资基金用于申购配售的资金量不超过基金资产净值的 10%、认购的新股 2 个月后才能上市，但在我国股票的一级市场价远低于二级市场价的情况下，这项政策无疑是给新投资基金送上了一大笔钱。制定这项政策的目的可能是为了吸引更多股民不是自己去"炒股"，而是投资于投资基金，由投资基金去"炒股"。如果出于这样的考虑，自然是可以理解的。但笔者认为，这项政策最终的结果是不利于投资基金的发展的，从而不利于吸收更多的投资者，同时也不利于我国证券市场的发展。因为这项政策不利于形成公平竞争的证券市场，而证券市场要能发挥其优势资源配置的作用恰恰要求形成公平竞争的市场。

首先，这项政策形成了新的投资基金与其他投资者之间的不公平竞争。其他投资者要获得一级市场和二级市场间股票价差的利润，需要先投入一大笔资金申购新发行的股票，他们面临能否中签和中签多少的风险，如不能中签或中签太少，他们要受到利息的损失和付出投资于其他方面可能带来回报的机会成本。而新投资基金则不存在这种风险（除非发生新股上市就跌破发行价，但如果存在这种风险，则其他投资者也同样会遇到）。

其次，这项政策会造成新老投资基金间的不公平竞争，由于享有这项优惠政策，新投资基金的回报，在同等条件下会高于老投资基金。这对于老投资基金也是不公平的。

再次，这项政策还会造成建立先后的新投资基金间的不公平竞争。新基金享有配售新股权，显然，新基金建立得越早，享有配售权而获得的利润越多，从而其回报率也越高，而且受新配售份额的限制，新基金建立得越晚越吃亏，当然新投资基金放弃配售新股权是另外一回事。

同时，还应该指出，投资基金之所以具有强大生命力和能够吸引广大投资者，全在于它有一批专家善于理财，在于它有科学的管理。让新投资基金享有配售新股权可能会使新投资基金放松管理，坐享优惠政策给予的好处。根据经济生活中其他方面的经验，优惠政策往往不能激励享有优惠政策者兢兢业业地去经营管理，反而易于导致放松经营管理。

此外，这项政策也会给投资者以错误的信息，以为投入投资基金一定会赚钱。其实，固然投资基金的风险小，可以给投资者带来稳定的回报，但投资基金经营不善也会亏损，在股市低迷时更易亏损。前一段时间新投资基金的价格一再发生涨停板，与这项政策有一定关系。如果新投资基金的价格涨得很高，那将会给投资基金管理者以很大的压力！

有人说，让投资基金享有配售新股权是国际惯例，我不知道是“国际惯例”还是“中国特色”。我问过一些人，都说没有这种“国际惯例”，而且从建立公平竞争的证券市场的要求来说，也不会有这种“国际惯例”。

总之，我国需要大力发展规范的投资基金，投资基金应该靠自己的人才优势、科学管理、优良运作、较高的稳定的回报吸引投资者，而不能仅靠享有优惠的政策！优惠政策不利于投资基金的健康发展，也不利于证券市场的健康发展。

像对待婴儿那样爱护证券市场*

——《中国资本市场的制度缺陷》序

目前，在我国，正在就证券市场问题展开一场大辩论，这场辩论不仅涉及我国证券市场的一些重大问题的看法，而且关系到我国证券市场的命运，引起了广泛的关注。辩论才刚刚开始，以后还会进行下去。其实，对证券市场问题，一直有争论，不过，大多没有这次这样激烈，这样尖锐，涉及的问题这样广泛。韩志国同志这本书对这场大辩论所涉及的一些根本问题，敏锐地提出了系统的、深入的看法。对他的精辟论述，我深表赞同，从中获益匪浅。据我所知，他是在春节放假期间和随后的几天内写成的。他能在十来天里写出这样一本书，是由于他有相当深的理论造诣，有丰富的参与证券业务运作的经验，以及对证券市场问题坚持不懈地进行系统的思考和研究，当然还有他对发展我国证券市场的激情以及他的勤奋。可以毫不夸张地说，这是有关我国证券市场的一本重要著作，它对正确认识在我国发展证券市场的重大意义，我国证券市场发展中出现的各种问题以及如何解决这些问题，当前这场大辩论的性质和问题，等等，都会发生广泛而又深远的影响，从而对我国证券市场在规范中发展和在发展中规范

---

* 原载韩志国著：《中国资本市场的制度缺陷》，经济科学出版社 2001 年版。

发挥重要的作用。我相信，不抱偏见的人读过这本书，都会有与我相同或相似的看法。

下面我想就这场大辩论谈一点看法，不是与这本书商榷，而是在读了这本书后有感而发，或者说，是对这本书的同声呼应。我想集中地谈一点，就是要像看待和爱护新生婴儿那样看待和爱护我国的证券市场。

我国证券市场真像婴儿在产妇经历了巨大的阵痛后才诞生一样，是在经济体制改革过程中，在冲破重重阻力和障碍中建立的。它的建立是我国改革的一项巨大成果。它也像新生的婴儿那样，很不成熟，甚至有从母体（计划经济）中带来的胎记。但是，作为现代市场经济重要组成部分的证券市场，在新中国建立后以及其后的发展中，日益显示出其巨大而又难以甚至不可替代的作用。我们不能只用一般市场经济国家证券市场的功能来看待我国证券市场的功能，这就是融资的功能和优化资源配置的功能。其融资的功能大家是看得到的，其优化资源配置的功能也有所显现，虽然还相当不充分（其原因这里不谈）。证券市场在我国这样一个发展中的、转型的国家，还有另外的不可忽视的功能，这就是，证券市场作为改革的产物，它的建立和发展反过来又推动了各方面的改革。例如，在企业制度的改革方面，证券市场在国有企业改革中的作用是人们都承认的，不说从证券市场融资对国有企业改革的作用，仅就国有经济在国民经济中的布局的战略性调整来说，如果没有证券市场，就不会有国有资产的股份化以及股份的证券化，而没有国有资产的股份化和股份的证券化，国有经济的“有进有退”的实施就很困难。而且，如果没有证券市场，现代企业制度的建立就只能停留在口头上。近来，大家也看到，如果没有证券市场，没有部分国有资产在证券市场的变现，社会保障基金的筹集和建立将遇到很大困难。又如，证券市场的发展正在对我国的金融制度的改革起着促进作用，目前有必要实行的金融业的分业经营，正受到证券市场发展的冲击，今后在适当的时候，分业经营迟早会走向混业经营。我国的证券市场还有一种特有的巨大作用，那就是，它是学习市场经济的伟大学校，千千万万的干部和群众在这所伟大的学校里由对市场经济的完全陌生，连债券和股票的区别都不知道，在短短的十年时间里，学到了市场经济中的许许多多知识，特别是金融、投资、资本运作的知识，懂得了许许多多的经济学知识，什么宏观经济的走势、利率变动的影响、企业的资产与负债，等等。不管办多少学校也都不可能在如此短的时间里给如此众多的干部和群众以如此广泛而又生动的市场经济和经济学的知识，何况其中有不少知识是从书本上学不到的。至于证券市场的建立和发展对我国经济发展的巨大作用，更是有目共睹的。

令人不可思议的是，有人竟把我国的证券市场说成是赌场，甚至比赌场还不如，因为赌场还有规则，我国的证券市场连赌场的规则都没有，这真是难以令人同意。证券市场与赌场是根本不能类比的。有人说，在证券市场上，你赢钱就是把别人口袋里的钱装进自己的口袋里，这真是像赌博那样，玩的是零和游戏，或者说零和博弈，也就是，你输的钱就是我赢的钱，不是你输我赢就是我输你赢，输的钱与赢的钱相加等于零。把证券市场中的博弈看成零和博弈是不对的。在证券市场上并不是一方赢的就等于另一方输的，在股市处于牛市时，许多投资者会赚钱；当股市处于熊市时，许多投资者会亏钱。而从各发达国家证券市场的长时间发展看，股票指数是往上升的，因此长线投资者一般地说会赚到钱。因此，总的说来，证券市场中的博弈不是赌场中的零和博弈，而是正和博弈。如果一定要说零和博弈，期货市场中的博弈才是零和博弈。做多头的一方的投机者与做空头的一方的投机者在期货交易中或者前者赢后者输，或者前者输后者赢，输赢相加总等于零。这很像赌场中的赌博，但期货市场也不是赌场，正是期货交易中多空双方投机者的这种博弈才能发现价格，才能使套期保值者的风险为投机者承接，而这正是期货市场的不可替代的功能所在，赌场根本没有这种功能。所以，虽然在期货交易中进行着零和博弈，但也不能把期货市场看做赌场。或许把证券市场看做是赌场者，其之所以这样看，是因为在我国证券市场中进行着激烈的短期投机，也即通常说的炒买炒卖。

那么，应怎么看待投机呢？在证券市场上，投资和投机是同时存在的，买股票本身是投资行为。但各种投资者的运作方式有所不同，有些人从事长期投资，买进股票以获取股票的分红和股价的上升带来的利益；有些人则从事短期投机，时而买进时而卖出，以获取股价的价差；有些人既做长期投资，又做短期投机，做投资与做投机是可以转换的。在正常运行的证券市场中，投资与投机都是必不可少的。没有对证券的投资固然不会有证券市场，而没有投机也不会有证券市场，因为没有频繁的投机，就不会形成股票的合理价格，也不会有证券市场上价格引导资金的频繁流动，从而实现资源配置的优化。不应否认，我国的证券市场中的投机性是比发达的完善的证券市场中更盛，或者说做长期投资者少，做短期投机者多。出现这种情况有其必然性，这是因为，我国证券市场发展的时间短，机构投资者的建立和发展需要有一个过程，而且对能进入证券市场的机构投资者一直有许多限制，这样就形成了我国证券市场投资者的构成中以居民投资者占多数这样一种格局。居民投资者往往具有希望能较快地在证券市场中获利的心理，而且确实在早期的居民投资者中有不少迅速致富的先例，这样就形成了我国证券市场中投机较盛的状况。在成熟的证券市场中，居民大多不是自己到证券市场上去运作，而是通过投资基金等机构投资者间接地投资于证券。机构投资者一般掌握的信息多，有专家理财，运作更为理性，而且由于掌握的资金多，可以通过组合投资的办法来减少市场风险，从而也可以更多地采取长期投资以获取稳定回报的投资方式，这就使那里的投机不及我国的盛。但是，那里的机构投资者也会从事短期的投机。可见，应该从历史的、发展的眼光来看待我国证券市场投机较盛的情况。而要减弱我国证券市场的投机就需要更多地创立机构投资者，但这有一个发展的过程。同时，我们也不该笼统地指责投机，因为，可以说没有投机就没有证券市场，没有证券市场的功能。那么是否应该反对过度投机呢？“过度”的这个“度”是不易确定的。因为投机的盛衰往往随证券市场的热与冷而变化，很难说怎样才不过度。为了证券市场的正常运行，应该反对的是违规违法的投机，包括单独或合谋操纵市场、散布虚假信息等行为，以保护守规矩的投资者的利益，特别是其中的中小投资者的利益。在我国证券市场的发展中确实有不少违规违法的投机行为，甚至有些机构投资者也参与其中。这些都需要靠完善市场的制度建设、加强监管、对违规违法者以相应处分来解决。

有人把众多居民参与证券市场的投资和投机，指责为“全民炒股”，作为我国证券市场的一大不良现象来反对。“全民炒股”好不好？如果把“炒股”理解为投资于证券，那么“全民炒股”是大好事。因为，投资于证券的人越多，证券市场的资金来源也越多，我国的证券市场就越能发展。实际上我国投资于证券的人还相当有限，主要是一些大城市的一部分居民，离“全民炒股”还差得很远。将来，中小城市特别是农村居民富起来了，买卖证券更方便了，真正实现“全民炒股”了，我国的证券市场就会有更大的发展，它的作用也就会更大。如果把

“全民炒股”理解为许多居民泡在证券市场上买卖证券，那也不能笼统地加以指责。因为，如前所述，这与我国机构投资者，特别是投资基金发展远远不足有关系。解决的办法主要是大力发展机构投资者，特别是各种投资基金。而且也不能去指责众多没有工作的居民泡在证券市场上，因为那是他们自己有权决定的事。需要作为不好的现象来批评的，是一些正在工作的人在上班时间“炒股”，因为这会影响他们的工作。但不能用这来指责我国的证券市场，因为除了机构投资者发展不足的原因外，那是各个单位管理不严的问题。

从把我国的证券市场看做赌场、指责“全民炒股”，有的人进而认为我国证券市场的市盈率太高了，认为那是过度投机炒上去的。与有些国家相比，我国证券市场的市盈率确实相当高。但形成这样高的市盈率有其客观原因，那就是，我国的证券市场是一个新兴的市场，在发展的初期，上市公司的股票的供给很有限，在庞大的需求下必定会形成高的市盈率。同时，我国的上市公司的股票中又只有大约三分之一的股票可以流通，这又增加了股票供给的不足，造成了高的市盈率。此外，我国的经济发展迅速，前景良好，也是形成高市盈率的一个原因。而且，市盈率的高低在国与国之间是很难比较的，特别是与发达国家的成熟的证券市场相比，有许多不可比的因素。何况，我国一年期的储蓄与其利率相比，扣除利息税后为56.56倍，它与我国证券市场的市盈率（56倍至58倍）几乎是一样的。这就是说，人们把钱存在银行里同投资于股票所可能获得的回报是差不多的。这样看，也不能说我国股票的市盈率太高了。那么，比较高的市盈率是不是过度投机炒上去的？是不是一些“庄家”人为地抬上去的？或者说“全民炒股”炒上去的呢？无可否认，有些“庄家”违规违法操纵市场，把一些没有投资价值的股票的价格炒到天高，对平均的市盈率会有一定影响，但其影响只能是局部的。从某些股票价格被人为地炒高推论出平均的市盈率太高是不恰当的，据此得出结论，我国的市盈率应大幅度地掉下来，也是不恰当的。应该看到，随着我国证券市场的发展和逐步规范化，市盈率会找到其应有的恰当水平的，但即使如此，市盈率仍会高低波动。至今，谁都不能说出合理的市盈率的标准是什么。

对我国的证券市场，我们可以找出许多毛病，这没有什么奇怪，因为它还是一个新生的婴儿。对于它的各种毛病，我们不是去否定，更不是去赞美，而应以历史的、发展的眼光去看待。那些与发展的初期阶段相联系的毛病只有在发展的过程中，在条件具备后，才能逐步去掉。“揠苗助长”是不行的，因为这些毛病的产生，是在其初期发展阶段上的各种因素共同作用的结果。这里既有证券市场本身的因素，也有证券市场外部环境方面的因素。就证券市场本身来说，固然那些违规违法者难辞其咎，但是众多遵规守法的投资者的不够理性和欠成熟也有更加理性和进一步成熟起来的必要，以使不致一再受骗上当、被宰割。各种机构投资者对证券市场的规范运作负有更大的责任，他们也需要逐步学会规范地运作。当然还有监管部门应更好地进行监管。这些不仅要有时间，同时也要有条件。正如韩志国同志所指出的，需要克服制度的缺陷。我们都承认，证券市场的制度建设是非常重要的，各种规范就是制度，但在实际生活中，制度的建设也不仅需要有经验的积累（这就要时间），而且要有相应的条件。没有相应的条件，完善的制度是建立不起来的，即使建立了也难以有效地实施。何况证券市场的规范运行和发展离不开外部的环境，例如，在整个社会没有形成遵纪守法讲信用的风尚前，证券市场上违规、违法、欺诈的行为也是难以减至偶发程度的。治理证券市场的种种毛病不应持消极的态度，同时也不能不考虑证券市场的承受能力。就像婴儿患了病不能用猛药一样，在不具备相应条件的情况下，用猛药来治理刚建立不久的证券市场，可能会适得其反，例如，我们原本想打击操纵市场的行为以保护中小投资者的利益，但由于用猛药导致股市急剧下挫，可能反而使他们的利益受到了损害，须知他们是更经不起市场急剧下挫伤害的人群；或者原本想使证券市场更好地发展，由于用药过猛，很可能使它一蹶不振。应该肯定，十年来我国的证券市场不仅取得了巨大的发展，而且在规范化的制度建设方面也取得了巨大的进步。我国的证券市场已经有了在规范中发展和在发展中规范的初步基础。把我国的证券市场说成是赌场甚至比赌场还不如，赌场有规则，证券市场连规则都没有，这太违背事实了，难道《证券法》、众多关于证券市场的法规和条例不是规则吗？这样看待我国的证券市场，即使动机是好的，也不会对它的健康发展有帮助，而只能给它以严重的伤害。

总之，我们要像对待和爱护新生婴儿那样对待和爱护我国的证券市场，既看到它的许多不足，更要呵护它，使其茁壮成长。它的一切由于稚嫩而产生的问题都会在其成长中逐步克服。

经济发展论

对发展经济理论的若干思考*

——温州农村商品经济考察

温州农村商品经济的发展，可以引发出对发展经济理论的许多思考。这里，我想就在温州等地实地调查中想到的一些问题，谈谈自己的看法。

一 发展的制度因素

这里讲的制度就我国的现状而言，并非指整个的社会制度（经济制度、政治制度等），而是指其中的局部制度，特别是指局部的生产关系，也就是我们通常说的体制。马克思主义从来重视制度在经济发展中的作用。西方新制度主义在分析资本主义经济和研究发展问题时强调制度因素或结构因素的重要性并不错。有些发展中国家（如印度）经济特别是农村经济的发展就受到制度因素的严重障碍（例如没有进行较彻底的土地制度的改革）。

温州农村的农民家庭工业，在党的十一届三中全会以后发展很快。除了整个经济环境发生的变化以外，它的蓬勃发展同

---

* 原载《北京社会科学》1986 年第 3 期。

农村中实行“包干到户”的农民家庭农业有异常密切的关系。实行“包干到户”是农村生产资料所有制的巨大变革，从而也是农村生产关系的巨大变革。它的意义不仅在于解放了农业生产力，而且成为温州市农民家庭工业以及家庭商业、运输业等（为省略文字，下面一般只提家庭工业，不再提到其他各个产业）蓬勃发展的前提和巨大动力。主要表现在：

1. “包干到户”使农民在革除“大锅饭”的分配制度以后有了自主的经济利益。后者同农民的能力、努力和生产经营结果建立了直接的紧密的联系。对自身的经济利益的追求推动着农民发展家庭产业。

2. “包干到户”使农民获得了充分的自主权。能自主支配时间，分配生产要素，选择发展的门路（包括发展家庭工业的门路）。

3. “包干到户”使得农业中潜在的大批过剩劳动力成为现实的过剩劳动力。后者从农业中游离出来，迫切需要转移到其他部门。

4. “包干到户”促进了农业生产的发展，加上农产品提价等因素，使得农民的收入增加，有了发展家庭工业所需的一些积累，同时也增加了对工业品和各种劳务的需求。

温州农民家庭工业的发展同近几年城市中经济体制的改革也不可分。后者为它创造了必要的条件。例如，由于部分生产资料进入市场，使得农民可以从市场上取得他们在发展家庭工业中所需的生产资料（设备、钢材、能源等），农民家庭工业的某些产品（如生产用电器产品）则可以进入市场，销售给国有企业。同时，一些尚未改革的旧的体制则依然障碍着家庭工业的发展或使它向不正确的方向发展。例如，现行的金融体制就不适应。农业银行一般不向农民家庭工业贷款，农村信用合作社又无法满足农民家庭工业对资金的需要。这样民间的信用就发展起来，产生了高利贷和货币的投机活动。温州部分信用合作社改革利率不变的政策，实行浮动利率，对压抑民间的极高的利率、吸收更多的存款、提供更多的贷款起了明显的作用。税收制度不健全使家庭工业漏税严重，未能用税收去调节过分扩大的收入差距。以往我们的体制改革着眼于增强全民所有制经济的活力，对于促进个体经济的发展则未予以足够注意。农民家庭工商业的发展，对经济体制改革提出了新的要求。

当前，需要对农民家庭工业的发展（事实上也涉及城市中个体经济的发展）作整体的研究，制定妥善的稳定的政策。家庭工业不会是一成不变的。农民的合资企业正在发展，这是个体家庭工业发展中一定会出现的趋势。相应地，雇工也会多起来。目前，无论是从事家庭工业的农民还是合资经营（以及独资经营）的投资人，无论是群众还是干部，心里都不踏实，担心政策会变，将来挨批斗、财产被没收甚至受法律制裁、受党纪处分。这种担心造成的后果是：赚到钱后，不是首先用于生产投资，而是用于住宅建设和当前消费；现金不愿存在银行和信用社，而是藏在家里；加重了农民的短期经济行为和对眼前利益的考虑，能捞到钱先捞，赶紧把投资收回；忽视产品的质量、信誉、技术的改进；等等。这些问题的解决，需要我们对国家的整个经济格局（包括所有制的形式和结构），作出通盘的筹划。这也是发展的制度因素。

调查中看到，某些家庭工业发达的温州农村，农业出现萎缩情况，农业的商品经济化的进程很慢。这里有价格等因素方面的原因，也有制度因素的原因。就后一点来说，“包干到户”的实行，把土地承包给了农民，并制定了土地承包 15 年或更长时间不变的政策，这很必要。但土地的家庭长期承包制也给土地逐步集中于农业专业户带来了困难。土地仍然是集体所有，承包农民不得买卖。那些从事家庭工业的农民对种地的兴趣不大，一般不愿把承包的土地转包出去（当然更谈不上退出来）。一则可以解决口粮。再则担心政策有变，给自己留一个后路。这样，土地集中的过程就异常缓慢。这对农业的现代化和商品经济化是很不利的。既要坚持土地的家庭承包制，又要鼓励土地的逐步集中，这是一个现实的矛盾。影响农业发展的这个制度因素不容忽视。解决不好，它也会阻碍农村家庭工业的发展。

二 改革二元经济结构的途径

阿瑟·刘易斯等提出发展中国家存在着二元经济结构，即资本主义的现代化工业和传统的、自给自足的农业并存。由于农业中存在大量的过剩劳动力，劳动的边际生产率为零，甚至为负数，劳动者的工资仅够糊口。现代化工业有较高的生产率，工资率等于劳动的边际生产率，资本家可获得利润，用于积累，扩大生产。由于现代化工业部门工资高，农业中的过剩劳动力逐渐流向工业部门，使得农业劳动的边际生产率逐渐由零转为正数，逐渐提高。在农业的剩余劳动力都被现代工业吸收以后，农业和工业就协调发展了，整个经济也就发展起来了。

这个理论特别是它的前提和假设与发展中国家的实际情况不大符合，但二元经济结构的存在，在我国也是事实。当然，在我国现代化的工业是社会主义的。我国的农业在社会主义道路上有了不小的发展，但仍旧基本上处于半自给的甚至是自给的状态。我国的社会主义现代化事业，在农业方面面临着两个不可分割的任务：（1）使农业中大量过剩的劳动力（估计约占1/3到1/2）转移到工业和其他非农业部门就业。不进行这种转移，农业的劳动生产率难以提高，农业的现代技术难以推广，农民的生活难以根本改善。（2）使农业成为现代化的农业，除了农业中的剩余劳动力向非农业部门逐步转移这一条以外，还必须解决农业现代化的资金、技术、市场和组织形式等问题。在我国，由二元化经济结构变成一元化的现代经济结构将是一个长期的过程。需要研究的是通过什么途径来实现这个转变。

发展城市中的现代工业来吸收农业中的过剩劳动力，这无疑是一个途径。我国一直是这样做的。但是，如果只是采取这个途径，要吸收我国农村中如此大量的剩余劳动力（如按农业劳动力一半计算，约有1.6亿人），需要经历漫长的时间。因为，发展现代工业需要大量的资金，要有能掌握现代技术的技术人员和工人，这些都非短时间所能具备，而且现代工业资金密集，能吸收的劳动力有限。这就是新中国成立后三十多年来，农村人口、农业人口在总人口中的比重未曾减少，或者减少不多的原因。同时，在缺少外国资金的情况下，要发展现代工业，必须从农业（通过工农产品“剪刀差”和农业税）取得相当大部分的工业化资金。而这却会阻碍农业自身的现代化，甚至造成农业偏枯（如前苏联和我国“文革”结束前）。此外，使大量农村人口涌入城市，又会出现“城市漂流”现象，产生许多严重的社会问题。我国限制农民移居城市，虽然避免了“城市漂流”现象，却使大量过剩的农业劳动力滞留于农村，农村落后面貌仍长期不得改变。

现在，我国除了继续发展城市现代工业以外，正鼓励在农村发展工业和其他非农产业。这里又有两类做法：一类是发展乡镇公有制企业，另一类是发展农民个体的家庭工业、商业等产业以及农民合资的企业。这里不拟对两类做法的优劣进行比较。想说的是，在农村发展工业同在城市发展工业在改变二元经济结构中的作用是不大一样的。前者可以防止城市恶性膨胀及其产生的各种社会问题，易于使农村（特别集镇）走上现代化的道路。就温州农村农民家庭工业的情况来看，这些家庭工业规模很小，少的二三人，多的十多人、几十人；技术装备比较落后；产品质量一般也不高，比起城市中的大工业确实不能同日而语。发展这类工业，似乎距离现代化甚远。但是，实际上，倒可能加速现代化的进程。看来，落后农村的现代化，从传统的自给自足的农业转变成现代化的农业，是不可能一蹴而就的，要经历许多的中间阶段，单从技术上来说也是如此。农民的家庭工业的技术虽不先进，但比起传统农业中的技术则是一种进步。转而从事家庭工业的农民的劳动生产率要远远高于他们在农业中的边际劳动生产率，这也是进步。何况家庭工业的技术也在发展。这样一步一步发展下去就会达到农村工业的现代化，推进农业的现代化。所以，与其让大批的农业剩余劳动力滞留于农业，等待现代化工业的发展来慢慢吸收，不如让他们自己干起来，办起农村工业包括各种家庭工业。温州市农村通过发展农民家庭工业、商业等办法，迅速地使农业中大量过剩的劳动力在非农产业部门就业。1978 年全市农村劳动力 180 万人，其中从事农业劳动的 160 万人，从事非农业劳动的 20 万人。这几年已经有 83 万人转移到非农业部门，其中从事工业的 33 万多人，从事商业和购销活动的 22 万多人，外出从事各种劳务活动的约 28 万人。1985 年农村劳动力 210 万人，从事农业劳动的 60 万人，从事工副业的 132 万人。一些家庭工业发达的农村已经没有过剩的劳动力，而要从其他地方吸收劳动力了。这是多么巨大的变化！在农村发展工业，如果处理得好，可以使农业和工业达到协调的发展，使农业更快地现代化。因为农民可以把从工业中得到的收入通过各种途径用于农业的发展。当然，如果处理得不好，也可能使农业受到冷落，发生萎缩。在改变二元经济结构中，温州市发展农村家庭工业的经验同江苏南部发展乡镇公有制企业的经验一样，是可供选择的途径。

三 “创新活动”在发展中的作用

熊彼得认为，静态循环流转这种现存经济关系的突破来自企业家的“创新活动”，正是“创新活动”促进了经济的发展。企业家的“创新活动”是对生产要素的新的结合。这就是，引入一种新的产品或提供一种产品的新质量；采用一种新的生产方法；开辟新的市场；得到原料或半成品的新的来源；实行一种新的企业组织形式。这些企业家敢于冒风险，具有组织才能，有见识，有闯劲，也就是具有企业家精神。熊彼得企图用“创新理论”来解释资本主义的经济周期变动，是不妥的。有些发展经济学家用“创新理论”来解释发展中国家的经济的不发展，是由于传统的社会文化阻碍了企业家的活动，使社会缺乏企业家精神和“创新活动”，这也是不大正确的。

但从温州农村看，“创新活动”确实在经济发展中起了巨大的作用。温州人把有“创新活动”的人称为“懂技术、会经营、有开拓进取精神的能人”。以温州市宜山区农村再生纺织品家庭工业的发展为例：全区有 80% 农户从事再生纺织和塑料编织的产销活动，1984 年全区家庭工业产值 1.2 亿元。发展的时间从 1980 年起不过四五年，一些有“创新活动”的“能人”起了显著的作用。再如，乐清县柳市镇吕村一个农民引进一种低压电器产品生产，在他的帮助和推动下全村几乎家家生产电器，1984

年每户平均产值达10万元。

少数能人的“创新”引起了众多人的模仿，从而推动了经济的发展。

这些“能人”敢于冒风险，有些人确实具有熊彼得所说的“企业家精神”。我遇到的几个能人就是这样。他们渴望“干一番事业”，即使遇到严重的挫折也不灰心。这样的“能人”并不是全国各地农村都有。几千年农村中自给自足的经济生活压抑了人们的“创新”精神，使经济的发展遇到了困难。但却不能认为在这样的农村中，始终不会出现有“创新活动”的“能人”。前面说到的一些发展经济学家太悲观了。我国这几年许多农村的巨大变化表明，改革了束缚生产力的生产关系，实行正确的政策，“能人”就在广大群众之中。少数人的“创新活动”会引起越来越多的人的效法，使更多的人“创新”。有些农村目前纵然还没有“能人”，以后迟早会有的。需要强调的是，商品经济的发展会打破自然经济的沉寂和“静态均衡”，激发人们的“创新活动”。

四　传统在发展中的意义

这次在温州和金华农村的调查，我感受到了传统在发展中的意义、对发展的影响。这是我国经济学家不大注意的。在到温州和金华调查前，我对传统在发展中的意义也缺乏认识。我们不难看到这样的状况，在同一市辖的各县中，这个县发展起来了，那个县没有发展起来；这个县发展了一类家庭工业，那个县发展了另一类家庭工业。这里固然因素很多，但传统的因素不可忽视。概括地说，传统从以下几方面影响着发展。

第一，传统影响着社会心理、观念和生活态度。温州市和金华市一些农村，农民的社会心理和观念有明显的不同。金华市的义乌、东阳、永康三县中的农民也同金华地区本身其他一些县的农民的社会心理和观念有明显不同。举几点来说：

对外出谋生的态度。在温州市一些农村由于地少人多等原因，农民历来愿意外出谋生，“碰碰运气”，“闯一闯”。只要有点门路，十几岁、二十几岁的小伙子就在亲戚朋友的带领下往外跑，甚至跑到国外，① 形成了敢冒风险、进取的传统。而在另一些农村，由于长期生活在自然经济中，农民有另一种态度。他们安土重迁，只求有一个安定的生活，怕冒风险，也不愿意冒风险，形成了因循守旧、求稳怕变的传统。

对经商的态度。在温州市一些农村，历史上农民有经商的传统，只要能赚钱，干什么都行，经商跑买卖是正当行业，卖手艺（如弹棉花）是靠本事吃饭，没有人觉得不光彩。而在另一些地方的农村，农民看不起经商者，把摆摊子、当小贩、外出卖手艺看成是不光彩的，或是不正当的行当，经商赚的钱是来路不正。

对富的看法。在温州市一些农村人们对赚钱有普遍的强烈欲望，只要能赚钱，什么行业都可以干。例如医生、教员可以在晚上钉包装的木箱、糊纸盒。“红眼病”在这里很难成为一种流行病。普遍的看法是：人家赚钱多是因为人家有本事，只要自己肯干自己也能赚钱。比起其他地方来，人们对收入的差距有更大的承受能力。怕露富的思想依然存在，但已不很严重。而在其他一些商品经济不发达的农村，农民虽然也希望富，但“安天乐命”的思想较浓。人们大多数只求过上温饱的生活，没有强烈的找各种门路和营生赚更多的钱的冲动，平均主义思想有存在和传播的

① 温州市不少人在国外谋生，在新加坡做木工，在荷兰开饭馆，在法国从事家庭工业。我在一次国外乘飞机中就遇到一个在巴黎从事家庭皮裤带生产的温州青年。

经济根源。一些较为富有的农民怕露富，怕遭人非议和嫉妒。在这些农村，“吃大户”、破坏富有的农民的生产（如鱼塘投毒）的事，容易发生。

第二，传统的技能、传统的行业也影响着发展。在那些商品经济发达的农村，许多农民除了具有农业的技能以外，还有经商、各种手工业或其他技能，而且这种技能形成了传统的行业。例如温州一些农村农民有传统的弹棉花、制革、做伞等技能。有些传统的技能和行业成为近几年不少农村发展某种家庭工业的基础。例如，温州市塘下一带农民早有从事绣花、纺织、挑花等手艺的传统，许多人有土纺土织的技能。这几年，这一带兴起的塑料编织业就与传统的技能和行业有关。金华市东阳县的农民一向长于木工、木雕，在此基础上，近几年大批农民从事建筑业。外出制铜器、修锁、补锅是金华市永康县农民的传统技能和行业。近几年，在此基础上发展出生产冰棒模、衡器、纺织机械配件、经营废铜的专业化生产和市场。历史上积累的农民的经商技能对温州市农村商品经济发展有不小的作用。而那些商品经济发展差的地区，农民往往只知道种地，缺乏从事手工艺和商业的技能，没有形成农业以外的传统的行业，往往找不到致富的门路。

上面所说的传统的因素对农村商品经济的发展是有影响的。一种传统的形成不容易，它的改变也不容易。那么，是否会形成这样的连环套呢？长期的自然经济形成了阻碍商品经济发展的传统，而商品经济的不发展又难以改变自然经济下形成的传统。当然不是这样，传统难以改变，并非不可改变。在全国商品经济发展的大环境下，各地农村的经济会逐渐卷进来。一些农村商品经济的发展也会逐渐影响到邻近的农村，使自然经济下形成的传统逐渐发生变化。农民中会有一些人，特别是知识青年起来冲破旧的传统，开拓发展商品经济的道路。温州市农村有一个有意思的现象：那些活跃在农村商品经济的供销员中，21—30岁的占70.8%，有初中高中文化程度的占69.4%。年轻的有文化的青年较少持保守、安于现状的思想，容易接受新事物，容易学会发展商品经济的知识和技能，他们在打破自然经济形成的传统中会发挥积极的作用。一旦商品经济开始发展，原有的传统就会起变化，即使那些多年形成的传统的技能和行业也会改变以至消失。温州柳市生产电器、桥头镇生产钮扣就是新形成的行业。

五　发展的代价

发展是要使经济上不发达的国家摆脱贫困落后的状态进入富裕先进的状态，成为现代化的发达国家。这是一个长期的过程。许多发展中国家是在资本主义制度下实现经济的发展的。他们（例如拉丁美洲的一些国家）在发展过程中经历了巨大的痛苦和冲突，付出了沉重的代价：贫富两极分化和尖锐对立、城乡的尖锐对立、社会的剧烈动荡、环境的严重破坏；等等。以新古典学派为基础的西方发展经济学，把资本主义制度下发展中国家经济发展说成是一种和谐的平稳的过程，没有得到证实。

我们选择社会主义的发展道路正是为了避免发展过程中的上述痛苦和冲突。我们确实也避免了这些痛苦和冲突（环境的破坏除外）。但是，要想在经济发展中不付出一些代价，看来是不可能的。温州农村商品经济的道路引起了人们激烈的争论，其中许多争论就是同如何看待发展的代价问题有关。下面讲几点。

收入差距的扩大问题。过去，从对社会主义的错误认识出发，我们实行过平均主义的分配，虽然避免了贫富悬殊以及由此而引起的社会动荡的代价，却付出了发展缓慢、群众失去积极性的代价。

温州市一些农村在发展商品经济中平均主义已被破除，经济增长很快，人民的收入增加很快，收入差距也扩大了。那么，这是否允许呢？是否违背社会主义的原则呢？

社会主义要求人们的生活得到保障，都能过上富裕的生活，实现社会的公平。这是不错的。但什么是社会公平的原则呢？是否在发展的低级阶段就能充分实现社会公平的原则呢？社会公平的原则应该是人们凭自己的劳动取得相应的收入，多劳动多收入。这个原则应该建立在经济发展的物质基础上，并在经济发展的过程中，逐步充分实现。经济不发展要想达到充分的社会公平是不可能的。同时，如果把社会公平的原则理解为人人都取得大体相等的收入，又是不对的。人民公社化时期，一些公社想在生产力水平很低的基础上对社会实行包吃、包住、包医疗等，事实上包不下来；勉强去做必定是平均主义泛滥，严重挫伤群众的积极性，最后注定失败。我们也曾在农村中实行各种福利措施，如对“五保户”进行帮助，对农民实行合作医疗，等等。这些措施是有意义的。但是，在经济发展水平很低的条件下，这些福利措施非常有限，标准极低，并不能保障“五保户”过像样的生活，也不能保障农民必要的医疗。所以，要在生产力极低的情况下实现充分的社会公平的原则，只能是一种良好的愿望。

首要问题是使经济发展起来。经济发展了，一些必要的福利才能实施并能达到应有的社会效果。我们看到，在江苏南部有些农村，在乡镇企业发展起来以后，对农民实行支付退休金制度，比起以往的对“五保户”的帮助就前进了。在温州市农村，有些合资经营的企业，参考国营企业的办法，对工人（转到工业的农民）实行免费医疗，在医疗保障上就比水平很低的合作医疗做得更好；而且农民富了，自己就有钱支付医疗费了。同时，即使经济发展了，各种福利措施也不能多，否则也不利于经济的进一步发展。在那些高度发达的“福利国家”尚且有这方面的教训，何况我国，特别是我国的农村。

库茨涅茨根据经验统计，认为在发展的早期阶段收入差距扩大，然后随经济的进一步发展，收入差距逐步缩小。这个看法不无道理。从各个发展中国家的情况看，在经济发展的早期阶段，收入差距扩大是不能避免的，甚至是有利于发展的。根据我国以往的经验，在每人平均收入很低的阶段，要使收入差距缩小只能导致平均主义，使大家都过贫困的生活。当经济发展起来了，人们的平均收入有了很大提高，缩小收入差距就有条件了。因为，在保证最低收入者也能过上温饱生活的情况下，使收入差距适当缩小，高收入者也能过富裕的生活。使一部分人先富起来，实现共同富裕，这是一个很好的政策。西方有的发展经济学家指出，随着经济的发展，会自然产生扩散效应（即使发展的利益扩散到各类人群）和涓滴效应（即使发展的效益向下流入贫困的人群）。这两种效应，在资本主义制度下并未自然产生；如果说经济的高度发达使人们较普遍地富裕了，那也是经历了漫长的痛苦的过程。而在社会主义制度下，实行正确的收入分配政策，经济发展的利益则是可以为大家普遍地共享。在温州商品经济发达的农村，确实普遍地富起来了，只不过其中有少数人富得很快，或者过快。

从温州的经验看，在发展的早期阶段，对收入差距的扩大不必过于担心。条件是：第一，绝大多数人的收入在增加。由于绝大多数人的收入在增加，大家从发展中看到了希望和机会，就会积极支持和参与发展，而且对收入差距的扩大承受力也大。第二，收入差距的扩大应保持在社会能承受的限度以内。从温州的实际情况看，除少数干部有抱怨外，看不出群众对收入差距的扩大有不满情绪，社会是安定的。当然，也有收入差距过大的问题。但国家有许多调节手段（例如税收）可以调节收入的分配，解决或防止收入差距过大问题。

雇工问题。在温州市农村商品经济发达的地方出现了雇工现象，其他地方也出现了。有雇工自然就会有剥削。从社会主义的原则来说，是不容许雇工剥削的。但从商品经济的发展过程来看，要在发展的一定阶段上完全取消雇工劳动，是不现实的。家庭的保姆是生活中的雇工，对此，人们似乎没有啧言。允许个体经济的发展，雇工劳动就不能完全避免。如果说发展要付一些代价，允许有限的雇工劳动，也可以说是一种代价。

从温州的情况看，出现雇工劳动的原因很多。从雇主方面说，随着市场的扩大，必须扩大商品的生产和交换，在农民有了积累，希望扩大生产（独资或合资进行），劳动力不足时，就要雇工；有些生产和交换，需要较多的人的共同劳动才能进行或者效益较高，家庭劳动力不足也要雇工；有些产品的生产有季节性（包括农村承包的土地的耕作），在生产忙的季节，要雇临时工；雇工从事某些劳动（如家务劳动，农业劳动），使自己和家庭成员能全力从事收益更多的活动（如工业生产、经商），等等。从雇工方面说，有些人想学习某种工业生产和经商的技能，愿意受雇；有些人创办家庭工商业缺乏资金或者没有这种本事，愿意受雇；有些地区（如山区）劳动力没有出路，生活贫困，愿意到经济较发达地区受雇；有些人在主要职业之外，想多得收入，愿意受雇从事第二职业；等等。双方都有需要，雇工劳动出现了，而且有一些发展。如果从原则出发，雇工劳动就应取缔；如果从发展的客观要求看，则应允许其存在并在一定限度内发展。因为这不仅有利于雇主，也有利于雇工本身，后者学到了技能，增加了收入。我们看到，温州市农村商品经济中雇工劳动毕竟是在社会主义制度、在公有制经济占主导地位这种大环境、大前提下存在的。在许多方面，已经不能同资本主义发展的早期阶段的那种残酷剥削的血泪交织的情景相提并论。雇工的工资大体是合适的，并不比国营企业的低许多，有的还要高些，甚至高出不少。有些合资企业参照了国营企业的办法，实行劳动保护，甚至社会保险。有些雇工劳动的时间比较长（10 或 12 小时），劳动条件不太佳，这是需要解决的。问题显然不是取缔雇工劳动，而是制定政策，作出必要的规定，加以适当限制和引导。

此外，环境污染也是一种发展的代价。限于篇幅，这里就不涉及了。

六 发展的突破口

从一些农村的情况看，我感到，最难的事情是找到一个发展的突破口，打破发展前的沉寂“均衡”状态。因为一旦找到了突破口，商品经济开始发展，就会产生一种内在的力量，推动经济继续发展下去。在温州、江苏南部这一类商品经济比较发达地区的农村，这种情况可以明显地看到。

我国许多农村苦于不知道怎么使自己的经济走上发展的道路，苦于找不到发展的门路，找不到发展的突破口。

找到发展的门路并不容易。但是，除了一些自然条件极其恶劣的地区之外，门路总归是有的。温州农村商品经济的发展给人以启示：路子是很多的，就看人们会不会找。有些门路应因地制宜，有些则不一定。因为，有些资源可以从其他地方取得，甚至有些废物也可以成为有用的资源。温州市宜山镇的农民把城市纺织厂的腈纶边角余料用来生产腈纶纺织品，成为经济发展的突破口就是一例。

门路很多而找不到门路有很多原因，缺乏智力因素是一个原因。智力缺乏，有门路也想不到，看不到，找不到。如果许多农村能得到多方面的智力帮助，就可以找到发展的门路。郑州市下坡杨大队办起暖气片厂使全村经济发展起来，就是因为聘请到两位工程技术人员，在他们的帮助下办起了暖气片厂。现在广大农村最需要的是智力上的援助。找不到突破口，还有一个原因是缺乏信息。温州农村商品经济的发展同一批外出人员带回来大量的信息有很大关系，他们从外面引来了发展的门路。金华市义乌县农民历来习惯于农闲时到各地走乡串户，获得了各种信息，发现了各种门路，发展起小商品生产、服装业。从发展的信息上帮助农村是帮助找到发展突破口的一个途径。如果城市的企业能在互利的情况下帮助农村，自然是很有益的。金华市兰溪市胶鞋总厂把自己的部分产品和有些产品的零部件和工序扩散到农村，成立农村中的五个工厂（实际上是独立核算的乡镇企业），进一步打算把部分零部件和工序扩散到农民家庭，在发展农村经济中就起了突破的作用。

除了这些以外，正确执行政策也很重要。目前有些农村商品经济发展不起来，是因为乡镇干部不能正确贯彻搞活经济的政策，对农民发展商品经济的活动做了种种不正确的限制。温州市则不同，干部在执行政策中有较大的灵活性。要知道，多年的极“左”的政策，使得农民在发展商品经济中顾虑重重，即使在温州也仍有一些农民心存疑虑，担心政策会变。如果能在政策和法律允许的范围内让农民放手发展商品经济，加上一些必要的帮助，农民或早或迟总会找到发展的突破口。目前的问题，首先是让农民把商品经济发展起来，其中发生的问题总是可以逐渐解决的。如果一开始就做很多的限制，农民的主动性就会受到压抑，突破口就更难找到了。

经济建设的十条方针和我国经济发展战略的转变*

在全国五届人大四次会议《政府工作报告》（以下简称《报告》）中，阐述了符合我国国情的国民经济发展必须走的新路子，提出了今后经济建设的十条方针。十条方针的提出是正确地总结新中国成立32年来特别是近三年来经济建设的经验、彻底纠正“左”的经济指导思想的结果，标志着我国经济发展战略的转变。

经济发展战略问题是一个特殊重要的问题。去年（1981年），我曾在《我国经济的调整和发展战略问题》① 一文中，对我国长期以来实行的经济发展战略及其在实行中所遇到的问题作了一些初步探讨，以后我又在集体写作的《社会主义经济制度及其优越性》（北京出版社1981年版）一书的有关章节中就我国经济发展战略的转变问题发表了一些粗浅的意见。我在后一书中写道：“据我们看来，今后应当采取的经济发展战略，概括地

---

* 原载《财贸经济》1982年第4期。

① 载《财贸经济》1981年第2期。

说，有以下一些基本点：从逐步改善人民的生活、满足人民的增长的物质和文化需要出发，加快农业和轻工业的发展，使重工业转移到为农业、轻工业和其他产业部门服务的轨道，加强国民经济的薄弱环节，建立合理的协调发展的国民经济结构，把建设的重点放在现有企业的技术更新和改造上，大力发展劳动密集型企业，在主要依靠国内资金积累的同时，适当吸收和利用外国资本，在扩大作为市场主体的国内市场的同时，扩大产品的国际市场。我们要通过对发展战略的调整，走出一条以充分发挥原有工业的潜力为基础的、农轻重协调发展的、投资不那么多但有较好的经济效果、能给人民生活的提高带来实惠的新的经济建设道路。”

这里我想以十条建设方针为指导，在上述文章和书的基础上，进一步谈点看法，作为学习十条方针的初步领会。我想，从十条方针的基本内容来看，我国经济发展战略主要有以下四个方面的转变。

一　从以速度为主要目标的发展战略到以满足人民的基本需要为主要目标的发展战略的转变

曾经有一些发展中国家把经济增长的高速度作为经济发展的主要目标，希望在尽可能短的时间里接近或赶上一些发达国家。它们致力于国民生产总值（及其按人口平均计算数）的高速度增长。我国和其他一些社会主义国家也曾把经济的高速增长作为发展战略的主要目标。选择这样的发展战略，是同特定的社会历史条件分不开的。在斯大林领导时期的苏联，从沙俄继承下来的是一个相当落后的经济基础，它作为第一个社会主义国家，在帝国主义的包围下随时有遭扼杀的危险。在这种情况下，速度问题成为一个根本问题，甚至是生死存亡的问题。斯大林说过，落后意味着挨打。一定要跑在帝国主义发动侵略战争以前，把苏联的经济发展起来，把它的重工业特别是国防工业的基础建立起来。这样，就必须把经济的高速度增长作为经济发展战略的主要目标。我国在新中国成立初期也面临着类似的情况，也选定了这样的主要目标。“大跃进”的实践，要求在若干年内赶上或超过某个发达的资本主义国家的口号的提出，在经济计划中一再规定高指标，等等，都反映了这种发展战略目标。应该说，这种发展战略，在一定时期确实也取得了显著的成果。它使苏联赢得了卫国战争的胜利，使我国迅速奠定了工业化基础。但是，回头看来，实行这样的发展战略也带来了问题，如果实行时间过长，在国内外条件有了大的变化后仍旧坚持这种发展战略目标，加上经济指导思想上发生“左”的失误，追求不切实际的增长速度，那就会造成一系列严重后果。

第一，自觉或不自觉地把速度问题放在压倒一切、一切服从于它的地位，出现“一切为了速度”以致“为速度而追求速度”的偏差，改善人民生活则被挤到次要地位，甚至从某些人的视野中消失。社会主义生产的目的，是满足人民的需要，这是大家都同意的。把增长速度作为发展战略的主要目标，原本也想在经济的高速增长的基础上能使人民生活得到较快的改善。然而，却事与愿违，出现“为生产而生产”的怪现象。事情是清楚的。要使经济增长保持很高的速度，在缺乏外资的情况下，必须有大量的内部积累，要求把积累率提到异常高的水平。我国的积累率1959 年达43.8%，1978 年达36.5%，长期在30%以上，就是实行这种发展战略的结果。长时间地把增长速度作为发展的主要目标，势必要付出牺牲人民生活水平提高的代价。

第二，在追求高速度增长中，往往自觉或不自觉地破坏国民经济的比例的协调性。以往我们常常听到这样的主张："比例服从速度"、"在高速度中求平衡"、"实现积极平衡"等，它们正体现了这种发展目标的要求。这种种主张似乎并不否认保持比例的协调和平衡的必要性，但却把它们置于从属于速度的地位，实质上是认为，为了达到增长的高速度可以牺牲比例的协调和平衡。从实践结果来看，一味追求增长的高速度，确实也很难不造成比例失调。

第三，把增长速度作为发展战略的主要目标，特别是在增长速度规定得很高的情况下，人们往往自觉或不自觉地为了达到高速增长的目标不惜付出一切代价，不计经济效果，从而造成巨大浪费和损失。同时，正如我们所看到的，这样实现的增长常常是不实在的，含有一些虚假成分，例如，在产量中包含着一些没有销路的产品等。

《报告》中提出，"从一切为人民的思想出发，统筹安排生产建设和人民生活"，"把人民利益放在第一位，在处理生产建设和人民生活的关系时，首先得保证人民生活的基本需要，这是今后必须坚持的原则"。确定这些原则表明我国经济发展战略从以速度为主要目标到以满足人民的基本需要为主要目标的转变。这是带有根本意义的转变。实行这种转变，可以避免上述各种弊端。

当然，以满足人民的基本需要为主要目标的经济发展战略决不意味着忽视速度的意义。在满足人民的基本需要的目标下，在保持国民经济比例的协调性和取得好的经济效益的前提下，应该说经济增长得越快越好。这是没有疑问的。需要指出的是，新的发展战略克服了生产的发展同人民生活的改善之间的脱节，使两者紧密结合，这将使人民需要的增长成为推动生产发展的强大动力，从长远看，将有助于经济持续稳定地高速增长。当前，我们在经济的大调整中，在实行发展战略的这种转变中，我国经济的增长速度放慢了，但这是一时的现象。我们对此应该保持清醒的头脑，切忌重新回到原有的发展战略上去。正如《报告》中所指出的："只要路子走得对，从一个长时期来看，我国经济发展的速度将会是比较快的。"

二 从重点突出的发展战略到平衡发展战略的转变

重点突出的发展战略也可称为"倾斜发展战略"。实行这种发展战略是要在特定的条件下，通过某个或某些产业部门的重点突出的发展来带动国民经济各个部门的发展。有些国家实行过这种发展战略。例如，第二次世界大战后的日本，就实行过"倾斜生产方式"。那时，日本在进行侵略战争失败后国民经济遭到严重破坏的情况下，曾经把煤炭和钢铁的"超重点增产"作为中心，以便突破经济危机，使国民经济迅速恢复起来。① 有些社会主义国家也实行过重点突出的发展战略。在斯大林领导的苏联，长时期把重工业的发展放在重点突出的地位，而在重工业中又把机械工业作为中心。我国也是长期重点突出发展重工业，并且把钢铁工业作为发展国民经济的纲，想通过重工业特别是钢铁工业的重点突出的发展带动其他部门的发展。"以钢为纲，纲举目张"、"一马当先，万马奔腾"这样一些口号，形象地概括了这种重点突出的发展战略。应该说，在特定的条件下，实行这种发展战略是可行的，可以把有限的人力物力和财力集中用于特定的部门并能取得显著的效果。我国第一个五年计划的成就就是

① 日本经济企画厅编：《现代日本经济的展开，经济企画厅30年史》，第25—27页。

证明。

但是，如果长期实行这种发展战略，尤其是长期固定不变地重点突出发展某个或某些产业部门，就会造成其他部门发展不足，形成国民经济比例的严重失调和畸形的经济结构，而由于其他部门的发展不能同重点突出发展部门相配合，最后又会使重点突出发展的部门在前进过远以后被迫后退。这样，当先的马倒下了，后随的万马也未能奔腾起来。

十条建设方针的提出表明了从重点突出的发展战略转变为平衡的发展战略。十条方针规定："加快农业的发展"，"全面发展农村经济"，"把消费品工业的发展放到重要地位，进一步调整重工业的服务方向"。同时还明确地提出："要彻底改变长期以来片面强调发展重工业，一些重工业过多地为新建项目服务的偏向。"这些都是为了实行平衡的发展战略。

平衡的发展战略自然并不意味着各个部门、各个方面的等速发展，也不意味着平均分配力量而没有重点。由于技术的变化、国内外市场需求的变动等原因，各个部门和各个方面的比例处于经常变动之中，变动中的比例要求各个部门、各个方面的发展有快有慢，其中的薄弱环节、新兴的部门……会成为发展重点。但这样做正是保持平衡发展所必需，和重点突出的发展战略不能视为等同。

目前我国轻工业和农业的发展加快，重工业则增长缓慢并有过负增长。这是为了消弭长期实行重点突出的发展战略所造成的恶果，以便使国民经济早日转入平衡发展的轨道。我们不能因为出现重工业的负增长重新使重工业成为重点突出发展的部门。毫无疑问，轻工业的增长速度不可能长期超过重工业，重工业生产下降的局面也不应该长期继续下去。从长远来看，在我国用机器生产代替手工劳动这种类型的技术进步远未完成的情况下，没有重工业的优先发展，轻工业的迅速发展是难以为继的。但是，在当前，不加快轻工业的增长，不放慢重工业的发展，国民经济比例严重失调的局面就不能改变，重工业本身的结构也难以调整到协调合理。显然，重工业只有在建立了协调的国民经济比例中，在改革了它自身的结构和调整了它自身的服务方向中才能持续地高速度地发展。可以说，如果我们不坚持经济的调整，我们就不可能从过去的重点突出的发展战略转变到平衡的发展战略。

三　从闭关自守的发展战略到对外开放的发展战略的转变

闭关自守的发展战略的选择也是同特定的社会历史条件分不开的。斯大林领导时期的苏联受到帝国主义的包围和封锁，迫使苏联实行闭关自守的发展战略。新中国成立后，我国也受到帝国主义的长期封锁禁运，中苏关系破裂，更使我国面临险恶的环境。这是我们闭关自守地进行建设的客观原因，而“左”的错误，对自力更生所作的片面理解，则是闭关自守的主观原因。

我国作为一个社会主义国家，必须而且只能主要依靠自己的力量来进行建设，必须奉行独立自主、自力更生的方针。但这同闭关自守、自给自足显然不能画等号。自力更生是要使我国的建设立足于自己力量的基点上，并不是要排斥和拒绝利用一切有利于国家建设的外部条件（资金、技术、资源、市场等），因为利用这些外部条件只会有助于增强我们的自力更生的能力。而闭关自守则一般地排斥和拒绝利用外部条件，例如，为了做到建设资金的完全自给自足，拒绝借用一切可以利用的外国资本，等等。

这种闭关自守的发展战略，和一些国家实行的进口替代战略有共同的地方，但却是一种极端的进口替代战略。进口替代战略是要用国内生产的产品（耐用、非耐用的消费品和生产资料）来代替它们的进口。不少发展中国家在走向发展的过程中，尤其在早期阶段，就实行过这种发展战略。它们进口一些机器设备和原材料，以便在国内建立相应的工业，并逐步用国内生产的产品代替这些机器设备和原材料的进口。我们过去常常用某种产品（如机械、钢铁）的自给率的提高来表示工业化的进程，并且希望实现全面的自给自足（所谓“外国有的我们都要有”），就是一种极端的进口替代战略。

这种闭关自守的发展战略，和一些国家实行的内向发展战略也有共同的地方。内向发展战略要求对国内的生产实行高度的保护政策，禁止或限制国内能够生产的产品的进口，国内的生产一般是为了满足国内市场的需要而非面向国外市场，多半是有了剩余才用以出口，对出口一般不实行鼓励政策，而出口则是为了进口，卖是为了买，或者说目前买进是为了将来少买进甚至不买进。我国实行过的闭关自守的发展战略可以说是一种极端的内向发展战略。

这种闭关自守的发展战略在我国的工业化过程中曾经起过一些好的作用。在高度保护政策下，国内的工业基础建立起来，建立了比较完整的独立的工业体系和国民经济体系，使我国在经济上获得了独立自主的能力。但是这种发展战略有许多弊端，长期实行这种发展战略所造成的不良后果是多方面的。例如，它使我们失去了各种可以利用的国外有利条件来发展自己的经济，限制了经济的更快增长，长期与世隔绝使我国在经济、技术水平上同国外的差距扩大；由于缺乏国际市场的竞争的压力，我国的产品长期不进行更新换代，越来越缺乏在国际市场上的竞争能力；不少工业品（如汽车）受到国内市场容量的限制得不到应有的发展，造成高额成本；长期以初级产品为主的出口，使我国在国际市场上处于不利的境地，我国的优势（丰富的劳动资源和自然资源、较低的工资水准、出色的传统技艺等）远远不能充分发挥，影响了国内的就业和人民生活的改善；出口额的微小又限制了进口额的扩大；等等。

近年来，我们结束了闭关自守的发展战略转而实行对外开放的发展战略。十条建设方针中明确提出，“坚持对外开放政策，增强我国自力更生的能力”，“我们应该彻底抛弃自给自足的自然经济观点”，“我们要利用两种资源，首先是国内资源，其次是国际资源；开拓两个市场，首先是国内市场，其次是国际市场；学会两套本领，一是管理国内经济的本领，二是开展对外经济贸易的本领”。虽然对外开放刚刚开始，但已经并正在对我国的现代化建设起着积极的作用。例如，利用外国资本增加了我国的建设资金，使我们得以适当降低积累率，从而缓和了多年来存在的积累和消费之间的尖锐矛盾；引进国外先进技术，加速了我国技术进步的进程；扩展对外贸易使我们得以发挥自己的优势，避免自己的劣势，从国际分工中取得比较利益，随着越来越多的产品进入国际市场，同国外产品竞争，促进了经营管理的改善、品种的增加、质量的改进、成本的降低、经济效益的提高。在当前经济的大调整中，重工业产品（船舶、机床等）出口的增加，对于改革我国国民经济结构，振兴重工业也有一定的作用。

由于国内经济体制和经济结构等方面的原因，对外开放还受到许多条件的限制。由于缺乏经验，各方面的制度和工作还来不及作出相应的改变，对外开放工作中还有过草率从事的情况，有过一些失误，遭到了一些损失。例如，引进项目的选择不够慎重，缺乏可行性研究，国内的配套跟不上，建设工期的延误，没有认真考虑偿还能力和消化能力，等等。这些问题在总结经验教训的基础上都是可以改进和解决的。我们不能因为出现了一些问题又重新回到闭关自守的发展战略中去。当然，如何实行对外开放的发展战略还有许多问题值得研究。

例如，如何看待保护我国工业的问题。毫无疑问，在特定的情况下，对我国的工业特别是新兴工业（如电子工业、耐用消费品工业等）是要保护的，以便使我国的工业得以建立和发展。但是保护不应该是无条件的和没有限度的。如果超过限度，就会成为对落后的保护，从而反过来会阻碍本国工业的发展。即使对新兴工业的保护也是这样。在它们的基础建立起来以后，如果继续实行已经不必要的、过度的保护，不让它们的产品同国外产品竞争，不使它们努力开辟国外市场，开发新技术，那么，即使在它们建立之初采用的是国外最先进的技术、设备、工艺流程和产品设计，在经过一段时间以后，也会变成落后，无法同国外的产品竞争，从而要求实行更多更强的保护。于是，对新兴工业的保护就变成了对落后的保护。显然，这里存在着一个保护的合理限度问题，需要很好研究。

四　从粗放为主的发展战略到集约为主的发展战略的转变

粗放为主的发展战略的特点在于着重生产资料和劳动力的数量的增多，积累的扩大；集约为主的发展战略则着重技术的进步和劳动生产率的提高，积累效果的提高，资金产出率（资金除以产值所得的比率）降低。当然，在实际生活中，粗放的发展和集约的发展并不是截然可分的，但是由于实行的发展战略的不同，确实又存在着这种差异。比如，我国在实现国家工业化的早期阶段，通过大量的投资，建设了大量新企业，大批劳动力投入工业生产使生产迅速增加。这是一种粗放的发展。但是从整个国民经济来看，同时又是集约的发展，因为就全社会来说，技术水平和劳动生产率大幅度提高了，但是，由于在新增加的国民收入中依靠增加劳动者人数这个因素而增加的部分占有较大比重，应该说经济的发展带有较多的粗放的特征。我国在工业化的基础建立起来以后，本应逐渐转向集约为主的发展战略，但是在“左”的经济指导思想的影响下，却实行了极端的粗放的发展战略。1958年以来，除少数年份以外，生产是增长了，速度也不慢，随着积累的大量增加，固定资产和流动资金增加了不少，但是积累的效果却未提高甚至还降低了，资金产出率则相反。例如，每百元积累增加的国民收入由第一个五年计划时期的32元，降到第二个五年计划时期的1元，至今还没有达到第一个五年计划时期的水平；从事生产的劳动者人数大为增多了，但是社会劳动生产率却下降了，至今还没有达到历史最高水平。至于其他各种反映经济效益的重要指标，大多也至今没有达到历史上曾经达到过的水平。这种极端的粗放的发展战略是同以增长速度为主要目标的、重点突出的、闭关自守的发展战略分不开的，它造成了许多严重后果，使得经济效果大为降低。在这种情况下，要达到高的经济增长率就必须有更多的积累，为此就要保持高的积累率，从而影响人民生活的改善。同时，要达到高的经济增长率，由于劳动生产率降低或增长缓慢，就必须增加大量的劳动力，这样，平均工资就不可能增加或者只能缓慢增加，从而也影响人民生活的改善。这就是说，这种极端的粗放的发展战略不能从经济的增长中给人民带来实惠。实行这种发展战略，在经历一段时间以后，由于资金产出率提高，就会导致经济增长速度的降低。所以，改变这种发展战略已经势在必行。

《报告》中指出：“今后，我们考虑一切经济问题，必须把根本出发点放在提高经济效益上，使我国经济更好地持续发展。”这是很正确的。可以说，十条经济建设方针的中心就是提高经济效益。唯有提高经济效益，才能通过实实在在的经济增长使人民得到实惠。实行十条方针就是要弃绝上述那种极端的粗放的发展战略，并逐步地从粗放为主的发展战略转变到集约为主的发展战略。当然，这并不是说，今后我国经济的发展只应集约地进行，粗放发展总是必要的。但是向集约为主的发展战略转变，将是一个较长过程，我们应该逐步地提高集约发展的比重，使得在国民收入的增长额中靠劳动生产率提高而取得的部分占有较大的比重，以至占有很大的比重。

在当前我国经济的调整中，进行发展战略的这种转变有着特别重要的意义。众所周知，最近一段时间，由于大量压缩基本建设投资，使得重工业部门特别是其中的机械工业订货不足，大量生产能力闲置起来，大量的原材料积压着无法投入周转，由于能源紧张，不得不紧缩某些费能源的重工业部门的生产，以便腾出能源用于发展轻工业，同时，重工业生产的下降又使得整个经济的发展变缓慢了。那么，在这种情况下，是否应该重新实行粗放的发展战略呢？是否应该通过大量增加投资于新企业的建设来刺激现有重工业企业的生产并使经济更快增长呢？这条路不但走不通，而且只会加重困难。主要的出路在于提高经济效益。问题是很清楚的，近年来，我国财政出现赤字、物价上涨、国民经济比例严重失调、原有企业难以进行技术改造、能源短缺等，都同长期实行极端的粗放的发展战略，从而造成基本建设投资过多、新建项目占用过多的资金有密切的关系。可以说，压缩基本建设投资特别是用于新建项目的投资，成为转变我国经济发展战略目标、改善人民生活、改革畸形经济结构、实现平衡发展、消灭财政赤字、稳定物价的一个重要环节。而且也只有这样，才能集中更多的资金和设备用于现有企业的技术改造。大家都知道，改造现有企业在经济效益上比新建企业要高得多。所以，有重点有步骤地进行技术改造，发挥现有企业的作用，是转变到以集约为主的发展战略的重要环节。

上面我们从四个方面谈了我国经济发展战略的转变。应该说转变还只是开始。能否顺利地进行这种转变，取决于许多因素，其中之一是使经济体制的改革同它相配合。经济发展战略和经济体制是经济发展中两个最重要的问题。两者的关系很密切。一种经济发展战略必须有相应的经济体制来保证其实行。我们过去实行的高度集权的排斥市场机制的经济体制正是同过去实行的经济发展战略相适应的。例如，重点突出的发展战略往往需要通过高度集权的经济体制把有限的资金、物资和技术力量集中起来用于重点突出发展的部门。我国目前正在开始进行的经济发展战略的转变要求相应地改变我国的经济体制。例如，实行以满足人民的基本需要为主要目标的发展战略，要求在社会主义计划经济中引入市场机制，使得消费品的生产能够在统一计划下利用市场的作用更灵敏地对人民的需要的变化做出反应。为此，就要使企业成为相对独立的社会主义经济单位，就要建立多渠道、少环节、开放的商品流通市场。又如，实行以集约为主的发展战略要求在统一计划下发挥价值规律的促进技术进步的作用。再如，实行对外开放的发展战略，会使得国内的经济同国外的经济发生更为密切的联系。这意味着把国际市场中的竞争或多或少地引入到国内经济中来。如果没有使经济的运行既统一又灵活的经济体制是不可能在国际竞争中取胜的。所以，我国经济体制的改革必须考虑经济发展战略的转变并同它相适应，否则发展战略的转变是不易顺利实现的。如何做到这一点，在这篇文章里是无法展开论述的。这里，我只想提出这个问题供进一步研究。

关于经济增长方式转变的几个问题*

经济的增长，归根结底靠两个途径：（1）增加劳动者人数；（2）提高劳动生产率。二者增长率的乘积就是经济增长率。当然，二者的增长率又各自取决于一系列因素。例如，劳动者人数的增长取决于人口的自然增长率、人口的年龄构成、就业率等；劳动生产率的提高取决于技术进步、劳动者素质的提高、管理的改进等。如果经济的增长靠增加劳动者人数，那是外延的（extensive）增长；如果经济的增长靠提高劳动生产率，那是内涵的（intensive）增长。外延的增长也可称为粗放的增长，内涵的增长也可称为集约的增长。为增加劳动者人数，需要相应地增加各种投入，如增加厂房、机器设备、原材料等，为此要增加资本的投入，但其投入相对于内涵的增长为少。要提高劳动生产率往往也要增加资本的投入，所需资本的投入较外延的增长为多。但内涵的增长又有两种，一种是节约劳动力的内涵的增长，一种是既节约劳动力又节约资本的内涵的增长，例如由电子管到晶体管、集成电路、大规模集成电路、超大规模集成电路的转换，使

* 原载《经济导刊》1996年第1期。

电子工业发生了巨大革命，计算机等电子产品的体积越来越小，效率越来越高，与功能相比价格越来越便宜，就是节约资本的内涵增长，相对于产出的增长，资本的投入反而可减少。

这两种不同的经济增长方式，对于一个国家来说，在经济的增长中往往是同时存在的，只有外延的增长或者只有内涵的增长，就全社会来说，在现代经济中，是不存在的。但在不同国家的不同时期和不同发展阶段，两者的组合是有差别的。在发展中国家，外延的增长一般是主要的，即在全部增长中依靠外延的增长而取得的增长往往占大部分甚至绝大部分（在我国约占70%左右），因为这些国家劳动力资源丰富，剩余劳动力多，劳动力价格低，劳动力素质低，资本严重短缺；而在发达国家，内涵的增长一般是主要的，即在全部增长中依靠内涵的增长而取得的增长往往占大部分或绝大部分（例如，在有些发达国家占60%—70%左右），因为，这些国家劳动力短缺，劳动力价格高，劳动力素质高，有充裕的资本，有先进的科学技术及很强的研究开发能力。但是即使在发达国家，外延的增长仍是经济增长不可缺少的部分。因此，经济增长方式的转变，确切地说，应是由以外延的增长为主向以内涵的增长为主的转变，不能理解为在外延的增长时没有内涵的增长，在内涵的增长时没有外延的增长，用内涵的增长完全取代外延的增长。

实际上，这两种增长方式的区分是理论上的抽象，二者并非彼此排斥。外延的增长可以包含内涵增长的因素。例如，在农村发展乡镇加工工业企业，如果这些企业的劳动生产率低于或者等于同行业的平均劳动生产率，那么，从这个行业来说，这些乡镇工业企业的发展，吸收了农业中的剩余劳动力，增加了劳动者人数，是外延的增长。但是，如果从更广阔的角度看，这些来自农业的过剩劳动力，在农业中其边际劳动生产率是零，甚至是负数；在转移到这些乡镇工业企业以后，其劳动生产率大大提高，因此，这种外延的增长同时又伴随有、包含有内涵的增长的因素。同样，当新建一个技术先进的企业时，如果与该行业的平均水平相比，劳动生产率提高了，这是内涵的增长，但由于新建的企业吸收了新的劳动者就业，这种内涵的增长同时也伴随有外延的增长。

为什么要使增长的方式由外延的增长为主向内涵的增长为主转变？这是因为，这两种增长方式的经济和社会的效果是不同的。

外延的增长是靠增加劳动者人数来实现的。在劳动生产率和其他条件不变的情况下，外延的增长只会使剩余产品与劳动者人数等速增加，剩余产品率不变。外延的增长的最大的经济和社会效果是增加社会的就业，在一些技术水平低的部门和企业，外延的增长还可以使那些素质不高的劳动者得以就业。因此，外延的增长对我国来说，在很长的时期内都是不可忽视的经济增长方式，特别是在农村地区，大量的农业剩余劳动力需要转移到非农产业，如果没有劳动生产率不高的农村非农产业的迅速发展，这种转移是相当困难的。发展这些农村非农产业是经济的外延增长，但它对我国经济的增长起了重要作用，何况正如上面所指出的，这些就业于农村非农产业企业的劳动者的劳动生产率比起他们在转入之前大大提高了。但是，也应看到，如果不考虑由于劳动力在产业间的转移和就业率的提高而带来的社会劳动生产率的提高，那么，在外延增长的情况下，剩余产品率不会提高，积累率不会提高，因此，这种增长方式不利于经济的持续增长和人民生活水平进一步提高。当然，如果考虑到劳动力在产业间的转移和就业率的提高，从全社会看，大量剩余劳动力由农业转移到非农产业阶段，人民的收入和生活水平还是提高的。

内涵的增长是靠提高劳动生产率来实现的。如果不考虑管理的改进、劳动力素质的提高、劳动强度的增加等提高劳动生产率的因素，那么要提高劳动生产率就必须改进技术，用技术更先进、生产效率更高的机器设备来代替劳动力或原有的机器设备。内涵的增长可以使剩余产品率提高，从而积累率提高，其结果是经济的进一步增长和人民收入水平的进一步提高。当然，它还会提高产品的品质、降低资源的消耗等。一般地说，内涵的增长与外延的增长相比，能获得更好的经济效益，能更有力地推动生产力的发展。不仅如此，由外延增长为主向内涵增长为主转变，随着技术的进步，劳动生产率的提高，产业结构将迅速地向更高层次转变。正因为这样，由以外延为主的增长向以内涵为主的增长的转变，是国民经济由不发达阶段向发达阶段转变的条件，也是实现我国经济现代化的条件。

经济增长方式的转变在微观层次上和宏观层次上从总的趋势来看是一致的，即逐渐地会由以外延增长为主向以内涵增长为主转变。但是，在微观层次上，在某个时期，为扩大生产，企业是选择增加劳动者人数的增长方式，还是选择提高劳动生产率的增长方式，取决于何者能给企业带来更多的效益。如果劳动者的工资低，机器设备价格高，用机器设备来替代劳动力以增加生产会使企业的效益下降，那么企业就宁愿增加劳动者人数，而不愿意以机器设备替代劳动力；同样，如果生产效率更高的机器设备的价格很高，采用这些生产效率更高的机器设备比采用原有的机器设备会导致企业的效益下降，企业也宁愿采用原有的机器设备来装备新增加的劳动者。也就是说，企业宁愿用外延的方式来扩大生产。反之，企业就宁愿用内涵的方式来扩大生产。在市场经济中，企业用哪种方式来扩大生产，是企业的行为、企业的自主权，企业会自行选择，其选择的依据就是哪种方式能取得更多的效益。由此可见，不能简单地说外延的增长就一定效益差，内涵的增长就一定效益好。这里有投入与产出的比较，即投入劳动力或投入机器设备以取代劳动力与产出的比较。在现实生活里我们可以看到，改革开放以来，沿海一带办了许许多多技术水平相当低，从而劳动生产率也相当低的企业，从香港、台湾等地区迁来了大批这样的企业，其原因就是我国大陆的劳动力便宜，土地也便宜，办这样的企业效益好，比办技术水平高的企业的效益好。近几年情况变了。这些地方的劳动者的工资高了，地价也高了，继续办这样的企业已无利可图，更缺乏竞争力，这些企业纷纷迁到劳动力和土地价格低廉的地方，仅深圳市为此腾空的工业厂房就达30%。这些企业如果继续留在当地，就必须用机器设备来替代劳动力，即用内涵的增长方式来扩大生产。可见，当我们号召由外延的增长为主向内涵的增长为主转变时，不能把问题简单化，认为内涵的增长就一定比外延的增长的效益高，要求企业必须用机器设备去替代劳动力，用生产效率更高的机器设备取代生产效率较低的机器设备，如果实行这种转变对企业有利，企业就会自主地去做。

从宏观层次来说，促使经济的增长方式由外延为主向内涵为主的转变，无疑符合经济发展的进程，更是我国实现经济现代化之所需。在宏观层次上，国家应当鼓励企业在有条件时逐步实行这种转变，当然不能代替企业作出这种决策。为了实现这个转变，政府要考虑技术选择与劳动就业如何结合，要制定适当的技术政策、就业政策、产业政策、投资政策、贷款政策等，应该在政策上予以引导，鼓励科学研究与技术开发，生产出物美价廉的机器设备，同时也应限制甚至禁止某些落后技术的生产和采用，因为采用这些技术尽管也可增加就业，却会严重浪费资源、恶化环境，政府还应推动产业结构向更高层次转变。

在讨论经济增长方式的转变时，有一种误解，即把发展劳动密集型产业等同于经济的外延的增长，发展资本或技术密集型产业等同于经济的内涵的增长。劳动密集与资本或技术密集不仅与企业的技术水平有关，而且也与产业的性质有关。有些产业只能是劳动密集的，例如服装业，除非在技术上有根本的突破，不可能从根本上改变其劳动密集的性质；同样，有些产业只能是技术密集的，例如飞机制造业，只是飞机的某些零部件的生产是劳动密集的。正因为这样，无论是劳动密集型产业还是技术密集型产业的发展都有外延增长还是内涵增长的问题。例如，在服装业中用机器剪裁来代替手工剪裁是内涵的增长，因为劳动生产率提高了。同样，如果建设技术水平不变的新的飞机制造厂，增加了劳动者人数，则是外延的增长。对于一些发达国家来说，由于劳动力短缺，工资很高，发展劳动密集型产业已无利可图，缺乏竞争力，因此这些企业向发展中国家转移，但这不是说劳动密集型产业将被淘汰，只不过在发达国家渐渐衰落了，而在发展中国家却方兴未艾。我们不能在提出增长方式转变时误以为劳动密集型产业也要被淘汰了。在我国，劳动密集型产业还必须大力发展，至于是采用外延的增长方式还是内涵的增长方式来发展，在不同地区、不同行业则是不同的。例如，在中西部地区，用外延的增长方式发展劳动密集型产业仍有相当大的潜力，而在东部沿海地区则宜用内涵的增长方式来发展劳动密集型企业，使其产品技术含量更高，品质更高，产品更具竞争力。

前面说过，由外延增长为主向内涵增长为主的转变与经济的发展阶段有密切关系。在我国，这个转变的实现可能要经历相当长的时间，甚至比一些发达国家曾经经历的时间更长。因为，我国最多的资源是劳动力，最短缺的资源是资本。在推进这个转变中必须考虑这个现实。在相当长的时间内，外延的增长仍是主要的，必须发展众多技术水平不高从而劳动生产率不高的企业，这不仅是因为要解决众多劳动力的就业，到 20 世纪末，仅仅从农业中就要转移出约 2 亿人的剩余劳动力，而且是因为劳动力的素质不高，不可能应用更高的技术（1990 年在农村的劳动力中文盲和半文盲占 36%）。鉴于这种情况，为了推进增长方式的转变，需要根据不同地区、不同产业制定不同的技术政策。在有些高新技术领域，如电子工业、计算机工业等，必须发展技术最先进的企业，特别是那些能节约资本的技术的企业，以保证有最高水平的劳动生产率，并能节约资本，使我国最短缺的资本得以有效利用。在高新技术领域，我国的企业有国际竞争力，这是实现我国经济现代化的要求。在更多的领域，则应以发展采用适用技术或较先进的适用技术的企业为主，使得在提高劳动生产率的前提下，照顾就业和劳动者的不高的素质。发展这两类企业都有助于经济增长方式由外延为主向内涵为主转变。而在另一些领域（如农村的某些非农产业）则以发展更低技术水平的企业为主，主要着眼于增加就业。这三个技术层次的企业都应逐步提高，并逐步向更高层次推移，以提高劳动生产率，这样就可使外延为主的增长逐步向内涵为主的增长转变。

要实现增长方式的转变，与市场经济体制的建立和完善有密切关系。因为，这种转变作为一个客观的过程，是市场作用的结果。在市场竞争的环境中，除产品的品质更高以外，企业必须生产出成本更低的产品才能在价格上有竞争力，而提高劳动生产率则是降低成本的重要途径。特别是机器设备制造部门的技术进步和劳动生产率提高会使得机器设备的效率提高，价格降低，这样，运用机器设备就会比使用劳动力更合算，能带来更好的效益，这样企业自然会选择用内涵增长的方式来扩大生产。所以要实现增长方式的转变，必须发展和完善市场。从整个国民经济来说，增长方式的转变是企业实现增长方式转变的结果。因此，必须使企业能按照市场机制的作用运行，在市场的竞争中自主地实现增长方式的转变。为此，就必须使企业真正成为自主经营、自负盈亏的市场主体，不如此，增长方式的转变只能停留在一般号召上。为此，又要改革企业，特别是国有企业。

梯度发展理论与跳跃发展理论*

改革开放以后我们在工业布局方面做了很大的调整。首先就是把重点放在东部，五个开发区几个经济特区都设在东部。这种选择符合市场经济布局的一种要求。那个时候国际经济形势也发生了很大变化，加快东部建设是对的。因此把重点都放在了东部沿海地区，这样可以充分利用东部沿海地区经济的优势和工业基础，同时这些地方又与国外发达地区及国家比较接近，这样东部地区经济就能迅速发展起来。它发展起来后，可以支持全国经济发展。这个选择现在看起来应该说是恰当的。

相应地那个时候提出了“梯度发展理论”。这一理论认为中国经济发展应像阶梯一样，从东部、中部到西部，一步一步的往上去。这个理论与当时的发展战略相适应，即先东部，再中部，再西部。西部当然不太高兴这种发展战略，觉得如果按梯度发展理论，先发展东部，再是中部，最后才是西部，那么发展西部就不知道到什么时候了。西部地区不能接受梯度发展理论，他们提出了“跳跃式发展理论”，就是说经济发展不一定要按照一个阶

---

* 原载董辅礽：《董辅礽纵论中国经济》，上海交通大学出版社 2005 年版。

梯一个阶梯式的发展，在西部地区有些条件比较好的地方，也可以先发展起来，不一定东部、中部先发展了，西部才能够发展。这种理论在我们全方位开放的时候是有道理的。如果是单向开放，即只是沿海地区对外开放，其他地区不对外开放，在这种情况下从资源配置的方面来看，按照市场经济要求，一定是先发展东部，然后是中部。虽然中部条件差一点，但是比西部好，再是西部，一定会是一个阶梯式的发展。但是实际上沿海开放一段时间后，我们中西部周边的多数国家，1989 年后都进行了改革，这样子就打破了原来只是向东开放的格局。20 世纪 80 年代中期在北京召开了新疆经济发展的研讨会，我就提出了“双向开放结合”的设想，就是将向东开放和向西开放结合起来。因为如果只是向东开放的话，新疆这个地方可以说是距离沿海开放地方最远的一个，这对它的经济发展是非常不利的。因为它的东西如果要从西部运到沿海，然后再出口，成本太高了。同样，沿海的商品要从西部出口，到新疆距离也非常非常长，这样也增加了它的出口成本。所以我说可以考虑，向东开放和向西开放相结合。因为如果向西开放，新疆是最西，处于开放的最前沿，离中亚国家和前苏联国家或现在的独联体国家最近，那些地方的经济结构与我们不一样，主要生产原材料如石油和一些金属，还有一些羊毛。新疆从全国来看它很落后，但它也有很好的来料加工企业。如果我们在那里兴办一些加工业，产品就可以直接从新疆出口到中亚，然后到西欧，这条路是最近的一条路。这个思想当时新疆人是很接受的。当时还没有成为现实，但以后就变成现实了。大家看看对外开放层次现在已经不再都是沿海了，所有的省会城市都开放了，新疆有些城市也都开放了，而且新疆有些地区与一些国家接壤，它们若开放，就拉近了与国外的距离，这对新疆经济发展有利。

而且当东部发展到一定程度，就遇到一个问题，如再不发展西部，就会给我们国家经济发展带来许多问题。第一个就是东西部地区的差距拉大。西部地区的发展需要资源，人才资源、自然资源、资金资源，但是由于东部地区的各种条件比西部要好得多，所以大量的资源就由西部流到东部，最后给西部的发展带来很严重的影响。本来西部就资金短缺、人才短缺，但人才、资源、资金还是由西部向东部走，就是他们讲的“孔雀东南飞”。如果我们不在发展战略上做一些调整的话，那么西部以后就将一直落后下去，和东部差距越来越大，这个对于我们国家经济的发展、社会的稳定以及民族的团结会带来非常严重的影响。所以到了20世纪末以前，我们国家提出了西部大开发战略。“九五”就是贯彻西部开发的思想。

什么是可持续的生产方式*

在1995年3月于丹麦首都哥本哈根召开的联合国社会发展世界首脑会议的文件中提出了可持续的消费和生产的方式的概念。这是两个有意义的概念，但未见对其解释。笔者曾写了一篇谈可持续的消费方式的文章。现拟就可持续的生产方式再谈一谈。

可持续的生产方式是与非可持续的生产方式相对立的。人们提出可持续的生产方式，也是现代社会发展的结果。因为，在古代和近代固然也存在非可持续的生产方式，但在现代，由于生产规模非常庞大，远非古代和近代的情况所可同日而语，非持续的生产方式的不良后果之严重也非古代和近代的情况所可相比。

由于人类需要不断地消费才能维持生存、继续发展、繁衍后代，生产也必须不断地进行。但生产方式如果是非可持续的，终将使生产无法持续下去。其后果将是难以想象的。生产会有非可持续的方式，乍听起来似乎不好理解，但这种生产方式是确实存在的。

---

* 原载董辅礽：《中国经济纵横谈》，经济科学出版社1996年版。

首先任何生产都必须耗费资源，现代的生产规模空前庞大，汽车生产动辄几百万辆，钢铁生产动辄上千万吨，耗费的资源也是空前巨大的。如果资源不济，生产就难以持续下去。因此，为了使生产是可以持续的，必须注意资源的节约以及以可再生资源替代不可再生资源。现代科技的进步，为选择可持续的生产方式开辟了道路。试看1946年世界上第一台电子管的电子计算机（ENIAC）问世时，它是何等的庞大，而如今晶体管的电子芯片计算机已经把体积缩小到只有一本书的大小，甚至更小，而功能却比它的祖先要大要多得很多很多，资源的耗费则要少得很多很多。再看看当今已可用塑料、陶瓷部分地替代钢材，使冶炼钢铁所需的不可再生的铁矿石、煤炭等得到节约。遗憾的是，这种可持续的生产方式并不总能在各方面得到推广，耗费甚至浪费不可再生资源的生产方式依旧普遍存在。例如，在中国，乡镇企业土法开矿、土法冶炼、土法制造给资源造成的损失是相当严重的。在城市，落后的工艺技术造成的资源的浪费也是不可低估的。例如，在石油生产中就提出过“有水快流”的口号，违反开采石油的科学工艺，使油井的产量迅速下降，大量的石油无法开采出来。

在中国，非可持续的生产方式之所以得以长期存在，除了只注重建设新的企业，忽视对现有企业的技术改造等原因外，往往是同一些政府部门、企业追求短期利益有关，即与只注意眼前的利益，不考虑长远的后果有密切的关系，而可持续的生产方式则要求在考虑眼前利益的同时注重生产的长远发展。这就需要有政府的政策的引导、科技的投入、投资的选择。中国在利用资源方面也有其可取之处（如利用大企业的边角废料，开发现代矿业技术无法开采的“鸡窝矿”，等等），但乡镇企业也存在非可持续的生产方式问题需要改变。

其次，提出可持续的生产方式的观念，本意是着重于对环境保护的考虑。非可持续的生产方式之所以是非可持续的，也在于其对环境的破坏，这种破坏表现在几个方面：

为了本地区、本部门、本企业的生产，破坏了其他地区、其他部门和其他企业的可持续生产的环境条件，使其成为非可持续的生产。例如，石灰生产产生的粉尘破坏了周围地区的森林的生长和农作物的生长，工厂污水的排放破坏了渔业生产，等等。

为了本地区、本部门、本企业的生产破坏了其自身可持续生产的环境的条件，使其自身成为非可持续的生产。例如，对鱼虾的过度捕捞，破坏了鱼虾繁殖的生态环境，使渔业自身成为非可持续的生产。森林的过度采伐、农地的过度使用都使林业、农业成为非可持续的生产。

至于因产品本身的污染而丧失了市场，使得生产无法持续，也是一种非可持续的生产方式。中国生产的一些瓷器因含有铅的成分，无法出口，就是一个例子。

在中国，这种引起环境污染、生态平衡破坏的非可持续的生产之所以得以存在，也主要是一些政府部门、企业追求短期利益的结果。同时也是一些地区、部门和企业只考虑自身利益的结果。除此之外，与对环境问题的缺少了解也有密切关系。人们不懂得画在瓷器上的颜料如含有铅，会引起铅中毒，危害人体健康。人们也不懂得杀虫剂不仅会污染农作物，危害人体健康，而且会破坏生态环境，使一些害虫的天敌也被灭绝，并引起害虫的抗药性，一旦出现这种情况，害虫就难以治理，生产就难以持续。

同样，长期滥用化肥以替代有机肥会破坏土壤的有机结构，引起土壤恶化，对这种非可持续的生产方式人们起初也不认识。

当然，除上述各点以外，对可持续的生产方式也可以其他方面来理解，例如注重科技进步、新产品开发、劳动力的保护和素质的提高等。但我认为，最主要的在于资源的保护和节约使用以及环境的保护方面，它们是实现可持续的生产的主要条件。至于劳动力的保护和素质的提高，也可归于资源方面。

可持续的生产方式的概念的提出，使我们对生产有了新的考虑，其意义是巨大的。由于这个概念刚刚提出来，尚不为许多人所理解，其内涵也尚不甚明了，实有加强研究和广为宣传的必要。

关于经济与社会的协调发展*

经济与社会需要协调发展，这是许多国家在经济发展中的一条重要的共同的经验。因为，许多国家，包括发达国家与发展中国家，都曾发生过这种情况：经济发展了，各种社会问题并不会自然地解决，相反，有些还可能越来越尖锐。而各种社会问题不解决，则反过来会约束经济的进一步发展。对于正在致力于发展经济的发展中国家来说，这是必须记取的。对于作为经济正在蓬勃发展的中国来说，也不例外。下面就几个问题谈谈经济与社会协调发展的问题。

第一，人口问题。

经济增长与人口增长如何协调，是中国遇到的一个困难问题。从中国和其他一些国家的经验来看，在经济起飞阶段，往往会伴随人口的爆炸。因为，在这个阶段，随着经济的发展，人们的生活改善了，医疗条件改进了，人口的出生率往往会大幅度提高。同时，婴儿死亡率降低和人们的平均寿命延长，从而使得人口的自然增长率迅速上升。中国在 20 世纪 50 年代就出现过这种

---

* 原载董辅礽：《中国经济纵横谈》，经济科学出版社 1996 年版。

情况。人口自然增长率由1949年的16‰，增长到1957年的23.3‰，1965年达到28.38‰。在改革以来，也出现了这种情况。1979年为11.61‰，1987年达到16.61‰。当然，人口政策的失误，也加剧了人口的增长，但是，即使人口政策不出现失误，如果不采取正确的措施，同样会发生人口的迅速增长。人口的迅速增长一方面在颇大程度上抵消了经济增长对改善人民生活的作用，另一方面也引起了一系列其他严重的社会问题，诸如失业、贫困、收入不均等。因此，在经济与社会的协调发展中，必须解决好经济增长与人口增长的关系，在经济增长的同时，必须控制人口的增长。中国的经济快速发展时期未注意好解决这个问题，教训是很大的。改革以来，中国经济增长很快，但人口控制的难度也加大。有些地方用罚款的办法来限制人口，其作用有限，因为对于富裕起来的一些人来说，罚几个钱无所谓，甚至可以使其超计划生育名正言顺。当然在控制人口中，经济手段仍是必要的，但更重要的是逐渐实施全社会的养老保障制度，使农民也"老有所养"。同时要广泛教育，使广大民众懂得控制人口的必要。当然，从一些发达国家的情况来看，当人们富裕了以后，不少家庭不愿多要孩子，人口出生率和自然增长率会降低，甚至出现人口的负增长（1994年在上海已经发生了人口的负增长）。对发展中国家来说，在从不发达到发达的这个阶段，经济增长与人口增长问题最难处理。

第二，贫困和收入差距扩大问题。

经济增长固然是减少和消灭贫困的基础，但经济增长并不会自然而然地消灭贫困。即使在经济发达的国家如美国，由于种种原因，也存在着贫困问题，有一批人的基本生活需要没有保障。对于发展中国家来说，情况更是如此，并不像有的发展经济学的"滴下理论"（Trickling Down Theory）所说的那样，经济的增长会产生“涓滴效应”，惠及社会各阶层，包括最贫穷的阶层。除去一部分人由于懒惰等原因陷于贫困以外，社会中总会有一部分脆弱者（残疾人、智力低下者、病者、孤寡老人、孤儿、单亲家庭等）无力参与竞争，无法获得必要的生存资料。在经济发展中，社会必须对他们给予帮助。西方有些国家注重实施福利政策，是有这种社会背景的。同时，在经济增长中也不会自然而然地导致收入差距的缩小和分配的公平。根据美国经济学家库兹涅茨的研究，收入差距在经济发展中呈“U”字形曲线，即在经济发展的早期阶段，收入差距是扩大的，在经济发展较高阶段，收入差距则会逐步缩小。客观过程虽然如此，但这并不等于说，在经济发展的早期阶段，人们可以任凭收入差距扩大，而不加过问。如果这样，在这一阶段，收入差距急剧扩大就会造成社会的严重动荡，甚至发生动乱，使经济发展的进程中断甚至逆转。中国在改革前收入分配过于均等，影响经济的发展。而在改革以来，收入差距则迅速扩大，已经引起了人们的不满。中国注意扶助贫困人口，近来更加强实施个人所得税，表明已经关注在经济发展中如何防止收入差距过度扩大和为数仍达7000多万人的贫困问题。

第三，失业问题。

经济增长可提供更多的就业机会，这是无疑的。但经济增长也不总能减少失业，在有些情况下，甚至会产生新的失业。例如，高效机器的运用排挤了工人，高新技术的运用使一些工人的原有技能失去作用而失去工作，一些产业成为“夕阳产业”，招致许多工人失业，等等。正因为这样，即使在发达国家失业问题也是一个令人头疼的问题。对于发展中国家来说，经济发展与解决就业如何妥善协调，更是个复杂的问题。就中国的情况来说，改革以来，经济增长很快，就业人数迅速扩大，单单是发展农村非农产业就吸收了1.1亿多农民就业。但同时，也有大量的人口还在寻找就业机会，仅农村流入城市要求就业者就达数千万人之多，这是在城市失业率的统计中没有包括进去的。在经济增长中存在失业的原因是多种多样的，不可用单一的办法去解决。对中国来说，发展多种所有制经济，鼓励民间投资，吸收更多的外来投资，注重发展劳动密集型产业，鼓励发展第三产业，在农村发展非农产业，等等，都会一方面促进经济发展，另一方面增加就业。

第四，环境保护问题。

经济发展与环境保护也不是容易协调的。固然，经济发展了，更有条件治理和保护环境，但从许多国家的情况来看，经济的发展往往造成环境的破坏，特别是在经济起飞的发展中国家，几乎成为普遍的现象，中国也不例外。人们常常主张：先发展经济，后治理环境，以此作为在经济发展中破坏环境的借口。无可否认，在经济发展的早期阶段，由于缺乏资金，缺少技术，要兼顾环境保护是很困难的。但这并不像“鱼和熊掌”，二者不可兼得。对于后起的发展中国家，如中国，可以吸取其他许多国家的经验教训，在发展经济的同时注意保护环境，不重蹈前人已经有过的覆辙，否则将付出沉重的代价，并反过来遏制经济的进一步发展。

在经济与社会的协调发展中还有其他一些社会问题需要妥善处理，如教育问题、妇女和儿童问题、民族问题、地区发展差距问题、人民的民主参与问题等。这里不拟多说，其中有些问题与上述一些问题都多多少少有一些关系。以上都是就一国范围内而言的。在世界上，经济与社会协调发展问题已扩展到国际间的范围，例如产生了“南北问题”、移民问题、难民问题、环境污染的国际间转移问题、犯罪的国际化问题等。在国际范围内，经济与社会的发展之间不协调，导致了众多的国际冲突和摩擦，甚至发生战乱。国际范围内经济与社会的协调发展问题更是复杂，这里不可能去涉及。这里只想指出，一国范围内经济发展与社会发展不协调也会带来国际间的冲突和摩擦。

从国际依存关系看社会发展问题*

国际社会之所以越来越关注各国特别是发展中国家的社会发展问题，以至要在丹麦首都哥本哈根召开联合国社会发展世界首脑会议，是因为社会发展问题已不仅仅是一个国家内部的问题，而且已成为国际间的问题（如“南北问题”），同时，发展中国家的社会发展问题也不仅仅是发展中国家的问题，它还会影响到发达国家。“冷战”结束后，社会发展问题突出出来了。有些国家的社会发展问题往往成为国际间冲突甚至局部战争的根源。因此，一国的社会发展问题固然首先是其自身的问题，同时也不能孤立地考虑只是一国的问题。国际社会有义务关注并帮助发展中国家解决其社会发展问题，解决其经济发展问题，以及经济与社会协调发展的问题。社会发展问题是一个国际依存的问题。

谈到这里，笔者自然地想到一件事。1980 年上半年笔者参加中国经济学家代表团到香港出席由香港《世界经济导报》主办的八十年代中国经济研讨会。会后，主办单位组织代表团乘船

---

* 原载董辅礽：《中国经济纵横谈》，经济科学出版社 1996 年版。

到蛇口和澳门参观。那时，香港招商局在袁庚先生的主持下刚开始在蛇口建立工业区。袁庚先生陪代表团到蛇口海边，他告诉我们，近几年每年有大批广东沿海居民以各种方式经海上偷渡去香港，溺死者甚多，死者被海水冲到蛇口沙滩上，当地政府雇人挖坑掩埋，每埋一人给五元钱。讲者、听者的心情十分沉痛和沉重。袁庚先生在简易的工棚中给我们讲解了蛇口工业区的建设规划。他还说，他们从当地雇用民工，给予较高报酬，将来工业区建设起来了，当地居民有了工作，收入优厚，就再不会有人偷渡到香港了。两三年后，笔者再次去蛇口，又专门问了偷渡问题，被告知，偷渡去香港者已经大大减少了，蛇口已无人偷渡了。随后，珠江三角洲的经济迅速发展，当地居民生活迅速改善，渔民生活已经今非昔比，普遍住上了漂亮的洋楼，现代家庭设备一应俱全，他们当然也就不偷渡了，而且一些早年偷渡到香港者反而纷纷返回大陆来了。这件事说明，大陆经济和社会发展了，香港对付来自大陆的偷渡问题也容易多了。可见，大陆与香港在社会发展问题上是相互依存的。

由此，笔者想进一步谈谈在解决社会发展问题上的国际间的依存关系问题。这也是丹麦世界首脑会议上关心的问题。

在一些国际会议上，曾经多次提出发达国家应承担援助发展中国家的义务，要求它们的“官方发展援助”占其国民生产总值的0.7%。在丹麦哥本哈根召开的联合国社会发展世界首脑会议上又重申了这一点。对于这一要求，各发达国家采取了不同的态度。有些发达国家，如北欧国家，是积极响应的，它们的援助经费实际上已超过了这一比重。丹麦已达到占国民生产总值的1%。而有些发达国家如美国、日本等则表示冷淡，不想承担这种义务。1993年发达国家向发展中国家提供的“官方援助”仅占发达国家国民生产总值的0.3%。

毫无疑问，发展中国家应该主要依靠自己的努力来发展自己的经济，解决自己的经济和社会发展问题（如贫困问题、失业问题等）。中国强调自力更生是很正确的。如果没有发展中国家自己的努力，单靠国际援助，再多的国际援助都不能解决其经济和社会发展问题，而且还会产生对发达国家的依赖。就这一点来说，中国的经验是值得一些发展中国家参考的。当然，在强调自力更生的时候，发展中国家也不应自我封闭，拒绝与国际交往，甚至拒绝国际援助。中国在改革开放前曾这样做过，甚至在发生了毁灭性的唐山大地震后也拒绝国际援助，这自然是不合情理的，也是不妥的。

从中国的经验看，要使国际援助发挥其应有的效果，仍须受援国作出自己的努力，否则，这些援助就像把盐投入水中那样不见踪影了。由于中国自身的努力，世界银行帮助甘肃定西地区异常贫困者就取得了很好的效果。中国也曾援助一些发展中国家，由于受援国自己未作出相应的努力，有些援助并不成功。例如，笔者曾在一个非洲国家，了解到中国曾无偿援助该国，教授当地农民种水稻，中国援助人员在该国时水稻长得很好，这些人员一撤走，当地农民受不了种水稻的辛苦，稻田又荒芜了。中国还援助该国建立了一个香烟生产工厂，以节约进口香烟的外汇，工厂建成了，但该国不在查禁外烟走私方面作出努力，大量洋烟充斥市场，本国生产的香烟销售不出去，工厂只好停产。

从发达国家自己的利益来说，它们对发展中国家的援助，也是必须做的。因为，应该承认，在国际贸易中，存在着对发展中国家种种不利的条件。在世界首脑会议上，古巴总理卡斯特罗指出，发展中国家输出发达国家的原料价格极低，而从发达国家输入的制成品价格高，使发达国家越来越富，而发展中国家则无法摆脱贫困。发达国家从发展中国家赚取的巨额利润，如果从中拿出一部分援助发展中国家，也属情理之中的事。不仅如此，发达国家援助发展中国家，帮助其发展经济，摆脱贫困和落后，也是减少发展中国家社会紧张、减少国际冲突的重要途径之一。有一些发达国家已经尝到过从社会动荡的、贫困的邻国流入大量求职者、难民、犯罪者的苦头。进一步说，发达国家援助发展中国家，促进其经济和社会的发展，也为自己的投资和出口扩大了市场。中国与发达国家、邻近地区之间经济的互相促进，就是很好的例证。因此，对发达国家来说，不能把对发展中国家的援助看做是一种施舍和负担，或者认为只对发展中国家有利。

在丹麦的世界首脑会议上提出了“二十比二十”的政策建议，即要求每个国家必须将其财政支出的 20% 用于解决贫困、发展教育等社会发展上，同时发达国家在其对外援助款项中用于社会发展方面的必须占 20% 。这是很有意义的政策建议。它将促使各国将财政支出更多地用于社会发展，因为许多国家的财政支出远未达到这一比重。中国的财政支出用于社会发展的比重是超过了这一比重的，但仍需作出更大的努力。因为中国财政收入占国民生产总值的比重相当低，而且越来越低，1980 年占 24.3% ，1993 年占 16.2% ，即使用于社会发展的支出占财政支出的比重超过了 20% ，为数仍是不多的，远不适应社会发展的需要。要求发达国家的援助款中 20% 必须用于受援国的社会发展，则使这种援助能更有助于帮助受援国的社会发展问题的解决。

以上所述都表明，社会发展问题越来越具有国际依存性。只有国际间作出共同的努力才能更好地解决社会发展问题，找到解决社会发展问题的办法。

环境对中国经济发展的制约*

笔者曾在《华南经济新闻》发表的两篇文章中谈了制约中国经济发展的两个因素，即人口与农业。

除此以外，应该说还有两个因素不容忽视，即环境与资源。人口、农业、环境、资源这四个制约因素彼此相关，互相影响。这里只谈环境对中国经济发展的制约。

人类在其生存与繁衍中离不开自然。依笔者看，这里存在着两个交互作用。一个是人与自然界之间的交互作用：人作用于自然界，自然界作用于人。一个是自然界内部的交互作用：有机界与无机界之间、微生物与动植物之间、动物与植物之间、各种动物之间、各种植物之间等。这两种交互作用之间又发生交互作用。前一个交互作用是环境问题，后一个交互作用是生态问题。环境问题与生态问题不可分。人与自然界的交互作用中要保持环境的平衡，自然界内部的交互作用则保持生态平衡。人与自然界之间的环境平衡，是人类得以生存、繁衍，经济和社会得以持续发展的条件。自然界内部的生态平衡，是自然界得以生生不息的

---

* 原载董辅礽：《中国经济纵横谈》，经济科学出版社 1996 年版。

条件，它作为环境问题的自然界的一方，也是人类得以生存、繁衍，经济和社会得以持续发展的条件。一般地说，只要不发生自然界的大变故（如大硕石撞击地球、大地震、火山爆发等），自然界在其自身的发展中能够建立生态平衡，甚至在经历了大的自然界的变故、原有的生态平衡遭到破坏以后，自然界经过长时间的演变是可能建立新的生态平衡的，或者在某个局部建立新的生态平衡。人与自然界之间的环境平衡则往往不是这样，这种平衡被打破以后，如果人们不加以治理，甚至反而继续破坏这种平衡，环境平衡就不能恢复。进一步说，在自然界的生态平衡中，由于人类活动的介入，这种平衡常常会遭到破坏，这种破坏直接地或间接地是人为自然界的环境平衡被破坏的结果。当人与自然界的环境平衡遭到严重破坏从而导致自然界内部的生态平衡遭到破坏达到一定程度，如果人类继续破坏其与自然界的平衡，自然界内部的生态平衡就难以恢复，甚至不能恢复。生态平衡作为自然界得以生生不息的条件，它本身就是人与自然界之间交互作用的一方，即自然界的一方。自然界内部的生态平衡遭到破坏，必然会进一步加剧人与自然界的环境平衡的破坏。由人类活动引起的环境平衡的破坏，并进而导致了生态平衡的破坏，这样人类就得自食其恶果了，人类的生存和繁衍就遇到困难了，甚至难以为继了。

用上述看法来观察实际，不能不令人感到环境平衡的破坏以及由此引起的生态平衡的破坏，已经成为中国经济发展的制约，如不改变这种状况，继续下去，其制约将愈来愈严重。

环境对中国经济发展的制约，概括而言，主要表现在以下几个方面：

第一，对资源的过度和不合理开发利用以及由此引起的生态平衡破坏，正日益严重地造成支撑经济发展的各种自然资源的短缺。自然资源有可再生资源与不可再生资源之分。不可再生资源，随着经济的发展日益减少，如果不回收利用，或开发出替代品，最后会耗竭。如果实行不合理的开发和利用，则其日益减少以致耗竭的进程将加快。

这里别的不多说，只谈中国再生资源状况的恶化。生物属于可再生资源，土地、水在某种意义上也可再生，如土壤肥力的恢复。它们只要开发利用恰当，就可以不断支撑经济的发展。但可再生资源的开发在特定的条件下其再生能力也有其极限，超过了这种极限则难以再生，甚至会造成永久性损害。

以森林来说，由于过度采伐，破坏了林木的再生能力。近几年，全国最大国有林区的成林过熟林蓄积量已减少近五成。平均每年减少 1.1 亿立方米，在 131 个林业局中已有三成以上资源枯竭，无木可伐。近来，全国森林面积稍有增加，但可以采伐的成林过熟林蓄积量却仍大量减少。此外，开发耕地、从事建筑又使大量林地被侵占。近来，每年被侵占的林地达 890 万亩，且还逐步上升。

再说土地，由于过度和不当开垦，植被破坏，水土流失面积已达 160.3 平方公里，比新中国成立初期增加 28%。沙漠化土地面积达 35.8 万平方公里。耕作灌溉不当使土地盐碱化日益发展，在西北高原和内陆区黄淮海平原等地，盐碱化耕地达 700 万公顷。在西北内陆区已占耕地 15.2%。由于过牧等原因，草原严重退化面积达 9000 多万公顷，占可利用草场面积的三分之一以上。

再谈水，过度开采、使用不当等，使缺水问题日益严重，湖泊的面积大量减少，一些湖泊和河流干涸、断流，地下水位急速下降。河北省每年下降达半米左右，最高时达一米。饮用水、农作物用水、工业用水等愈来愈缺。

至于动物资源也是如此。过度捕捞，已使一些大渔场如舟山渔场，资源日渐枯竭。

其他资源的破坏，不再多说。

第二，环境污染以及由此引起的生态平衡破坏，也愈来愈严重地引起资源供给的短缺。

大气污染已造成严重恶果，包括大气臭氧层的破坏、地球气候变暖等。它们的恶劣影响短时间不一定看得出来，但从长远看是极其严重的。大气污染对资源的影响，突出地表现在酸雨和粉尘方面。空气中的粉尘过多已在一些地方导致了农作物减产、林木死亡、土质恶化。由燃煤产生的二氧化硫，已经在中国造成了几个大面积的酸雨严重的污染区。全国酸雨面积已占大陆土地面积的 29%。据环保部门的估算，仅西南、华南酸雨区因酸雨造成的森林死亡、农业减产、金属腐蚀的损失即达 140 亿元人民币（据 1988 年的价格计算）。

水污染，据 15 个省市 29 条江河的不完全统计，2800 公里河段鱼类基本绝迹，河口污染、内湾污染使大量鱼虾资源遭严重破坏。舟山渔场的黄鱼、带鱼等资源的枯竭，除过度捕捞外，也与长江等排放的污水对渔场海水的污染有相当大的关系。水污染更造成了许多地方无洁净水可饮，无洁净水可用。

固体废弃物污染也很严重。仅工业固体废弃物 1993 年累计堆存量已达 60 亿吨。且不论它们自身含有的有毒有害物质，仅占地即达 5.2 万公顷，同时还造成土质的恶化，其渗透液污染地表水和地下水，则使可以饮用和使用的水资源减少。

的确，自然界自身具有净化污染的能力，特别是在一种平衡的生态循环中物质之间可相互转化，有害的污染物可以成为有用的物质，如食草类动物，其粪便为草提供肥料，粪便就不会发生污染。但是当环境污染超过自然界自身的净化能力时，生态平衡就被破坏了。

近代和现代工业的发展，一方面加强了人类开发和利用自然的能力，同时也加剧了对环境平衡的破坏，甚至超过了自然界自身的净化能力，造成资源的破坏。而资源的破坏又制约了经济发展。这种情况在中国工业化中正日趋严重。

环境污染和生态平衡破坏对资源的破坏还表现在物种的灭绝上。中国是世界上生物物种最多的国家之一。全国约有苔藓、蕨类和种子植物3万种，占世界种类的一成，兽类、鸟类、爬行类、两栖类动物2100多种。也占世界种类的一成。无脊椎动物（含昆虫）不下100万种，还有一些为各国所没有的珍稀动物。

丰富的物种是中国的一项宝贵的资源，不仅使中国的生物世界绚丽斑斓，而且是最宝贵的天然基因库，为培育新的物种提供了条件，为各国所垂涎。

保护生物多样性的巨大意义已为许多国家所认识。中国已签署了《生物多样性公约》。但由于环境的污染，生态平衡被破坏，物种数量正在急剧减少。大约有4600种高等植物处于濒危，或受威胁状态，近50年约有200种高等植物灭绝，野生动物中约有400种处于濒危或受威胁状态。

这种状况对中国未来经济发展的严重制约，一时尚难以为人们所认识。

第三，环境平衡对中国经济发展的制约还表现在对人体的健康和生存条件的直接和间接的危害上。这一方面是由于环境平衡的破坏引起的人们自身赖以生存和生活的资源在减少。目前中国500多个城市中已有300多个城市缺水，40多个城市经常闹水荒。有些地方生态平衡破坏严重，使人们无法摆脱贫困，难以生存。而另一方面，环境污染更损害着人们的健康。中国呼吸系统疾病发病率有百分之三十是由大气污染引起的。由重金属污染等引起的种种疾病，也时有发生。人的健康受到损害，生存和繁衍受到威胁，自然也会制约经济的发展。

第四，由于环境平衡和生态平衡遭到破坏，自然灾害的频率也必定会增加。据环保部门的资料，中国受灾面积逐渐扩大，20世纪80年代为50年代的2.1倍，为70年代的1.7倍。

水土流失使每年流入江河湖泊的泥沙量高达50亿吨，造成河道淤塞、河床上升、湖泊缩小，一遇雨量集中，洪峰迭起，河流泛滥，排泄不畅，湖泊无力调节，就会引发水灾。水量调节失调又会引起旱灾。

还有植被破坏造成土壤沙漠化，引起风沙灾害。植被破坏还会引起泥石流灾害，往往造成几千公里的公路、铁路受到风沙和泥石流的侵害。

由环境和生态平衡破坏引起的自然灾害，每年都给中国的经济造成严重损失。这里还没有包括环境污染造成的灾害。这已在上面谈到了。

第五，环境破坏和环境污染后，必须付出巨大的费用去治理，去恢复，否则环境将进一步恶化。瑞典称其为“环境债”，这是很贴切的。在中国也有“环境欠账”的说法，但这是指为治理环境必须支付但未付出的费用。这也是一种“环境债”，但由于这笔债今天未还，日后再还，其“利息”将是极其沉重的，如果这一代人不还，则将由下一代甚至下几代人来还。据估计这种“环境债”，中国已达数百亿元，甚至更多。环境破坏了，污染了，自然应该治理。治理就得花钱，不管现在花，还是以后花，都是社会创造的财富的扣除。环境破坏和污染越严重，再治理而应付出的费用也越大，支付这部分费用不能不影响经济的发展。当然为了使经济能持续发展，这笔费用又不能不付。

环境保护与经济承受力、技术可行性*

在环境保护中，处理环境保护的要求、经济的承受力和技术的可行性之间的关系，是一个很重要的问题，也是一件很困难的事。最近，笔者在参加几个环境保护法律的审议中深有感受。

先就环境保护的要求与经济的承受力的关系来说，环境保护必须提出具体的要求，使正在遭受污染的环境得以治理，进而使环境得以改善。这种要求包括环境保护的标准（水质的标准、大气的标准、噪音的标准、排污的标准等），改善环境的标准以及治理污染达到的期限等。显然，这些要求的制定不仅要有科学性，而且在经济上应是能承受的。从经济上说，保护环境、治理环境必须有一定的投入和付出一定的费用。例如，以防治大气污染、控制二氧化碳的排放量来说，中国二氧化碳的排放主要是燃烧煤炭造成的。要控制二氧化硫的排放量就涉及经济的承受力，这里只谈几点：

（1）建设煤炭洗选设施，使其含硫份（还有含炭份）达到国家限制的标准。为此就要在煤炭系统投资。以中国目前的煤炭

---

* 原载董辅礽：《中国经济纵横谈》，经济科学出版社 1996 年版。

量来说，要使煤炭的入洗率由目前的百分之十九至百分之二十（即约2亿吨煤）提高到百分之三十五，就需要投资140亿元。这笔资金从哪里来？如由中央财政和地方财政投入，财政是否能承受？如由煤矿投入，大多煤矿都亏损，又哪儿来这笔钱？何况煤炭产量中乡镇的煤窑生产的比重大，它们更无力投入。

（2）如由电厂增设脱硫装置，仅酸雨严重地区的电厂就需投资50亿元。同样遇到国家财政和企业能否承受的问题。

（3）如由烧原煤改烧洗选精煤，现有的锅炉就要改造，这也要一笔不少的投资。

（4）洗选煤炭会增加煤炭的成本，每吨约增加15元至20元，既影响洗选煤的销路，又增加用煤单位的成本。如果将电厂因增添的脱硫装置所需增加的费用计入电价，用电单位的电费开支就会增加。

（5）如果限制高硫份煤炭的开采，则又遇到就业和人的收入的问题。以贵州省来说，该省的煤炭属高硫份的煤炭，如果限制其生产，则不仅当地的能源发生问题，而且就业和人的收入都会受到影响。须知贵州是个穷省，如限制其煤炭开采或者由于洗选煤达不到国家的限制值而限期停工开采，对贵州省的经济发展和人们的就业将不是个小问题。

（6）征收排污费是控制污染和推动治理污染的一个办法，但同样会增加企业的负担。贵州省曾试行每排放一公斤二氧化硫征收排放费0.2元的办法。省电力厅为此要每年交排污费7000万元，由于电力局承受不了，至今未交。

再说环境保护的要求与技术的可行性的关系。仍以控制二氧化硫的排放量为例，煤炭中含硫量达到百分之二即属高硫煤。中国西南地区的高硫煤即使经过洗选，含硫量仍高达百分之三至四，要控制在百分之三以下是技术上很难办到的。还有，为减少二氧化硫对大气的污染，限制或禁止将原煤作为动力煤燃烧，是一个有效的办法，但钢铁部门担心能否炼出合格钢铁。此外，一些发电厂还提出没有空闲土地安装脱硫装置，因为中国生产的脱硫装置占地甚至比发电厂的主厂房占地还大。

其实，在环境保护方面，技术的可行性与经济的承受力又是必须结合起来考虑的。有些环境保护的措施，即使在技术上可行，如果经济上不合算，这项措施仍无法推广。

在环境保护问题上，环境保护部门与经济部门之间经常意见相左。环境保护部门从治理环境角度提出的要求、标准、治理的期限、排污收费等，常常受到经济部门的非难。因为后者着眼于经济的承受力和技术的可行性。二者之间的立场不一致，在环境保护的立法上表现得最明显。环境保护部门要求立法的起点要高，法律的规定要严，执法的力度要强。有些经济部门则往往相反。

应该承认，经济部门的考虑环境保护要求的经济的承受力是有道理的，经济部门有其自身的困难。因此在制定环境保护的要求和标准时，除了考虑技术的可行性以外，必须考虑经济的承受力，否则环境保护的要求和标准就无法达到，制定的环境保护法律也难以实施。但是，保护环境又是迫切的需要，如果不制止环境的进一步恶化，进而使其逐步改善，其后果将是极其严重的。对环境保护的要求与经济的承受力和技术的可行性的关系，笔者有如下看法：

第一，环境保护和治理的要求与标准不能一下定得太高，要求达到的期限不能过短，必须考虑经济的承受力和技术的可行性这是不成问题的。但是必须在现有的环境状况的基础上提出更高的要求和标准，并逐步提高。对于达到要求和标准的期限也应着眼于逐步改善环境状况，不能过分迁就现实的状况，否则环境状况不能改善。目前的情况是经济部门的呼声很强，环境保护部门的呼声很弱，其结果是环境保护部门提出的要求不得不降低，环境保护的法律约束变软，环境保护部门执法的手段不强，甚至连必要的、有效的手段（如不论是否超过标准，只要排污都要征收排污费、发放排污许可证、有权决定排污单位限期治理等）都无法取得。这不能不令人对中国的环境状态担忧。

第二，经济部门强调环境保护要考虑经济的承受力，这是对的，确实有不少企业已经亏损，国家财政也相当困难，哪有能力拿出钱来治理污染？但是环境保护问题不能只着眼于当前企业状况和财政状况，为了治理环境、保护环境，即使目前少建几个企业，经济发展速度稍慢一点也是必要的，甚至是值得的。因为环境保护是功在千秋的大事，当代人无权给后代人留下一个污秽不堪、不宜人类生存的环境。何况环境破坏后再着手治理其花费要比停止污染的花费大得多。而且，即使从算账的角度看，由于治理环境而在一些企业中增加的支出（如上述洗选煤装置投资、电站的脱硫装置投资、排污费、煤和电的成本短期的上升等）很可能比由于不治理而造成的环境污染所引起的损失小得多。试想，大量排放二氧化硫造成的酸雨损害农作物、森林，腐蚀钢铁制品，等等，其损失该有多大？这笔账难道不应该也算一算？环境保护部门曾提出以国家对指定的产生大气污染物的产品征收污染产品附加税，本来是个好主意，一方面可以限制污染产品的生产，另一方面又可筹集一笔资金专项用于治理大气污染，这样，财政财力不足，国有煤矿和电力部门无力增加洗选煤装置、脱硫装置等问题也可逐步解决。如财政用其中一部分钱作为银行的贴息，还可使银行发放治理大气污染的无息或低息贷款。可惜这样的主意无法得到有关部门的支持。

第三，在环境保护方面，技术开发很重要，需要再开发一些技术，不仅可保护环境，而且可以不需增加许多投资和生产费用，甚至还可以节省生产成本，使企业获得更多的利润，如果有了这样的技术，环境保护的要求与经济的承受力之间的矛盾就迎刃而解了。

资源对中国经济发展的制约*

笔者在《华南经济新闻》发表的文章中曾先后指出，制约中国经济发展的因素有四个，即人口、农业、环境和资源。前三者，笔者已著文谈过了，现在谈一谈资源对中国经济发展的制约。

这里谈的资源仅指自然资源，不包括人力资源等其他资源。自然资源是人类赖以生存和发展的物质要素。人类的生产和生活必须利用自然资源。在特定的经济和技术的条件下，人类现实地可以利用的资源总是有限的、稀缺的。资源的稀缺状况制约着经济的发展。与此同时，随着经济的发展和技术的进步，人类对自然资源的开发和利用，也在继续扩大和深化。例如，人类面临着能源的短缺，石油和天然气资源在大量开发下正加速走向耗竭。但是人们正在开发利用太阳能、潮汐能、风能、核能等能源。特别是，正在加紧对受控核聚变反应产生核能的研究。如能成功，海水中的氘和氚将为人类提供取之不尽、用之不竭的能源，这样，海水就成为能从中获取巨大能源的宝贵的自然资源。

---

* 原载董辅礽：《中国经济纵横谈》，经济科学出版社 1996 年版。

自然资源对不同国家经济发展的制约是不同的。对于一个国家来说，某些资源可以是绝对稀缺的。例如，对于一个内陆国家来说，海洋资源是绝对稀缺的。对于没有石油资源的国家来说，石油是绝对稀缺的。此外，对于一个国家来说，某些资源也可以是相对稀缺的，即相对于人口、相对于经济发展和人民生活的需要来说，某些资源是稀缺的。

资源对中国经济发展的制约，表现在以下几个方面：

总的说来，中国是个资源丰富的国家，以矿产资源来说，中国已发现的矿产有 162 种，探明储量的有 148 种。在世界有用的矿产中只有少数未找到。有些资源，如煤、钨、锡、铜、锑、稀土元素、建材用非金属矿等，就其储量而言，足可保证本国经济相当长时间发展的需要，其中有些一时短缺也在于开采跟不上。有些资源，如锰、铝土、锌、石棉、石油、天然气等矿产，南方的水等，目前尚能基本保证，但有些在若干年后就不能满足需要，有些目前已感不足。还有一些资源，目前已经不足，从长远来看会越来越短缺，如北方的水、耕地、钾、铬、金刚石等。随着经济的发展，经济总量的增加，如果探明的后备储量跟不上，如果没有科学技术的重大突破，资源对中国经济发展的制约会日益加剧。

在中国有些资源的总量虽不少，但品位不高，地理分布不佳，也制约经济的发展。例如，富铁矿仅占铁矿探明总储量的百分之三弱。中国水的分布很不平衡，北部和西北地区的水资源只占全国水资源总量的百分之十八，无法满足其占全国耕地面积百分之六十四的耕地对水的需要。新疆的石油资源丰富，但严重缺水，开发的难度很大，石油的远距离运输问题也有待解决。

如果按人口平均来说，中国应该说是资源短缺的国家。例如，1991 年，中国的耕地每人平均只有 1.2 亩，世界每人平均为3.6亩左右，即相当于世界平均数的三分之一。林木蓄积量中国每人平均为8.75立方米，世界每人平均为57.52立方米，即只相当于世界平均数的百分之十五（根据《中国统计年鉴》数字计算）。虽然中国矿产资源的总量居世界各国的第三位，但按人口平均则只及世界人口平均数的一半左右。水资源按人平均也仅为世界人口平均数的四分之一弱。因此，中国作为有着丰富资源的国家，资源对中国经济发展的制约，说到底是来自人口的制约。中国不仅人口众多，而且增长速度快。尽管资源不断在开发，但不少资源开发的速度赶不上人口增长的速度。许多资源，特别是不可再生资源，按人口平均占有量继续在下降。耕地、草原、水等尤为突出。农业对中国经济发展的制约，如果不考虑决定农业发展的其他因素，就是人口与资源（耕地、草原、水）二者共同的制约，说到底也是人口的制约。可以想象，假如中国人口不是十二亿人，而是四亿人或六亿人，那么，耕地、草原、水对经济发展的制约就会小得多，农业的制约自然也要小得多。

第三，在同样多的资源蕴藏下，资源对经济发展的制约的大小，取决于对资源的开发和利用。中国在某些方面对资源的开发是不错的，例如大庆采用注水的办法使油田多年保持稳定的产量。但是开发不当而引起的资源的破坏甚至严重破坏也是经常发生的。舟山群岛渔场黄鱼等资源的枯竭，过度捕捞是主要原因之一。近十多年来，一些乡镇企业对矿产的乱开采，对资源的破坏相当严重，例如，煤矿回采率，全国直属矿为百分之六十，小煤窑仅为百分之十至百分之二十。中国对有些资源的利用也是相当不错的。例如，对耕地的利用，一些地区一年二熟三熟，产量相当高，在世界上也属上乘（当然有许多不足之处）。但总起来看，由于技术上的原因、管理上的原因以及经济体制上的原因，资源利用中的浪费也是相当严重的。例如，废钢回收利用量占消耗量的比率，在国外约为百分之五十，中国仅为百分之八。

在水的利用方面更是如此。以色列发明滴灌的办法，在严重缺水的土地上发展农业，许多农产品自给有余，大量出口。而在中国农村还普遍采用明渠漫灌的办法，不仅大量宝贵的水被白白浪费掉，而且灌溉的效果也不佳。正因为对资源的开发利用不好，使本已短缺的资源更加短缺，从而对经济的发展的制约更为加剧。

除此以外，环境和生态的破坏所造成的资源的流失和对资源的破坏，也是加剧资源对经济发展的制约的一个重要原因。前述舟山群岛渔业资源的破坏，主要原因有二：一是过度捕捞，破坏了鱼群的生态平衡，破坏了鱼群的再生循环。二是由于长江、钱塘江等排入海洋的污水破坏了鱼群的生长和繁衍。排入大气的二氧化硫产生酸雨，既破坏森林、农作物、土壤，也腐蚀钢材和各种建筑物。因此，资源对经济发展的制约，从某种程度上说，也是环境对经济发展的制约。

综上所述，资源是制约中国经济发展的一个重要因素，要使中国经济得以持续地、快速地发展，必须合理开发和利用已有的资源，在科学技术发展的基础上扩大和深化资源的开发和利用，对有些短缺的资源要开发可替代的资源。从上面所说的，我们可以看到，人口、农业、环境、资源这四个制约中国经济发展的因素，是彼此密切相关的，在解决其对中国经济发展的制约问题时，也必须结合起来考虑。

民营经济论

社会主义市场经济下的非公有制经济*

一

中国是研究经济学最肥沃的土壤。因为中国是发展中大国、有自己的独特的实际问题和困难。我们的改革是在走前人没有走过的路。发达国家形成了他们自己的经济理论，这些理论当然对我们有用。但真正能解决中国问题的理论最终还是中国人自己面对中国的实际所创造出来的理论。只要我们大家勤于耕耘，善于耕耘，在中国这片研究经济学的肥沃土壤上，就一定能够开出美丽的思想之花，结出丰硕的理论之果实。这是我的开场白，也是对爱好经济学的青年同志们的一点期望。

二

理论是要求彻底的。如果理论不彻底，那么沿着它的逻辑思

* 本文系作者 1994 年 4 月 15 日于北京大学“94—经济改革论坛”所作报告的记录稿，原载该校学生编的《天任》刊物上。

路追溯下去，很可能否定自己。

为什么我们允许非公有制经济存在和发展？改革以来，我们提出了这样那样的理论，似乎是为了支持非公有制经济的发展，但这些理论都经不起推敲。

为什么我们允许非公有制经济存在和发展？一种理论认为由于我国处于社会主义初级阶段，生产力落后，因此需要非公有制助一臂之力。那么沿着这种理论追溯下去，当我们的生产力有了高度发展之后，我们便不需要非公有制经济了。非公有制便可以减之、灭之了。逻辑上必然是这样的。这是一种典型的“养猪理论”，养猪是为了吃肉，先把猪养肥了，然后宰了，吃猪肉。生产力不发达时，允许非公有制经济存在发展，好比养一头猪，经济发展起来了，猪养肥了，对不起，该动手宰了吃肉。这种理论把“发展非公有制经济”当做某个历史阶段的事情。私营企业主不无担心，担心有朝一日要消灭他们，于是有钱了，不发展生产，不追加投资，而是流往国外，弄好几本护照，准备一有风吹草动，便溜之大吉。盖坟墓、盖房子、吃喝嫖赌。你可以教育他，但他有理由，就是要今朝有酒今朝醉……

这就是这种理论带来的不良后果。

还有一种理论——“生产力多层次论”。认为我国现阶段生产力是多层次的，有先进的，有落后的。由于生产力多层次，所以要允许非公有制存在与发展。落后的由个体来经营，稍微先进一点的可以办私营经济，更先进的就办公有制经济。这种理论把生产力的不同层次同不同的所有制机械地相匹配。这是错误的。

首先，生产力是否是多层次的？我说是。过去是，现在是，将来也还是。不能设想所有地区、所有产业、所有部门的生产力的发展都处在同一水平。它是分层次的。有的领域先进，有的领域落后。那么是不是说落后的生产力水平就与非公有制经济相匹配呢？这种理论对不对呢？在机械唯物论者那里，生产关系和生产力之间成为一种“脚穿鞋”的关系，37 号正好，36 号夹脚，38 号太大。没有那么机械。认为先进生产力的对应便是公有制经济，落后的生产力对应的便是非公有制经济，这在理论和实践上都是错误的。从历史发展长河来看，生产工具的变革，生产力的变革，将导致生产关系发生相应的变化。但现代生产工具、生产力的发展，使得个体小规模经济只能适应落后的生产力的说法失去了意义。我在日本参观了很多小企业、个体企业，厂房只有几平米，但设备先进，产品高、精、尖，销往世界各地。用那种落后的生产力与个体小规模经济相配的理论怎么能解释？美国和欧洲正筹划信息高速公路，这将是生产力的伟大变革，许多工作，许多事情，在家里便可以完成，个体完成，因为网络建立起来的。这怎么解释？

还有一种理论前几年很盛行，后来被当做资产阶级自由化给批了，叫做“资本主义补课论”。因为中国经过新民主主义革命，直接由半封建半殖民地社会进入社会主义，中间跳过了资本主义发展过程，因此需要“补课”。1956 年对资改造结束，全面进入社会主义经济阶段。有人认为：“改造得太早了，跳过了资本主义发展阶段，现在看来，这个阶段不能跳跃，需补课，应当允许非公有制经济存在和发展，允许资本主义经济的存在。”以后，这种理论给批了。这种理论认为对资改造不是不对，是太早了，应该补课，补课完成之后，再消灭。其实，这个理论不对，但批得也不对。总之，按照这个理论，生产力发展了，非公有制经济迟早有一天总要被消灭的。

以上这些形形色色的理论，似乎是为非公有制经济的存在和发展寻求根据，但沿着它们的逻辑思路追溯下去，又否定了自己。它们经不起推敲。

三

我们为什么要允许非公有制经济存在和发展?

如果说这个问题我们过去不清楚，现在应该比较清楚。我在20世纪80年代中期就指出，要发展市场经济，必须允许非公有制经济的发展，允许非公有制经济的发展是发展市场经济的需要。

在谈到这个问题之前，我先谈一谈对斯大林理论的批判问题。我们的批判有正确的，有不正确的。斯大林认为“全民所有制内部不存在商品货币关系，只有两种公有制形式之间存在商品货币关系”。这个理论是对的，而我们却把它当做错误的给批了。因为商品交换是在不同所有者之间进行的，相互转让商品所有权，因而形成商品货币关系。在全民所有制经济内部，所有者是一个，不可能有商品货币关系，不可能有市场。

我们要发展市场经济，必须允许非公有制经济的存在和发展。如果是单一的公有制，所有者为一个主体，统收统支，统购统销，不可能有真正意义上的市场经济。两种公有制经济之间有商品货币关系。然而无论前苏联还是我们为了实现指令性计划，集体经济也纷纷向全民所有制过渡，以形成统一的单一的全民所有制经济。因此，尽管有两种公有制经济形式，它们之间多少带有商品货币关系，但还是不可能有市场经济。

如果我们不在所有制方面进行大的改革，发展市场经济将是一句空话。如果是单一的公有制经济，就没有市场经济，必须有多种所有制，其中包括多种非公有制和各种各样的混合所有制。

为什么我们要发展市场经济，必须允许非公有制经济的存在和发展？这是因为非公有制经济天然与市场经济兼容，或者说非公有制经济存在和发展与市场经济互为条件。换言之，如果没有非公有制经济就没有市场经济；反之亦然。我国改革开放以来，市场和市场经济有很大的发展，这个发展首先应归功于非公有制经济的发展。应该说，发展非公有制经济是发展市场经济的客观需要。

四

发展非公有制经济是发展社会主义市场经济的需要。

那么到底什么是社会主义市场经济？解释五花八门，也说不清楚。有人说，社会主义市场经济是社会主义性质的市场经济。但是市场经济既不姓“资”，也不姓“社”。“社会主义”不应是限制性的定语。一般人认为它是“社会主义条件下的市场经济”。这等于没解释。

什么是社会主义市场经济？

我的解释，就是社会公平加市场效率。社会主义是什么？是公平。实行市场经济就意味着高的市场效率。社会主义市场经济就是社会公平和市场效率相结合。如果只有社会公平，而没有效率，那么只能沦为平均主义，平均主义不是公平。没有效率，公平只是一句空话，实现不了。只有效率没有公平更不行，不公平会引起各种社会动荡，市场效率就会降低，以致丧失。

要社会主义干什么？先要回答什么是社会主义？有人说是一种理论，是一种学说，或是政策，是一种运动，是一种社会制度，有各种不同的理解。从历史上看，社会主义是针对社会不公平提出来的。有人不劳而获，成为暴富者；有人劳而无获，成为赤贫者。人们提出社会主义，就是要为了实现社会公平。

社会公平要在市场效率的前提下才能实现。没有效率，公平实现不了。

社会公平和市场效率结合，要有制度上的保障。因此，我们提出了社会主义市场经济的理论构想。而社会主义市场经济体制，必须建立在合理的所有制结构基础上。在这种所有制结构下，社会公平和市场效率才得以结合。既有公有制，又有非公有制，这样一种所有制结构是我们发展社会主义市场经济的需要，是实现社会公平和市场效率结合的途径。

公有制经济有强点和弱点。非公有制经济有强点、弱点。我们之所以发展多种所有制经济，原因之一就是要强化它们各自的强点，弱化它们各自的弱点，实现强弱互补。公有制经济存在和发展是为了实现社会公平和提高国民经济的整体效率，非公有制经济存在和发展是为了促进市场效率。公有制经济的强点，第一是容易接受政府宏观调控，第二是容易同社会共同利益相协调。因此发展公有制经济可以解决下列问题：（1）为政府宏观调控提供物质条件；（2）为社会提供公共产品，满足社会共同需要。公有制的弱点是：（1）财产约束弱；（2）效率低。非公有制经济的强点是：财产关系十分清楚，能形成硬的预算约束，强的利益约束机制和激励机制，同市场完全兼容，在市场竞争条件下，不断推动技术进步，提高劳动生产率，推动生产力的发展，比公有制经济具有更高的效率。非公有制有弱点：（1）从本性上来说，一般不愿意接受政府干预；（2）私营经济同社会共同利益往往难以协调，有时甚至会有损害公众利益的情况；（3）财产占有的分化会导致收入分配上的差异。从本质上讲，非公有制经济不能实现社会公平。

所以，在市场经济下，既保留公有制，又保留私有制，让公有制、非公有制强弱互补，形成合理的所有制结构，推动社会主义市场经济的发展，从而实现社会公平与市场效率的结合。

因此，允许非公有制经济的存在和发展，是为了发展社会主义市场经济，是为了社会主义市场经济能做到公平和效率的结合。

五

那么发展社会主义市场经济是否只是一个历史阶段的事情？

理论存在误区。

大家知道党的十二届三中全会通过了《中共中央关于经济体制改革的决定》。这个文件意义重大，比起以前文件是个很大的进步，提出了社会主义经济是“有计划的商品经济”。但这个文件有缺陷。它认为社会主义商品经济与资本主义商品经济有几个不同：第一所有制不同，第二范围不同。认为企业、土地、矿山、森林、银行、劳动力等不是商品。这个文件认为“商品经济是个不可逾越的历史阶段”。当然与认为社会主义与商品经济水火不相容的观点相比是个历史进步。但同时它又指出“是个不可逾越的历史阶段”，这也就是说，这个阶段最终是要逾越的。这实质上是说商品经济或市场经济只是一定历史阶段上的问题，在一定历史阶段上允许商品经济或市场经济存在。因此，非公有制经济也只能在一定历史阶段存在。商品经济迟早要送入历史博物馆，非公有制经济当然要与它同命运了。这是一种理论。

还有一种理论：认为指令性计划不是不能实行而是实行得太早了。我们现在发展商品经济，有朝一日商品经济要退出历史舞台，生产力高度发达了，我们就可以实行指令性计划经济了。指令性计划不是不应该实行，而是实行得太早了，这种理论也是不对的。

仅把发展商品经济看做一定历史阶段上的事情，这个看法不对。因为现代经济越发展市场经济越发展。我们很难设想在一个社会分工高度发达的经济里，在全球经济一体化的时代中没有市场。我们不可能退回到过去的计划经济，全社会成为一个工厂，由中央统一来指挥。这不可能也办不到。指令性计划经济不是实行早了，而是指令性计划经济本身就是一个空想。过去不能实行，实行的结果不好，将来更不能实行。市场经济是长存的，非公有制经济也是长存的。

非公有制经济的性质是什么?

这里面也有一个不正确的理论，比如“补充论”，认为非公有制经济是社会主义经济的有益补充。它不是社会主义经济本身的一个组成部分，它只是补充，尽管这种补充是有益的。这种理论又根据于另外一种理论：社会主义经济就是公有制经济，只有公有制经济才是社会主义经济。既然是补充，那就有问题了。你不能喧宾夺主，你不是嫡系，你是庶出。我们对非公有制经济的一系列看法都由此而来。于是由“补充论”又发展到了“比例论”。非公有制经济既然是补充，就必须给它一个发展限度，不能超过了这个限度。在小平同志南巡讲话之前，这种理论在国内盛行得很。因为公有制经济比重在下降，非公有制经济比重在上升，特别是国有制经济比重越来越小，有的人觉得这是社会主义的危机，所以需要定个比例，在国民经济中给非公有制经济规定一个比例，不允许超过这个比例，如何定比例、保持比例?结果发现按企业的数目、按资金的数目、按产值、按职工人数……哪个指标都不好定。那么就算把比例定下来了，比如30%，超过就不行了，你把比例限制死了，也就把非公有制企业积极性限制死了，把企业主的积极性限制死了。企业一看快到30%，不能继续再发展了，于是不追加投资了，往国外转移财产了，这个问题就大了。所以这个比例不能定，定了会带来一系列问题。

到底什么是社会主义经济，这在理论上是个很难的问题。1985 年我在牛津大学做访问学者，有一天下午我约布鲁斯教授谈话，我们为这个问题讨论了整整一个下午。最后我们得出的共同结论是：以公有制经济为主导的多种所有制经济是社会主义经济。我进一步发展为“以多种公有制经济为主导的多种所有制经济”，并提出了社会主义经济是“一盆八宝饭”的理论。非公有制经济不是社会主义经济的有益补充，而是它的不可分割的有机组成部分。

公有制经济不等于社会主义经济。非公有制经济和公有制经济都是社会主义经济的有机组成部分。

大力发展民营经济，才能发展市场经济*

与官营经济不同，民营经济是与市场经济相伴随而发展的。从民营经济与市场经济之间的相互关系看：

第一，市场经济是在民营经济发展的基础上逐渐形成和发展起来的。这是因为市场和市场经济是随着交换的发展而发展起来的。而交换必须具备两个条件：（1）存在社会分工，没有社会分工就不会有交换，而没有交换就不会有市场，这是不言自明的。但是有社会分工却并不一定有交换。（2）交换还必须具备另一个条件，即存在着不同的所有者。有了分工，又有了不同的所有者才会有交换，从而才会有市场，这也是不言自明的。

在计划经济中有社会分工，却没有不同的所有者（就国有经济内部而言），国有经济的所有者都是国家，那自然就不会有真正意义的交换。整个国民经济就像列宁所说的，不过是一个大工厂，不同的企业只不过是这个大工厂中的不同的车间，它们的所有者是同一的，所以它们之间不会有交换，从而也不会有市场。而集体经济在国民经济中的比重越来越小，集体经济的各个

---

* 原载《北京经济报》1998年8月30日。

方面越来越向国有经济靠拢，并被计划所控制，有些甚至“上升”为国有经济，所以集体经济的存在并未能产生市场经济。只有民营经济的发展能为市场和市场经济的产生和发展建立基础。

第二，随着市场经济的发展，民营经济也在不断发展。合作经济的产生是由于一些市场竞争中的弱者（消费者和个体经营者）处于不利的地位，合作经济这种民营经济的形式有助于维护他们的利益，增强他们的市场竞争中的生存和发展能力。股份经济的产生则是适应了生产社会化程度的提高和兴建大型工程的需要。

第三，民营经济的发展进一步推动了市场经济的发展。最为突出的是股份经济的产生和发展对推动市场经济的发展起了巨大作用。公众持股股份经济是一种公众所有制经济，它的产生标志着所有制一次巨大的革命，对于提高社会生产力、促进国际间市场经济的发展起到了不可估量的作用。不可能设想限制民营经济的发展而能顺利地发展市场经济。

明白了民营经济与市场经济的关系，就应该为了发展市场经济而发展民营经济，为民营经济的发展扫除观念上制度上的障碍。

例如，对发展民营的金融业一直存在许多限制。其结果不仅使民营经济的发展得不到金融业的足够支持，而且使金融业由于缺乏强有力的竞争而无法根本改变官营金融业的不良状态，而在正规的民营金融业得不到发展的情况下，各种非正规的民营金融业就屡禁不止，造成金融市场的混乱。

总之，发展市场经济必须发展民营经济，只有发展民营经济才能发展市场经济。

“八宝饭理论”*

——非公有制经济是社会主义市场经济不可分割的有机组成部分

什么是社会主义市场经济？非公有制经济和社会主义经济是天生矛盾的，还是可以兼容的？非公有制经济与社会主义市场经济究竟是一种什么关系？这是一个听起来很大的问题，也是一个难于回答的问题。前些日子有幸聆听著名经济学家董辅礽先生的论述，现整理出来以飨大家。

“八宝饭理论”形象比喻

八宝饭很常见，糯米是主要成分，配以莲子、红枣等其他一些原料。

早在1985年，董辅礽就把社会主义经济比做八宝饭。糯米好比公有制，占主要成分，但糯米本身并不是八宝饭。没有糯米，肯定做不成八宝饭。同理，公有制是社会主义经济的主要成分，没有公有制经济不可能成为社会主义经济。但本身却不等于

---

* 本文系香港《大公报》记者孙志的访谈录，原载该报1995年5月23日。

社会主义经济。红枣、莲子虽然是辅料，但没有它们，仅有糯米，也不能成为八宝饭。同理，没有非公有制经济也不能成为社会主义经济。但是红枣、莲子本身也不是八宝饭，只有非公有制经济，也不是社会主义经济。

董氏“八宝饭理论”是在证明这样一个道理：非公有制经济不是外在于社会主义经济的，而是社会主义经济不可分割的有机组成部分。

他认为，社会主义市场经济是以公有制为主导的混合经济，但社会主义经济不等于公有制经济。社会主义的本质不是计划经济。计划经济是一种乌托邦，不能优化资源的配置，社会主义经济只能是市场经济。他进一步分析，市场经济的微观基础不能没有非公有制经济，非公有制经济同市场经济是天然兼容的。没有非公有制经济就没有市场经济。市场经济条件下的企业要按照市场经济规律运作，必须具备产权清晰、自主经营和自负盈亏这些条件，否则就不会有市场经济。单一的公有制基础上无法产生市场经济。国有经济不可能发展出真正的商品货币关系，因为在国有经济内部所有者是一个（即国家），只有在不同所有者之间才能形成通过交换发生所有权转移的市场关系。这验证了一个结论：社会主义经济不能同公有制经济画等号。单一公有制基础上不会有市场经济，只有在以公有制为主导的多种形式的所有制基础上，才会有社会主义市场经济。而其中非常重要的一条就是要有非公有制经济，否则就没有真正意义的市场经济。因此非公有制经济是社会主义经济的不可分割的有机组成部分，或者说非公有制经济是社会主义市场经济的重要组成部分。

董老还说，从改革开放的实践中可以看到，非公有制经济发展越快的地方，市场经济就发展得越快越好。

“公众所有制”这种说法是董辅礽最早提出的。他将“公众所有制”注解为：在一个企业、社区、单位内，其财产是这个范围内所有成员共同所有的，而其中每个成员又都具体地占有共同所有的财产的一部分。

董老认为，公有制有共同所有制和公众所有制两种类型。共同所有制在中国发展成两种形式，国家所有制和集体所有制，以前只把公有制理解为共同所有制。所谓共同所有制就是在一个企业、社区、单位内其财产是这个范围内所有成员共同所有的，但每一个成员都不具体地占有共同所有的财产的一部分。过去认为只有共同所有制才是公有制。其实它只是公有制的一种形式，公众所有制也是一种公有制的形式。

大力发展“公众所有制”

他解释说，共同所有制和公众所有制二者的鲜明区别在于，公众所有制的成员是共同财产的一个部分的所有者。公众所有制的逐步产生不是私有制的简单的、全盘的否定，而是既肯定又否定，也即是一种扬弃。说它否定了私有制，是因为它形成了共同的财产，但它同时把私有制保留了下来，它的每个成员又占有特定的财产。它是人类社会所有制发展的一个新的阶段，即原始共同所有制—私有制—公众所有制。公众所有制是社会化大生产发展的必然趋势。

董老举例说，公众持股的股份所有制就是公众所有制的一种形式。股份公司的财产是股东共同所有的，它所形成的股份公司的法人财产是不能分割的。同时，每个股东又是公司的共同财产的某个份额的所有者。公司以其法人财产承担民事责任，每个股东则以其出资额承担相应民事责任。养老基金也是公众所有制，基金是参加养老保险的人的共同财产，同时基金的某一部分又属于特定的个人所有。投资基金、合作社都是一种公众所有制。

董辅礽指出，中国目前大力发展社会主义市场经济，除了要保留原来的共同所有制（国家所有制和集体所有制）以外，应该大力地发展公众所有制。股份公司前些年刚刚在中国产生的时候，有人认为是危险的倒退、是私有化，而董老的观点是，使越来越多的社会成员成为共同财产的所有者。今后，越来越多的人将成为股份公司、养老基金、投资基金或合作社等公众所有制的成员，成为其共同财产的所有者，这不很好吗？今后发展的方向不应该是无产阶级化，而应该是有产阶级化。他说："中国目前有三千八百万股民，尽管有些股民拥有的财产很少，但是不能否认他们都是有产者。"他认为，社会发展的结果不应该把大家都变成无产者，而应该都变成有产者，所有制将越来越公众化。

董老除了把社会主义市场经济定义为社会主义加市场经济之外，还认为，社会主义市场经济等于社会公平加市场效率。市场经济实际上是一种资源配置的方式，中国之所以抛弃计划经济，而采取市场经济，最根本的原因是市场经济能达到更高的效率，能够优化资源配置。

社会公平加市场效率

他指出，市场经济也是有缺陷的，也会有失败。比如环保的问题，单靠市场是解决不了的。因为每个企业都在追求最大的利润，而添置环保的装置，会使企业成本增加。市场经济还有一个失败的地方在于，发生财产占有和收入的分化。市场经济靠竞争优化资源配置，从而使一部分人取胜，另一部分人失败，使得有人财产多、收入高，有人财产少、收入低。财产和收入的分化会导致社会的动荡，这又会降低市场效率。

董老还说，尽管社会主义讲了很多年，但是还没有讲清楚。社会主义可以是一种理论，有空想和科学之分；社会主义还可以理解为一种理想，一种道德，一种规范，大家过一种很和谐很平等的生活；社会主义还可以理解为一种政策，一种社会制度。社会主义虽然有众多的流派，有不同理解，但共同的、根本的一条就是它要实现社会公平，这是最本质的东西。这就是邓小平说过的“达到共同富裕”。

但是社会公平也并非是大家收入平均，完全过一样的生活，而是大家都要为社会作出贡献，大家都为社会劳动，并且取得相应的报酬。与此同时，也要使所有人的基本需要（如基本的生活、义务教育、一般的医疗等）得到保障，特别是对弱者加以保护，让他们有参与社会各种活动的权利和得到平等的机会，要为大家创造一个公平的社会环境，能够得到全面的发展。社会主义就是实现社会公平，这是最本质的。如果产生社会不公平的话，市场经济的效率也就降低了。

因此，董辅礽还说，把社会公平和市场效率结合起来，就是社会主义市场经济。社会主义经济是以公有制为主导的多种所有制的混合经济。这样一种所有制结构才能够使社会公平和市场效率相结合。因为公有制经济与非公有制经济，各有其强点，也各有其弱点，公有制经济利于保障社会公平，非公有制经济利于实现高的市场效率。那么以公有制为主导的多种所有制的混合经济，既可以强化公有制经济和非公有制经济各自的强点，又弱化它们各自的弱点，这就是“八宝饭理论”的内涵。

发展非公有制经济不是权宜之计*

为什么要发展非公有制经济？有这样几种看法：一种看法是生产的多层次理论，许多经济学家都这样认为。我们为什么要发展非公有制经济？因为我们生产力是多层次的。什么叫多层次？就是说我们有现代化生产力，只有公有制才能与之相适应，必须在公有制的基础上发展这种现代生产力；同时我们有落后的生产力（什么是落后的生产力？比如修鞋），因此就需要有非公有制经济。这个理论就是马克思“生产关系一定要适应生产力的性质”的理论。马克思为什么说公有制一定会代替私有制呢？就是因为生产社会化程度提高了，生产力发达了，要求与之相适应的公有制，而私有经济已与社会生产力发展发生了严重的冲突，不能发展生产力。我们现在还有落后的生产力，我们的生产力是多层次的，因此要发展非公有制经济。这是强词夺理，是胡说。生产力与生产关系不是我们过去理解的鞋和脚之间的关系，一双脚只能穿与你脚大小一样的鞋，而不能穿大一号或小一号的鞋，实际上同一种生产关系可以容纳非常大的生产力。就拿私营

---

* 原载董辅礽：《董辅礽纵论中国经济》，上海交通大学出版社 2005 年版。

经济来说，私营经济也可以是修鞋的那种个体户，也可以有非常现代化的生产力，对此不能机械地理解。我到温州，看到他们在非常短的时间内，家庭作坊生产力发生了非常大的变化。如做鞋的，开始做塑料凉鞋，开始用什么烙铁，将鞋贴在一起，生产力很落后，无非是一个炉子、烙铁，一天生产不了几双鞋。以后将鞋帮与底压在一起，加热以后贴在一起。后来发展到买国外进口注塑机，将塑料颗粒融化，然后一次成型出来。同样一个家庭作坊，短时间内发生了这么大的变化。最初温州人做锦纶，用的是上海一些纺织厂的一些下脚料、废料。用手摇机器做成衣服，动力是手，机器生产，是一种进步。以后他们进口日本的电脑控制针织机，放到梳妆台上就可以把衣服做出来，需要什么花，程序一调整，出来的衣服就是一种花样。持上述观点的人不懂得，生产力永远是多层次，过去是多层次，现在、将来也是多层次的。一种新型生产力出来，都是先用于某些部门，然后用于其他部门。不可能都是一个层次，生产力永远都是一个整体。有些行业只能手工生产，不能用机器，只能作为辅助。像做工艺品，有些工艺品只能用手工，用机器做不行。所以认为生产力的多层性决定了我们还需要发展私营经济，发展私营经济是因为我们还有落后的生产力，个体私营经济只能容纳落后的生产力，这种说法是不正确的，非常不正确，因为个体私营经济可以容纳非常现代化的生产力。

第二种看法是生产力还很落后，因此我们社会的需求同社会的供应方面还有很大的差距，不能满足居民不断发展的需求，因此我们需要发展非公有制经济来提供商品与服务以满足人民需要的发展。所以要发展私营经济，是为了增加商品供给，解决就业，增加财政收入。在某种程度上，从这个角度也能说得过去，因为我们生产力还落后，发展私营经济有好处。但这种说法也是有毛病的。

第三种看法就是认为我们处在社会主义初级阶段，因此需要发展非公有制经济。党的十三大的贡献是社会主义初级阶段理论，实际上是想找一个理由，把过去不能够采用的理论、不能够采用的办法引进来。过去认为是资本主义的东西不能用，现在可以用了，因为我们是社会主义初级阶段。我们的很多理论与老祖宗的冲突了，我们是社会主义初级阶段，老祖宗们讲的是成熟社会主义的情况。那么这样社会主义初级阶段就是一个大筐，什么都可以装，而且没有风险。马克思讲不能雇工，是剥削，那么我们是初级阶段，因此可以，社会主义初级阶段什么都可以做。但是以初级阶段理论作为发展非公有制经济的理论基础，是有毛病的。党的十六大也讲我们初级阶段有很长时间，党的十五大讲社会主义初级阶段有几百年的历史时期。思索社会主义初级阶段，我问有多长，你说几十年，几百年，但总有一个头，到了中级阶段怎么办？你说因为我们社会主义处于初级阶段，因此要补课，因此要发展非公有经济，那么就是将发展非公有经济看做是一种退步，我们过去走得太快了。不对。我们现在认识到还处于社会主义初级阶段，因此我们需要重新走过初级阶段，那就是把发展非公有制经济看做是一种历史的前进过程的一个阶段。我们现在认识到我们处于社会主义初级阶段，以前做得太早了，现在是退却。列宁讲退一步是为了进两步，将来还是要消灭你。因为有朝一日社会主义的初级阶段过去了，进入了中级阶段，非公有制经济就要被消灭。这就出问题了，什么问题，按照初级阶段的理论，我们现在发展非公有制经济是不得已的一种权宜之计，将来越过了初级阶段，我们要重新实行公有化。这是“养猪理论”：鼓励大家养猪，因为肉不够，养猪养肥了就把它杀了，把它杀掉重新公有。按初级阶段的理论逻辑推理必定是这个样子的。生产力落后我允许你发展，等到有一天我们的生产力发达了，我们就消灭个体私营经济。理论上的问题含糊不得，逻辑上一推理毛病就出来了。我批社会主义初级阶段的理论，用这来解释非公有经济发展怎么能行呢？有些私营老板认为反正我也活不了几十年，下一代呢也许不要紧，再下代呢，难说了。有些人讲你就是抬杠，你看不到初级阶段结束，你管他怎么样。因为理论上有问题，政策必定有问题。初级阶段过去，我宣布中级阶段，把猪杀掉了，猪肉慢慢多了么，慢慢杀吧，这些理论都不对。

这里面当然有一些问题，非常麻烦，就是我们到底为什么要发展非公有经济，说到底是为了要发展市场经济。因为没有非公有制经济就没有市场经济，只有有了非公有制经济才有市场经济，而且我们从现在看到了未来，还没有一种资源配置的方式比市场经济更好，因此市场经济会长期存在下去，长期发展下去，那么非公有制经济同样要长期存在下去。这么说又碰到一个问题，过去有些理论家反对我们否定计划经济、实行市场经济，他们说计划经济是社会主义经济的本质特征，你否定计划经济就否定了社会主义，因此计划经济不能动摇，谁敢反对计划经济谁就是反对社会主义。但邓小平同志南方谈话后，一下子就不让他们发言了。小平同志说："计划资本主义可以搞，社会主义可以搞；市场社会主义可以搞，资本主义可以搞。"他们一下子傻眼了，又说计划经济不是不好，是我们实行太早了，过去我们生产社会化不够，生产不发达，那时没有条件实行计划经济，将来生产力发达了，生产社会化程度高了，我们就重新搞计划经济。这个理论若是站得住脚的话，那么非公有制经济也就要完蛋了。因为计划经济要求消灭私有制经济，要求实行公有制经济。实际上我认为计划经济是乌托邦，过去的计划经济不对，将来更不能实行计划经济，生产社会化程度越高，经济全球化越往前发展，我们越不能实行计划经济。实行计划经济的两个条件，一个是需求单一的时候，第二个是封闭条件下，这两个条件变了，而且越来越离这两个条件远了。计划经济绝对不可能卷土重来，它已经被送进了历史博物馆，所以市场经济会长期存在、长期发展，越来越完善，相应的个体私营经济也会长期存在下去，这么一说，理论又碰到了大问题。

消灭私有制还是扬弃私有制*

对于私有制，我们看老祖宗怎么说的。《共产党宣言》说共产党人可以用一句话把自己的理论概括起来：“消灭私有制。”共产党人所有的理论概括起来只有一句，这很明确。有人会说董先生你唱反调，人家说消灭私有制，你说私有制万岁，你怎么解释《共产党宣言》？这个话有点意思，费脑子。我是 1946 年进大学学经济，在大学第一外语是英语，第二外语是德语，还没有完全忘，有些不清楚的就查字典，看看到底怎么回事。我有《共产党宣言》德文版，我将《共产党宣言》德文版与中文版一对照，中文版有许多消灭，消灭这个，消灭那个，我一查，凡是中文翻译为“消灭”的有五个不同的德文字，翻译为消灭私有制的“消灭”在德文叫“Aufheben”，是个动词，动名词是“Aufhebung”，这个字是黑格尔的用语。马克思早年研究过黑格尔的，他的博士论文就是研究黑格尔的，所以他的书里用的黑格尔的词。咱们看黑格尔是怎么说的，Aufhebung 是什么意思？在《逻辑学》中黑格尔说 Aufhebung 这个字在语言中有双重含义，

---

* 原载董辅礽：《董辅礽纵论中国经济》，上海交通大学出版社 2005 年版。

它意味着保持，又意味着停止与终结，既被克服又被保存。这个意思我们也可以翻译为保存、保留私有制，也可以翻译为停止私有制。没有辩证法的思维是理解不了黑格尔这样的思想，他是逻辑学、辩证法的大师。德国人天生是辩证法的大师。因为这个词，俄文没有相应的字，英文也没有。德文这个字，到底是什么意思呢？黑格尔讲事物的肯定，否定，否定中间又有肯定，即有保留又有否定，是这样个意思：这个事物否定那个事物，不是单纯的否定，而是又保留又否定。这个字我们中国有的地方翻译对了。在《资本论》第三卷里，马克思讲股份公司，翻译对了。股份公司出现了，出现了社会资本，资本社会化了，资本家雇了很多工人来从事劳动，股份制以后，资本成为公共资本，资本社会化是原来那种私人资本的扬弃，这个时候有 Aufhebung 这个字，我们中文里翻译成扬弃，又抛弃又发扬，双重含义。马克思看到股份公司出现后，资本社会化了，资本社会化是私人资本的扬弃，既否定又保留，这样一个含义，理论上你可以将马克思的话翻译成扬弃，那么具体该怎么解释呢？

为什么私有制不是被消灭，而是被扬弃，即既有保留又有否定？我有一个理论，没有第二个人提出这个理论。1997 年我在《上海证券报》上发表了一篇《公有制与股份制》的文章，提出公有制有两种形式：一种叫共同所有制，另外一种叫公众所有制。这是两种不同的公有制。这篇文章发表以后，还有外国通讯社打电话问我这两个词英文到底怎么翻译。

那么什么是共同所有制？是指在一个国家、一个企业或一个社区，形成的由所有社会成员共同所有的财产，每个成员都不是共同财产特定部分的所有者，没有哪一部分是谁所有的。共同所有制最主要的特征是：所有者并不拥有共同所有资产的某一个特定部分。国有企业里一个螺丝也不是你的，我们人人都有份，全体人民都所有，可是你什么都没有，哪一个都不是你的，没有一部分是你的。原始社会的所有制是共同所有制，我们的国家所有制是共同所有制，人民公社是共同所有制。

公众所有制就不同了。什么是公众所有制？即一个企业或一个社区里面形成的某种财产，但每个公众又是特定部分的所有者，有一部分是他的，有一部分是你的，还有一部分是我的，它是不可分割的。最早出现在合作社组织。合作社的成员交纳合作社的股金，为公众所有，每一个加入合作社的成员都有相应的股金，那部分财产是他所有，股金有多有少，你交了多少股金，那么相应的财产就是你的。以后出现的股份公司，更是一种公众所有制。股份公司可以有几十万的股东，股东入股形成了股份公司的法人财产，法人财产是公众的财产，但是每个入股者都有相应的股份。公众所有制越来越多，如证券投资基金，是公众所有制，基金为公众所有，但是我买基金的部分，自己投资的部分属于我的，虽然公众财产不能分割，但其中相应的部分是自己所有。社保基金、医疗保障基金等形式的公众所有制越来越多，这是非常重要的一个社会现象。马克思已经看到了，它突破了原来的私人资本那种所有制，那时候一个老板投资办一个企业或几个老板办一个企业，雇一大批工人，工人没有财产，他们是打工，以后出现了股份公司，就突破了。20 世纪 80 年代的时候我到美国，这是第一批中国经济学家到美国去，先开会，然后参观访问。跑多了以后，我就发生了疑问。美国是很发达的资本主义国家，谁是资本家，我不是说美国没有资本家，就是有那么一些他自己办个厂，资本家是谁，说不清楚了。另外有许多股份公司叫公众公司，公众投资所有的，而且股份可以变化。你今天买股票你就是股东，你明天又卖就又不是股东。大公司真正的大股东也就占百分之几的股份，百分之三、百分之五就不少了。企业里谁是资本家说不清楚，大家都是股东，这种公司美国叫做公众公司。公众公司的发展，使得社会结构发生了巨大的变化。从公众公司，大家都看到了和原来那种私人资本不同的所有制。原来是一个老板、几个老板投资办一个公司、办一个企业，雇一些工人劳动，这对私有制是一种否定。因为这个企业为公众所有，它是否定但同时又没有消灭私有财产，保留了私有财产。在公众所有制股份公司里，没有消灭私有财产，私有财产没有被消灭而是被扬弃了。这种公众公司越来越发展，私有财产不是没有而是越来越小了，私有制不能被消灭。包含私有制财产的公众所有制，可以与市场经济相吻合。这种公司不是公共所有制而是公众所有制。因此市场经济应发展，私营经济应发展，公众所有制也应发展，私有财产不是被消灭而是被扬弃，它是采用另外一种形态。这样马克思理论也是可以讲清楚的。这里讲为什么一定要发展非公有制经济，说到底，发展非公有制经济就是发展市场经济，市场经济会长期存在，私营经济也会长期存在。尽管它可能会逐渐采用其他的形式。

保护并鼓励私营经济发展*

国家统计局 2002 年 9 月有这样一个调查报告，说到 2002 年 6 月底，城市居民每户家庭财产是 22.83 万元，大家可能不大相信。这个财产的结构情况是这样的：47.9% 是住房，5% 是主要的耐用消费品，如电视机、电冰箱等，金融资产的比例为 34.9%，另外还有经营性资产，拿去投资的占 12.2%。财产分布情况是：48.5% 的家庭在 15 万—30 万元之间，这一块也还是最多，有 34.8% 家庭在 15 万元以下，16.7% 的家庭 30 万元以上。增长最快的是金融性资产，包括外币存款、股票、人民币存款，每户平均增长 3.1 万元，总体来看，人民收入水平往上升，财产现在看主要是住房，消费、金融、经营方面的资产还是少。

现在发展非公有经济涉及几个问题。第一个就是要完善保护私人财产的法律制度。为什么党的十六大提出这样的问题，因为我们在保护私有财产方面法律制度有些欠缺。而私有经济或非公有经济是建立在私有财产上的，你不保护私有财产，那么谁去发展非公有经济或市场经济呢？保护私有财产是为了发展非公有制

---

* 原载董辅礽：《董辅礽纵论中国经济》，上海交通大学出版社 2005 年版。

经济。现在问题是说为什么一定要保护私有财产？因为传统的理论里面私有财产都不是好东西，私有财产是万恶之源。一切罪恶、一切社会丑恶现象都是一个“私”字，脑子里有一点私都不行，都要把它斗掉。胡长清贪污是为了增加私有财产；厦门为什么走私，是为了私有财产；为什么有人偷税漏税，想追求私有财产。我们现在要保护私有财产，而且要完善保护私有财产的法律制度，这与我们以前的看法差距很大。怎么解释呢？私有财产是好还是不好呢？好。不好怎么保护呢？财产本身是中性的，无所谓好与不好。私有财产也是中性的，无所谓好与不好。看你是怎么来的，怎么取得的。你通过劳动与合法经营获得的私有财产没有什么不好，保护这样的私有财产能够鼓励人们去创业，去发家致富，把自己的企业做好，事业做大。如果你通过走私、贪污、受贿获得财产当然就不好，因为它腐蚀社会，破坏了社会公平规则。其次，看私有财产是怎么用的，你用到哪里去了，干什么了。我很有钱，但我很富有同情心，因此我回报社会，办一些福利事业、公益事业，或把公司做大做强，产品都出口，给国家创汇，这就很好。如果拿私有财产行贿走私、吸毒贩毒，那就要不得。因此私有财产无所谓好，无所谓不好，它是中性的，看你怎么用。这是最重要的一个问题。后面谈怎样完善。

咱们看看宪法，宪法里有两个方面涉及了私有财产。一是在1998年宪法的修改中，国家要保护居民的收入、储蓄和房屋及其他合法的财产。这里面没有明确地提到对老百姓投资所形成的资产进行保护，这个不能说没有，因为它采取的是一个列举的办法。在修改宪法的时候，当时李鹏委员长召集了一个小会，十多人参加，我也去了。会上大家对宪法表述不太满意，有不少人提出应该写“私有财产神圣不可侵犯”，对这点，在讨论中间，我就提出来，如果说不愿意写私有财产神圣不可侵犯，就应该在

“等”前面要加上投资所形成的财产，因为现在私人企业最担心的不是电视机、家里的房子，最担心的是投资的财产能不能得到保护。后面看来，我们讨论的意见没用。第一次修改宪法没有解决保护私人投资的问题。

二是宪法里有一个表述，就是禁止任何组织和个人用任何手段和方式侵占和损害国家和集体的财产，没有提私人财产，没有包括私有财产，不写当然就是允许人们侵占了。实际上因为侵害私人财产的事情太多，今天要钱，明天叫你去赞助。赞助当然是好的事情，这个让你赞助，那个让你赞助，你企业能不赞助吗？你不赞助企业怎么能够站住脚，变相侵占也很严重。而且在实际生活里面，法院对待公有财产和私有财产是不一样的。如果国有企业的职工，拿了或贪污了国家财产，法院就要受理，相关责任人是要受处分或要坐牢。如果私人企业下面的职工侵占了私人财产的话，法院很少来罚那个职工，除非他拿的太多了。法律上对私有财产和公有财产态度上是不一样的。

三是我们国家有三部涉及外商投资企业法。《外资企业法》、《中外合资企业法》这两部法里都有明确的规定，国家不对外国投资实行国有化。这个非常重要，国家已承诺了，法律规定政府不对外国的投资实行国有化。为什么一定要写上这一点呢？就是1949年以前，外国企业多得不得了，革命成功以后都给没收了，外商心有余悸。今天说欢迎你们来投资，说不定什么时候就关门打狗，把财产没收了，因此要有法律上的规定，我不对你们的财产实行国有化。可是我们看到其他法律里，对我们国内的企业投资形成的财产以及其他财产没有作出这样的规定，国家不许诺。我不知道是不是有意识地不写，不清楚。社会主义初级阶段以后就国有化？法律没有写啊，没写不能国有化，要是国有化你有什么好说的。就国有化来讲，不是说国家征用你私人财产不可能，但是在法律上必须有明确的规定，应该有两层：一层作为私法，就是平等民事主体之间不能相互地损害对方的利益，侵占对方的利益。这点民法应该作出更明确的规定。其次，宪法、公法里也应该有规定。现在有法学家提出来，应该将保护私有财产作为基本人权的一条。人权里有一条就是我有权拥有我自己的财产，国家要保护人们的基本权利，这是法学家的观点。另外一条在公法里，国家对私有财产，不是说在任何情况下不可能公有化，但要规定什么条件可以征用。比如说，我们要修房子、修马路，什么情况下能拆房，什么情况不能拆房。其次你必须要规定怎么补偿，补偿居民被征用的财产，怎么补偿，如果没有这个规定的话，今年我拆房子，要修路，都给人家拆了，没有法律依据，到底补偿我多少，要有明确的规定，否则居民的生活很难得到保障。要完善私有财产保护的法律制度，这点非常重要。工商联有三次提出了保护私有财产的要求。今年修改宪法，他们又提出来，他们知道没有这个议案，但是他们还是提出了。

第二个问题是市场准入的问题，即允许私有企业进入哪些领域。当我们把非公有制经济说成社会主义经济补充的时候，就是让你在非常不重要的领域发展，比如修鞋、开饭馆、发廊等。社会主义国家都经过这个阶段，我在前苏联看到他们的《所有制法》有这样的规定，私人企业只能开小饭馆，只能雇一至二个人。我国限制也很多，还有许多领域不让私营企业进入。2001年东莞市进行了一个调查，他们开放了有八十多个领域，外国企业可以进入六十多个，而允许私人企业进入的只有四十多个。北京的情况也差不多，几乎一半产业部门。不让私人企业进入。过去证券不让你进，保险不让你进，银行不让你进，机场不让你进，基础设施不让你进，等等。这些年逐渐逐渐地开放。外贸从1998年开始放开，越来越多的私企有进出口权，以前只能够委托国有和外资来做，使得我们现在外贸出口的第一位是外资企业、第二位是私营企业，而国有企业已经落到第三去了。现在慢慢地私人企业开始进入金融业，证券公司也放开了，2002 年 8 月 18 日成立了民生证券，第一家私人控股占 60% 的证券公司。在银行方面，有民生银行，比较早，但是民生银行尽管是私人控股，很多运作的机制还受到国家的控制，国家任命它的总经理。私人控股的银行也是不让随便开展业务。现在开始多一点。现在其他的领域也慢慢地开始有私营企业了，如航空。温州均瑶集团参股到武汉航空公司。那个老板是怎么起家的呢？是包机起家的。有些温州人春节要回温州去，买票非常困难，他用包机的办法，送这些老板。后来他又有非常大的举措，买了宜昌的机场，一方是军用一方是民用的。国家同意让他收购机场，这又是一个突破。现在深圳市的公用事业也开始卖给外国人。为什么不让卖给中国人呢？应该一视同仁，外国和中国大家一起来投标，这需要慢慢来突破，但还是一些行业没有突破，如电信、石油，还需要继续突破，要放宽进入市场的领域，这条定下来了。党的十六大确定放开私营企业进入的领域，在党的十六大期间，国家经贸委、计委负责人先后出来讲话，意思就是说，只要外资能进入的领域，私营企业也可以进入，除了涉及国家安全的少数领域，其他行业私营企业都可以进入。

第三个问题就是怎么形成一个私营企业公平竞争的环境。因为我们实际上对非公有制企业有一种歧视。这次党的十六大提出来，要在投融资、土地、外贸等领域给私营企业平等的竞争环境。这个说法是对的，因为在税收、投融资和外贸等领域对民营经济限制还很多。有些人担心私营企业上市以后老板马上就会抛股票。为什么你发了财我发不了财？因为他脑子活，有办法。你不发财不是你没机会呀，是你没有抓住机会呀。他一下富起来了，说明他有他的本事。我不会做生意，让我去做生意，我哪做得了，我愿意教书，做研究。你有多大本事你就干什么，这有什么抱怨的。有些人就怕中国产生大财团。如用友集团、太太集团，原来想在二板市场上市，二板没有开，结果到主板上，两个公司个人股份占有很大的比重，一上市，用友老板个人财产达到四五十亿，有人就眼红，这怎么能行呢？有些人说，他要是把股票卖掉跑了怎么办？这些人为什么把公司办得那么大，而且为什么越办越大，如果他们是为了过豪华的生活，那他们还干什么？是追求啊，这是追求事业。人要有点精神，这是毛主席的思想，干什么都要做好，做得最好，要努力。开始有些老板可能想通过办企业改善生活，以后企业办大了，想发财。财富到一定程度后，对他个人来说已经没有意义了，对他来讲有几千万够了，几千万你能花得了吗？一个人花不了钱，给子女留得太多，不是害了他们吗？有的老板很聪明，首先把子女送到国外去读书，他们要给子女留钱也不留太多了。把事业做大，把企业办好了，做大说明我这个人能干，能将企业办好。我写的东西别人说好，给我鼓掌，我就很满足了，有成就感。跳舞的、唱歌的大家都给他捧场，他就有成就感。没有事业心怎么干事？那些老板无非就想把企业做大、做好，要鼓励大家这样做。我们缺少那种有活力的经营很好的企业，我们现在需要形成一个好的、平等的、让私营企业竞争发展的社会环境。私营企业现在最突出的问题是融资问题，在这儿我就不讲了。现在就我自己看，十六大以后是私营经济发展的最好的机会。一是政治上宽松了，支持了；二是国有企业、集体企业改制了，这是一个非常大的机会啊！我看国有企业还有五年的时间，这五年里面能够改制的国有企业基本上都要改制完，剩下的就是国家不得不负担的或者有很多困难改不了的，能够改的国有企业都完成了，这是给私营经济的发展提供了良好的机会，你可以收购国有企业，办好后可以转让给私营企业，那么你做企业无非把自己的企业做大。第二个是收购兼并，现在绝对是收购国有企业非常好的机会，国有企业里有金矿，里面有人才有技术，甚至还有好的产品，但是由于经营机制有问题，你进去以后拿过来一改造，非常有前途的。当然啦，这里面也有陷阱，国有企业有时也引诱你上钩的，弄得不好，掉进去后让你脱不了身，肯定就完了。所以收购国有企业要非常慎重，要谨慎，要把握机会，要把底细真正摸清楚了，政府开始话说得非常漂亮，欢迎你来，谈得很好，也很高兴，一下子进去以后，你就跑不了了。

作者主要论著目录

一　专著与文集

《苏联国民收入动态分析》，1959年，湖北人民出版社

《社会主义再生产和国民收入问题》，1980年，三联出版社　人民出版社再版

《大转变中的中国经济理论问题》，1981年，山东人民出版社

《论孙冶方社会主义经济理论》，1983年，1985增订，武汉大学出版社；1985年，日本不二出版社日文版

《董辅礽选集》，1985年，山西人民出版社

《经济发展战略研究》，1988年，经济科学出版社

《Rural Reform, Nonfarm Development, and Rural Modernization in China》，1988，the World Bank

《Industrialization and China's Rural Modernization》，1992，The Macmillan Press Ltd.

《经济体制改革研究》（上下卷），1995年，经济科学出版社

《改革与发展——论大转变中的中国经济》，1995年，香港华南经济新闻社（香港版）；1995年，中华工商联合出版社与华南经济新闻出版有限公司（大陆版）

《中国经济纵横谈》，1996年，经济科学出版社

《经济发展研究》（上下卷），1997年，经济科学出版社

《论社会主义市场经济》，1998 年，湖北人民出版社

《市场经济漫笔》，1999 年，广西人民出版社

《走向市场化的中国经济》，2001 年，经济科学出版社

《用辩证的眼光看市场经济》，2002 年，生活·读书·新知三联书店

《在争论中发展的中国证券市场和期货市场》，2002 年，武汉大学出版社

《董辅礽纵论中国经济》，2005 年，上海交通大学出版社

二　主编

《“四人帮”对马克思主义政治经济学的篡改》，1978 年，山西人民出版社

《大转变中的中国经济理论问题》，1981 年，山东人民出版社

《Market Forces in China——Competition and Small Business：the WenZhou Debate》，1989，Peter Nolan and Dong Fureng，Zed Books Ltd.

《The Chinese Economy and Its Futures》，1980，Policy Press，Peter Nolan and Dong Fureng，Policy Press

《中国国有企业改革：制度与效率》，1992 年，董辅礽、唐宗昆主编，中国计划出版社

《中国国有企业制度变革研究》，1995 年，董辅礽、唐宗昆、杜海燕主编，人民出版社

《国有企业：你的路在何方》，1997 年，董辅礽、厉以宁、韩志国主编　经济科学出版社

《中国经济与 21 世纪对话》1998 年，董辅礽、厉以宁主编，广东经济出版社

《Studies on the Chinese Economy》，Peter Nolan and Dong Fureng，The Macmillan Press Ltd.

作者年表

董辅礽，祖籍浙江宁波。

1927年

7月26日生于浙江宁波。

1946年

考入武汉大学经济系。

1949年

加入中国共产党。

1950年

毕业于武汉大学并留校任助教。

1953—1957年

为苏联莫斯科国立经济学院研究生，获副博士学位。

1957—1958年

任武汉大学经济系讲师。

1959—1976年

任中国科学院经济研究所助理研究员，国民经济平衡组副组长。

1977—1978年

先后任中国社会科学院经济研究所业务行政领导小组组长、研究员、副所长。

1978—1988年

先后任中国社会科学院经济研究所副所长、所长、《经济研究》主编、中国社会科学院研究生院副院长。

1981—1987年

任中国经济学团体联合会秘书长。

1982年

当选为中共十二大代表。

1987年

获法国政府军官级学术勋章。

1988年起

在中国社会科学院经济研究所

名誉所长。

1988—1998 年

先后当选为第七届、第八届全国人民代表大会代表，全国人大常务委员会委员，全国人大常务委员会财经委员会副主任。

1998—2002 年

任第九届全国政协委员、全国政协经济委员会副主任。

生前曾任中国社会科学院、北京大学、中国人民大学、武汉大学等研究机构和高等院校教授、博士研究生导师，国务院环境保护委员会顾问，国家环境保护总局顾问等职。

2004 年

7 月 30 日　病逝。